当代教育学精品教材

当代少先队教育导论

卜玉华 主编

华东师范大学出版社
·上海·

图书在版编目（CIP）数据

当代少先队教育导论/卜玉华主编. —上海：华东师范大学出版社,2021
教育学精品教材
ISBN 978-7-5760-1413-6

Ⅰ.①当… Ⅱ.①卜… Ⅲ.①中国少年先锋队－教育工作－教材 Ⅳ.①D432.51

中国版本图书馆CIP数据核字(2021)第058394号

当代少先队教育导论

主　　编　卜玉华
责任编辑　李恒平
审读编辑　李　鑫
责任校对　朱　虹　时东明
装帧设计　卢晓红

出版发行　华东师范大学出版社
社　　址　上海市中山北路3663号　邮编200062
网　　址　www.ecnupress.com.cn
电　　话　021-60821666　行政传真 021-62572105
客服电话　021-62865537　门市(邮购)电话 021-62869887
地　　址　上海市中山北路3663号华东师范大学校内先锋路口
网　　店　http://hdsdcbs.tmall.com/

印 刷 者　上海龙腾印务有限公司
开　　本　787×1092　16开
印　　张　17.75
字　　数　398千字
版　　次　2021年9月第1版
印　　次　2022年12月第2次
书　　号　ISBN 978-7-5760-1413-6
定　　价　59.00元

出 版 人　王　焰

(如发现本版图书有印订质量问题,请寄回本社客服中心调换或电话021-62865537联系)

"当代教育学精品教材"
丛书编委会

主编 黄忠敬

编委：（以姓氏拼音为序）

卜玉华　范国睿　黄向阳　黄忠敬　鞠玉翠

刘世清　马和民　王保星　杨光富　张礼永

丛书总序

黄忠敬

华东师范大学教育学系多年以来形成了史论结合、理论与实践相结合、中西结合的优良传统。在人才培养中,特别注重专业课程建设与教材建设,曾经出版了《当代教育学》《教育原理》《中国教育史》和《外国教育史》等在全国影响广泛的国家级规划教材,一批教育学者通过教材影响了一代又一代的学人。

"当代教育学精品教材"丛书是新时代华东师范大学教育学系在人才培养、学科建设和师资队伍建设上的重大战略举措。此丛书以教育学系教育学原理、中外教育史、教育政策学、少儿组织与思想意识教育等四个专业为基础,以每个专业的骨干教师为主体,以教师多年来从事的专业科研领域和承担的研究生课程教学为重点,集中出版十本教材,即《教育学原理》《德育原理》《教育社会学研究》《教育哲学:美学的视角》《中国教育史学:理论材料与方法》《外国教育问题史》《教育政策研究导论》《教育政策评估与方法论》《当代少先队教育导论》《学生发展指导》。

教材目标是主要面向教育学专业的研究生(兼顾部分高校高年级本科生),全面提升研究生培养质量,以精品教材为抓手,追踪国际前沿领域,形成系列化的教育学知识体系,培养具有多学科视野与教育学立场、国际视野与本土特色,掌握精深而系统的教育理论和科学方法,能独立从事教育理论研究和参与教育改革实践的高层次人才,培养具有研究能力、创新能力和批判性思维的未来教育引领者,为世界一流大学和一流学科建设奠定坚实基础。

教材定位主要体现以下几个原则:(1)学术性与通识性兼顾;(2)普及性与前沿性兼顾;(3)可读性与实用性兼顾。本教材丛书以前沿性、体系化、实践性、易学性为指导,结合当下新时代的新特点以及培养创造性人才的新需求,为教育专业学习者提供有效的指导。

自立项以来,教育学系召开了多次精品教材丛书研讨会,各教材主编一起讨论问题、分享经验;部分教材负责人也举行多次的课题组内部成员交流会,及时沟通交流,相互激发思考;有些教材在学期课程中进行试教,听取研究生的反馈意见。

此套教材得到华东师范大学研究生院"研究生精品教材建设项目"立项并获得经费资助,同时得到华东师范大学教育学部的经费支持。华东师范大学出版社高教分社赵建军先生和李恒平先生对教材编写给予了全面指导,师文做了大量的协调工作,在此表示衷心的感谢。

序

张先翱

《当代少先队教育导论》是一本供师范大学学生学习少先队学科的好教材，少先队味道浓郁，理论性强，少先队学理与教育实践融合紧密，是对现在和未来的少先队工作者、少先队辅导员具有极高参考价值的教科书。

我两次通读全书，认为这本教材有四个特点。

一是具有完整、系统的少先队教育体系。十一章内容构成四个板块：什么是少先队；什么是少先队教育，追求什么价值；少先队怎样开展教育活动；少先队教育有何支持系统。全书分别论述了少先队教育的特性与功能，近百年少年儿童运动和少先队发展史，少先队组织身份及认同原理；少先队教育范畴，少先队价值、目的与制度；少先队的活动教育、仪式教育和奖章教育；少先队辅导员以及领导体制。一本教科书具有完整、系统的内容体系，是最基本的要求。本书用两章叙述我国少年儿童运动和少先队的历史发展，很有必要。将少先队历史发展根据其特点划分成六个阶段，具有新意；对新中国成立后至今七十一年的历史发展全貌进行勾勒，重点突出，很是详尽。历史是一面镜子，我们可以从中汲取经验；历史又是一支熊熊燃烧的火炬，照亮前行的路。

二是充分地运用少先队历史文献、政策文献、专题文献。这些文献是极为宝贵的精神财富，是在党的领导下，共青团、少先队工作者、少先队辅导员智慧和经验积淀的结晶。如果把它们串联起来加以研究、概括和提炼，就是一部少先队教育指导思想发展史。各个章节引用丰富的文献，用文献佐证观点、诠释问题、预示发展方向，客观、真实、科学，富有历史感，切实地反映了少先队的教育思想、工作原则的继承、发展和创新。

三是用教育理论深入诠释少先队教育思想和工作原则，是本教材最重要最突出的特点。少先队工作者、少先队辅导员实践经验很丰富，他们往往将团中央、教育部、全国少工委的文件精神作为最高理论指导，但对少年儿童的教育理论知之甚少，功底较薄。本教材许多章节用心理学、教育学、文化学、社会学、管理学、组织行为学、政策学、共青团理论等学术理论阐述少先队教育，找到了源头和根基，增强了教材的科学性和学术性。例如在"少先队活动教育"第二节少先队活动教育的理论基础中，用马克思唯物主义，蒙台梭利、杜威、皮亚杰以及前苏联心理学家维果茨基等教育家的理论，以及列昂捷夫的活动教育基础理论来诠释少先队活动教育。又如在"红领巾奖章教育"一章中，用斯金纳的强化理论、班杜拉的社会学习理论、马斯洛的需要层次理论、霍华德·加德纳的多元智能理论和莎伦·克劳斯的荣誉理论，作为红领巾奖章教育的基本理论，使教材提升了专业性和理论性。学习、理解这些理论，会使浅薄的功底逐渐变得深厚，提升少先队工作者的理论素养。

少先队是个政治组织，其主责主业是政治启蒙和核心价值观塑造，这是少先队章程前十条和第十二条的内容所明确的。本教材用教育原理或法则阐释少先队的政治性，以透彻的学理分析、彻底的思想理论说服读者，坚持学理性和政治性的统一。少先队以实践教育作为教育的基本途径，无论是1991年提出的"劳动实践教育"，还是后来提出的在实践中体验的"体验教育"，其中心思想都是实践活动，用教育理论阐释实践活动，坚持理论性和实践性相统一。习近平总书记在学校思想理论课教师座谈会上的讲话，提出了坚持八个统一的指导思想，除了上述的两个统一外，还有要坚持价值性和知识性相统一；要坚持建设性和批判性相统一；要坚持统一性和多样性相统一；要坚持主导性和主体性相统一；要坚持灌输性和启发性相统一；要坚持显性教育和隐性教育相统一。做到八个统一，是优秀的政治理论课的重要标准。《当代少先队教育导论》是一门思想政治理论课程，同样体现了这八个统一。在"少先队教育的价值、目的及制度"一章中，充分体现了价值性和知识性相统一。在"少先队辅导员"一章中，辅导员的主导性与少先队组织的主人少先队员自主性的统一，也得到充分体现。不少章节里传播主流意识，并批判了错误观点和思想，肯定了成绩又指明缺陷，提出纠正的意见，体现了建设性和批判性相统一。八个统一的原则不同程度地在教材中得以体现，是这本教材最大的亮点。这正是优秀思政课教材的特征，体现了教材的思想性、理论性、实际性和针对性。

四是对少先队学科的建设和发展有不少突破和创新，有许多首次提出的观点。第一章"少先队的基本属性与功能"就有两个突破点：第一个突破点体现在从理论层面上充分阐述了少先队的三个属性：政治性、群团性和教育性，每个属性的阐述都有一定的突破性。关于少先队的群团属性，第一次将它与党的群众路线相联系，从而将少先队与党的内在精神脉络贯通了起来。关于少先队的教育性，重点回答为什么少先队具有教育性，其人性依据是什么，与学校教育的区别，从而突显了少先队组织的独特价值。第二个突破点在于从现代社会治理的背景分析了少先队群团改革的基本要义。这也是少先队未来发展的一种趋势。

第四章用组织身份认同的基本原理来解读少先队的光荣感问题，这是一个新命题，作者还大胆提出少先队政治性与群团性之间存在的矛盾，提出应该重视少年儿童本身的特点和需求，重视维护少年儿童的正当权益。我赞同这一观点，在抓好主责主业、政治儿童化的同时，也必须开展少年儿童喜闻乐见、满足他们兴趣爱好的多种活动，只有这样他们才会喜欢少先队，从而热爱少先队。还要倡导少先队活动与学科教学的融合，各科教学占据少年儿童大部分时间，其中蕴含着丰富的思想政治，语文中的文道统一，数学里的辩证思想，历史、地理中的爱国主义情怀，美育课程对爱党爱国爱人民的美好感情的培育，体育不仅有利于强健体魄，还能培养团结、合作、坚强、勇敢的精神和规则意识,以及在劳动实践中培养劳动精神(观念)等。总之,思想政治教育还要贯穿、渗透在德智体美劳的素质教育之中,只有这样才能做到显性教育和隐性教育相统一,挖掘其他课程和教育方式中蕴含的思想政治教育资源,实现全员全程全方位育人。

第五章从学理上论证了少先队是一种准正规教育,阐述了其内涵、特点及其不可替代性。这一思想在少先队学科中也是首次提出。

以上新观点、新突破为少先队学科建设作出了重要贡献,同样是本教材中的亮点之一。

《当代少先队教育导论》不仅是师范大学本科生和研究生学习的精品教材,也是少先队工作者和少先队总辅导员、大队辅导员培训或自学的好教材。热烈祝贺它的诞生!并向主编卜玉华教授和参加写作的各位专家致以崇高的敬意!

(作者系中国青少年研究中心教授、曾任中国少先队工作学会名誉副会长、顾问)

2020年9月6日

前 言

本书是专门为我国高等师范院校新设研究生二级学科"少年儿童组织与思想意识教育"而撰写的一本教材,既供此专业的本科生和研究生学习专业基础课使用,也可供普通本科院校教育学专业本科生、研究生使用。

撰写这本教材并不是件容易的事,整本书的撰写具有较强的开创性。这是因为虽然中国少年先锋队(全书简称"少先队")诞生于 20 世纪 20 年代初(以 1922 年"安源儿童团"的成立为起点),至今有近百年的历史,而且随着新中国事业发展而日益壮大,并几乎成为当代每个中国人童年记忆的一部分,然而作为高等院校所设的一个专业或一个专门的研究领域却是近几年的事。这也就意味着,相对严谨的学术资源在高等院校的文献资源库中寥寥无几,大多只是少先队发展史料类的文献。虽然最近几十年,一些少先队实践工作者也已出版了不少著作,但这些著作或文章基本上都是经验总结类成果,其普遍性和理论性远远达不到本教材对学术性文献的要求。从世界范围看,在现当代,只在少数社会主义国家有少先队,但遍查文献资料库,我们也几乎没有查阅到这些国家有关少先队方面的学术性研究成果,即便查阅到寥寥几篇文献,也都是故事类或回忆类的资料,所以可以说,世界上也几乎没有可以借鉴的同类研究成果。因此,在撰写这本教材时,我们不像其他研究领域的教材编写人那样主要是在梳理已有的研究成果,而更多是在初次论述。比如,"少先队的组织身份及其认同原理"和"少先队教育的基本范畴"这两个论题都是第一次进行论述。同时,本书还为少先队教育活动提供了理论基础的分析,比如,本书对少先队教育活动、仪式教育和红领巾奖章教育等,都进行了理论基础的阐述。

那么,我们依据什么进行阐述呢? 首先,我们注意认真分析和把握两类事实:一是少先队发展的历史与现实,二是少先队工作的若干政策文献。这两类事实是我们准确判断少先队工作的重要依据,它让我们能够准确地把握这个领域所包含的问题域、对象及其本质。其次,我们基于学习者清晰了解少先队教育领域必须具备的基本认识前提勾勒论题。再次,我们采取跨学科视角,从教育学、文化学、管理学、社会学、组织行为学、政策学以及中国共青团的理论研究成果等判断少先队教育中若干问题的性质、可能的理论基础以及问题实质,以帮助学习者基于事实而超越事实,在理论和思想层面把握少先队教育。

全书共十一章,阐述了十个基本专题(少先队发展史分成两章),大体上包括四大论题。第一个论题是关于少先队的组织身份问题,即"少先队是什么?"或"少先队是谁? 代表着谁?"的问题。围绕这个问题,本书重点阐述了"少先队的基本属性与功能"(第一章)、"百年发展史中少先队的身份变迁"(第二章、第三章)以及"少先队的组织身份及认同原理"(第四章)。这一部分,我们从组织认同原理的角度论述了少先队组织身份的独特内涵及认同的条件,指出少先队作为一种组织身份在现当代遭遇的身份危机及解决策略。这一问题应是在少先队领域的首次论述。明确这一问题,有助于提升少先队组织身份建设的方向,是少先队自身发展必不可少的论题。

第二个大论题是"少先队教育是什么?追求什么?"对这一论题的论述包括"少先队教育属于什么范畴的教育?"(第五章)、"如何定位其价值、目的及制度(第六章)"。在这个论题中,我们解决了一个前提性的认识问题,即少先队是一种教育吗?如果是教育,它属于哪种教育范畴?对于这个问题,我们指出这是一种准正规教育,兼具正规教育和非正规教育的一些特征,使它具有灵活性的同时,也具有正规教育的计划性和组织性,有着不可替代的重要功能。学界对这一问题的阐述应是首次。也正是从这章开始,我们将少先队工作纳入教育范畴,以教育学的眼光审视和理解少先队工作。

第三个大论题是"少先队如何开展教育活动?"这一论题按一般到特殊的逻辑,主要阐述了"少先队活动教育原理"(第七章)和少先队的两类典型活动:仪式教育和红领巾奖章教育(第八章、第九章)。这样就将少先队教育的活动形态生动而具体地呈现了出来。我们在这一论题上的贡献是既提供了原理性分析,又提供了活动的策略性建议。

第四个大论题是"少先队教育有何支持系统?"这方面主要阐述了少先队辅导员(第十章)和少先队的领导体制(第十一章)两个基本条件,阐述的是从事少先队教育的人和相应的领导与管理制度。其中,我们第一次系统地梳理了当代少先队的领导体制,清晰地描绘了少先队领导体制的内在权责关系及其运行机制,从中可以理解少先队教育工作的中国特色。

全书基本结构如图所示:

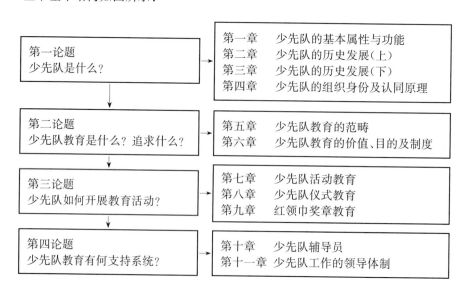

为了让使用这本教材的教师和学生能够获得较大的信息量,可依此进行独立思考和判断,我们在书中尽可能地提供了较多的资料,对一些存在争议的问题,列出了不同的观点,也发表了我们的见解。当然,受篇幅和自身水平的限制,这一切都还并不完善。为此,我们在注释、章后"延伸阅读"中又提供了较广泛的学习线索。读者可以根据不同的兴趣和需要自行选择阅读材料,教师可根据学生的实际情况规定必读范围。我们希望这本书能为教师选择教学参考资料和学生进一步自学提供一些帮助。

为引导学习者一开始能够抓住每章的整体学习要点,在每章开始都提供了"内容概览"、"重要概念"和"学习目标",章后提供了"思考与练习"、"延伸阅读",力求让学生思考问题时综合地运用已有的知识和经验,加强对少先队教育的理解和体验。有些问题还带有实践性和操作性,希望能有益于学生在某些方面的能力培养。教师可根据教学实际,选择其中的一部分,或增加新的思考题。

我们要感谢许多学者对本书出版所做出的贡献。

这本教材是华东师范大学教育学系牵头组织,由华东师范大学研究生院和华东师范大学教育学部共同资助的"当代教育学研究生精品教材建设项目"成果之一。同时,这本教材也得到了上海团市委少先队工作学会的资助。没有这么多单位的支持和资助,本教材的出版不会如此顺利。

自2018年至2020年,我们共召开了两次研讨沙龙和一次在线评审会,其间得到了许多专家学者的支持和指导。华东师范大学教育学系黄忠敬教授、鞠玉翠教授、杨光富副教授、王占魁副教授;上海市社科院董小苹研究员;上海市团市委杨江丁老师、何婷婷老师等对本教材的思路和风格给予了指导与帮助。在教材成稿之后,得到了国内多位学者认真评阅,他们是:江苏省少先队总辅导员华耀国老师、北京师范大学教育学部班建武教授、首都师范大学教育学院张志坤教授、天津师范大学教育学部司成勇教授、山东师范大学教育学院冯永刚教授、广西师范大学杨茂庆教授和华东师范大学出版社李恒平副编审等。这些学者就本教材的框架结构、观点结论、语言表达等均进行了详细的讨论,提出许多富有启发性的意见和建议,为本教材的最后成稿作出了重要贡献。

这里,我们还要特别感谢三位从事少先队工作的前辈。

第一位是沈功玲老师。她曾是上海市团市委少先队总辅导员,曾于20世纪90年代创造性地领导和开展了上海少先队工作。沈老师自始至终都在关心这本书的进展与出版工作,她多次在电话中与我们交流她的看法,并提出许多富有启发性的意见与建议。2020年7月在第八届全国少先队代表大会期间,她还利用空余时间与我就这本教材交换意见,为我的写作提供了许多帮助。

第二位是张先翱先生。他是中国少年先锋队工作学会名誉副会长,曾任中国青少年研究中心少年儿童研究所所长、中国少年先锋队工作学会副会长、中国青年政治学院少年工作系主任等职,也是我国第一位从事"少先队学"教育的教授。2020年7月,当我冒昧地与他联系,请他评阅教材时,他欣然答应。十天后,我们便收到了老先生手写的工工整整的十页书面评阅书。老先生首先充分肯定了这本教材的独特贡献与特点,然后又逐字逐句地提出了许多具体的修改意见,其态度之认真与严谨令我们非常动容!

然而,更令我们感动不已的是,从信件中我们才得知张先生当时右眼已经失明,左眼只有0.3的视力,在如此状况下,他依然仔细阅读了本教材并写了如此长的评阅意见!一个月后,更令我意想不到的是,他又欣然答应为这本书写序;完成序之后,他在给我的来信中说到"从后天起,我要复查癌症……但愿能够平安"。信读到此,感动不已,内疚不已,老先生身体已经如此,我竟还让他操劳。其敬业精神令人高山仰止,其提携晚辈之心意令我辈不得懈怠!

第三位是华耀国老师。华老师是当代少先队工作界的优秀专家。我与他接触并不多,但当他拿到我们的书稿后,第一时间阅读并急切地与我进行电话沟通,非常诚恳地提出了很多富有启发性的意见和建议。之后,他又毫不吝啬地将自己未出版的少先队研究资料与我们分享。这本书稿的许多地方也都引用了他提供的资料,为本书增值很多!

此外,要感谢三位为本书出版作出贡献的华东师范大学教育学系"少年儿童组织与思想意识教育"专业的研究生。2017级研究生戴孟同学整理了全书参考文献;2019级研究生贺燕燕同学和胡文婷同学是这本教材的最早读者。2020年第一学期的课堂上,我将这本教材初稿在教学中尝试使用,请他们从学习者的角度感受和评论这本教材。两位同学对每一章内容进行了认真阅读,并提出了自己的感受和修改建议,因此,她们两人的参与让我们确信了这本书的学习适宜度。

还要感谢华东师范大学出版社的李恒平副编审,他几乎全程参与了这本书的讨论与成稿。此后,为本书能及时出版,李老师亲自做了本书的责任编辑,并督促出版社尽快付印出版。同时,他还对本书的文字优美做了精细的审读与修改,感谢李先生的辛苦工作。

本书序言、第一章、第四章、第五章由卜玉华撰写,第七章、第八章由王晓莉撰写,第二章、第三章由李玲玉撰写,第六章、第十章由朱园园撰写,第九章由车子彤撰写,第十一章由赵国强和刘翀共同撰写。最后由卜玉华统一定稿。本书作者都是从事少年儿童组织与思想意识教育研究的教师或研究生,大家为撰写这本书花了不少力气,本书写作持续三年,前后修改若干遍。现将作者简介排列如下:

卜玉华,女,教育学博士,华东师范大学教育学系教授,博士生导师,华东师范大学基础教育改革与发展研究所副所长,华东师范大学少年儿童组织教育研究中心主任。主要从事教育基本理论、学校教育改革以及少年儿童组织与思想意识教育等领域的研究。2013年起,担任华东师范大学教育学系"少年儿童组织与思想意识教育"硕士研究生专业建设负责人。兼任上海市团市委少先队工作学会副会长。

赵国强,男,上海团市委党组成员、市少工委主任、市少先队总辅导员,知名少先队教育专家,中国少先队工作学会副会长。出版和发表多篇研究成果,其中《国际视野下童军组织比较研究》为国内首部系统阐述少先队比较学的专著。

王晓莉,女,教育学博士。美国哥伦比亚大学访问学者(2016/3-2017/4),现任华南师范大学教育学院教育学系副教授,少年儿童组织与思想意识教育学科带头人。中国少年先锋队工作学会理事,中国教育学会中青年理论工作者分会理事。研究方向为少年儿童思想意识教育、道德教育、教师教育研究。近年来,在《教育发展研究》《全球教育展望》等杂志发表论文30多篇,参编教育学、教育研究方法等教材多部;围绕着教师专业伦理、中小学学校改进与发展、少先队仪式教育、少先队员志愿服务意识培养等主题主持省部级多个项目;获得省级哲学社会科学优秀成果奖奖励。

李玲玉,女,教育学硕士,主要研究方向为少年儿童组织与思想意识教育。目前为上海市长宁区少年宫教科研室副主任、少先队中级教师,长期从事区级少先队活动组织策划、教育教学与研究工作,参与过《校外少先队活动项目建设的实践研究》《区域中学生志愿服务实践基地建设的研究》等多项市、区级重点课题。其文章《浅析少先队教育中"队性"不足的成因》《透视少先队工作中的教育学意蕴》《小服务大长成——志愿服务实践项目探索》等文章多次荣获华东地区、市、区级奖项。

朱园园,女,华东师范大学教育学系2018级教育学原理专业博士研究生。主要从事少先队教育、教师身份认同和教师教育等方面的研究。现已发表少年儿童教育、少先队辅导员身份认同等相关期刊论文7篇。硕士学位论文《新中国成立以来三代少先队辅导员的身份认同研究——以上海地区为例》曾获华东师范大学教育学部"研究生优秀学位论文培育资助项目"资助。

车子彤,女,华东师范大学少年儿童组织与思想意识教育硕士研究生专业毕业,现任宋庆龄学校小学老师。曾发表论文《儿童政治理解研究的国际视野》《儿童国家认同:研究进展与启示》《小学儿童国家认同的现状研究——基于上海P区W和L校的调查》等。

刘翀,女,华东师范大学教育学系2018届硕士研究生,主要从事少年儿童组织与思想意识教育研究。发表论文《试论新时代少先队员光荣感的培养》及《我国少先队工作70年发展历程及反思》等。

少先队是我们每个人熟悉的事物,但作为一门专业或学科建设,它实在太年轻,如果从2012年团中央和教育部准备在高等师范院校设立这个二级学科算起,至今它只有8年,还很稚嫩。而且在各学科都在追求世界或全国一流学科的背景下,花如此大的力气撰写这本教材,实在需要极大的责任心和热情。我们把对少先队教育事业的热爱倾注在本书中,但愿它能够为这个领域作出自己不可替代的贡献。

以上所述,不过是我们努力追求的目标和自我期许,是否能达到,有待实践检验。正因为年轻,所以不成熟,但总要有第一粒种子出来,才能长成更大更高的树!我们恳切地欢迎读者批评指正。

卜玉华

2020年9月

目 录

第一章 少先队的基本属性与功能 … 1

第一节 少先队的基本属性 … 2
一、少先队的政治性 … 2
二、少先队的群团性 … 3
三、少先队的教育性 … 6

第二节 少先队的基本功能 … 11
一、政治启蒙教育功能 … 11
二、桥梁纽带功能 … 13
三、价值观教育功能 … 14
四、服务引领功能 … 16

第三节 群团改革背景下少先队属性的新发展 … 17
一、群团改革概述 … 17
二、群团改革背景下少先队属性的新发展 … 17

第二章 少先队的历史发展（上）… 23

第一节 20世纪上半叶的共产党领导的少年儿童组织的发展 … 24
一、第一个革命儿童组织"安源儿童团" … 24
二、大革命时期的"劳动童子团" … 25
三、土地革命时期的"共产儿童团" … 27
四、抗日战争时期的"抗日儿童团" … 28
五、解放战争时期的儿童团和地下少先队 … 29

第二节 新中国成立初期少先队的初建与发展 … 30
一、少先队诞生初期的任务与工作开展 … 30
二、少先队建队初期的组织发展 … 33
三、少先队建队初期的教育活动 … 35

第三节 改革开放至20世纪80年代末少先队的恢复与重建 … 37
一、少先队组织恢复后各项工作走向正轨 … 37
二、成立新的领导机构与学术团体 … 39
三、以全面培养教育少年儿童为目标开展少先队活动 … 39

第三章 少先队的历史发展（下）… 45

第一节 20世纪80至90年代少先队的创新发展 … 46
一、开创少先队工作的新局面 … 46

二、加强少先队基层组织建设 ································ 48
　　三、探索少先队教育活动的新路径 ···························· 50
第二节　世纪之交少先队的蓬勃发展 ······························ 52
　　一、开展素质教育目标导向下的"雏鹰行动" ···················· 53
　　二、注重"体验教育" ······································ 54
　　三、创新少先队基层组织建设 ································ 55
　　四、辅导员队伍与阵地建设新发展 ···························· 58
第三节　21世纪初少先队的深化改革 ······························ 59
　　一、新的历史条件下少先队组织根本任务的再定位 ·············· 60
　　二、"少先队活动课"成为必修 ······························ 62
　　三、高校设置"少年儿童组织与思想意识教育"学科 ············ 62
　　四、少先队工作进入全面深化改革的新阶段 ···················· 63

第四章　少先队的组织身份及认同原理 ···························· **71**
第一节　少先队的组织身份内涵及其意义 ·························· 72
　　一、身份、组织身份的概念及意义 ···························· 72
　　二、少先队组织身份的内涵 ·································· 74
第二节　组织身份认同的基本原理 ································ 75
　　一、组织身份认同的内涵 ···································· 75
　　二、组织身份认同的心理发生机制 ···························· 76
　　三、组织身份认同的心理过程及条件 ·························· 78
　　四、组织身份认同的促进策略 ································ 81
　　五、组织身份的两种危机倾向及其内在原理 ···················· 84
第三节　少先队群团组织身份的当代合法性危机及促进策略 ·········· 85
　　一、当代少先队组织身份的合法性危机 ························ 85
　　二、产生少先队身份合法性危机的原因 ························ 86
　　三、少先队群团身份建设的困境 ······························ 88
　　四、少先队身份认同建设的基本策略 ·························· 89

第五章　少先队教育的范畴 ···································· **91**
第一节　少先队教育的范畴与特质 ································ 92
　　一、少先队教育属于终身教育体系的一部分 ···················· 92
　　二、少先队具有"准正规教育"的特质 ························ 93
第二节　少先队教育与其他教育的关系 ···························· 103
　　一、少先队教育与思想政治教育的关系 ························ 103
　　二、少先队教育与学校教育的关系 ···························· 103
　　三、少先队教育与德育的关系 ································ 104
　　四、少先队教育与其他组织教育的关系 ························ 105
第三节　少先队教育的基本要求 ·································· 106
　　一、应突出少先队的组织教育特征 ···························· 106

  二、需创新少先队教育的多种形式和途径 …………………………… 108
  三、要注重红领巾小社团建设 …………………………………………… 110
  四、需注意优秀少先队集体建设 ………………………………………… 112
  五、应把握少先队活动课的基本性质 …………………………………… 113

第六章 少先队教育的价值、目的及制度 … **115**
 第一节 少先队教育的价值定位 ……………………………………… 116
  一、少先队教育价值取向之历史变迁 …………………………………… 116
  二、新时代少先队教育的政治性价值 …………………………………… 120
 第二节 少先队教育的目的 …………………………………………… 124
  一、少先队教育目的及基本内涵 ………………………………………… 124
  二、少先队教育的课程目标 ……………………………………………… 125
 第三节 少先队教育制度 ……………………………………………… 126
  一、少先队教育制度的内涵 ……………………………………………… 126
  二、少先队教育的基本制度 ……………………………………………… 127
  三、少先队教育的其他制度 ……………………………………………… 133

第七章 少先队活动教育 … **139**
 第一节 少先队活动教育概述 ………………………………………… 140
  一、少先队活动的内涵 …………………………………………………… 140
  二、少先队活动的构成要素 ……………………………………………… 141
  三、少先队活动的特征 …………………………………………………… 142
  四、少先队活动的功能 …………………………………………………… 143
 第二节 少先队活动教育的理论基础 ………………………………… 143
  一、马克思唯物主义理论 ………………………………………………… 144
  二、活动教育思想 ………………………………………………………… 145
  三、前苏联活动理论 ……………………………………………………… 146
 第三节 少先队活动的类型及其课程化建设 ………………………… 149
  一、少先队活动的基本类型 ……………………………………………… 149
  二、近年来少先队活动的课程化建设 …………………………………… 152
 第四节 少先队活动的原则与基本环节 ……………………………… 154
  一、少先队活动的基本原则 ……………………………………………… 154
  二、少先队活动的准备与实施 …………………………………………… 155
  三、少先队活动的评估 …………………………………………………… 160

第八章 少先队仪式教育 … **163**
 第一节 少先队仪式 …………………………………………………… 164
  一、仪式是什么 …………………………………………………………… 164
  二、少先队仪式概述 ……………………………………………………… 167

第二节 少先队仪式教育 …… 175
  一、仪式教育是什么 …… 175
  二、少先队仪式教育概述 …… 179
第三节 少先队仪式教育的实施策略 …… 182
  一、明确仪式的教育目标 …… 182
  二、规范使用标志礼仪 …… 183
  三、优化仪式的程序 …… 183
  四、设置仪式场景 …… 184
  五、分层实施少先队仪式 …… 184

第九章 红领巾奖章教育 …… **187**
第一节 红领巾奖章教育的概念与属性 …… 188
  一、红领巾奖章教育是少先队教育激励体系的核心部分 …… 188
  二、红领巾奖章教育是少先队教育的一项特色活动 …… 189
  三、红领巾奖章教育是少先队教育的特色评价方式 …… 189
第二节 红领巾奖章教育的基本原理 …… 189
  一、强化理论 …… 189
  二、社会学习理论 …… 191
  三、需要层次理论 …… 192
  四、多元智能理论 …… 193
  五、荣誉理论 …… 194
第三节 红领巾奖章教育的内容结构 …… 195
  一、红领巾奖章的内容层次与激励形式 …… 195
  二、红领巾奖章教育的实施环节 …… 198
  三、红领巾奖章教育的评价标准 …… 199
第四节 红领巾奖章教育的支持系统 …… 202
  一、家庭可为开展红领巾奖章活动提供重要支持 …… 203
  二、学校是红领巾奖章教育开展的主导力量 …… 203
  三、社区是开展红领巾奖章活动的重要场所 …… 204
  四、网络是开展红领巾奖章活动的新平台 …… 205
第五节 红领巾奖章教育的未来展望 …… 206
  一、在少先队教育专业化驱动下完善奖章教育 …… 206
  二、在终身学习视野下拓展奖章教育 …… 207

第十章 少先队辅导员 …… **211**
第一节 少先队辅导员的内涵、历史及构成 …… 212
  一、少先队辅导员的内涵 …… 212
  二、少先队辅导员队伍的发展历史 …… 213
  三、当代少先队辅导员队伍的构成 …… 215

第二节　少先队辅导员的角色问题 ·············· 217
一、少先队辅导员的角色冲突 ·············· 217
二、少先队辅导员的角色定位 ·············· 218
三、少先队辅导员的角色素养 ·············· 220

第三节　少先队辅导员队伍的专业化发展 ·············· 222
一、少先队辅导员的专业化 ·············· 222
二、少先队辅导员队伍专业化发展的主要路径 ·············· 224
三、少先队辅导员队伍专业化发展的当代挑战 ·············· 228

第十一章　少先队工作的领导体制 ·············· **231**

第一节　少先队工作的领导 ·············· 233
一、中国共产党是少先队的创立者与最高领导者 ·············· 233
二、共青团是少先队的直接领导者 ·············· 234
三、少先队的最高权力机构——少先队代表大会 ·············· 238

第二节　少先队工作的组织管理系统 ·············· 240
一、少先队工作组织管理系统的各类主体及其功能 ·············· 240
二、少先队工作纵向垂直的组织管理方式 ·············· 244

第三节　少先队工作的运行机制 ·············· 251
一、少先队工作组织管理系统中各主体的相互关系 ·············· 251
二、少先队工作的运行规则及应用 ·············· 255

第一章
少先队的基本属性与功能

📖 内容梗概

1. 少先队基本属性
2. 少先队基本功能
3. 少先队的群团组织属性

📑 重要概念

少先队的政治性　少先队的群团性　少先队的教育性　少先队的群团组织属性

🎯 学习目标

1. 了解当代少先队的基本性质及其内涵；
2. 了解少先队的当代功能；
3. 重点理解少先队群团组织属性及其现实意义；
4. 理解并掌握少先队群团组织属性的内涵及其功能。

性质是指事物的本质，是一个事物所具有的区别于其他事物的根本属性。在进行少先队教育研究之前，我们需要先了解什么是少先队，其基本属性是什么，这是研究少先队教育其他问题的基本前提。为此，本章首先探讨两个密切相关的问题：先探讨少先队的基本属性及其功能，再讨论当代国家治理现代化背景下少先队群团组织属性问题。

第一节 少先队的基本属性

少先队的创建与发展都是基于中国共产党对中国少年儿童健康成长的考虑，具有较强的人为性与意志性。因此，少先队基本属性的判断主要应根据党中央的文件，其中《中国少年先锋队章程》是最主要的政策法规依据。为此，我们根据中国少年先锋队第八次全国代表大会2020年7月24日通过的《中国少年先锋队章程》（修正案）（以下简称《章程》）进行分析。该《章程》对少先队的属性有明确的定位："我们队的性质：是中国少年儿童的群团组织，是少年儿童学习中国特色社会主义和共产主义的学校，是建设社会主义和共产主义的预备队。"下面从三个方面依据其重要性分析其内涵。

一、少先队的政治性

这是少先队的最本质属性。从根本上说，少先队不是一般的少年儿童组织，是一个政治性、思想性很强的少年儿童组织。《章程》指出少先队是"建设社会主义和共产主义的预备队"。"预备队"是军事上的名词，是指三军作战部署中作为机动使用的兵力编组，在此是一种类比。"预备队"是对少先队性质的基本定位，"群团组织"、"学校"都是为了建设"预备队"。最早提出预备队思想的是1959年时任团中央第一书记的胡耀邦。他在北京市庆祝少先队建队十周年大会上作《预备队的任务》讲话，提出在社会主义建设中有三支队伍："第一支是伟大而光荣的中国共产党。这是领导我国人民建设社会主义和共产主义的先锋队。第二支是我们战斗的共产主义青年团。这应该是一支不知疲倦、不怕任何困难而英勇奋斗的突击队。第三支就是你们的少年先锋队。你们这支队伍，我想应该是一支为建设社会主义和共产主义而积极准备的预备队。"这段讲话指明了共产党、共青团和少先队之间的接力与传承关系，厘清了"队——团——党"是中国共产党培养接班人的时序链条。

少先队作为中国社会主义和共产主义建设的预备队，一方面寄托了中国共产党对少年儿童之于国家和社会发展重要角色的期待，把少先队视为中国特色社会主义事业的重要组成部分，也是党的建设的重要组成部分，因而是重要的政治设计；另一方面，中国共产党把社会主义和共产主义建设看作一项伟大的、长远的、需要几代人共同努力奋斗的事业进行谋划，期待少年儿童能够像军队的预备部队一样，在这项事业建设中接过上代人理想和精神的"接力棒",继续建设社会主义和共产主义大业。

其基本内涵是：

第一，少先队要坚持中国共产党的领导，将之作为少先队存在和发展的前提和必要条件。少先队是共产党亲手创立并领导的少年儿童群团组织，今天的少先队员将要成长为明天的共青团员、共产党员，成为强国栋梁。所以，政治方向与共产党保持一致是少先队必须坚持的基本方向。

第二，少先队要在思想上、政治上、行动上与党中央始终保持高度一致，自觉维护党中央的权威，坚持贯彻党的意志和主张，严守政治纪律和政治规矩，经得住各种风浪考验，承担起引导儿童听党话、跟党走的政治任务。偏离了党的领导，少先队就丧失了根基和原则，就背离了它的根本宗旨。

第三，少先队向少年儿童进行思想意识教育是少先队组织最根本、最重要的任务，是少先队组织政治属性集中和突出的表现。

从一定意义上说，在少年儿童中传播党的宗旨，使党的事业后继有人，是少先队作为政党的儿童组织的根本使命。把握住了这一方向，就是把握住了少先队的根本，就是为党和社会主义事业的长久发展提供了基础和保障。

少先队的历史，就是跟党走、按照党的要求带领少年儿童健康成长发展的历史。无论是土地革命时期还是抗日战争、解放战争时期，少年儿童革命组织都带领少年儿童为党的奋斗目标，为人民革命作出了力所能及的贡献；新中国建立后成立了少先队，无论是抗美援朝中的"红领巾号"，还是小五年计划的"红领巾水库"，或是新世纪的"保护母亲河红领巾环保林"，少先队都把为党的事业、为社会主义培养合格人才作为组织的核心目标，围绕党的中心工作和发展战略，开展孩子们喜闻乐见的教育活动，造就一代又一代矢志为党的事业奋斗终生的建设者。多年来，少先队既认真引导少年儿童养成良好道德，发展优良素质，实现全面发展，又扎实进行组织意识的教育、政治启蒙和价值观教育。其中注重党、团、队组织意识和教育内容的衔接，灌输培养少年儿童对党和祖国的朴素感情，教育少年儿童听党话、跟党走，是实现少先队作为党的事业预备队的政治功能，是为党的事业培养后备力量的重要保证，是少先队组织政治属性的具体落实；而引导少年儿童有爱心，养成良好的道德行为习惯，增强国家意识、科学意识、劳动意识、审美意识，锻炼强健体魄，养成良好心理素质，实现德智体美劳全面发展，则意在培养合格的社会主义建设者和接班人，为实现中华民族共同理想而培养后备力量。党用"先锋"为少先队命名，就是要求少年儿童从小学先锋、做革命接班人，而这个先锋就是中国人民与中华民族的先锋队——中国共产党。少先队的初心，就是教育引导少年儿童听党话，跟着党走，做党的事业的接班人。在少先队教育中，在知识能力培养之外，侧重对少年儿童进行思想意识培养与教育，重点遵循少年儿童思想意识的形成和发展规律，培养少年儿童对党和社会主义祖国的朴素感情，这是少先队组织政治属性的集中和突出表现。

二、少先队的群团性

（一）具体内涵

少先队的"群团组织"属性原先被称为"群众组织"，2020年第八届少代会将这一属性改为"群团组织"。表述上的变化其实反映了新时代党中央对少先队属性的重新定位,其具体内涵如下。

1. 少先队的群团性反映了党的群众路线精神

群众路线是密切党群关系的重要渠道和载体,历来为中国共产党所重视。少先队群团性的实质是党的群众路线在少先队组织的具体转化与体现。《章程》明确指出:"我们队的创立者和领导者:中国共产党"。这指明了少先队工作要接受中国共产党群众路线的指导方向。

中国共产党历届国家领导人都强调群众路线的重要性。1945年,在党的七大政治报告《论联合政府》中,毛泽东深入阐述了"全心全意地为人民服务,一刻也不脱离群众;一切从人民的利益出发,而不是从个人或小集团的利益出发",提出了"共产党人的一切言论行动,必须以合乎最广大人民群众的最大利益,为最广大人民群众所拥护为最高标准"[1]。刘少奇在中共七大上所做的关于修改党章的报告中也进一步指出了"群众路线"的重要性:"党的群众路线,是我们党的根本的政治路线,也是我们党的根本的组织路线。"[2]邓小平说,群众路线是党章中的根本问题。什么是党的工作中的群众路线呢?他明确地指出它包含两方面的意义。一方面,人民群众必须自己解放自己,党的全部任务就是全心全意地为人民服务,党的领导作用就是给人民群众指出奋斗的方向,帮助群众自己动手取和创造幸福生活。"因此,党必须密切联系群众和依靠群众,而不能脱离群众,不能站在群众之上;每一个党员必须养成为人民服务、向群众负责、遇事同群众商量和同群众共甘苦的工作作风。"另一方面,"它认为党的领导工作能否保持正确,决定于它能否采取'从群众中来,到群众中去'的方法。"[3]之后,这一认识不断地得以保持和发展。1992年十四大通过的《中国共产党章程》指出:"党在自己的工作中实行群众路线,一切为了群众,一切依靠群众,从群众中来,到群众中去,把党的正确主张变为群众的自觉行动。"[4]2002年十六大后,党中央所提出的科学发展观,所倡导的"以人为本"的理念便是在新世纪新阶段党的群众路线思想的集中体现。2012年党的十八大报告提出了夺取中国特色社会主义新胜利的八条基本要求,其中第一条就是"必须坚持人民主体地位"[5],也表现了对群众路线的高度重视,人民作为主体既是历史主体、实践认识的主体,也是社会发展的价值主体[6]。2017年,习近平在党的十九大报告开篇即强调:"不忘初心,方得始终。中国共产党人的初心和使命,就是为中国人民谋幸福,为中华民族谋复兴"[7]。总之,群众路线是中国共产党在革命实践基础上总结出来的宝贵经验,属

---

[1] 毛泽东.毛泽东选集·第3卷[M].北京:人民出版社,1991:1904-1095,1096.
[2] 中共中央文献研究室,中央档案馆编.建党以来重要文献选编(1921—1949)·第22册[M].北京:中央文献出版社,2011:397.
[3] 邓小平.邓小平文选·第1卷[M].北京:人民出版社,1994:217.
[4] 江泽民报告.中国共产党第十四次全国代表大会文件汇编[M].北京:人民出版社,1992:94.
[5] 习近平.紧紧围绕坚持和发展中国特色社会主义学习宣传贯彻党的十八大精神——在十八届中共中央政治局第一次集体学习时的讲话[N].人民日报,2012-11-19(01).
[6] 田心铭.群众路线——从毛泽东到党的十八大[J].思想理论教育导刊,2013(07):26.
[7] 习近平.决胜全面建成小康社会夺取新时代中国特色社会主义伟大胜利——在中国共产党第十九次全国代表大会上的报告[M].北京:人民出版社,2017:1.

于历史产物,也是党一以贯之的基本路线。少先队的创建者和领导者是中国共产党,其价值理念和组织路线自然要与中国共产党保持一致,所以,群团性实质上是中国共产党群众路线在少先队工作上的具体体现。

那么,什么是党的群众路线呢?自建党以来,历届党中央领导集体立足中国具体实情对群众路线理论不断地进行补充和发展,从而推进了党的群众路线的时代化进程。在革命斗争时期,中国共产党深刻认识到正确处理工农关系是夺取革命斗争胜利的关键,提出工农联盟。在新中国建设阶段,党提出"依靠群众"的范围应扩大到一切愿为社会主义生产贡献力量的爱国志士身上。改革开放以后,中国共产党提出"以人为本"的科学发展观,提出以人的发展来统领社会政治、经济、文化发展的方方面面,特别是进入中国特色社会主义新时代后,"以人民为中心"的思想成为党治国理政的核心要求与根本原则。"一切为了群众,一切依靠群众,从群众中来,到群众中去,把党的正确主张变为群众的自觉行动"是群众路线的核心内容。

同理,作为党的预备队的少先队在精神上应与共产党的群众路线保持一致,在当代以广大少年儿童的健康成长和权益保护为中心开展工作。少先队的事业就是广大少年儿童的事业,少先队的事业要想取得进步,就必须得到广大少年儿童的认可与支持,只有坚持群众路线、发展群众路线,少先队才能始终保持与广大少年儿童的密切联系。

2. 群团性要求以少年儿童为中心的价值导向

少先队组织有两个基本的组织关系:一是与党、团的关系,二是与少年儿童的关系。处理好这两种组织关系,是少先队工作的基本路径。显然,少先队必然是跟党走的,但少年儿童是不是必然跟少先队走就很难说。这从一个侧面说明,少先队工作的正确路径方法是面向少年儿童、争取少年儿童、赢得少年儿童,做好少年儿童的教育和服务工作。

少先队是党领导的少年儿童的群团组织,群众性实质上是少年儿童性。党之所以要建立和发展少先队,就是希望少先队能够凝聚少年儿童,把少年儿童团结在党的周围,面向未来,巩固和扩大党执政的群众基础。少先队的组织价值在于能够密切联系少年儿童,对少年儿童具有动员力和吸引力。因此,少先队要想履行好带领少年儿童跟党走的基本职能,就必须坚持以少年儿童为本,有效地影响和带领少年儿童。要最广泛、最有效地覆盖和影响少年儿童,当少年儿童的"娘家人"、"贴心人",维护少年儿童的合法权益;切实站稳"代表少年儿童、联系少年儿童、服务少年儿童"的立场,增强少先队的凝聚力和影响力,使少先队回归自身的群众属性。

3. 群团性要求少先队工作承认广大少年儿童的主体地位

这是指少先队要关注和联系最普通的少年儿童,而不能只面向少数精英儿童,疏远和脱离广大少年儿童;同时,少先队要克服成人取向的工作立场,要相信少年儿童具有一定的半自主性,他们能够在一定程度上自主地开展少年儿童活动。为此,要给予少年儿童在少先队活动中的自主参与空间,不替代、不包办、更不操控少年儿童的少先队活动,只有这样,少先队工作才能真正发挥少年儿童的主动性和创造性,让其体验自己就是少先队的主人翁,自己有责任参与少先队建设,并为少先队发展贡献自己的智慧与力量。

4. 群团性要求少先队的工作重心应以社会化为基本取向

这是因为我国的社会生活发生了巨大变化,少年儿童的生存空间、生活样式日益多样化,少先队需要以此为基本背景考虑如何真正在少年儿童的生活场域中实现"在场化"。为此,少先队需要将工作方式从自上而下的行政命令式的工作,转向重心下移,下沉到儿童生活的主要场所——学校、社区和网络之中,参与到少年儿童的生活,只有这样,少先队才真正能够做到带领、引导和凝聚少年儿童。

(二) 少先队群团性的重要意义

第一,有利于保持少先队与广大少年儿童的联系,增强广大少年儿童的组织归属感。少先队是正式的中国少年儿童组织,受中国共产党的领导,容易被看得过于严肃,群众路线有助于让广大少年儿童在参与中了解少先队,亲近少先队,并认同少先队,形成真正的归属感。

第二,有助于少先队加强自身建设。可以说,群团性是衡量少先队工作的重要标准。广大少年儿童是否热爱少先队、认同少先队是衡量少先队自身建设的重要依据。

第三,是实现少先队在新时代光荣感的必要途径。相比其他少年儿童组织,少先队是组织系统最为完善的组织,最有可能团结和凝聚广大少年儿童,带领他们展现新时代少年儿童应有的风采,体现新时代少年儿童应有的精神面貌,以此增强少先队在新时代的光荣感。

值得注意的是,群团性和先进性是辩证统一的,在实践中既要反对把少先队当作狭隘的先锋组织,犯"关门主义"错误,也反对把少先队降为一般性的少年儿童团体。当前,少先队工作存在的突出问题是脱离广大少年儿童,只把少先队作为培养少数少先队干部和优秀学生的土壤。有鉴于此,少先队开展工作和活动时务必要做到以广大少年儿童为中心,让少年儿童群众当"主角",而不能让少年儿童群众当"配角"、当观众,力戒"机关化、行政化、贵族化、娱乐化"倾向。

三、少先队的教育性

这是少先队的第三个基本属性。《章程》中的表达是,少先队是"少年儿童学习中国特色社会主义和共产主义的学校"。把少先队比作"学校"是一种隐喻式表达,实际上指出了少先队的教育属性。最早使用这种说法的是毛泽东,1934年,他在第二次全国苏维埃代表大会的报告中说:"儿童们同时又组织在红色儿童团之内,这种儿童团,同样是儿童们学习共产主义的学校。"根据这一精神,1978年修改队章时,少先队的性质加上了"少先队是学习共产主义的学校"。2019年是少先队建队70周年,习近平给少先队写信时也指出"少先队应该是少年儿童学习中国特色社会主义和共产主义的学校"。

(一) 少先队教育属性的人性论基础

少先队作为一种教育组织形式,体现了其多重人性假设。即它既需承认普通教育理论所持有的自然人与社会人假设,也需承认"政治人"假设。两者的关系可见图1-1。

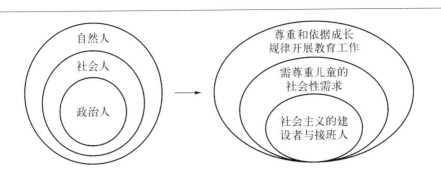

图 1-1 少先队的多重人性假设

1. 少先队教育属性首先承认自然人假设理论

自然人假设是指,承认人生而具有一定的天性与本来状态的合理性,用人力去改变它几乎没有多大成效,必须顺应人的天性或禀赋,遵循人成长和发展的自然规律。人的自然性具有多面性,既有理性,也有情欲、冲动、愿望与意志等,人人在此层面都有相近的人性,只要是人表现出来的,就是合乎人性的,就是合理的,无所谓善与恶,是属于人的自然性的一面。"自然"并非自然界的自然(物)或自然科学的研究自然(对象),而是整体的自然生命的成长倾向性与节律,具有非人为性。在这样的自然面前,我们需要对其保持敬畏心。

这一人性假设是在本体论意义上承认人性具有自然性的一面。这样的人性假设意味着在对待人的态度与方式方法上,不能简单地从传递知识、规则规范等方面强制人接受某种东西,而需要从理解人的欲求上教育人和引导人。同理,自然人假设要求少先队工作能够从人的自然性出发理解和要求少年儿童,而不仅从规范、规则、德性甚至政党的规范出发理解和要求少年儿童。这一点对于强调政治属性的少先队教育工作尤其重要,即虽然少先队教育以政治性为其本质属性,但它仍然需以"自然人"为基本出发点和前提,尊重少年儿童的成长与发展规律,理解少年儿童成长的内在需求,关心少年儿童在少先队活动中的情绪感受,并结合心理学、生理学等学科研究成果,开展符合少年儿童成长需求的教育,这样的少先队教育一定更容易在情感上激发儿童对少先队生活的信心,从而增强少先队的凝聚力与认同感。

当然,自然人假设并没有把握住人的一切属性,因为它没有看到人超越于动物,还有其社会属性和政治属性等方面的表现。

2. 少先队教育属性也承认社会人假设理论

社会人假设认为人不但有经济和物质方面的需求需要得到满足,更重要的是人还有社会和心理方面的需求需要得到满足,所以,要调动人的积极性,就应该考虑人的社会性和心理性需求。对于社会人来说,重要的是人与人之间的合作,而不是人们在无组织的人群中互相竞争;所有的个人主要是为保护自己在群体中的地位而不是为自我的利益而行动。霍桑实验表明(详见链接1-1),人的思想和行动更多的是由感情而不是由逻辑来引导的。从根本上说,社会人假设认为,人是由社会需求而引起工作动机的,并且通过同伴关系获得认同感。

链接 1-1

霍桑实验
Hawthorne Experiment

这是美国学者埃尔顿·梅奥（Elton Mayo）和他的团队 1924—1932 年在美国西部电力公司的霍桑工厂做的实验。他们主要是研究物质条件与生产效率的关系。他们的研究最终证明，人的社会性因素与生产效率之间才真正有关系。他们的发现在今天仍很重要。这项研究被认为是组织行为学历史上最重要的研究。

社会人假设的意义在于，它让我们认识到人具有社会性的需求，人与人之间的关系和组织的归属感比其他物质性报酬更能激励人的行为。"社会人"在生活工作中需要得到友谊、安全、尊重和归属等内在需求的满足。

这一假设对于少先队教育工作的启发在于：少先队工作不应只关注任务或活动的完成，而应把注意的重点放在关心和满足少年儿童的心理需求上；少先队工作不应关注指挥、操作、监督、控制和组织等程序性的工作，应该重视如何通过少先队活动培养少年儿童的个人的自尊感以及对少先队组织的归属感和整体感；在教育方式上，少先队教育应更具开放性，允许少年儿童在群体中发出自己个性化的声音，作为少先队辅导员应注意倾听儿童的声音，理解并支持儿童的个性化需求；在奖励与评价少先队时，提供集体性的奖励制度而不主张个人化的奖励制度，因为个人化的奖励制度更多地破坏群体成员的团结感与竞争感。

3. 少先队的教育性更以政治人假设为主要理论基础

少先队作为一种教育形式，不仅从自然性和社会性理解少年儿童，还从人的政治属性理解少年儿童。

"政治人"假设最早是由古希腊思想家亚里士多德提出来的。这个假设最有名的表述是亚里士多德所言："人是天生的政治动物"。亚里士多德的"政治人"假设是在分析古希腊城邦时代人们的生存状态时提出的。他的推理与认识逻辑是：凡人都生活在城邦中，如果不生活在城邦中，要么他就是一只野兽，要么他就是神祇，不是鄙夫就是超人。人之所以生存在城邦中，是因为两个生物必须结合才能够保证种族的延续，这种人类结合的形式就是家庭，家庭的结合就成为村庄，但家庭和村庄的形成是基于人的自然冲动，它们在维持发挥人的美德方面是不够的。因为他们缺乏正义，而正义是人类最伟大的财富。所以，在最终因果关系的顺序中，城邦应优先于个人和前政治联盟（家庭和村庄），这是自然最基本的原因，它们是作为整体的一部分联系在一起的。没有整体，局部就不能发挥作用，没有城邦，人就不能充分发挥人的功能——也就是说，没有城邦，人就不能充分实践美德。因此，政治创始人是"最大的恩人"，因为正义是最高的善，正义帮助我们做到最好。城邦将我们从邪恶的野蛮（一个孤立的人的命运或专制统治的结果）中拯救出来。

这一假设对少先队的启示意义在于：第一，要培养学生的爱国主义情怀，并让其明白国家与个人的内在关系,国家作为整体利益的代表要优先于个人利益;第二,培养学生的集体主义和共产主义思想道德品格,引导儿童突破个人主义的利益格局,从集体利益角度思考、判断与行动;第三,教育内容上,社会主义核心价值观、共产主义理想和中国共产党的革命传统精神都是培养少年儿童思想道德品质的重要内容。

(二) 少先队教育性的基本依据

1. 理论依据

我国一些少先队工作者认为,少先队是少年儿童的组织群体,这种组织形式是与学校教育、家庭教育和社会教育并存的第四种教育组织形式。这种观点有一定的道理,因为少先队具备教育内涵的必要条件。

其一,对象的直接性。教育是"有意识的以人为直接对象"的活动[①]。教育的直接对象是人,强调活动的承担者是否"有意识进行教育"。有些活动虽然有教育影响,未必是有意识进行教育,像父母对孩子的照料、阅读中自然产生的感受、日常生活体验、成人无意识对儿童产生的影响,这些活动行为都可能具有教育影响,但这些活动本身并不是以教育为直接目标,并不是教育活动。如果把凡是产生教育影响的活动或行为都称为教育,那么,教育就会成为"一种漫无边际、无法把握的社会存在",如果这样理解教育,就会消解教育作为人类独特活动存在的价值。当然,这样理解教育,并不是否定其他社会活动存在着教育影响,只是它不属于以教育为主旨的活动范围。

以此为对照,在对象的直接性方面,少先队的直接对象也是人,只是这种人具有年龄限制,主要是指具有中国国籍的、年龄在6—14周岁的少年儿童。

其二,直接目标是促进人的身心发展。"教育活动是以对人的身心发展产生影响为直接目标"[②]。有意识的以人为直接对象的社会活动很多,但直接目标不同,比如,医疗活动是以保护人的身心健康为直接目标;社会服务活动以满足人的需求为直接目标,但它们都不以促进人的身心发展为直接目标,所以,不能称得上是教育活动。

在此方面,少先队的直接目标也是促进少年儿童的身心发展与成长,只是它的内涵有一定专属性,以少年儿童的政治思想意识和价值观发展为主要目标,不像一般的教育目标指向少年儿童的全面发展。当然,在两者的关系上,少先队教育并不否定少年儿童身心全面发展的目标与价值,而是承认且强调在以少年儿童身心全面发展为基础与前提的条件下,促进少年儿童的政治思想意识和价值观发展。两者是普遍与特殊、整体与局部、共性与个性的关系,互为基础和条件。换言之,少先队在促进少年儿童政治思想意识和价值观的发展上,要以少年儿童身心全面健康发展为基础和前提,而不能因注重少年儿童政治思想意识和价值观发展而忽视或否定少年儿童身心的全面健康发展;同理,少先队也不能因肯定少年儿童的身心全面健康发展的价值而弱化或虚化少先队在培养少年儿童政治思想意识和价值观发展方面的独持价值及使命。独特目标与全面发展目标相互替代或否定的情况在历史上是存在的。比如,在文革时期,就是过度强调少先队促进少年儿童政治思想意识发展方面的价值而忽视了少年儿童身心的全面发展;

[①] 叶澜.教育概论[M].北京:人民教育出版社,2006:9.
[②] 叶澜.教育概论[M].北京:人民教育出版社,2006:10.

20世纪90年代,则又出现了因过度强调少年儿童身心的全面发展而忽视或轻视了少先队在少年儿童政治思想意识和价值观培养方面的独特价值,两种情况都对少先队的健康发展产生了不良影响。

2. 政策依据

中国少先队产生于20世纪20年代革命战争时期,是出于为革命战争服务而创建的一种革命斗争性的儿童组织,起初教育性并未纳入思考的视野。新中国成立后,中国社会背景发生了根本变化,和平与发展成为国家和社会发展的主题,少先队的属性和功能自然也要随之发生改变,少先队逐步被纳入到中国教育事业的构成之中。

1988年全国少工委颁发了《中国少先队教育纲要》,第一次以官方文件的方式指出:"少先队是整个少年儿童教育的重要组成部分,有着不可替代的特殊教育作用。"2005年颁发的《中国少年先锋队章程》指出少先队的性质"是少年儿童学习中国特色社会主义和共产主义的学校"。2015年全国少工委颁发的《中国少先队活动课程指导纲要》指出"少先队教育是中国特色社会主义教育事业的重要组成部分。"这些政策文件的出台,正式确立了少先队教育在中国教育事业中的地位,承认少先队是中国特色社会主义教育事业的重要组成部分。

(三)少先队教育性的基本内涵

通常我们认为,儿童教育系统应当包括学校教育、家庭教育和社会教育,但由于少先队教育的存在,张先翱先生认为我国"少年儿童教育体系是由学校教育、家庭教育、社会教育和少先队组织教育四个支系统构成"[①]。因此,我们不能忽视这第四个教育系统,即少先队教育。其具体内涵是指:

首先,少先队承担着特殊的教育使命。共产党成立之初,就把培养革命接班人放在重要位置,十分注重引导少年儿童走向革命道路。新中国成立伊始,共产党就亲手创立了少先队。一直以来,在中国共产党的领导下,少先队精心哺育了一代代拥护共产党的少年儿童,为共产党和人民事业薪火相传作出了积极贡献。这些历史表明,少先队的重要使命在于传承红色基因,培育时代新人,锐意改革创新,团结带领和教育广大少先队员听党话、跟党走,为建设社会主义现代化强国、实现中华民族伟大复兴的中国梦做好全面准备,最终为社会主义事业培养合格的接班人。

其次,少先队教育内容与方式方法有一定的独特性。学校教育的主要内容是现代科学文化知识,教育教学的主要阵地和基本方式是课堂教学。与学校教育相比,少先队教育的主要内容是政治启蒙和价值观教育,教育方式不局限于课堂教学,更多的是在课堂外或校外开展各类少先队教育实践活动,组织教育、自主教育和活动教育是其基本教育方式。

再次,少先队教育者的构成较为多样广泛。学校教育的主体主要是教师,而少先队教育的主体除了学校中的少先队辅导员,还有街道、乡镇、社区和校外教育机构的工作者,如从事青少年事务的社工、青年志愿者、热心家长以及社会各界专业人士等都可以成为少先队教育工作者。

---

① 张先翱.张先翱少先队教育文集[M].北京:中国少年儿童出版社,2003:2.

最后,少先队教育要遵循教育规律和儿童成长的年龄特点开展。这是少先队教育作为一种教育形式必须坚持的基本教育原则。它要求少先队工作者研究少先队教育的内在规律与要求,研究少年儿童接受少先队教育的基础与条件,以儿童可以理解和接受的方式方法开展教育。

总体而言,少先队工作要全过程坚持政治性、群团性与教育性,辩证处理三者的关系。政治性是少先队工作的基本方向,群团性和教育性要以政治性为基本价值取向。在政治性方面,要旗帜鲜明地强调少先队的政治属性,突出少先队不仅姓"群",也姓"党",确保少先队教育工作自觉地跟党走、听党话。在少先队教育工作中要避免过于娱乐化、形式化,而轻视或忽视少先队教育的政治性。群团性要求少先队工作坚持以服务和引导少年儿童为基本导向,并发动少年儿童广泛而主动参与。这一点尤其关键,是少先队教育工作真正走近少年儿童,被少年儿童所认同的重要要求。教育性要求少先队教育要从教育的基本规律出发,科学地开展少先队教育工作。

第二节　少先队的基本功能

"功能"是指某事物或方法所发挥的有利作用或效能,是对象满足他物或他者需要的属性。根据人民团体属性及其功能的分析框架,对少先队的基本功能的理解框架如下。

一、政治启蒙教育功能

(一)国家政治对少先队教育的作用

少先队与国家政治的关系从诞生之日起便紧密地关联起来了。少先队发展的历史已经告诉我们,自少先队出现之日起,居于中心地位的功能就是拥护中国共产党,拥护中国共产党的社会主义事业。在现代社会,少先队与国家政治的关系是什么呢?首先,我们需要分析什么是政治。

政治是指在一个国家或社会中实现和使用权力的行为或活动。政治包涵两层含义:1."政"指的是正确的领导;2."治"指的是正确的管理,"政"是方向和主体,"治"是手段和方法,"治"是围绕着"政"进行的。从人类社会学上讲,政治是人类社会中存在的一种非常重要的社会现象,它影响到人类生活的各个方面。这个社会现象非常复杂,因而在不同历史时期、不同文化、不同语言以及不同学科角度、不同的学者对它的论述也不相同。而且政治内涵的本身也在不断地变化,因此对政治的阐释也充满了争议,始终没有一个确切公认的定义。政治的表现形态是多样的:作为制度、机构形态的有国家政治制度、法律制度和各级政府机构、各党派组织等;各政治组织为维护政权、阶级、政党利益所进行的活动是政治的活动形态;此外,还有反映政权、政党及政治利益的路线、方针、政策及各种政治理论与学说,这是观念形态的政治。这三种形态密切相关,政治制度、法律制度和相应的政权机构具有强制性,对一个国家的政治性质起着决定性的作用。政治在整个社会结构中属于上层建筑领域。

政治在现代社会中的作用依然十分重要,任何掌握政权的阶级都要通过各种渠道来维护、巩固、发展自己的政权。因此,在现代社会,政治对教育的作用并不会因其他关系的增强或复杂化而消失,改变的只是内容、强度和方式而已。

政治与教育的一般关系是决定与被决定的关系。通常,政治决定着教育为谁培养人,培养什么样的人,如何培养人以及与此相关的其他一切方面。任何希望教育脱离政治影响或制约的想法都是不科学的,也是不可能的。真正的教育进步不在于教育摆脱政治,而是使教育与政治的进步性、积极性的主张相联系,为推动社会进步而服务。马克思、恩格斯在《共产党宣言》中明确指出:"共产党人并没有发明社会对教育的作用;他们仅仅要改变这种作用的性质,要使教育摆脱统治阶段的影响。"[①]

现代社会中政治对教育的决定性作用不仅指政治对教育的阶段性制约与控制,还包括政治为教育发展提供保证,即发挥政治在管理方面的积极作用。对于社会主义国家来说,这一点尤其要强调。因为社会主义国家的政治是代表大多数人利益的,不应存在与社会大多数人的尖锐矛盾与冲突,社会主义所要求的教育的政治方向能得到人民的认可,故在制约与控制上不应遇到很大的阻力。这就有可能、也有必要通过方针、政策和法律、制度,更多地为社会主义教育事业发展提供政治条件的保证。事实上,我国社会主义教育事业的发展证明了这一点。

当然,在政治与教育的关系上,要注意把握好两者的差异度。政治与教育是两种相关的但不是同一的社会现象。它们在社会大系统中处于不同的地位,发挥不同的作用,且自身也各成相对独立的系统,有着不同的内在活动与发展规律。因此,政治对教育的决定作用并非要求按政治活动的规律来指导教育活动,也不意味着政治是教育的唯一依据,教育不能只考虑政治的要求,还需要从教育自身的规律和儿童成长的需求等方面进行综合考虑。

以上所阐述的政治与教育的关系,同样适用于政治与少先队教育的关系,即使少先队的政治性使命色彩更强,但仍然需要遵循这一基本关系。

(二) 少先队教育政治启蒙功能的具体表现

政治启蒙教育功能是少先队的基本功能。其具体表现是:

1. 宣传党的政治观点、政治理论或国家领导人的主张

自新中国成立以来,从少先队教育的历史和当代现实中,我们都能够看到这种现象:我国历届国家领导人都非常注重少先队作为重要的政治思想意识的宣传阵地。究其原因,主要是因为少先队是中国共产党创立并领导的,其宗旨是让少年儿童从小听党话、跟党走;而且,少先队要比学校教育灵活,其内容不强调知识的系统性,可以随时根据国家政策方针的发展变化而灵活调整,容易让少年儿童及时了解国家政治思想和发展形势。

2. 培养少年儿童的思想政治意识

由于少年儿童人生经验不足,生活在和平时期,并不了解党在国家发展中的故事,

---

① 苏联教育科学院编.马克思恩格斯论教育(上)[M].华东师范大学《马克思恩格斯论教育》辑译小组,辑译.北京:人民教育出版社,1985:153.

因此,让少先队首先了解党的历史和当年创业的成果,是培养少年儿童热爱党和认同党的最重要的任务之一。比如,上海市黄埔区是党的诞生地,也是国歌首唱地和解放上海第一面红旗升起的地方,革命文化资源丰富。2010年开始,黄埔区创建了未成年人思想道德建设品牌项目——"文文明明幸福行——小公民道德工程"。在品牌建设的过程中,首先,黄浦区宣传部、区文明办、教育局、团区委共同开展了以"党的诞生故事"为主题的活动,动员全区1 500名少年儿童上传了红色故事诵读的音频,四万多人参与了线上互动,各基层学校也开展了大量线下活动。其次,黄埔区挖掘了整个区域的反映革命文化和改革开放文化的资源,如中共一大会址、渔阳里等爱国主义教育基地,银行博物馆、新世界百货等金融财商教育基地,当代艺术博物馆、大世界等优秀文化传承基地,以及科普探索馆和电信博物馆等科技环保类基地等共37个学习基地。为此,黄埔区开展了青少年红色人文行走活动,让学生从"党的诞生地"出发,行走到"国歌唱响地",从中了解党的历史和英烈事迹①。

二、桥梁纽带功能

1. 少先队作为沟通党、政府与广大儿童、儿童相关利益人(如家庭、朋友)的桥梁

一方面,少先队是广大少年儿童心声的代言人,可以代表广大少年儿童向党和政府提出自己的想法、看法或建议。通过少先队,党和政府也能够准确地了解广大少年儿童的思想发展状态和成长需求,并从少年儿童角度出发,为少年儿童着想,以提供相应的政府关怀。另一方面,党和政府能够通过少先队将国家的发展愿景、执政理念以及对儿童的期待传达给广大少年儿童,让少年儿童了解、理解并认同党和政府的治国理念及执政方针,让少年儿童从小在心目中种下一颗与党和国家共命运的种子,扣好少年儿童在政治生活中的第一粒纽扣。(相互关系见图1-2)

图1-2 少先队的桥梁纽带功能示意图

因此,少先队具有桥梁纽带的功能,连接着党与儿童,是党和政府对儿童进行政治思想启蒙的组织者与宣传者。为此,新中国成立后,国家领导人一直都重视少先队建设,从建设时期到改革时代,从计划经济到市场经济,少先队始终处于培养少年儿童价值观的第一线。这一点,无论是统揽全局的执政党还是从事具体工作的少先队都有深刻认识。

2. 少先队具备团结凝聚的功能

这包括向内和向外两方面内容。向内是指少先队能把我国广大少年儿童团结和凝

---

① 左丽华,高健华.走向卓越:优秀少先队辅导员专业成长[M].上海:少年儿童出版社,2020:108-109.

聚起来一起成长，形成做国家社会主义和共产主义建设者、接班人的共同愿景，也能够把少年儿童组织在一个有共同奋斗目标、有丰富的教育活动、有严明的纪律的集体之中，让他们在自己的组织里锻炼成长，在队旗下齐步前进。在当代中国社会转型的背景下，少先队的凝聚功能越来越重要，这与少年儿童的生存状态有关。一方面，我国城市化、工业化进程加快，很多儿童因父母职业的流动性加大而不断转换成长空间，需要不断地适应新的环境，这些生存状况都不断地增强着儿童成长过程中的孤独感，而少先队的集体意识、组织氛围有助于培养少年儿童的集体归属感和互动感。另一方面，儿童们也正处于价值多元化、阶层多样化、网络化的时空中，对于他们而言，其判断力、决断力都尚未成熟，面对驳杂的声音，常常是困惑或是混乱的。此时，少先队可以用有意义、有趣味的活动吸引广大少年儿童聚集在自己身边，引导广大少年儿童过一种积极向上的生活。

向外是指少先队应面向社会，对外发挥整合作用，其基本要义是以少先队为载体凝聚社会各类资源，密切联系少年儿童的家长和广大拥护党、关心少年儿童成长的群众参与少先队工作，形成磁场效应，以少先队为轴心把分散的社会资源整合成有机体，使少先队像树一样，扎根在社会群众的心中。改革开放以来，各类少年儿童活动的增加挤压了少先队的生存和发展空间，少先队作为党与少年儿童和社会各界的联结纽带，无法深深扎根于社会，更无法最大程度地整合社会资源，稳固党与少年儿童和社会的紧密关系，导致少先队光荣感的下降。所以，发挥少先队向内和向外的团结凝聚功能，在现当代显得尤其重要。

三、价值观教育功能

通常人们把教育划分为学校教育、家庭教育和社会教育，这种分类是把少年儿童以外的人作为教育者，把少年儿童当作被教育者；现在教育理论已经承认，在共同体之中，人们只要共处，就会相互学习，彼此既是学习者，也是教育者，处于多重角色的变动之中。同理，少年儿童相处之时，相互之间也既是学习者，又是教育者。

按照马克思的设想，未来社会是"自由人的联合体"。这些自由人是指文明素质高、道德水平高的现代公民。现代公民不是自然形成的，需要无产阶级政党去塑造、引领。中国共产党领导的社会主义事业，不仅是为了创造一个新世界，更是为了实现中华民族伟大复兴的中国梦。新世界和中国梦的实现需要新思想、新道德、新人格、新风尚等结构性要素来支撑。而最易也是最先接受新思想、新道德的，往往是处于世界观、人生观、价值观形成阶段的青少年群体。学校属国民教育序列，它在传授知识的过程中培育青少年的健康品德；少先队则专司少年儿童的价值观培育（当然，很多时候也是在实践中培育），即少先队是少年儿童学习社会主义和共产主义的学校。

历史表明，从建设时期到改革时期，从计划经济到市场经济，少先队始终处于培育少年儿童价值观的第一线。这一点，无论是统揽全局的执政党，还是从事具体工作的共青团都有深刻认识。毛泽东一向注重"接班人"的培养问题，其核心就是把少年儿童培养成又红又专、德智体全面发展的社会主义事业的建设者和接班人。历届共青团都将思想政治教育和宣传工作放在首要位置,把"培养人"作为统筹少先队各项工作的总抓手。时间虽然跨越了半个多世纪,但在执政党的运行体系中,少先队培育少年儿童价值观的功能定位始终没有改变。

少先队育人功能的实现取决于如下因素:一是执政党营造的清明政治环境以及良好的执政绩效,可以增强包括少年儿童在内的所有民众的认同度和向心力;国家建设的成就、国际舞台的位置,有利于增强少年儿童群体的民族自信心和自豪感。这里需要说明的是,一个新政权诞生后,对民众的动员和凝聚方式,大约在100年之内要完成一系列转变,百姓从因感恩而顺从,到因绩效而拥护,最后上升到因法治而有序、有理性。执政党需要审时度势地调整策略和政策。二是主流价值观需要加强对全体社会成员的影响,以产生强烈的从众效应。时代塑造性格,少先队在执政党强大的舆论宣传之下,只要因势利导,就能产生较好的引领效应。第三,复杂多样的社会生态容易对少年儿童的价值观产生影响,尤其是在个性化、娱乐化、研学化的趋势下,少年儿童因判断力不足,容易被其他儿童活动所吸引,因此,少先队就需要在此方面花力气,探索能够真正为少年儿童所接受和认同的价值观教育的方式方法。

少先队在价值观教育方面有其特有的优势。这体现在:其一,少先队的组织教育优势。组织教育不仅是少先队教育的重要内容,也是其他教育的有效载体。少先队组织中有不同的角色,如少先队大队长、中队长、队员,这些不同的角色承担着不同的任务,如何执行好这些任务,如尊重同学、善于倾听同学的声音,并归纳同学的意见后向辅导员传递同学的声音,这本身即是对少先队员们的锻炼,具有历练少先队的功能。

其二,少先队是一个潜在的共同体。因为少先队有共同的愿景、目标、标识以及共同行动的规则或原则,这些既引导着少年儿童学会过有组织的生活,也在培养着少年儿童尊重组织、按组织的要求行动的意识与能力,最重要的方面在于少先队有助于培养少年儿童的共同体感。

少年儿童的共同体感就是少年儿童对少先队组织的认同,表现为对少先队的归属感与信任感。这种共同体感不仅有利于增强少年儿童对少先队的信任感,也有利于增强对共产党的归属感与信任感,共产党的合法性由此得以认同。合法性(legitimacy)是当代政治学的一个核心概念,通常指作为一个整体的政府被民众所认可的程度。任何一种政治体系都需要依靠某种合法性,才能正常地、有效率地运转。对于我国社会主义制度来说,其合法性意味着中国人民对其的支持。这种支持往往来自于个人的服从或归属的感知。少年儿童不可能真正理解和认同抽象的民族国家这个"想象的共同体",但少先队对他们而言则是具体而生动的,如果从小具备归属感与信任感,无疑会影响到其成年后对国家和执政党的归属感、信任感、认同感。

当然,最重要的是,共同体感的真正形成源于每个人都有参与决策、参与实施的机会,否则,共同体就会流于形式,最终走向破产。

其三,少先队通常是通过实践活动实施教育,注重少年儿童的自主精神。少年儿童通常是自己策划活动、组织活动、实施活动和评价反思活动得失,这些都直接或间接地培养着学生的策划力、组织力和沟通协调与反思的能力。当然,少先队最重要的教育功能在于培养共产主义事业接班人,它志在引导队员们从小立志向、有梦想,相信党、热爱党、听党的话、跟党走,让党、团、队三面旗帜从小飘扬在每个少年儿童的心里。

四、服务引领功能

目前,我国少年儿童除了参与少先队以外,还可参加一些其他少年儿童组织,比如夏令营、冬令营,各类文化艺术团体以及某志愿者团体等。与这些儿童组织相比,少先队是由党和政府直接关怀和重视而建立的儿童组织,是为培养社会主义事业的建设者和接班人而设立的组织,其思想意识、制度建设、资源平台都得到党和政府的特别关注与支持,要比其他儿童组织的发展条件、思想境界更优越一些,党和政府也希望少先队在凝聚广大少年儿童的同时,能够在其他儿童组织中位居主导地位,服务和引领其他儿童组织。具体体现在:

1. 建设服务少先队社会化活动的各类基地

2017年《少先队改革方案》指出:要扩大服务少年儿童参与社会活动的平台。少先队联合教育等相关部门和群团组织,推动少年宫、青少年活动中心(营地)等各类少年儿童校外活动场所、公共文化服务场所和社会文化教育设施,面向所有少年儿童免费开放,提供公益服务,开展实践教育,支持少先队活动。依托青年之家等青少年综合服务平台,建设少先队活动阵地。充分依托基层党群活动场所、社区、"乡村学校少年宫"、机关和企事业单位、部队营地等,共建共享,拓展活动阵地。动员各类资源,大力推动少年儿童校外活动营地建设。与各类社会文化教育和服务机构合作,联建少年儿童实践体验基地。

2. 服务少年儿童成长需求

少先队在此方面的具体做法有:(1)关切队员成长,倾听队员心声,围绕少先队员的需要和家长期盼、党政关心、社会关注的问题,找准切入点,设计开展具体服务项目,精准服务少年儿童在平安自护、身心健康、学习成长、人际交往、社会生活、网络安全等各方面的需求。(2)积极承接政府少年儿童事务。通过依法公募、众筹等方式积极动员社会各方面力量,开拓服务项目,挖掘服务资源,打造服务品牌,以扩大少先队服务少年儿童的社会声誉度。(3)通过手拉手、微心愿圆梦等多种方式,为农村留守儿童、进城务工人员随迁子女、城乡贫困家庭、残疾、孤儿和患重大疾病等困难的少年儿童群体办实事、解难事、做好事。(4)同时,少先队还联合团的权益工作部门和专业力量,建立了解、反映少年儿童意愿、呼声和诉求的工作机制和快速反应机制,依法有序代表少年儿童表达诉求、解决问题,依法积极介入、主动发声并协助处理典型性重大个案维权,参与推动完善未成年人法律体系、落实未成年人司法保护制度。

3. 适应时代需求,建设网上少先队,服务少年儿童

比如,现在一些地方的少先队建立了面向全体少年儿童的微信公众号、微博和各级少工委微信公众号、微博以及中国少年先锋队网、未来网,建设网上少先队综合活动和服务平台以及少先队工作网站、微信、微博、APP等为主的新媒体工作格局,以推进各级少先队新媒体工作平台互联互通。

第三节　群团改革背景下少先队属性的新发展

一、群团改革概述

群团工作是共产党治国理政的一项经常性、基础性工作，也是党组织动员广大人民群众为完成党的中心任务而奋斗的重要法宝。工会、妇联、少先队等群团组织是我国特定历史条件下的产物，也是中国共产党的伟大创造和独特的制度性安排，在我国社会主义革命和建设进程中作出过历史性贡献。在未来一段时期里，工会、少先队、妇联等群团组织联系的广大人民群众仍然是全面建成小康社会、坚持和发展中国特色社会主义的基本力量，是全面深化改革、全面推进依法治国、巩固党的执政地位、维护国家长治久安的基本依靠。但是，在新的社会环境里，群团组织的活动场域、服务对象、工作内容和工作方式等方面面临着历史性转变，再加上其自身也不同程度存在着"机关化、行政化、贵族化、娱乐化"现象，因此，为更好地发挥群团组织作用，把广大人民群众更加紧密地团结在党的周围，汇聚起实现"两个一百年"奋斗目标、实现中华民族伟大复兴中国梦的强大正能量，2014年12月29日，中央政治局会议审议通过《关于加强和改进党的群团工作的意见》，提出"新形势下党的群团工作更为重要和紧迫，只能加强、不能削弱，只能改进提高、不能停滞不前"。2015年7月9日，中共中央颁发了《中共中央关于加强和改进党的群团工作的意见》，该《意见》指出了新形势下加强和改进党的群团工作的重要性和紧迫性；坚定不移走中国特色社会主义群团发展道路；加强党委对群团工作的组织领导；推动群团组织团结动员群众围绕中心任务建功立业；推动群团组织引导群众自觉培育和践行社会主义核心价值观；支持群团组织加强服务群众和维护群众合法权益工作；支持群团组织在社会主义民主中发挥作用；支持群团组织参与创新社会治理和维护社会稳定；推动群团组织改革创新、增强活力；加大对群团工作的支持保障力度；加强群团组织领导班子和干部队伍建设11项意见。

二、群团改革背景下少先队属性的新发展

少先队是少年儿童的群团组织，是少年儿童学习中国特色社会主义和共产主义的学校，是建设社会主义和共产主义的预备队。这个三位一体的组织定位使得少先队不同于普通的儿童组织和团体，具有鲜明的政治性、群团性和教育性，且这三种属性是新时代少先队改革的基本价值取向。那么，它面临着哪些新的要求呢？

（一）少先队政治性的新发展

政治性是指少先队是一个政治性的儿童组织，具有鲜明的政治立场、政治观点和政治态度。政治性的内核是党性，就是要坚持党的领导，完成党交给的任务，发挥党和政府联系少年儿童的桥梁纽带作用，履行党的预备人的职能。在少先队改革中，政治性有

了新发展。

1. 政治性被明确强调

少先队改革源于2015年1月下发的《中共中央关于加强和改进党的群团工作的意见》。该文件指出,改革创新是群团工作发展进步的不竭动力,因此要"推动群团组织改革创新"。该文件提出了"中国特色社会主义群团发展道路"的命题。这条道路的基本内涵是"三个统一"、"六个坚持"。"三个统一"是指各群团自觉接受党的领导、团结服务所联系的群众、依法依章开展工作相统一。"六个坚持"是指坚持党对群团工作的统一领导,坚持发挥桥梁和纽带作用,坚持围绕中心、服务大局,坚持服务群众的工作生命线,坚持与时俱进、改革创新,坚持依法依章程独立自主开展工作。可见,中国特色社会主义群团发展道路包含了坚持党对群团工作的统一领导,坚持发挥桥梁和纽带作用,坚持围绕中心、服务大局等政治性要求。

在少先队改革之前,关于少先队基本属性的普遍说法比较多样,政治性没有被强调,而是包含在先进性或思想性之中。把政治性正式单列出来作为少先队的根本属性,源于2015年7月召开的中央党的群团工作会议。该会议强调,加强和改进新形势下党的群团工作最重要的是要保持和增强政治性、先进性、群众性。突出强调这三种属性是会议的核心内容。之所以强调政治性,是因为我国有多家群团组织,有的群团组织政治性不是很明显,需要增强政治性。根据《中国共产党章程》的规定,与共产党具有特殊的政治关系,一直以来比一般的社会组织乃至其他群团组织具有更鲜明的政治性,少先队属于共青团直接领导,其政治性相较一般的少年儿童组织自然也更为鲜明。对于少先队来说,强调政治性,有利于其更加自觉地坚持党的领导,贯彻党的主张,紧扣党的工作中心开展活动。2017年2月教育部、全国少工委印发的《少先队改革方案》中尚没有明确提出增强政治性,而是提出增强思想性,从方案的全文看,思想性主要是指"思想政治引领和价值引导"、"教育引导少年儿童打下'五爱'政治情感的基础、人生观的基础、社会主义道德的基础,确立听党的话、跟党走的政治方向"。其实,这里的思想性指的就是政治性。

少先队不是自发成立的,而是党建立的;不是自我发展的,而是在党的领导下发展的。过去,党之所以要建立少先队,是因为少先队能够带领少年儿童跟着党夺取全国政权;今天,党之所以要发展少先队,是因为少先队能够为党培养接班人。党的少年儿童工作是党通过少先队开展的,是党组织动员广大少年儿童为完成党的中心任务而奋斗的重要工作。当下,少先队跟党走是毋庸置疑的,但问题是少先队能否广泛而有效地引导少年儿童听党话、跟党走;能否增强少年儿童参加少先队的光荣感。这是少先队组织与一般少年儿童组织的根本区别,也是衡量少先队工作做得好不好的政治标准。

2. 加强体制机制建设,增强少先队政治性

2019年全国少工委颁发的《关于深入贯彻落实党建带团建、队建加强少先队工作体制机制建设的意见》集中体现了少先队在加强政治性上的举措。

第一,加强党委领导。少先队工作要纳入各级党委听取团组织工作汇报、研究青少年工作的专题会议和党政青少年事务联席会议等制度安排。推动落实和完善各级党委

加强少年儿童和少先队工作的政策,推动建立落实党委和政府有关少先队政策的协调督导机制。

第二,中小学要全面建立学校少工委,由学校党组织的书记(或政治面貌是党员的校长)担任少工委主任,大队辅导员担任少工委办公室主任。要加强学校团组织建设,建立团组织的学校,团组织书记可担任少工委副主任,符合大队辅导员任职要求的,可兼任大队辅导员和少工委办公室主任。学校少工委主要由学校党政领导、相关职能部门负责同志、大中队辅导员、校外辅导员、家长代表、社会热心人士等组成。学校少工委应由学校少代会选举产生,学校少代会一般每学年召开一次。

第三,中小学校长和党组织负责人要切实重视、支持少先队工作。学校要将少先队工作纳入党建工作和教育教学整体工作计划、考核评价,普遍开展中小学少先队活动课,确保充足的少先队活动时间,大力支持少先队创造性开展校内外实践活动,支持建设好少先队集体,保证学校少先队队室、鼓号队、红领巾广播站(电视台、网站,有条件的地方)、宣传栏、中队阵地等基本阵地和配备,积极创造校内外少先队实践活动阵地,保证少先队工作必要的经费、物资,建立健全少先队工作考核评价激励机制,发挥好少先队组织在学校教育中的独特作用。中小学少先队开展相关活动及购置设施设备所需经费,可在学校公用经费中列支。

第四,要加强党组织对少先队辅导员队伍的管理。要求少先队辅导员突出政治素质和政治标准、政治要求,按照中小学中层干部管理标准,对少先队大队辅导员进行考察、选拔、配备、管理、使用、保障,并上报同级教育部门备案。工作特别优秀的少先队大队和中队辅导员,应列入教育系统和学校后备干部培养序列。在各级中小学中层干部培训中,要有一定比例的少先队大队辅导员参加。

(二)群团改革背景下少先队群团性的新内涵

群团性是指少先队是一个少年儿童群团组织,具有群众工作的目标、内容和方式,能够与少年儿童保持广泛的、直接的、有效的联系。群团性实质上是儿童性,要得到少年儿童的热爱、参与和支持。在少先队改革中,群团性有了新发展。

1. 强化团结少年儿童在少先队工作格局中的基础作用

2020年全国第八次少代会明确提出,少先队要团结、教育和引领少年儿童的三项责任。其中团结即是第一项责任。党之所以要建立和发展少先队,是因为需要少先队团结少年儿童、影响少年儿童、带领少年儿童跟党走。少年儿童的群团性是党为人民服务的宗旨和群众路线的要求和体现,要运用群众工作的方法,做好少年儿童群众工作。团结少年儿童是少先队的生命线,是少先队工作的根本特点。能否把少先队最广泛、最紧密地团结在党的周围,是衡量少先队工作优劣的根本标准。

少先队是少年儿童组织,植根于少年儿童之中是其重要优势。少先队开展工作和活动要以少年儿童为中心,要让少年儿童当主角,而不能让少年儿童当配角、当观众。少先队的观点要得到少年儿童的认同和接受,少先队的活动要得到少年儿童的支持和参与。要坚持以少年儿童为本,组织活动请少年儿童一起设计,部署任务请少年儿童一起参与,表彰先进请少年儿童一起评议,努力把工作对象转变为工作力量。服务少年儿童是少先队工作的"生命线",为少年儿童服务是少先队的"天职",少先队要增强少年儿童观念,多为少年儿童办好事、解难事,维护少年儿童利益,不断增强自身的影响力和感召力。少先队要重点帮助少年儿童解决日常工作生活中最关心、最直接、最现实的利益问题和最困难、最操心、最忧虑的实际问题,哪里的少年儿童合法权益受到侵害,哪里的少先队就要帮助少年儿童通过合法渠道、正常途径,合理伸张利益诉求,促进社会公平正义。只有真诚服务少年儿童,切实为少年儿童排忧解难,才能成为少年儿童信得过、靠得住、离不开的知心人和贴心人。少先队改革就是为了更好地尊重少年儿童在少先队工作中的主体地位,更好地维护少年儿童利益,使得少年儿童参与少先队工作、支持少先队开展工作,充分发挥他们的积极性和创造性。

2. 更加关注普通少年儿童

少年儿童因学业成绩、个人能力、性格等因素经常被分为不同的类型,如优秀少年儿童或普通少年儿童。一段时间以来,少先队工作热衷于联系优秀少年儿童,忽视普通少年儿童,这极大地损害了少年儿童的群团性。少先队文件中常说"广泛动员少年儿童"、"组织广大少年儿童",这是群团性的体现。如果丢掉了"广泛"、"广大"这两"广",就会导致不同层次、不同领域的少年儿童代表性不够,不利于少先队团结和吸引少年儿童。少先队是少年儿童的群团组织,如果优秀少年儿童比例过高,普通少年儿童就会感到高不可攀、遥不可及,就会产生距离感和隔膜感。

少先队改革要把握好代表谁、联系谁、服务谁的问题,去除"精英化",提高普通少年儿童在少代会代表、少先队队委委员等的比例,克服重精英、轻普通,工作对象精英化、少数化的问题。要把普通少年儿童中的优秀儿童吸纳到少先队中,多一点有各种特长或个性的人,少一点单一的成绩优秀儿童。

3. 推动团委少先队工作干部直接联系基层的制度落实

推动各级团委少先队工作干部,落实好"8+4"常态化下沉基层、"4+1"向基层服务对象报到、"1+100"直接联系青年等制度安排(见链接1-2),直接联系、直接服务、直接引导基层少先队组织、少先队员和辅导员。建立健全少先队工作干部调研制度,推动全体少先队工作干部经常性深入中小学驻校蹲点,了解基层实际,与少年儿童和辅导员、教职员工、家长等交朋友,调查研究、开展工作、解决问题。

> **链接 1-2**
>
> ◇ **"8+4"常态化下沉基层制度**,是指每年上半年、下半年各选派25%的机关干部到区县团委工作4个月,每年要有50%的干部在机关工作8个月、在区县团委工作4个月。
>
> ◇ **"4+1"向基层服务对象报到制度**,是指团的机关干部每周1个工作日到居住地或工作地周边的企业、农村、机关、学校、科研院所、街道社区、社会组织等基层单位报到,指导帮助基层团组织开展工作,每周在机关工作4天、在基层工作1天,面向青年直接开展工作。
>
> ◇ **"1+100"直接联系青年制度**,是指全团每名专职、挂职团干部、县级以上团的领导机关兼职干部经常性联系不少于100名不同领域的团员青年,其他兼职干部直接联系不少于10名团员青年。

(三) 群团改革背景下少先队教育性的新内涵

群团改革背景下,少先队的教育目标、渠道、方式方法,辅导员队伍建设,教育机制和条件建设都有了新的变化。

目标上,要求少先队必须紧紧围绕增强少先队员光荣感这个关键目标,聚焦政治启蒙和价值观塑造开展教育,引领少年儿童传承红色基因,并理解和认同社会主义核心价值观等。

在教育渠道和方式方法上,要求深化创新少先队的组织教育、自主教育和实践教育,促进少先队教育与学校、家庭和社会教育的有机融合,并着力夯实校内少先队教育工作、拓展校外少先队教育渠道,并着力迈向社会,进军线上教育,加强少先队教育的社会化工作体系建设等。

在少先队辅导员的建设方面,重视选拔优秀的中青年教师担任,提高其政治素质和工作能力,让少先队辅导员成为带动教师队伍更好履行"为党育人、为国育才"初心使命的重要力量。具体措施包括:制定少先队辅导员专业标准,规范辅导员选拔、配备、聘任和调整。不断完善大、中队辅导员任职资格、工作考核、专业发展相关政策,推进辅导员职称评聘"双线晋升",畅通辅导员成长发展通道。建立全国和各级少先队辅导员培训基地,建立健全辅导员远程培训平台。全面实施辅导员全员培训,规范培训内容、课程、课时、教材、师资,普及学习中央精神、政策理论、少先队业务和专业知识技能。将少先队辅导员培训纳入团干部和中小学教师培训体系。培养少先队辅导员名师、骨干,建设全国和各级少先队名师工作室,纳入各级中小学优秀教师培养序列。尊重和服务辅导员,加强对辅导员的人文关怀,建立和活跃辅导员之家。此外,还强调加强思想教育和管理培训,教育引导全体少先队工作干部和少先队辅导员增强"四个意识",坚定"四个自信"(见链接1-3),提高思想政治素质和专业能力水平。

> **链接1-3**
>
> **"四个意识"**。是指政治意识、大局意识、核心意识、看齐意识。这"四个意识"是2016年1月29日中共中央政治局会议最早提出来的。
>
> **"四个自信"**。即中国特色社会主义道路自信、理论自信、制度自信、文化自信,由习近平总书记在庆祝中国共产党成立95周年大会上提出,是对党的十八大提出的中国特色社会主义"三个自信"的创造性拓展和完善。

在机制建设上,强化"团教协作"。以少工委工作机制为基础,建立健全县(区)级以上团委和教育行政部门定期协商研究少先队工作机制,每半年(学期)研究1次以上。建立县(区)级以上团委和教育部门重大工作及时沟通机制,团委主动加强沟通,在涉及中小学生、青少年、共青团和少先队的重要政策和工作部署出台前互通情况、听取意见。各级教育部门将少先队工作作为基础教育的重要组成部分,充分发挥在中小学党建工作中的作用,纳入基础教育综合改革范畴,纳入各级政府教育督导,纳入学校工作总体布局,一起规划、部署、检查、保障,加强对少先队工作的督导指导和考核评价。实行地(市)级以上教育行政部门选派干部到同级少工委挂职、兼职制度。

各地小学和初中要保障少先队工作基本条件。中小学校长和党组织负责人要切实重视、支持少先队工作。如学校要将少先队工作纳入党建工作和教育教学整体工作计划、考核评价,普遍开展中小学少先队活动课,确保充足的少先队活动时间,大力支持少先队创造性开展校内外实践活动,支持建设好少先队集体等。

总之,少先队的政治性、群团性和教育性既是少先队改革的基本导向,又在少先队改革中得到了新的发展。随着政治性、群团性和教育性的不断增强,少先队无论是工作理念、工作方式,还是工作作风都在发生变化,这有助于增强少先队对少年儿童的影响力,巩固党执政的群众基础,更好地发挥党的预备队的作用。

思考与练习

1. 请说一说你自己对少先队政治性、群团性和教育性内涵的理解。
2. 群团组织改革背景对少先队的当代改革意味着什么?

延伸阅读

1. 褚松燕.在国家和社会之间 中国政治社会团体功能研究[M].北京:国家行政学院出版社,2014.
2. 胡献忠,孙鹏,刘佳等.现代国家建构视野下的共青团改革历程[M].北京:中国青年出版社,2017.
3. 王浦劬.国家治理、政府治理和社会治理的基本含义及其相互关系辨析[J].社会学评论,2014,2(03).
4. 张先翱.张先翱少先队教育文集[M].北京:中国少年儿童出版社,2003.
5. 中国少年先锋队全国工作委员会,中国少年先锋队工作学会主编.中国少年先锋队大全[M].北京:中国少年儿童出版社,2005.

第二章
少先队的历史发展(上)

📖 内容梗概

1. 中国共产党领导和创建的早期少年儿童组织
2. 少先队的初建与发展
3. 少先队的恢复与重建

📝 重要概念

安源儿童团　劳动童子团　共产儿童团　抗日儿童团　地下少先队　中国少年先锋队

🎯 学习目标

1. 了解中国共产党领导和创建的早期少年儿童组织的发展状况,能准确说出组织名称和对应的时期;
2. 知道少先队组织初建时期的主要目标及采取的措施,能对这一阶段少先队组织取得的经验和启示有所体会。

中国少年先锋队是中国共产党创立和领导的少年儿童群团组织,在我国近现代社会发展中产生并在当代发展壮大,是我国最大的少年儿童组织。它与中国社会发展的时代背景以及中国共产党的直接领导与关怀密不可分,其发展历程同样波澜壮阔。我们根据影响少先队发展的重大事件,将少先队历史发展分为六个阶段。本章重点阐述前三个阶段的发展,即新中国成立前中国共产党领导和创建的早期少年儿童组织发展与演变、新中国成立后至20世纪60年代中期少先队组织的初建与发展、十一届三中全会至20世纪80年代中期少先队的恢复与重建。学习本章的内容可以帮助你更好地掌握相关历史背景知识,了解少先队的全貌。

第一节 20世纪上半叶的共产党领导的少年儿童组织的发展

1919年"五四"运动的爆发使马克思主义得以在中国传播,1921年中国共产党成立,中国革命面貌焕然一新。20世纪上半叶,中国共产党领导的革命运动在全国各地展开,并对少年运动予以了高度关注,将其作为党的事业的重要组成部分。1922年7月,中国共产党第二次全国代表大会召开,会议通过了《关于少年运动问题的决议案》,针对当时的国际形势和中国劳动少年的悲惨处境,提出了少年运动的紧迫性和极端重要性。这是中国共产党第一份关于少年运动的重要文件,指明了中国革命少年运动的方向。自此以后,各地也纷纷建立了革命儿童组织,这些组织虽分布在各地,成立时间有先后,名称不一,但对中国近代史的发展都有着重要的意义。

一、第一个革命儿童组织"安源儿童团"

安源儿童团大约成立于1922年,是中国共产党组建和领导的第一个少年儿童革命组织。安源儿童团有三条纪律:保守秘密、不许打架、完成任务。[①] 儿童团的工作方式是:每当工人们在夜校开会,商讨重要事情时,儿童团员们就按照党交给的任务,在夜校附近放哨,如果工头到来,他们就立即报信。在罢工运动中,儿童们还负责张贴标语、制作红旗、参加游行、散发传单、举行演讲会等。随着工人子弟学校的建立,共产党又在工人子弟中建立了更多的儿童团,到1923年3月,工人子弟学校四百多名学生中,就有二百多人先后参加了儿童团。

安源儿童团是中国共产党创立的第一个革命儿童组织,它在革命斗争中诞生,也在革命斗争中发展。它让中国共产党人看到了少年儿童在革命中的重要作用,为以后少

---

① 郑洸,吴芸红主编.中国少年儿童运动史[M].天津:天津人民出版社,1992:24.

年儿童组织的建设和发展提供了宝贵经验。

二、大革命时期的"劳动童子团"

1924年,中国共产党和国民党开展了第一次合作。中国共产党领导的工农革命运动蓬勃发展。1925年5月30日,上海发生了震惊世界的五卅惨案,标志着全国革命高潮的到来。为支援上海人民反帝运动,广州、北京、武汉、长沙、济南、天津、青岛、南京等地人民群众纷纷集会,游行示威或罢工、罢课、罢市,反对帝国主义暴行,全国投入这场反帝斗争的群众约达万余人,是"五四"后出现的又一次全国规模的反帝斗争高潮。

当时,广大工人参加罢工运动,他们的子女没人看管,大多在街头巷尾游荡。考虑到这些儿童的安全问题,中国共产党创建了工人子弟学校,为工人们的孩子提供安全的地方生活,同时也便于对他们进行教育。随着中国国内革命斗争形势的加剧,各党派都注意到儿童在革命斗争中的重要性,如中国"基督教青年会"①及官私立教会学校都成立了童子军组织,中国国民党青年部也有了组建童子军的计划。因此,在中国共产党的带领下,上海、香港、广东、湖南、武汉、山东、江西等地区的工会、农协、学生联合会等群众性团体将大批童工、学徒、贫苦儿童和小学生组织起来建立了劳动童子团。

图2-1

省港大罢工中的劳动童子团②

1926年7月,中国共青团中央(以下简称团中央)三届三次扩大会议通过了《儿童运动决议案》。决议指出开展儿童运动的意义在于:教育儿童养成勇敢牺牲的精神和团体生活的习惯,经过他们去影响现代社会生活,训练他们成为将来继续斗争的战士③。决议确定了儿童组织的对象是工厂童工及工人子弟,乡村农民子弟,小学学生及街市穷苦儿童;组织名称可用劳动童子团或儿童团等,这些儿童团组织隶属于工会、农会或学

---

① 注:基督教青年会是全球性基督教青年社会服务团体,中国基督教青年会创建于1895年,并存在至今。在新中国成立之前,基督教青年会是对中国的西方教育最具影响力的机构之一,同时也是中国社会改革的推动力,对中国政治和社会发展产生很大的影响。
② 图片来源:http://www.people.com.cn/GB/shizheng/252/7955/7960/20020424/716465.html。
③ 中国少年先锋队全国工作委员会,中国少年先锋队工作学会.中国少年先锋队大全[M].北京:中国少年儿童出版社,2005:109.

生联合会,并公开受他们的领导,无需统一服装,但需要有红色领结,旗帜各地自定,口号需要用"准备好"。[①] 随后,团中央正式发布了《劳动童子团简章》(详见链接 2-1),这是由团中央发布的第一个革命儿童组织的章程。

链接 2-1

《劳动童子团简章》(1926)

一、宗旨　本团以养成劳动儿童团体生活的习惯、勇敢牺牲的精神,替劳动阶级服务为宗旨。

二、团员　凡不超过十六岁劳动阶级之子女,愿遵守本团章程者,得团员或工会会员二人以上之介绍,经团部执行机关之通过,皆得为本团团员。

三、组织　每十人为一排,每排设排长、副排长各一人,三排为一队,由各队长组织队长联席会并推队长、副队长各一人。如有三队以上之区,即成立区联席会,各队队长组织队长联席会,推出区队长及区副队长各一人。由各区联队组织全县或全市童子团总部,设区队长联席会,并推出团长及副团长各一人,总理全部团务。各级联席会设组织、训练二股,每股推主任一人负责。

四、名称　某工会或某工业区域之劳动童子团,即定名为工会或某区域劳动童子团。

五、会议　各级联席会每周开会一次,讨论一切团务之进行。每排每周集会一次。

六、操练　每排每周操练一次,每队及区联队可于相当时期举行会操。

七、团礼　以右手五指并拢举至头额,表示敬礼。团员相遇或当举行庆祝、哀悼礼时,均须举手敬礼。

八、制服　仿旧式童子军制服形式,惟领带须红色。

九、纪律　团员须服从排长命令,排长须服从排长联席会及排长之决议和命令。下级联席会须服从上级联席会议决议。团员违反团章程,经三次告诫而不改者,由本排会议决议开除。

十、经费　团员每月须缴团费铜元二枚,不足时向各社会团体募集。

十一、口号　准备着打倒帝国主义!准备着打倒军阀!准备着做全世界的主人!

这一时期,为了让更多工人阶级的儿童加入到劳动童子团的队伍中,中国共产党还专门出版了各种少年儿童刊物。其中《小孩子周刊》是中华全国总工会和省港罢工委员会联合创办的机关报《工人之路》的副刊,也是最早的革命儿童报刊,主要报道劳动童子团建团初期的一些状况、消息、通讯和富有战斗气息的儿歌、故事等儿童文学作品。1927 年 1 月中国共产党领导的中国济难儿童团的机关刊物《济难儿童》,也在上海创刊,从第四期开始改名为《革命儿童》。通过这些刊物,这一时期的一些少年英雄人物形象

[①] 中国少年先锋队全国工作委员会,中国少先先锋队工作学会主编.中国少年先锋队大全[M].北京:中国少年儿童出版社,2005:109-110.

不断涌现出来,对鼓舞广大少年儿童参与革命斗争起到了重要的引导作用。

三、土地革命时期的"共产儿童团"

1927年随着汪精卫集团引发反共政变,第一次国共合作全面破裂。1927年8月7日,共产党在汉口召开八七会议,确定了土地革命和武装反抗国民党反动派的总方针,提出团结一切可以团结的力量,发动了武装起义,创建了红军,建立了苏维埃政权和广大农村革命根据地。

在农村革命根据地,中国共产党广泛发动和团结人民群众参与打土豪、分田地的革命斗争。1928年7月,中国共产主义青年团第五次全国代表大会做出了《儿童运动工作决议案》,指出各级童子团组织必须要有系统地联合组织,在所属团体的带领下参加政治的经济的斗争和进行文化教育工作,用合乎儿童兴趣的方法教育他们形成阶级意识。[①]

在1930年12月共青团五届三中全会上,青年团根据少共国际执委会决议与国际儿童局来信精神改造儿童运动,明确了儿童运动的性质是共产主义儿童运动,运动的任务是要让广大无产儿童清楚自己的阶级状况,参加阶级斗争。会上通过了《儿童运动决议草案》,指出苏区的儿童组织名称统一为"共产儿童团"(详见链接2-2),共产儿童运动由共产主义青年团直接领导,从中央到各级团部成立儿童运动的组织和领导机构——"儿童局"。

链接2-2

共产儿童团

共产儿童团是第二次国内革命战争时期,中国共产党委托共产主义青年团领导的革命根据地儿童组织,宗旨:把儿童培养成继承革命事业的新一代。8岁—14岁男女儿童均可加入。标志:红领带。口号:"准备着,时刻准备着!"节仪:举右手高过于头,伸五指手心向左。组织原则:民主集中制。基层称村团部委员会,其下酌设小组或小队。其上级为各级儿童代表大会选举产生的乡、区、县、省团部委员会。对儿童进行共产主义教育,组织他们参加力所能及的革命斗争。

1931年10月,苏区中央儿童局又一次做出决议,要求儿童工作要教育儿童拥护苏维尔和红军,拥护土地革命,参加反对地主、富农的斗争,同时要改善儿童的生活和教育状况,并制定了共产儿童团的组织法和编制法。1932年中央苏区第一次代表大会做出了《儿童运动决议案》,并召开了中央苏区儿童干部会议,确定了今后儿童运动要围绕读书运动、拥护红军和苏维尔、关注儿童利益问题、卫生宣传、反对宗

图2-2

电影《闪闪红星》中共产儿童人物"潘冬子"的形象

[①] 中国少年先锋队全国工作委员会.中国少先先锋队工作学会.中国少年先锋队大全[M].北京:中国少年儿童出版社,2005:119.

教迷信和赌博等内容展开。

  这些文件为指导这一时期儿童运动产生了深远的影响,对儿童组织的认识也发生了变化,原先只是将其作为阶级斗争的工具,后来,人们逐步认识到它在维护儿童利益、改善社会风气等方面的作用。当然,这一时期,儿童组织的主要功能是参与革命斗争,如在苏区革命根据地,儿童团员们积极参加当地打土豪、分田地的斗争。他们站岗放哨,监视敌人,帮助红军侦察敌情,捡子弹壳,收集军用物资,为红军筹款筹粮,慰问红军和红军家属,并和红军战士通信,鼓励红军战士勇敢杀敌,以及学习文化和参加力所能及的劳动,为革命事业作出了重要的贡献。

  除了共产儿童团外,此时,在陕北诞生了"中国工农红军陕甘游击支队少年先锋队",也称为"刘志丹少先队";在上海,陶行知先生创办"山海工学团"①,后来,中国共产党在此基础上创办了"赤色儿童团"等革命儿童组织。

四、抗日战争时期的"抗日儿童团"

  1931年9月18日夜,在日本关东军的安排下,铁道"守备队"炸毁沈阳柳条湖附近的南满铁路路轨(沙俄修建,后被日本所占),并栽赃嫁祸于中国军队。日军以此为借口,炮轰沈阳北大营,侵占沈阳。"九一八"事变成为了日本帝国主义侵华战争的开端。1937年"七·七"卢沟桥事变后,抗日战争全面爆发,国共两党进行了第二次合作,形成了抗日民族统一战线的格局。各界群众纷纷组织救亡团体,团结一切可以团结的力量,包括广大少年儿童在内,进行全民族的抗战。

  1937年4月,在陕西延安召开了西北青年第一次救国代表大会,通过《目前政治形势与青年救亡运动的决议》,决定建立"西北青年救国联合会"(简称"青救会")作为全国青年救国会成立前现有各地青年团体的最高领导机关,随后中国学生救国联合会、民族解放先锋队、青年救国团、青年抗日联合会等青年抗日救亡组织纷纷建立起来。②随着青年救国团体的建立,这一时期少年儿童团体也被组织了起来。在1938年10月西北青年救国联合会第二次代表大会上,决定建立抗日儿童团组织,作为青救会的团体会员。在青救会的直接领导下,根据地、游击区的抗日儿童团员们广泛开展抗日宣传;站岗放哨,盘查行人;侦察敌情,传递消息;拥军优属,支援前线;学习文化,扫除文盲;开展军事训练;参加力所能及的劳动等,③有力地配合了当时中国共产党开展的各项工作。

---

① 注:1932年陶行知在上海宝山创建了"山海工学团",它是一种教育新形式,主张"工以养生、学以明生、团以保生",它是一个小学校,又是一个小工厂,一个小社会。"山海工学团"首创"小先生制",开展"即知即传"的普及教育运动。抗日战争爆发后,山海工学团被迫停办。
② 360百科.西北青年救国联合会[EB/OL].[2020-03-22].https://baike.so.com/doc/9406845-9746600.html.
③ 中国少年先锋队全国工作委员会,中国少先先锋队工作学会.中国少年先锋队大全[M].北京:中国少年儿童出版社,2005:147-148.

图 2-3

1940年,冀西阜平儿童团员站岗放哨查路条(沙飞摄)①

这一时期,在中国共产党领导的抗日根据地建立了许许多多的儿童团组织,在华中、华南等沦陷区以及西北、西南等地区也涌现出了新安旅行团、上海孩子剧团、厦门儿童救亡剧团等150多个少年儿童团体,他们活跃在大后方,积极宣传抗日。

五、解放战争时期的儿童团和地下少先队

1945年抗日战争胜利以后,阶级矛盾成为了我国的主要矛盾。被剥削和压迫的中国人民渴望和平安定,然而由于政治阶级的分歧,加之美国和苏联等外围势力的干扰,国内战争一触即发。1946年7月国民党对共产党各解放区发动了军事进攻,解放区人民奋起自卫。在国民党统治区,人民抗议美军的暴行,反饥饿、反内战、反迫害的斗争迅速发展。

各解放区非常重视少年儿童工作,并普遍组建了少先队或儿童团组织,这一时期的少先队是一个带有半武装性质的军事组织,一般以学校或以自然村为单位进行组建。任务主要是积极学习文化知识,开展小先生运动,提高文化水平和政治觉悟;积极参加革命斗争,配合民兵站岗放哨、清查户口、防奸防特;辅助大人生产;参加社会活动,拥军优属,宣传卫生等。

在国统区的上海,中国共产党于1946年创办了《新少年报》和《青鸟》丛刊,以这些少年儿童刊物为载体,将一批小通讯员和小发行员召集起来。1949年4月,成立了"铁木儿团",不久又在此基础上成立了"地下少先队",并在报童中建立了"报童近卫军"。在上海地下党的领导下发起了"读书读报运动"、"小先生运动"、"模范少年运动"、"石榴花运动"等一系列深受少年儿童喜爱的儿童运动。这些少年儿童接受地下党交给的任务,积极配合上海的解放运动。

---

① 图片来源:http://culture.people.com.cn/GB/22226/51190/51886/3637427.html.

图 2-4

山海工学团小先生活动①

从中国共产党创立和领导的我国少年儿童组织的早期发展来看,各类儿童团组织在名称上虽未真正统一,但组织发展初具形态,组织元素逐渐丰富,并形成了以"革命斗争"为特征的组织气质。历史表明,革命年代中国共产党领导和组建的这些早期少年儿童组织,既是中国社会革命斗争及个人生存的需要,也是中国共产党自觉的选择;各类少年儿童组织在培养少年儿童的政治立场、阶级意识等方面发挥了重要的作用,为革命斗争的持续发展准备了必要的后备力量;广大少年儿童在革命斗争的实践中接受了教育,为革命战争的胜利作出了重要贡献。与此同时,各时期少年儿童组织的发展积累的早期经验,也为新中国成立后少先队组织的发展提供了重要的经验基础。

第二节 新中国成立初期少先队的初建与发展

1949 年,新中国开国大典举行后不久,10 月 13 日,中国少年先锋队随之诞生。少先队组织自诞生之日起,在中国共产党的带领和中国共青团的直接领导下,始终围绕党和国家的中心工作,以学校为主阵地建立组织,开展教育教学活动,将广大少年儿童团结起来,为培养新中国的建设者和接班人发挥了重要作用。

一、少先队诞生初期的任务与工作开展

1949 年 1 月,中国新民主主义青年团成立,4 月召开了第一次全国代表大会。根据这次大会的决议,团中央于 1949 年 10 月 13 日公布了《关于建立中国少年儿童队的决议》、《中国少年儿童队章程草案》、《建立中国少年儿童队的几个问题的说明》等文件,宣告正式成立全国统一性的少年儿童组织——中国少年儿童队。当时未使用"先

---

① 图片来源:大场文体中心公众号。

锋队"的名称是为了避免人们狭隘地认为该组织是少数优秀少年儿童的组织。1953年6月,青年团中央第二次全国代表大会上一致通过把"中国少年儿童队"改名为"中国少年先锋队"(简称"少先队"),并于8月颁布了《关于"中国少年儿童队"改名为"中国少年先锋队"的说明》,对"先锋"一词做出了解释,号召广大少年儿童"从小学先锋,长大当先锋"。

(一)召开全国少年儿童工作会议,明确少先队的任务和基本原则

新中国成立之前,少年儿童工作主要是通过团的会议进行商讨。少先队组织成立后,少年儿童工作有了专门会议。从1949年少先队组织成立到文化大革命前夕的十五年的时间里,团中央共召开了五次全国少年儿童工作会议,专门研究和探讨少先队建设和发展的问题。

1950年,团中央在北京召开了第一次全国少年儿童工作会议。这次会议着重强调少先队要配合学校把队建好,并强调根据儿童特点,明确少先队的任务是培养德智体兼备的新社会未来的主人和新中国的优秀儿女。[①] 这次会议还颁布了中国少年儿童队的队旗、队歌、队员标志——红领巾、队礼、誓词和口号等,少先队的组织要素基本健全,极大促进了少先队建队工作的开展。

1953年,第二次全国少年儿童工作会议召开。这次会议主要是围绕国家过渡时期的总路线和第一个五年计划的基本任务,确定了少年儿童工作的方针和任务是以共产主义精神教育少年儿童,坚持长期正面教育原则,发挥少年儿童的独立性、主动性和积极性,把他们培养成爱祖国、爱人民、爱劳动、爱科学、爱护公共财物,健壮、活泼、勇敢、诚实的新中华儿女。[②]

第三次全国会议是在1955年召开,主要解决少先队组织发展过于缓慢,少先队和少年儿童课余生活不活跃,不能满足少年儿童身心发展要求的问题。这次会议要求少先队应积极大量地发展新队员,开展更多少年儿童喜爱而又富于教育意义的活动,并要逐步为少年儿童创设一些活动阵地。此后,少先队组织得到了较大的发展。

1960年在第四次全国少先队工作会议上重申了大搞少年儿童运动,使少年儿童运动与全民的社会主义建设的实践结合起来,使学校教育与少先队活动结合起来,促进少年儿童德育、智育、体育全面发展的要求。此外还研究了少年儿童组织分级问题和教育社会化问题,提请全社会关心加强少年儿童教育,形成校外教育网络。

1962年第五次全国少先队工作会议强调了应当坚持以无产阶级思想教育少年儿童;应当帮助少年儿童打好科学文化知识基础;作为少先队的一项重大而有意义的战略任务,还应积极开展体育文娱活动,促进少年儿童身心健康发展,少先队工作要在德育、智育、体育等方面全面安排,不可偏废,培养少年儿童成为共产主义事业的可靠接班人。[③] 本次会

---

① 中国少年先锋队全国工作委员会,中国少年先锋队工作学会.中国少年先锋队大全[M].北京:中国少年儿童出版社,2005:183.
② 中国少年先锋队全国工作委员会,中国少年先锋队工作学会.中国少年先锋队大全[M].北京:中国少年儿童出版社,2005:186.
③ 中国少年先锋队全国工作委员会,中国少年先锋队工作学会.中国少年先锋队大全[M].北京:中国少年儿童出版社,2005:194.

议还讨论并通过了《中国少年先锋队工作条例(试行草案)》①,从工作的角度对少先队章程作了阐述,进一步规范了少先队工作。

这五次少先队工作会议的召开,为少先队发展指明了方向,对及时总结少先队工作经验,解决实践中的突出问题起到了重大作用,极大促进了这一时期少先队组织的发展。

(二) 制定和修改队章,规范少先队组织建设

少先队队章是少先队组织建设的根本依据,团中央很重视少先队队章的制定和修订。1949 至 1958 年,少先队队章共出台过三版。

1949 年的《中国少年儿童队章程草案》是新中国少年儿童组织的第一部章程。章程规定了少先队的队名、目的、队员、作风、组织、活动以及队的领导机构等,奠定了少先队工作的基本框架。

1954 年,团中央又颁布了《中国少年先锋队队章》,新修改的队章增加了队员的义务和权利,队的组织建设、机构设置,并修改了队礼的含义、呼号等内容。同时,团中央还颁布了《中国少年先锋队入队誓词》、《中国少年先锋队集会仪式》、《中国少年先锋队入队仪式》、《中国少年先锋队建队仪式》和《中国少年先锋队队员表使用办法》等文件,进一步规范了少先队的仪式制度。

1958 年共青团三届三中全会又对 1954 年颁布的《队章》进行了修改,1958 年版队章最大的特点就是通篇用第一人称"我们"一词来阐述队章的内容,意在突出少先队是儿童组织,队员是队组织的主人。除此以外,在内容上关于队的任务,强调了热爱劳动和继承中国共产党的传统;增加了"立志做一个共产主义建设者和保卫者";呼号改为"准备着,为共产主义事业而奋斗!"等。②

总体上,三部队章的制定和颁布,为新中国成立后少先队的组织建设和各项工作的有序开展起到了重要的规范和指导作用。

(三) 继承和发扬"团带队"的优良传统

"团带队"是新中国成立前形成的优良传统,对促进少先队建设发挥了重要的作用。新中国成立后,这一传统被保留了下来。1949 年 1 月中共中央颁布了《关于建立新民主主义青年团的决议》,在阐述新民主主义青年团的基本任务中指出"领导少年与儿童工作,吸收七岁到十二岁的儿童参加儿童团,吸收十三岁到十七岁的少年参加少年先锋队,较小的农村则合组为少年儿童团。青年团应选派最好的干部领导,并在各级团委之下设立少年儿童部,或少年儿童委员会,作为儿童团和少年先锋队的领导机关。"③1949 年《关于建立中国少年儿童队的决议》指出"区级以上少年儿童队不设队部,团的区委以上的少

---

① 中国少年先锋队全国工作委员会,中国少年先锋队工作学会.中国少年先锋队大全[M].北京:中国少年儿童出版社,2005:194.
② 中国少年先锋队全国工作委员会,中国少年先锋队工作学会.中国少年先锋队大全[M].北京:中国少年儿童出版社,2005:192.
③ 共青团中央.中国共产党中央委员会关于建立中国新民主主义青年团的决议[EB/OL].(2016-09-13)[2020-04-16].http://qnzz.youth.cn/zhuanti/shzyll/gqtwx/201609/t20160913_8654920.htm.

年儿童部,即作为少年儿童队的领导机关。"① 同样在少先队的队章中也给予了规定。

加强各级团委对少先队工作的领导和重视,是保障少先队组织建设的重要依托。这一时期在多个文件中提到要加强团委对少先队工作的指导,如1952年团中央发布《关于进一步加强中国少年儿童工作的指示》,规定省市以上团委建立少年儿童工作部门,配备专职干部,地县团委配备专职或兼职干部;各级团委应定期召开会议,讨论少年儿童工作并帮助少年儿童工作干部提高政治业务水平。1958年共青团三届三中全会上做出了《关于改进少年先锋队工作,开展共产主义儿童运动的决议》,该决议强调改进和加强少先队工作的关键是全团带队,要求凡是有少年儿童的单位,团的基层组织都要设少年委员,定期举行"团队月会",各级团委要把少年儿童运动作为团组织经常的重要任务。② 这些文件为这一时期加强"团带队"的领导提供了良好的保障,正是有了各级团委对少先队工作的重视,才使少先队得以发展壮大。

二、少先队建队初期的组织发展

据统计,新中国成立时全国5.5亿人口中,80%是文盲。③ 新中国成立后,中国共产党收回了教育主权,对旧中国遗留下来的各类教育问题进行了彻底的改造,学校教育经历了一个逐步恢复的过程。这一时期少先队主要以学校为主阵地建立队组织,也以机关、街道、村庄(或乡)为单位建立队部吸收未入学的少年儿童,不仅将广大少年儿童组织了起来,同时各级团组织与教育行政部门合作建立起来一支优秀的辅导员队伍,推动了这一时期少先队组织的发展。

(一)以学校为主阵地建队育人

建队工作开始以后,各级团委广泛地向学校、家庭、社会进行宣传,仅半年时间的动员工作,根据哈尔滨、北京、上海等5省6区20市和一些城市及学校的不完全统计,队员人数就已经达到了478 488人。④ 到1954年时,由于学校教育的恢复和兴建,学校和一些少年儿童教育机构日益成为了少先队活动的主要场所。据统计,1955年全国50多万所小学中,建少先队的学校有15.6万所,队员人数达到1 000万,占到了适龄入队儿童总人数的13%,中小学适龄入队儿童的26%。1955年第三次全国少年儿童工作会议召开后,团中央发出了《关于积极发展少先队组织的指示》,要求积极、大量地发展少先队组织,并广泛动员社会舆论宣传少先队,提高人们对少先队的认识。到1958年队员人数达到了3 500万,1959年后达到了将近5 000万⑤。少先队建设呈现出蓬勃发展的势头。

随着学校少先队的广泛建立,广大少年儿童队参与校外少先队活动也变得更加迫

---

① 中国少年先锋队全国工作委员会,中国少年先锋队工作学会.中国少年先锋队大全[M].北京:中国少年儿童出版社,2005:182.
② 李艳.全国少先队工作会议及代表大会概览[M].北京:中国青年出版社,2016:25-83.
③ 田祖荫.共和国70年教育督导的五个精彩瞬间[EB/OL].(2020-2-20)[2020-04-06].http://www.moe.gov.cn/jyb_xwfb/moe_2082/zl_2020n/2020_zl09/202002/t20200220_422595.html.
④ 郑洸,吴芸红主编.中国少年儿童运动史[M].天津:天津人民出版社,1992:267.
⑤ 李艳.全国少先队工作会议及代表大会概览[M].北京:中国青年出版社.2016:54-123.

切,建立儿童校外教育机关和活动场所也被提上了日程。1953年6月1日,中央人民政府副主席宋庆龄为孩子们筹建的"中国福利会少年宫"正式成立,由此开辟了少先队校外教育的新阵地。截至1955年,全国共有十四个少年宫、少年之家。在第三次全国少先队工作会议上,时任团中央书记处书记的胡克实在工作报告中指出各级团委要加强对儿童校外教育机关和活动场所的领导;各地也要根据自身条件,开辟一些儿童活动场所。① 之后,少年宫、少年之家、儿童乐园、儿童文化馆、儿童图书馆等不断建立。1957年团中央、教育部做出了《关于少年宫和少年之家工作的几项规定》,明确了少年宫和少年之家要在教育行政和青年团共同领导下进行工作,其任务是配合学校对少年儿童进行教育和培养。这一时期儿童校外教育机关和各类活动场所的建立有力地推动了学校教育和少先队组织的发展。

建国初期,农村有相当数量的高小、初小毕业生和学龄儿童因为种种原因不能入学或升学,在校外建队的问题也变得非常迫切。为此,团中央少年儿童部在山东莱阳地区莱西县进行了农村校外少先队建立的试点工作,尝试以村为单位建立少先队中队或小队,并与本村校内少先队结合编入大队,以探索解决新中国成立初期农村无法入学的适龄儿童的入队问题。1955年团中央书记处转发了少年儿童部《关于在农村校外建立少先队的试点报告》,这一报告总结了农村校外建立少先队的经验,成为少先队发展史上探索农村校外少先队建设的重要尝试。

(二)建设少先队辅导员师资队伍

辅导员是团委领导队的助手,其选拔和配备工作主要由各级团委和教育行政部门配合负责。这一时期,团中央十分重视学习苏联经验,并通过培训、表彰等手段不断加强对辅导员队伍的领导,提升辅导员的工作水平,建立起了一支优秀的少先队辅导员队伍。

表彰和激励是这一时期少先队加强辅导员队伍吸引力的重要抓手。1950年辅导员队伍有16万人②,在第一次全国少年儿童工作干部会议上,来自北京、哈尔滨、大连、石家庄等地的代表就在会上交流了辅导工作的经验。在1953年第二次全国少年儿童工作会议上,表彰了83位优秀辅导员。这是首次在全国层面对优秀辅导员进行表彰和奖励。随后,地方也相应地开展了对优秀辅导员的表彰和激励,据统计,1954年全国有七个省八个市表扬了910个优秀辅导员。1962年,辅导员队伍人数发展到了100多万,同年,在第五次全国少先队工作会议上,团中央又对105名优秀辅导员进行了表彰和奖励。这是第二次在全国层面对辅导员进行表彰和奖励。这些表彰和奖励极大地鼓舞了辅导员工作的积极性,激发了他们对少先队事业的热爱。

除了利用表彰、奖励等方式调动辅导员的积极性外,通过召开会议、举办夏令营、培训班等方式对少先队工作干部和辅导员队伍进行培训,成为了这一时期辅导员队伍建设最为重要的举措。1951年团中央少年部在中央团校举办了第一期少先队辅导员讲习会;1953年中央团校又举办了少先队干部和辅导员培训班;1954年为了加强

---

① 李艳.全国少先队工作会议及代表大会概览[M].北京:中国青年出版社,2016:56-76.
② 李艳.全国少先队工作会议及代表大会概览[M].北京:中国青年出版社,2016:32.

对少先队工作的指导,更好地培养辅导员队伍,促进他们之间的经验交流,发行了帮助辅导员开展工作的读物——《辅导员杂志》;1955年团中央组织编写了《中国少年先锋队基本知识》,作为培训辅导员的基本教材。除了职后培训,1955年团中央还下发了《关于协助教育部在高等师范学校开设"青年团和少年先锋队的工作"课程的通知》,要求由学校所在地的团省、市委正、副书记或常委担任讲师,帮助非政治学科和教育系的学生了解一些团队工作知识。[①] 这些举措为辅导员队伍业务能力的提升提供了极大的帮助。

这一时期学习苏联少先队工作经验也成了我国少先队组织发展的重要途径。1951年和1959年,共青团少先队工作代表团两次访问苏联,重点考察和学习苏联实行教育改革后少先队工作的新情况和新经验。此外,团中央还积极邀请苏联专家来到中国介绍苏联少先队的工作经验。如在第一次全国少年儿童工作会议上,苏联专家崔可夫就苏联建设的相关经验进行了交流发言。[②] 20世纪50年代,苏联少先队的工作作为我国少先队借鉴的样板,对我国少先队组织发展产生了深远的影响。

三、少先队建队初期的教育活动

少先队组织在建设初期就十分重视少先队活动,明确了"活动"是少先队教育区别于学校教育的重要特征,积极顺应国家形势,开展各类少先队活动。

(一)根据国家形势所需开展各类少先队活动

1. 开展"三要三不要"活动

在新中国成立初期,国家开展了"三大运动"(即抗美援朝运动、土地改革运动、镇压反革命运动)和"三反五反"运动("三反"——反贪污、反浪费、反对官僚主义;"五反"——反对资产阶级行贿、偷税漏税、盗骗国家财产、偷工减料、盗窃经济情报)。在此形势下,广大少年儿童积极开展"三要三不要"活动,"三要"即要爱护公共财物,要爱惜实践,要艰苦朴素;"三不要"是指不要损人利己,不要浪费,不要贪小便宜和拿别人的东西。除此之外,少先队们还积极参加了斗地主、捉特务、慰问革命烈属等活动,全国少先队员捐献"少年先锋号"飞机,支援抗美援朝。在"三要三不要"活动中,少先队员接受了深刻的教育。

2. 开展"小五年计划"和"三项"活动

1953我国开始了国民经济建设的第一个五年计划。1955年团中央和教育部支持由江苏宜兴县、北京市、辽宁复县松树区少先队倡议的"小五年计划",建议全国少先队员参与栽培植物、饲养动物,帮助农业合作社和家庭做事情,帮助学校制作简单的教学实验用品、绿化环境绿化学校、做小先生帮助扫除文盲等。1958年团中央又发起了"种植、除四害、讲普通话"三项活动,广大少年儿童积极响应,通过劳动和活动,参与改造大自然、改造社会风气,为社会主义建设贡献自己的力量。

[①] 李艳.全国少先队工作会议及代表大会概览[M].北京:中国青年出版社,2016:87.
[②] 李艳.全国少先队工作会议及代表大会概览[M].北京:中国青年出版社,2016:30.

3. 开展学习雷锋活动

20世纪60年代,雷锋的事迹深入人心,雷锋成为全中国人民心目中的楷模,学习雷锋活动更是在全国发起。1963年2月15日,共青团中央发出了《关于在全国青少年中广泛开展"学雷锋"的教育活动通知》,1963年3月5日毛泽东发表"向雷锋同志学习"的题词,全国各地少先队普遍开展了听雷锋故事、读雷锋日记、看雷锋电影、朗诵雷锋诗歌等各种主题和班队活动,使雷锋的光辉形象深深地印在了广大少年儿童的头脑中。

(二)开展国际交流活动

少先队初建期,少先队开展了一些国际交流活动,一方面对少年儿童进行国际主义教育,加强与社会主义国家少先队组织的联系,增强社会主义国家间少年儿童的友谊;另一方面通过交流活动学习他们的建设经验。

1951年,应苏联共青团中央的邀请,共青团中央在全国15个省、市和两个专业文艺团体中选拔了21名优秀男女少先队员,组建了新中国第一支少年儿童代表队,赴前苏联访问,并参加在克里米亚黑海之滨举行的"阿尔迪克"国际少年夏令营活动。① 同年,团中央还派出了另外两只代表队分别去参加了民主德国和保加利亚民主共和国的少先队夏令营。1952年,少先队第二次去参加了阿尔迪克和民主德国的夏令营活动。1954年,团中央在山东青岛举办了第一个全国性的少先队夏令营,本次夏令营不仅吸引了来自全国各地182名队员的参加,来自朝鲜、越南、保加利亚的数十名少先队员也应邀参与其中。

图 2-5

1951年阿尔迪克夏令营中国少年儿童出国代表队与夏令营主任合影②

这些国际交流活动,不仅增进了国际少先队员间的友谊,同时也让我们学习到了很多宝贵的国际经验,为这一时期少先队工作的开展起到了良好的作用。

---

① 李永利等.回想当年鲜艳的红领巾飘扬在前胸 63岁前少先队代表难忘记忆[EB/OL].(2014-10-09)[2020-08-30].http://www.sanqin.com/2014/1009/47113.shtml.
② 图片来源:http://blog.sina.com.cn/s/blog_6746ee190102uyco.html.

总体而言,新中国成立至20世纪60年代的十多年里,少先队组织围绕如何"建队育人"问题,通过学习苏联以及自身探索,进行了一系列的尝试。在党中央国家领导人的关怀和共青团的直接领导下,共青团与教育行政部门密切配合,在少先队工作的开展落实、辅导员的选拔聘任等方面共同合作,使得"团教协作"的工作模式初具形态。广大少先队工作者积极"团结教育新一代",根据国家发展需要,组织开展各类活动,让广大儿童以知识学习服务经济建设,以实际劳动支援经济建设,在实践参与中接受集体的共产主义教育,培养他们为人民服务的本领,打造了一支勇于担负起国家建设和共产主义事业发展的"预备队"。

第三节 改革开放至20世纪80年代末少先队的恢复与重建

1978年十一届三中全会的召开,标志着全国工作的重心从"文革"的阶级斗争路线转移到社会主义现代化建设路线上来,实行"改革开放"成为中国新的战略决策,我国进入了社会主义建设的新时期。新时期社会主义建设的发展,呼唤着少年儿童教育事业的振兴。1980年,中共中央、国务院做出《关于普及小学教育若干问题的决定》,提出全国应基本实现普及小学教育的历史任务,有条件的地区还可以进而普及初中教育,明确了教育事业要为"四化建设"服务。新变化的出现使得少先队也开始了恢复和重建工作。

一、少先队组织恢复后各项工作走向正轨

(一)少先队组织的恢复与重建

1978年10月16日,共青团第十次全国代表大会决定恢复少先队,并在《中国共青团章程》中明确共青团与少先队的关系:"中国共产主义青年团受中国共产党的委托领导中国少年先锋队的工作。"[①]团带队的组织领导关系得以恢复。1978年10月27日,共青团十届一中全会通过了《关于恢复中国少先队名称的决议》,经党中央批准,决定我国少年儿童组织仍然恢复"中国少年先锋队"(简称"少先队")的名称,各级团组织要加强对少先队组织的领导。会议还修改并通过了《中国少年先锋队队章》(以下简称1978年《队章》),明确了少先队是少年儿童的群众组织,是学习共产主义的学校,要把少年儿童最大程度地吸收到组织里来,学习先锋们的榜样,继承老一辈革命先行者的事业,做共产主义的接班人。此外,还做出了《关于中国少年先锋队队歌的决定》,以《我们是共产主义接班人》一歌作为少先队的队歌。

1979年10月,团中央在北京召开了少先队拨乱反正的重要会议——第六次全国少先队工作会议(简称"六少会议"),这是"文革"结束后召开的第一次研究少先队工作的全国会议。这次会议纠正了文革中少先队的一些错误做法,并通过了《中国少年

---

① 中国青年出版社编.中国共产主义青年团章程[M].北京:中国青年出版社,1978:13.

先锋队工作条例》(试行)。该条例对少先队活动内容与方法、辅导员聘请及其主要工作、队的组织建设、共青团如何领导少先队等问题进行了较为详尽的说明,进一步明确了少先队组织怎么重建,如何重建等问题。这标志着我国少先队工作进入到了重建阶段。

1981年共青团中央十届三中全会通过了《关于加强少先队工作的决议》,要求各级团委要加强对少先队工作的领导,拓展校外教育活动阵地,发挥各类报刊作用来为少先队工作服务;明确"把全体少年儿童组织起来"是少先队发展工作必须遵循的方针,今后少先队组织的发展工作,要在小学一年级新生中进行入队前教育和规范入队程序等,同时在校外少年儿童比较集中的农村和城镇,进行建立少先队的试点工作。这次会议还修改了《中国少年先锋队队章》。

1983年团中央和教育部又联合下发了《关于小学少先队工作几个具体问题的补充规定》,进一步针对小学少先队工作中加强少先队的领导、辅导员选拔配备培训以及队活动开展等问题提出了更加具体的要求,为小学少先队工作的全面恢复和重建提供了进一步的指导。

这些会议的召开和形成的文件精神,有力地推动了这一时期少先队各项工作的全面恢复和发展。

(二)少先队辅导员队伍的恢复与重建

少先队工作的开展主要依靠少先队辅导员队伍,配备好辅导员,做好相关培训和表彰激励工作是这一时期少先队辅导员队伍恢复后重建的重点。

这一阶段重申了少先队辅导员的选派标准,指出少先队辅导员是少先队员亲密的朋友和指导者,各级团委负责选派优秀团员或聘任思想进步、作风正派、热爱少年儿童的教师以及各条战线的先进人物担任这一职务。辅导员的主要任务是指导少先队中队或大队委员会开展少先队活动。辅导员的配备方式是:学校设一位大队辅导员和若干中队辅导员,农村无学校的地方可以以公社或学区为单位设一位总辅导员。中小学少先队辅导员一般由教师兼任,中学少先队的中队辅导员,也可以由高年级学生团员担任,较大的学校可以设专职的大队辅导员。其中总辅导员和大队辅导员由市或县团委聘请,中队辅导员由区或公社团委聘请。辅导员配备和选拔工作的逐步完善为这一时期少先队工作的恢复和发展提供了重要保障。

辅导员队伍培训主要由团中央牵头,采用夏令营、讲习班等形式进行培训。1979年至1982年团中央共举办了两次辅导员夏令营,三期少年工作干部讲习班,为全国各地培训了千余名骨干。[①] 这些培训活动为少先队辅导员提供了交流沟通的平台,对辅导员的个人成长具有重要的意义。

此外,师范学校也开设少先队工作课程,加强辅导员的培养工作。1983年,中等师范学校教育中增加了"少先队工作"的课程,并在教育实习时,把辅导员工作列为实习内容之一。此外,《辅导员》杂志复刊,成为了少先队工作者交流经验的主要阵地,也为提升辅导员的业务素养提供了帮助。

---

① 郑洸,吴芸红主编.中国少年儿童运动史[M].天津:天津人民出版社,1992:374.

为吸引更多优秀的人员加入辅导员队伍,团中央还通过表彰、奖励等形式加强辅导员队伍建设。1979年团中央对全国一百四十九名优秀辅导员进行了表彰,第一次颁发了"全国优秀少先队辅导员"奖章,并且发了奖金。这是全国性表彰人数最多的一次。1983年团中央和教育部联合印发了《全国优秀少年先锋队辅导员奖励条例(试行)》,明确了全国优秀辅导员每五年评选一次,其荣誉和奖励与优秀教师和模范班主任享受同等待遇,充分肯定了辅导员的地位和职业荣誉感。

二、成立新的领导机构与学术团体

随着少先队组织的恢复和各项工作的全面开展,为适应新时期少先队建设的新要求,成立了少先队工作委员会、少先队工作学会等机构。

(一) 成立"团中央少先队工作委员会"

少先队组织恢复以来,中央层面的少先队组织的具体工作由团中央少年部负责,但因受政治体制改革,精简机构等政策的影响,团中央少年部和学校部曾一度合并。当时很多少先队工作者认为,少先队的工作具有特殊性和独立性,合并会影响少先队工作的开展。于是1983年年初,团中央决定成立"团中央少先队工作委员会"来领导少先队工作,少先队的日常工作由原少年部承担,当时主管少先队工作的书记胡锦涛担任团中央少先队工作委员会主任。① 后来这一部门被中国少年先锋队全国工作委员会取代。

(二) 成立"中国少年先锋队工作学会"

这一时期,对少先队工作的理论研究也被提上了日程。1979年,共青团成立了"中国少年先锋队工作学会",这是中国第一个专门研究少先队工作的群团性学术团体。学会主要负责组织研究少先队的理论与实践问题;组织少年儿童情况的调查,开展组织国内外少年儿童工作者学术交流,指导学会创办的各项为少年儿童服务的实体。1980年中国少先队工作学会召开了首次年会,各地也成立了各省(市)少先队工作学会作为其会员单位。自创建以来,中国少先队工作学会密切配合少先队中心工作,开展了大量的理论研究,取得了丰硕的成果,为推动少先队事业发展作出了重要贡献。

除了成立上述直接相关的机构和团体外,为了动员和组织社会各方面的力量,协调各部门和团体参与少年儿童工作,1981年成立了全国少年工作协调委员会;1984年全国第一个老干部"关心下一代协会"在河南安阳建立,作为关心下一代工作委员会(简称关工委)的前身,它在发挥老干部、老专家等人的余热,促进广大少年儿童的健康成长方面作出了突出的贡献。

三、以全面培养教育少年儿童为目标开展少先队活动

这一时期,少先队开始突破传统革命性或政治性的视野,以全面培养、教育少年儿

---

① 中国少年先锋队全国工作委员会,中国少年先锋队工作学会.中国少年先锋队大全[M].北京:中国少年儿童出版社,2005:204.

童为目标,开展了读书、科技、劳动、文化娱乐、体育游戏和社会工作等方面的活动,重视活动的教育性、趣味性,注重培养少年儿童的民主精神,充分发挥他们的积极性、主动性和创造性。于是,涌现出一批富有少年儿童特色的少先队活动。

(一)开展"我们爱科学"活动和"红领巾读书读报奖章"活动

1978年,全国科学大会在北京召开,邓小平提出"四个现代化"建设的关键是科学技术的现代化,并着重阐述了科学技术是生产力的观点,澄清了长期束缚科学技术发展的重大理论是非问题,少先队员积极相应。1979年江苏常州市少先队组织发出了"我们爱科学"的活动倡议,活动围绕"六个一"展开:读一本科技书、讲或听一个科学故事、做一项科学小实验、做一件科技小作品、用科学解释一种自然现象、了解一门科学的未来发展远景,以引导广大少先队员学科学、爱科学、用科学。该活动得到了地方团组织的普遍响应。同年10月团中央、全国科协、教育部给予充分肯定,并联合举办了全国青少年科技作品展览,展出作品近3 000件。上海少先队首创了"爱科学月"活动,并以此项活动为契机,探索形成了少先队"自动化"建设之路。

图2-6 1978年《我们爱科学》杂志复刊封面

为进一步引导广大少先队员热爱学习,扩大知识面,1982年全国开展了"红领巾读书读报奖章"活动(简称"红读活动")。该活动规定凡是能够积极参加读书活动,认真阅读一本或几本推荐读物,并在思想品德、丰富知识、养成读书习惯等方面有明显收获或者是能够写出一份好的读后感的中小学生,均可被评为读书积极分子,并获得一枚奖章。为了吸引更多的队员参加读书活动,各地创新方法,举办"读书节"、"读书演讲"、"知识竞赛"、"征文比赛"等活动,把亿万少年儿童带入了知识的海洋,培养了他们良好的学习习惯,使他们掌握了有效的学习方法,逐步培养了他们热爱党、热爱社会主义祖国的感情,提高了他们鉴别是非和抵制不良思想影响的能力,促进了其全面发展。

图 2-7

1983年"红领巾读书读报奖章"活动宣传画(辽宁)

(二)开展"可爱的祖国"和支援"四化"建设活动

1980年1月,邓小平在《目前的形势和任务》的报告中提出在社会主义建设进程中,必须坚持四项基本原则,要在全党和全国范围内进行热爱社会主义祖国,提高民族自尊心的教育。[①] 2月,团中央为加强少年儿童的爱国主义教育开展了"可爱的祖国"远足活动。各地许多基层少先队组织从引导队员认识家乡开始,通过春游、秋游、旅行、参观、访问、考察等多种形式,了解中华民族灿烂的文明史、国家建设史、家乡发展和国情,广大少年儿童在这些活动中接受了深刻的爱国教育。

十一届三中全会后,全国人民投身于"四化"建设之中。1980年1月,北京通县少先队向全国少先队员发出倡议:开展"大种蓖麻、支援四化"活动,提出"每人种三棵,全国小朋友为争取收获一亿斤蓖麻籽而奋斗"的目标。团中央积极支持这一倡议,并向全国少先队组织发出通知,提出"全县少年十万,人人都来参战,春季一双小手,种下蓖麻四窝,秋后捧上十万斤油料向祖国贡献"的口号。[②] 各地少先队组织积极参与此项活动,采用个人和集体种、校内和校外种相结合的方式,以己所能为"四化"(详见链接2-3)作贡献。除此以外,许多省市还开展了红领巾为"六·五"(详见链接2-3)作贡献活动,引导队员在具体的实践活动中了解四化、关心四化,培养爱国主义情感。

链接 2-3

"四化"建设

对四个现代化建设的简称,即工业现代化、农业现代化、国防现代化和科学技术现代化。最早是在1965年1月4日第三届全国人大第一次会议上,由

---

① 郑洸,吴芸红主编.中国少年儿童运动史[M].天津:天津人民出版社,1992:394.
② 郑洸,吴芸红主编.中国少年儿童运动史[M].天津:天津人民出版社,1992:396.

周恩来总理在大会上所作的《政府工作报告》中提出:"在不很长的历史时期内,把中国建设成为一个具有现代农业、现代工业、现代国防和现代科学技术的社会主义强国。"1978年十一届三中全会后,我国重拾"四化"建设目标。

"六·五"计划

对第六个五年计划的简称,即中华人民共和国1981—1985年的国民经济和社会发展计划。全称是"中华人民共和国国民经济和社会发展第六个五年计划"。1980年2月,国务院决定重新制定中长期计划,酝酿编制"六·五"计划。1982年12月,全国人大五届五次会议正式批准"六·五"计划。

(三) 开展"人人争戴新风尚小红花"和"红领巾卫生街"活动

十年动乱严重破坏了社会风气,致使人们养成了很多恶习,为转变社会风气,党中央号召从少年儿童抓起,建设社会主义物质文明和精神文明,形成良好的道德风尚。1980年,共青团天津市委结合"五讲四美"文明礼貌活动在少年儿童中开展了"人人争戴新风尚小红花"的活动,以爱学习、守纪律、懂礼貌、讲卫生、关心集体、艰苦朴素六个方面的内容作为评价标准,采用"奖励多数,表扬进步"的原则在全市开展,使校风校貌发生了显著的变化,同年7月,团中央开始推广这一经验,形成了"精神文明小红花"开遍祖国大地的良好景象。

图 2-8

天津少年利用课余时间参加义务劳动;辽宁松树小学少先队员在植树造林、绿化祖国①

在社会主义精神文明建设过程中,少先队组织积极发挥自身优势,带领少年儿童参与社会公益活动。由宁波市首推建立的"经常清扫、净化、绿化、美化各自附近的一条街(或一段路、巷)"的制度,在全国普遍铺开,由此诞生了"红领巾卫生街"活动,队员们通过力所能及的行动参与到社会主义建设当中,在活动中得到锻炼。

(四) 开展"争先创优"队集体创建活动

少先队建队初期,对如何加强队集体建设就有过研究,而在少先队组织恢复期,在

---

① 来源:中国文明网,http://archive.wenming.cn/sng/2009-10/13/content_17925035.htm。

国家层面,1981年团中央命名表彰了一百五十个少先队"红花集体",1983年团中央又开展了"创建优秀大、中、小队"活动。通过这些表彰和评选活动加强基层队集体建设。在学校基层,广大少先队工作者也从自身实践出发,探索队集体建设经验。通过自起队名、建立队公约、自主开展队活动等形式,加强队员之间的情感连接,不断增强集体建设。

十一届三中全会后至20世纪80年代中期前后,是少先队组织恢复和自身发展的重要时期。少先队在经历了拨乱反正后,进行了社会主义建设新时期的少先队工作的探索与实践。这一时期党和国家领导人非常重视和关心少年儿童事业和少年儿童的成长,少先队工作学会、全国少年工作协调委员会、关工委等团体的成立进一步推动了社会各界力量参与到少先队发展之中,使得全社会关心少年儿童的风尚逐步形成。各地少先队组织积极遵循"把全体少年儿童组织起来"的工作方针,积极配合学校教育,贯彻德、智、体、美全面发展的教育方针,以"五爱"教育、革命理想教育、爱国主义教育、共产主义道德品质教育和热爱科学教育等为主要的教育内容,积极创生经验,开展丰富多彩的活动,让队员在组织中当家作主,通过集体生活接受教育,用红领巾去不断鼓舞少年儿童追求上进,让一代又一代少年儿童成长为"四化"建设的预备队。

思考与练习

1. 请结合本章学习,尝试分析不同时期少先队组织发展的原因,并得出你的结论。
2. 中国共产党领导的早期各类少年儿童组织和后来的少先队组织之间有什么相同点和不同点?你能从中总结出少先队组织的传统吗?
3. 除了我国有少先队组织外,朝鲜、古巴、越南等社会主义国家也有少先队组织,请自行查阅资料了解其组织的发展。

延伸阅读

中国少年先锋队全国工作委员会,中国少年先锋队工作学会.中国少年先锋队大全[M].北京:中国少年儿童出版社,2005.

郑洸,吴芸红主编.中国少年儿童运动史[M].天津:天津人民出版社,1992.

张先翱.少先队工作方法论[M].北京:中国少年儿童出版社,1992.

李艳.全国少先队工作会议及代表大会概览[M].北京:中国青年出版社,2016.

共青团上海市委员会,少先队上海市工作委员会.上海少先队发展史[M].上海:上海教育出版社,2010.

中国少年先锋队官网:http://zgsxd.k618.cn/.

中国共青团官网:http://www.gqt.org.cn/.

第三章
少先队的历史发展(下)

📖 内容梗概

1. 少先队的解放思想与经验创生
2. 少先队的活动创新与蓬勃发展
3. 少先队的专业化发展与深化改革

📝 重要概念

少先队工作委员会　少先队员代表大会　雏鹰争章　体验教育　推优入团　少先队活动课　少先队改革

🎯 学习目标

1. 了解中国特色社会主义建设时期少先队发展的整体状况,重点了解标志不同发展阶段的重要事件,明确其在整个社会教育中的地位和贡献;
2. 明确少先队发展的改革方向和提出的重要举措,能从少先队组织的历史发展中总结经验,对未来少先队组织发展有进一步的思考。

20 世纪 80 年代中期,中国社会开始发生一系列深刻的变化,改革开放、市场经济体制等政策推行,使中国进入到一个全球化、现代化、城市化、信息化的大时代。在大时代到来前,少先队有了哪些改革与创新？又遭遇了何种问题？本章承接前面章节少先队发展历史这一主题,以新的大时代为背景,根据影响少先队历史发展的大事件,阐述 20 世纪 80 年代中期至今少先队改革创新的三大阶段。

第一节　20 世纪 80 至 90 年代少先队的创新发展

20 世纪 80 年代中期至 90 年代中期是个风云变幻的时期。在国际社会上,我国面临着西方"和平演变"和新技术革命两大挑战;在国内,改革逐步深入,社会主义市场经济得以最终确立,而以市场经济为核心的经济体制改革,逐渐影响到教育领域。1983 年,邓小平提出教育的"三个面向":面向现代化、面向世界、面向未来,为教育改革指明了方向。1985 年,我国召开了改革开放后的第一次全国教育工作会议,颁布了《中共中央关于教育体制改革的决定》,明确了我国教育体制改革的根本目的是提高民族素质,多出人才,出好人才,在基础教育领域规定学校教育要从小培养学生独立生活和思考的能力,树立为祖国富强而献身的精神,基础教育拉开了改革大幕。在此背景下,少先队也不断适应改革新变化,树立起"面向新世纪,造就新主人"的思想,努力与时代共舞,探索自主发展的道路。

一、开创少先队工作的新局面

（一）召开少先队员代表大会

少先队员代表大会,简称"少代会",是由少先队大队或大队以上组织和机构召开,以队员代表为主体参加的会议。它是同级队组织的最高权力机构,有商讨、决定一个时期队的重大事务,选举产生新一届工作领导委员会的权力。按照组织级别,少代会可分为全国和各省（市）少代会（每 5 年召开一次）、区少代会（每 3 年召开一次）、学校少代会（每年召开一次）。经党中央批准,1984 年团中央、教育部联合将原定召开的第七次全国少先队工作会议进行了扩大和升级,召开了"中国少年先锋队员和辅导员代表会议"。此次会议共有 500 多人参加,其中少先队代表就有 332 人,是中国少先队历史上首次有队员代表参加的会议,被认为是第一次全国少先队员代表大会。在第一次全国少代会召开前后,各地也召开了地方少代会。

（二）成立"少先队工作委员会"

第一次全国少代会选举产生了少先队组织的最高领导机构"全国少先队工作委员

会"(简称"全国少工委"),取代了此前的"团中央少先队工作委员会"。此后,全国少工委均由全国少代会选举产生,一般由团中央和教育部负责领导的同志共同担任少工委主任,其具体的工作执行由全国少工委办公室负责,办公室设有宣传教育处、校外教育处、组织培训处、理论研究处等处室。全国少工委的主要任务和职责是根据中国共产党对少年儿童教育工作的要求,提出每个时期少先队工作的任务,制定工作计划;负责组织发展工作;倡导并指导开展各种形式的少先队活动;加强对少先队辅导员配备、培训、表彰工作的指导;推进少先队理论研究工作的指导与发展等。

1991年,全国少工委下发了《关于加强地方少先队工作部门建设的意见》,制定了地方少先队工作部门建设的具体任务,极大地推动了地方少先队工作部门的建设。为了更好地发挥少工委对少先队组织的领导,各省市的少工委还创立了自己的一些特色做法:如山西少工委成为相对独立的副厅级实体;青岛某些地区的少工委主任由区长兼任;上海实行团、教两家领导齐抓共管的"双主任制"。这些举措极大地加强了少先队的领导工作。

(三) 开展全国性少先队辅导员培训

从1984年全国少代会召开以来,国家继续对少先队辅导员队伍建设进行表彰奖励,并加大了辅导员培训力度,培训规模和质量不断提升。

1984年,共青团中央和教育部联合印发了《关于举办辅导员进修学校的意见》,确定了通过举办辅导员进修学校和通过《辅导员》杂志刊文函授的方式面向少先队辅导员、少年儿童工作干部、校外辅导员以及社会上一切热心少先队工作的同志进行为期一年半的进修学校培训。在这之后全国少工委召开二次全会,提出了力争将全国县(区)一级以上的少年工作干部和大队辅导员普遍培训一遍的任务要求。随后,在1986年,全国少工委下发了《关于做好少先队大队辅导员和少先队干部培训工作的意见》,并通过借助团校开办短训班;师范进修学校开设专门辅导员培训班;依托报刊函授,广播电台播放讲座举办全国辅导员进修学校;各类经验交流会或夏令营代培;通过例会、寄发材料等将培训内容化整为零,保证学习;组织少先队工作讲学团等形式在全国层面完成了第一轮培训。

1990年第二次全国少代会后,全国少工委下发了《关于做好少先队大队辅导员和少先队工作干部新一轮培训工作的意见》,这一时期各级团委、少工委把培训工作纳入了少先队总体发展计划,由零星培训发展到系统培训,由不定期培训发展到有计划、有步骤地经常性培训。逐步完善了分级培训的体系,形成了全国培训以省地级少工委干部、全国优秀辅导员为主;省级培训以地市、县级少工委干部、总辅导员为主;区、县级培训以区、乡总辅导员,学校大队辅导员为主的自上至下的培训网络。在培训内容上进一步丰富,各地培训注重基础和实际操作的指导,把组织少先队仪式,进行演讲、歌舞、写画、游戏、制作等业务活动列为基本培训内容,普遍安排教育学、心理学、有关少年儿童教育的理论,以及其他业务理论的学习,注重从教育的宏观角度分析少先队。由此可见,这一阶段对辅导员的培训逐步由重"量"转向重"质",培训更加系统。

除了全国性的培训外,在全国少工委的统一指导下,各地结合自身实际,不断探索大队辅导员队伍培训的新经验、新做法。同时也从辅导员待遇上、评比上给予辅导员一些优先考虑。这些举措都为后期辅导员队伍的建设做出了开创性的探索。

(四) 拓展校外阵地教育功能

1985年,《中共中央关于教育体制改革的决定》中提出了"学校教育和学校外、学校后的教育并举"的方针,明确指出了校外教育在社会主义教育事业中的地位和作用。1986年,全国少年儿童校外教育工作会议召开,进一步明确了少年宫等校外教育机构要面向学校、面向少先队、面向广大少年儿童的办宫原则,提出要注意借鉴其他社会主义国家校外教育阵地的经验,把校外教育机构办成少先队之家。① 1987年,国家教委和共青团中央下发了《关于少年宫工作的意见》,指出"少年宫的工作,要从全面培养教育少年儿童出发,不仅要通过各种活动给少年儿童以科学技术、文学艺术、体育等方面的各种知识,培养各方面的技能技巧和才干,而且还要十分重视对少年儿童加强共产主义思想品德教育。"② 同时拟定了《少年宫(家)工作条例(草案)》,指出:"少年宫要配合少先队的重大教育活动和日常工作,为少先队辅导员举办讲座,培训少先队积极分子,传播开展活动的方式方法,开展少先队的示范性活动,为少先队提供信息和资料。"进一步明确了少年宫等校外教育机构在少先队组织发展中的作用和主要职责。

20世纪90年代的少先队组织还开辟了对少年儿童进行爱党、爱国、爱军教育、国防教育以及革命传统教育的重要形式,即集国防教育、思想教育和少先队教育于一体的新型校外教育阵地——少年军校。校外教育阵地的建设为这一时期少先队校外教育活动提供了广阔的空间,为少先队校外活动的开展提供了有利的条件,助推了少先队的总体发展。

二、加强少先队基层组织建设

组织建设是少先队发展的基础,这一阶段少先队组织建设有了更加明确的指标,组织体系更加健全。

(一) 明确"五有十率"组织建设指标

1987年,全国少工委出台了《关于加强少先队"五有"建设意见》,"五有"是指有组织、有辅导员、有活动、有阵地、有制度,以之作为少先队组织建设的基本要求,并提出了"十率"的具体建设指标(见表3-1),为基层少先队组织建设提出了具体的要求。

表3-1 "五有十率"指标一览表

五有	十率	达标要求
有组织	建队率	98%以上
		农村达85%以上
	入队率	95%以上(试行儿童团的地区,儿童团员计入入队率)
		农村达75%以上

① 中青联发.办好校外教育 造就四有新人——冯军同志在全国少年儿童校外教育工作会议上的讲话[N].北京,1986-10-27.
② 中青联发.国家教委、共青团中央关于加强少年宫工作的意见[Z].1987-2-28.

五 有	十 率	达 标 要 求
有辅导员	配备率	专(兼)职辅导员配备率达98%以上
		县级总辅导员的配备率达50%以上
	培训率	70%以上
		农村达40%以上
有活动	覆盖率	80%以上
		农村达60%以上
	活跃率	小学每周活动一次；中学隔周活动一次；其中大队活动每学期两次
		以学校为统计基数的活跃率达30%以上
有阵地	普及率	少先队大队有队室、广播站、板报、活动园地等，普及率达60%以上
		农村的大队可有队室、板报及红领巾植物园等，普及率达20%以上
	利用率	保障一学期每个少先队员活动两次，利用率达95%以上
有制度	健全率	制定团带队的例会制度，辅导员的学习和工作交流制度，大、中队委的工作汇报制度，代表会议，干部改选，评比表扬等制度，健全率达60%
		农村达30%
	执行率	80%以上

为了有效推进"五有"建设，全国少工委组织了"达标创优"活动。1987年，全国少工委发起了"争创红旗大队"的活动，向全国奖授1 500面大队旗，1990年又表彰了50个优秀少先队集体。通过表彰激励措施，有效促进了这一时期少先队基层组织建设。

（二）在校级以上层面建立"红领巾理事会"

在省、市级少工委与学校少先队大队部之间，缺少与少先队员沟通的中间环节，不利于少先队领导机构了解少先队员们的心声和意见，也不利于少先队员参与少先队各项工作的决策而成为真正的队主人。为此，各地积极探索方法。1984年，上海团市委最先尝试在市、区级层面建立由少先队员为主体组成的议事性机构——红领巾理事会（简称"红理会"）。红理会的理事成员大部分为小学高年级和初中年级的少先队员，一小部分是与少先队工作直接相关的成年人。通过这种形式提供了成人与队员之间沟通交流的渠道，使得少先队工作的开展更符合孩子们的需求。这一新形式出现后受到了广泛的欢迎，全国各地也相继成立了红理会或总队部等组织，为少年儿童表达自己的想法和建议提供了平台。

除了从总体要求上加强少先队基层组织建设外，这一时期还专门对中学和农村的少先队工作采取了加强措施。其中在中学少先队工作方面，1987年2月10日，共青团中央、国家教委、全国少工委联合印发了《关于中学少先队工作的若干规定》，对中学少先队工作提出了具体要求。1988年，全国少工委联合团中央学校部、中国少年报社等多家单位专门面向中学少先队开展中学少先队创造性活动竞赛，使中学少先队工作有了一定起色。农村少先队工作方面，主要从乡土特色和城乡联谊等方面对工作进行加强。尽管如此,中学少先队与农村少先队依然相对较弱,并成为少先队发展过程中遗留的老问题。

三、探索少先队教育活动的新路径

随着国际形势以及中国改革开放政策对人才培养要求的变化,党中央越来越重视少先队组织在中国社会主义现代化建设以及共产主义理想的实现中的作用。这一时期少先队以"创造性活动"的新经验探索为实验田,重视发挥队员的自主性、活动的实践性以及榜样的激励作用,调动了少先队组织各方面工作的活力,大大提高了其在整个少年儿童教育工作和学校工作中的地位。

(一) 开展少先队"创造性活动"

改革开放后,经济政治文化的新变化呼唤着个体自主意识的觉醒。这一时期,一批少先队工作者响应时代号召,提出了让少年儿童"学做21世纪现代化中国的新主人"的主张,开启了少先队以培养学生自主创造精神为目的的少先队教育活动的新篇章。

在邓小平提出"三个面向"指示的背景下,邓颖超代表党中央在第一次全国少代会上向全国的少年儿童提出了"树立创造的志向,培养创造的才干,开展创造性的活动"三点希望和要求。1984年,全国少工委与《中国少年报》报社和《辅导员》杂志社联合举办"创造杯"少先队活动竞赛。此项活动与以往的少先队活动相比,最显著的不同在于"创造杯"活动要求由队员自己设计、自己组织、自己总结活动成果。[①] 这种活动方式改变了少先队教育活动的组织开展方式,极大地调动了队员的自主能动性,激发了少先队组织强大的内生力。

1985年,全国少工委第二次全体会议围绕加强少年儿童思想品德教育和深入开展"创造性活动"进行了探讨和交流,会议认为"创造性活动"是实施基础的共产主义教育的有效方法。1986年,全国少工委办公室制定了《关于在全国少先队员中进一步加强共产主义教育的意见》,提出了"共产主义思想的基础教育",要通过"五爱(爱祖国、爱人民、爱劳动、爱科学、爱护公共财物[②])为基本内容的思想品德教育,为少年儿童逐步成长为有理想、有道德、有文化、有纪律的共产主义接班人打下坚实的基础。同时指出,少年儿童"基础"的共产主义教育应包括:以爱国主义为起点的共产主义理想教育;以学英模为主要内容的革命传统教育;以"人民的利益高于一切"为最高准则的集体主义品德教育等三项内容。1987年,全国少工委又制定了《关于深化少先队教育活动若干意见》(下文简称《意见》),对"基础"的共产主义教育内容进行了扩充,将"劳动教育,民主与法制教育"也纳入其中。基础的共产主义教育外延不断得到扩充,为"创造性活动"的开展提供了丰富的内涵。此后一段时间,以基础的共产主义教育为中心的"创造性"活动在全国各地如火如荼地开展起来,许多富有创意的队活动开创出来,如"小主人在行动"、"绿化行动"、"勤巧手行动"等。

为了对少年儿童深入、系统地进行基础的共产主义教育,配合国家教委相关教育大纲的施行,全国少工委办公室在少先队教育传统经验和"创造性活动"新经验的基础上,

---

① 郑洸,吴芸红主编.中国少年儿童运动史[M].天津:天津人民出版社,1992:411.
② 注:后期将"爱护公共财物"改为"爱社会主义"。

开始着手对少先队的整个教育进行系统规划,制定了《中国少年先锋队教育纲要》。该纲要于1988年在全国各省、自治区、直辖市的部分地区开始试行并于1990年正式颁布,这是少先队发展史上颁布的唯一一部以"教育"命名的纲要。它明确了分阶段教育的基本内容和要求,使得少先队教育的指导方式发生了根本的转变,统一的集中性活动大大减少,活动中心下移到基层,日常教育大大加强,少先队教育达到了新水准。①

(二)开展各类公益性活动和"两史一情"教育活动

1986年,国家教委、共青团中央、全国妇联、中国残联等单位联合发布了"红领巾助残"活动,该活动旨在通过让少年儿童参与活动,对其进行社会主义人道主义教育,培养其理解、尊重、关心、帮助残疾人的良好道德风尚。据统计,自该活动发起至1992年,每年约有20万个"红领巾助残活动小组"成立,有3 000万以上少先队员参加这一活动。② 从数量上我们可以看出这项活动的影响力之大。

1989年,团中央、中国青少年发展基金会发起了以救助贫困地区失学少年儿童为目的的一项公益事业——希望工程。为引导广大少年儿童参与"希望工程",让他们在过程中受到教育、得到帮助。1990年中国青少年发展基金会和中国少年报社共同发起了"手拉手——全国城乡小伙伴携手救助贫困地区失学少年"活动,由此开启了"手拉手"活动的序幕。③ 此后,"手拉手"成为不同地区少年儿童互助互学、奉献爱心、共受教益的一项品牌性实践教育活动,成为新时期少先队组织的一项富有特色的教育活动和学校德育工作的有效形式。④

1991年3月9日,江泽民总书记给国家教委主任李铁映、副主任何东昌的信中指示:"要对小学生(甚至幼儿园的孩子)、中学生一直到大学生,由浅入深、坚持不懈地进行中国近代史、现代史及国情的教育",并指示要让学生们了解中国五千年来的灿烂文化。⑤ 江泽民的这封信,成为后来经党中央批准颁发的《爱国主义教育实施纲要》以及国家教委颁发的《中小学加强中国近代、现代史及国情教育的总体纲要》的指导思想。⑥ "两史一情"教育是对爱国主义教育的深化和发展⑦,主要通过学科教学进行,注重课堂教学与课外教育结合。⑧ 围绕"两史一情"教育,少先队组织开展了丰富多彩的社会实践类教育活动。

除了上述活动外,这一时期少先队还针对队员自主自理能力开展了丰富的劳动实践活动。1991年8月,全国少工委第二次全会上作出了"继续深化少先队工作的指导思想,有步骤地推动劳动实践活动开展"⑨的重要工作思路指示。第二年,全国少工委下

---

① 郑洸,吴芸红主编.中国少年儿童运动史[M].天津:天津人民出版社,1992:424.
② 全国少工委,中国残联等.关于表彰全国"红领巾助残"活动先进集体的决定[Z].1992.
③ 全国少工委.关于"手拉手"活动开展情况及今后工作意见的报告[Z].1991-4.
④ 中青联发.全国少工委关于深入开展"手拉手"互助活动的意见[Z].1995-5-5.
⑤ 本刊评论员.切实加强中国近代史和国情教育[J].学科教育,1991(4):3-6.
⑥ 何平,刘思扬."希望寄托在你们身上"——江泽民总书记关怀青年一代纪事[EB/OL].(1998-05-04)[2020-07-16].http://www.people.com.cn/item/ldhd/Jiangzm/1998/qita/qt0036.html.
⑦ 洪雨露.优秀辅导员的成长之路[M].上海:上海教育出版社,2018:30.
⑧ 本刊评论员.切实加强中国近代史和国情教育[J].学科教育,1991(04):3-6.
⑨ 全国少工委.李克强同志在全国少工委第二次全委扩大会上的讲话[Z].1991-8.

发了《关于开展劳动实践活动的意见》，阐述了开展劳动实践活动的目的和意义，明确了劳动实践活动的内容及开展形式。同年，共青团中央、全国少工委决定，在全国少年儿童中广泛开展包括"露一手"表演活动、争当"小小发明家"活动、智力活动、游戏与玩具设计竞赛活动、计算机基础知识及操作比赛等在内的"劳动实践小能手"系列活动。各地少先队组织也积极结合自身实际探索劳动实践活动的方式方法，为少先队员在劳动中学习劳动生产技能，提高了生活自立自理能力，增强了科技意识，培养了劳动观念等方面起到了促进作用。

（三）开展各类评选活动与榜样教育

榜样教育是少先队教育长久以来的重点。1984年的全国少代会上决定在北京市玉渊潭公园建立中国少年英雄纪念碑，会后全国少工委组织开展了"学英雄、建丰碑"活动，引导队员以少年英雄为榜样，学英雄精神，走英雄道路，创英雄业绩。在纪念建队四十周年前夕，1988年全国少工委联合中国少年报、中国儿童报开展了评选100位"中国好少年"、"中国好儿童"的活动。1989年，共青团中央、全国少工委、中央电视台等联合评选出了第一届全国"十佳少先队员"。其中为保护国家财产英勇献身的少年英雄"赖宁"作为"全国十佳少先队员"的代表，成为了90年代初期少先队开展榜样教育的典型人物，全国掀起了"学赖宁"活动高潮。1991年，共青团中央、全国少工委、中央电视台联合组织了第二届全国"十佳少先队员"评选活动，自此学习全国"十佳少先队员"成为少先队榜样教育活动中的常态化活动。

除了鼓励广大少先队员向同辈优秀榜样学习外，这一时期团中央也配合国家教委向全国少年儿童发起了"学雷锋"活动，并将其作为一个常态性的榜样教育活动。这些活动的开展，为少年儿童树立了学习的榜样，同时也使得少先队榜样教育的内涵、方式不断得到优化。

总体上，20世纪80年代中期至90年代中期是我国少先队工作进入平稳、全面发展的时期。这一阶段少先队组织体制逐步健全，基础建设得到极大发展，各项工作不断得以完善和创新，其教育活动的"组织性、自主性、实践性"三大特征逐步成型。这种"寓教育于活动之中"的教育特色，使得这一时期少先队在整个少年儿童工作和学校工作中独树一帜，为后续发展开辟了良好的前景，促进了少先队事业的全面发展。

第二节　世纪之交少先队的蓬勃发展

20世纪90年代中期以后，世界范围内的科技竞争、经济竞争，尤其是人才竞争日趋激烈，国力的强弱越来越取决于劳动者素质的高低，取决于各类人才的质量和数量。为在跨世纪的竞争中取得主动，我国政府从长远的战略高度出发，将"人才强国战略"、"科教兴国战略"、"可持续发展战略"确立为经济社会发展的三大国家战略，把科技和教育摆在经济、社会发展的重要位置。为适应跨世纪对人才的的要求，1994年开始，素质教育日益成为我国教育中的主导教育理念，并演变为我国基础教育领域改革的战略性目标。随后,少先队也适应了时代需求和国家教育改革的基本趋势,提出了以素质教育为目标、以能力训练为重点、以实践活动为途径的新的工作思路,[①]并创生了许多新措施和新经验,步入创新与发展的新时期。

一、开展素质教育目标导向下的"雏鹰行动"

1993年10月,全国少工委第四次全委扩大会议推出了"跨世纪中国少年雏鹰行动"(简称"雏鹰行动")。"雏鹰行动"并不是一项具体的活动,而是一项生存发展的行动计划,由"五自"实践活动(详见链接3-1)、手拉手活动、启明星科技活动、百花园文艺活动等组成。其特点是以实践活动为基本途径;以培养少年儿童的生存与发展意识和技能训练为基本内容;以雏鹰奖章为主要激励措施。其宗旨和目标是引导和帮助广大少年学会生存,自理自律;学会服务,乐于助人;学会创造,追求真知;提高全面素质,为成为我国二十一世纪建设的生力军打下良好的基础。

> **链接3-1**
>
> **"五自"学习实践活动**
>
> 1994年江泽民总书记为"雏鹰行动"题词:"自学、自理、自护、自强、自律,做社会主义事业的合格建设者和接班人",这便是少先队"五自"的由来。围绕"五自"内容,少先队开展了以生存教育为主要内容的"五自"学习实践作为"雏鹰行动"的一项主导性活动。该活动主要是结合各种生存技能和劳动技能的训练,帮助少年儿童增强自理意识和能力、学习生活和劳动技能,培养热爱劳动的习惯。

1994年,雏鹰行动开始进行试点推广,同时下发了《雏鹰奖章实施细则(试行)》,使"雏鹰行动"的基本内容、操作程序、考评机制和激励措施进一步目标化、具体化、规范化,为少先队组织和广大少先队员参加"雏鹰行动"提供了切实可行的考核标准和奖励依据。1995年,全国少工委又制定了《"跨世纪中国雏鹰行动"实施规划》,进一步推动了"雏鹰行动"的深化。

1998年,团中央和教育部联合下发《关于深化开展"中国少年雏鹰行动",推进素质教育的意见》,使"雏鹰奖章"成为衡量少年儿童内在素质和能力的重要依据,进一步明确了依托"雏鹰行动"助力基础教育实施素质教育的要求。新千年之后,"雏鹰争章"活动不断得到深化,各地积极探索经验,将雏鹰争章与基础教育新课程建设相结合,使雏鹰争章活动"进教材"、"进课堂"、"进评价",充分发挥雏鹰争章活动在学校教育教学中的作用;通过"雏鹰假日小队"等形式充分利用各类社会资源,构建学校、社会、家庭相结合的活动体系和评价机制,不断提升少先队工作的社会化,提高少先队组织的社会影响力。"雏鹰争章"(详见链接3-2)成为了此后少先队的特色品牌活动。

---

① 李艳.全国少先队工作会议及代表大会概览[M].北京:中国青年出版社,2016:269.

链接 3-2

雏 鹰 争 章

这是为了配合这一时期"雏鹰行动"的开展设置的一项激励活动。最初在奖章设置上设立了20枚达标章,从市(县)、省、全国设置三个级别的雏鹰奖章,队员们通过定章、争章、考章、颁章,完成争章。当前"雏鹰争章"更名为"红领巾奖章",在奖章设置上已经有了很大的变化,是一项与时俱进的活动。

步入新世纪,素质教育更加深入,少先队主动顺应时代发展要求,开展了"红领巾心向党"主题教育活动、"民族精神代代传"活动、节约资源"四个一"活动等一系列主题教育活动,以及中国少年儿童平安行动和中华少年小甲A足球活动等各类服务少年儿童成长的活动。这些活动的开展为素质教育的实施提供了平台和载体,极大增强了少先队组织的吸引力,带动了少先队各项工作的活跃,为广大少年儿童的健康成长提供了保障。

二、注重"体验教育"

新世纪初期,时任国家领导人的江泽民提出了"以德治国"的思想,2000年2月1日,江泽民发表《关于教育问题的谈话》。谈话从国运兴衰、民族复兴的高度,对事关我国教育发展方向,教育方针和教育思想的一系列重大问题作了论述,指出:抓好教育和青少年学生的思想工作,直接关系到我们实施科教兴国战略能否取得成功,关系到我国社会主义现代化建设能否取得成功,大家都要从这样的高度来认识问题,开展工作。[①] 同年12月14日,中共中央国务院办公厅印发了《中共中央办公厅国务院办公厅关于适应新形势进一步加强和改进中小学德育工作的意见》,要求切实提高中小学德育工作的针对性和实效性。为贯彻以德治国思想,增强德育的实效性,这一时期少先队更加重视实践中的"体验"环节对少年儿童教育的影响,提出了"体验教育"(详见链接3-3)的主张。

链接 3-3

体 验 教 育

指少先队在各种实践活动中,充分发挥队员的主体作用和主观能动性,强化实践活动中的体验环节,从而把少先队的教育目的内化为少年儿童的自身品质的一种教育思想。

体验教育思想最早在第四次全国少代会上提出。2001年10月,团中央和全国少工委颁发了《关于动员和组织少先队员在实践中体验的实施意见》,决定在全队开展以"新

---

① 中共中央党史研究室.中国共产党大事记·2000年[EB/OL].(2020-07-16). http://cpc.people.com.cn/GB/64162/64164/4416173.html.

世纪我能行"为主题的体验教育活动,帮助少年儿童从家庭生活、学校生活、社会生活和大自然等各个方面,通过寻找一个"岗位",扮演一个角色,获得一种感受,明白一个道理,养成一种品质,学会一种本领,来提高他们的全面素质。同年,共青团中央和全国少工委在江苏省召开全国少先队德育工作暨"新世纪我能行"体验教育活动现场推进会,结合实践成果,对体验教育的理论依据、内涵、形式、目标等一系列基本问题进行了深入的研讨。在一年多的体验教育实践的基础上,全国少工委组织编写了《体验教育》一书,对体验教育进行了归纳总结和理论阐述。2002年,团中央、全国少工委联合制定了《关于加强少年儿童思想道德教育深入开展体验教育的意见》,进一步明确了将体验教育作为少先队开展思想道德教育、培养少年儿童良好行为习惯的重要方式。2005年,全国少工委印发的《少先队辅导员工作纲要(试行)》强调:"体验教育是少先队教育的基本途径",并将其作为少先队工作的基本理念之一。

这一时期"体验教育"成为了新世纪少先队加强少年儿童思想道德教育和创新精神与实践能力培养的重要举措。对引导和组织少先队员面向社会生活的广阔空间,加速少年儿童的社会化进程发挥了重要作用。与此同时,也为少先队建立与经济社会发展相适应的社会化的运行机制开辟了新局面。

三、创新少先队基层组织建设

(一)学校少先队建设重心下移

2005年起,随着党中央加强党的执政能力要求的提出,少先队亦要求提升自己的工作能力和服务基层的能力,开启了"全队抓基层、全队抓落实"的新工作思路,不断完善基层组织建设。这一时期,学校少先队建设重心进一步下移。具体表现在如下方面。

其一,中队建设和小队建设成为关注点。中队建设方面,全国少工委带领开展了"全国优秀少先队中队"、"全国少先队特色中队"、"百佳少先队中队"等评选工作。2006年左右还开展了"快乐中队"的创建工作,该活动围绕"深化队干部民主选举、小干部轮岗、快乐的中队活动创意征集"等重点内容展开,意在引导队员自我学习、自我管理、自主开展活动,努力营造人人都平等、人人都是主人、人人都探求、人人都创造、人人都追求美好的少先队集体。小队建设方面,主要针对双休日设计开展"雏鹰假日小队"活动,具体做法是在双休日和节假日,将少先队员组成3至5人的小队,轮流到队员家中和社区开展活动,并寻求家长的支持和专项辅导,开展"手拉手"和"雏鹰奖章"达标争章活动。

其二,加强校内少先队阵地建设。这一时期对校内的红领巾广播、红领巾电视台、红领巾小社团的建设不断加强。全国少工委以"童趣杯"全国优秀红领巾小社团评选表彰活动为抓手,积极引导少先队员围绕环境保护、科技创造、劳动实践,弘扬民族精神、荣辱观教育等多个方面,自主组建各种类型的红领巾小社团,进一步推动了校内阵地建设。

其三,少先队小干部培养。这一时期,从中央到地方都对小干部的培养给予了高度重视。2000年,团中央、教育部、全国少工委下发《关于做好少先队干部任职工作的通知》,对队干部的选举、轮换、岗位设置、培训等工作提出了要求。① 随着队干部轮换制的实施,小干部队伍的总数接近甚至超过队员的50%。② 各地围绕增强队干部的责任意识、服务意识、能力意识等不断探索小干部的培养,初步形成了一些具有实效性的培养方法。如设置各种岗位,利用岗位培养;锻炼队干部,开展各类社会实践活动;开办队长学校;利用各级队报队刊对小干部进行远程培训等。这些途径和方法,为更多的少年儿童参与自己组织的管理事务、增强服务的意识和能力创造了条件。

(二) 农村少先队建设彰显"新农村"特色

改革开放以来,农村少先队获得了一定的发展,但相对城市中的少先队建设而言,还是比较薄弱。因此,加强农村少先队建设成为这一时期少先队建设的重要内容。

2001年,共青团中央和全国少工委制定了《进一步加强农村少先队工作的意见》。该意见指出要"使农村少先队工作适应培养未来农村经济发展和社会进步需要的高素质的人才和建设者,适应农村基础教育实施素质教育的要求,改变农村少先队工作相对薄弱的状况。"③2006年,随着建设社会主义新农村战略部署的提出,全国少工委又下发了《关于加强农村少先队工作服务社会主义新农村建设的通知》,对新农村建设背景下农村少先队工作提出了新要求,在活动开展中新增了"关注农村特殊困难少年儿童群体"。2007年,全国少工委在四川召开了全国农村少先队工作现场推进会,进一步分析了农村少先队工作中面临的问题,并对更好地推动社会主义新农村建设提出要求。

根据上述文件和会议精神要求,从全国层面来看,这一时期全国少工委主要发起了"争当科技小能手"、"争当文明小使者"、"城乡少年儿童'手拉手'"、"关注留守儿童"等农村少先队特色活动;举办了全国农村少先队辅导员培训班以加强对辅导员的培训,解决辅导员政策待遇问题,促进城市与农村辅导员交流,调动各方面人士担任农村志愿辅导员等举措来加强农村辅导员队伍建设。从地方来看,各地少先队组织也积极探索经验,形成了一些特色做法。如,团河南浚县县委以创办"少年技校"为载体开展以科技兴农为主要内容的科技劳动实践活动,探索出农村少先队工作新途径;团广西区委通过选派大中专毕业生到农村担任志愿辅导员的方式加强农村少先队工作;安徽省肥东团县委、县少工委通过组建"留守小队"、选聘志愿辅导员和立足"留守小队"开展体验活动三个环节,充分发挥少先队在团结、教育和服务农村"留守儿童"中的重要作用,并取得了初步成效。这些举措极大地推动了农村少先队的建设。

(三) 社区建队新探索

随着我国改革开放和社会主义现代化建设事业的发展,城市化进程不断加快,社区日益成为人民群众包括广大少年儿童生活学习的重要空间。1999年,我国召开了第三次教育工作会议,时任国家主席的江泽民同志提出要加强社区建设,积极创造有利于青少年成长的家庭、邻里和学校环境。同时《中共中央国务院关于全面实施素质教育深化

---

① 共青团中央,教育部,全国少工委.关于做好少先队干部任职工作的通知[Z].2000-5-8.
② 团中央少年部,全国少工委办公室,中国少先队工作学会.少先队小干部队伍建设的调查报告[Z].北京,2006-7-18.
③ 共青团中央,全国少工委.关于加强农村少先队工作的意见[Z].2001-2-5.

教育改革的意见》也明确指出"要加强共青团、少先队、学生会的工作,在培养、提高学生素质方面发挥更大作用"、"要建立青少年参与社区服务、社区建设的制度"。这些新任务、新要求直接影响了这一时期少先队在社区的建设和发展。

为推进社区少先队工作,1999年,全国少工委在浙江杭州召开了少先队历史上第一次专门研究少先队社区工作的会议,明确提出要将加强少先队社区工作作为构筑面向21世纪中国少先队工作新格局的重要举措。[①] 同年下发了《关于加强少先队社区工作的意见》,为社区少先队建设做了初步的安排和探索。在一些条件成熟的地方,由街道、城镇团组织牵头,吸收教育、文化等相关部门同志参与,在街道、城镇建立了社区少工委。条件达不到的地方则直接由团委牵头成立社区少先队大队或俱乐部等形式的组织,通过这种方式逐步"依托社区团建,带动了社区队建"。此外,不断加强学校与社区联动。通过少先队员进社区、少先队的活动进社区、少先队辅导员队伍进社区等举措,有力加强了学校与少先队的联系,推进了少先队工作向社区的延伸。

在社区建队的基础上,各地社区少先队还积极选拔社区内党员、青年团员、"五老"人员、热心家长等担任志愿辅导员。社区在原有资源基础上进行功能扩展,进行一定区域的划分,或者开辟专门的阵地作为少先队活动的阵地。通过这些方式来保障少先队组织在社区的建立。

(四) 中学少先队实行"推优入团"

经过前期努力,中学少先队工作获得一定程度的发展。这一时期主要以"推优入团"为抓手,通过实现"团队一体化"建设,进一步加强中学少先队工作。

说到"推优入团"的历史,早在1993年共青团十三大上修改后的团章中就规定"中学少先队组织可以推荐优秀的少先队员作为团的发展对象",1994年团中央便下发了《关于做好推荐优秀少先队员作团的发展对象工作的意见》,指出这一项工作具体由少先队来负责组织实施。意见下发后的第二年,全国少工委在全国100个单位开始对"推优入团"工作进行试点,并在长春召开了全国"推优入团"工作经验交流会。1996年颁布了《推荐优秀少先队员作团的发展对象工作细则(试行)》,进一步细化此项工作的操作。此后中学少先队员加入共青团,必须经过少先队组织的推荐。

"推优入团"工作的实施一方面增强了中学少先队组织的吸引力,使得中学少先队得以活跃,另一方面也为团员队伍的优质发展提供了保障。各地积极探索做好团队衔接,开办团校,做好"推优入团"工作。比如上海少先队提出的"初中团队一体化"建设,确立了"九年义务教育,九年素质教育,九年组织教育"的总思路,提出了初中"强队建团,以团带队,全程衔接,团队共兴"的总目标,明确了以"初中少先队全员全程一体化,团队工作一体化,团队领导一体化,校队、班队一体化"为主要改革措施。1997年起上海全市初中一至三年级队员换戴大号红领巾,通过规范健全初中少先队组织建队仪式和离队仪式;办好少年团校,成立团课学习小组,加强对少先队员入团前的教育培养;推动少先队活动与社团活动有机结合,创新中学少先队活动方式等举措不断加强中学少先队工作,取得了良好的效果。

[①] 中青联发.赵勇同志在全国少先队社区工作座谈会上的讲话[Z].1999-7-13.

四、辅导员队伍与阵地建设新发展

随着时代的发展,少先队紧跟时代潮流,在辅导员队伍建设方面朝制度化、体系化方向发展;少先队校外阵地功能更加多样,并开辟了少先队网络活动阵地。这些新进展为这一时期少先队蓬勃发展提供了良好的保障。

(一)辅导员队伍制度化、体系化发展

随着少先队组织在各方面的发展,对辅导员素质的要求也越来越高。2004年,全国少工委向全国广大少先队大队、中队辅导员发出倡议书,提出了"做少年儿童人生追求的引领者、做少年儿童实践体验的组织者、做少年儿童健康成长的服务者、做少年儿童良好成长氛围的营造者、做少年儿童合法权益的维护者"五条角色标准。2005年,全国少工委下发了少先队辅导员队伍工作发展纲领性的文件《少先队辅导员工作纲要(试行)》,明确了辅导员的工作任务,为基层少先队组织和广大辅导员开展工作提供了具体指导。2007年,共青团中央、教育部、人事部、全国少工委联合下发了《少先队辅导员管理办法(试行)》,对辅导员配备管理、职责、培训、考核、奖励等方面进行了规定,加强了辅导员队伍的制度化建设,极大地推动了这一时期少先队辅导员队伍的发展。

1995年全国少先队辅导员培训中心成立,自此少先队有了全国性的最高培训机构。次年在上海、山东、浙江、广东等10个省市又成立了12个首批全国少先队辅导员培训基地。除了成立培训中心和培训基地开展线下培训外,自2003年开始,全国少工委还利用"中国少年雏鹰网"在全国范围内开展了首次辅导员远程教育培训,从而实现了少先队线上、线下培训的全覆盖。同年开始,还针对全国辅导员培训制定"三年"培训计划,进一步明确了全国、省、市、县的四级培训的任务和目标,使得辅导员队伍培训逐步制度化、常态化、体系化。2004年全国少工委开展了首届"全国辅导员风采大赛"。此后,该项比赛每年举办一次,成为了辅导员们展示自我、提升自我的重要平台,极大地促进了辅导员的队伍建设。

随着少先队工作的日益社会化,这一时期志愿辅导员成为辅导员队伍建设的重要组成部分。少先队组织积极吸纳家长、青年志愿者、"五老"以及社会各界热心人士加入到志愿辅导员队伍,并通过开展"全国十佳志愿辅导员"的评选活动,形成了全社会都来关心支持少先队工作的良好氛围。

(二)校外阵地职能提升,网络阵地开辟

这一时期少先队工作的社会化程度日益提高,特别是随着社区少先队的建设,少先队组织的校外活动阵地进一步拓宽。在前期发展的基础上,校外教育机构和少年军校等阵地作用进一步发展,并产生了"中国少年科学院"这一全新的"科学"专项阵地。除了实体阵地外,随着网络信息化的发展,少先队也加紧了信息化建设,开辟网络阵地,进一步丰富了少先队活动的平台。

1. 提升少先队校外教育阵地的职能

这一阶段,少先队遵循"校内与校外并重、教育活动与阵地建设并重"的原则,建立了中国少年儿童校外教育协会,积极试行《少年宫、家、站评估标准》,进一步扩大校外教

育阵地的功能。少年宫(家)在普遍开展科技、艺术活动的基础上,与有关部门共同组织各种评选竞赛活动、建立少年兴趣爱好小组,不断丰富少年儿童课外文化生活。少年军校也在前期建设的基础上,于1999年建立了"全国少年军校总校",并通过举办"全国少年军校检阅",开展"全国少年军校示范校"、"全国少年军校优秀学员"、"全国少年军校优秀工作者"等评选活动,不断发挥少年军校的作用,增强其影响力。

除了提升原有校外教育阵地的职能外,1999年,共青团中央和全国少工委在北京创建了以6—16岁少年儿童为服务对象,以少年儿童校外教育阵地为依托,鼓励少年儿童爱科学、学科学、讲科学、用科学,培养少年儿童观察力、动手能力和创新能力,提高科学素质,以丰富活跃少年儿童课余活动为目标的功能性社团——中国少年科学院。中国少年科学院的成功创建,在各级少先队组织和少年儿童校外教育领域中引起了强烈反响。2000年,全国少工委与中国少年科学院联合开展了"全国百名科学小院士"评选活动,此后"中国少年科学院小院士"评选活动成为了激励、提升少年儿童科学素养的重要载体。

2. 开辟网络阵地

新世纪初期,互联网在我国迅猛发展起来,少先队积极利用这一新的传播形式,充分发挥其在思想教育中的作用,开辟了网络阵地。"中国少年雏鹰网"是这一时期少先队工作信息化建设的重要载体,于1999年开始正式运行。2002年9月推行了"雏鹰绿色上网工程",引导少年儿童文明上网、安全上网、健康上网。2003年初,雏鹰网开辟了"雏鹰争章"专栏和"全国辅导员培训"平台。此后,"雏鹰网"成为少先队活动的重要网络阵地,为少先队工作的信息化发展开辟了道路。

20世纪中期以来到21世纪的第一个十年,少先队都不断根据党和国家工作发展的需要,开创了一个又一个教育新局面。在素质教育的背景下,少先队不仅推出了"跨世纪雏鹰行动",还提出了"体验教育"的思想,配合学校德育工作,加强青少年思想道德建设,成为学校发展的得力助手,依靠基础教育,服务基础教育,是这一时期少先队组织得以蓬勃发展的重要原因。但也因过多地强调学校教育和少先队教育的共性,而忽视了两者的不可替代性,尤其是掩盖了少先队教育的独特性,为后期少先队教育的独立性发展、边缘化等产生了一定的负面影响。同时,这一时期少先队组织意识到了激发基层组织活力的重要性,提出"全队抓基层、全队抓落实"的工作思路,把加强自身建设作为事业发展的重要基础,不断推进学校少先队干部的民主选举和任期轮换,组织开展大中小队争创活动,开设校园队活动阵地;加强多元培训和表彰等。这些举措虽然在一定程度上起到了活跃基层组织的目的,但从长远发展来看,这种活跃还是一种外部指导下的活跃,没有真正激发出基层组织内在的生命力,还需要进一步加强研究。

第三节 21世纪初少先队的深化改革

进入21世纪的第二个十年以来,我国进一步完善和发展中国特色社会主义制度、推进国家治理体系和治理能力现代化,提出了"全面深化改革"的全新主张,各领域都进一步开启了深化改革的步伐。这一时期，少先队也面临着一些自身问题，迫切需要通过改革来加以解决。自素质教育实施以来，少先队推出了"雏鹰行动"来服务学校基础教育，实施素质教育工程，但随着基础教育改革的推进，特别是课程改革和班级建设的发展，学校教育也开始重视学生的实践活动，素质教育已经成为国民教育体系的重要目标，在这种新形势下，少先队工作还是只抓素质教育可能就弱了，必须寻找新的切入点。[①] 当下少先队员的光荣感和组织归属感，与过去相比，没有那么强。[②] 辅导员队伍中多为80后、90后年轻人，与老一辈辅导员相比，他们开始关注评职称、提待遇的问题，只靠倡导无私奉献精神推动少先队工作的做法，已经无法普遍适应当前经济社会变革的需要。另一方面随着儿童成长环境的变化，少先队辅导员在和少年儿童交流沟通的过程中，仅有职业精神是不够的，还需要一些独到的职业技能和素质。[③] 在新的历史条件下，少先队逐步明确自身根本任务，开启了专业化发展和深化改革之路。

一、新的历史条件下少先队组织根本任务的再定位

面对新历史条件下的多样化挑战，少先队在总结前期工作经验的基础上，开始探索组织自身的根本任务问题。2009年是少先队建队60周年，团中央引导全队在过去工作的基础上跟上时代发展变化的步伐，认真思考新的历史条件下少先队工作的根本任务，特别是要善于在党政工作的大格局和背景下，找准少先队工作与教育行政部门、妇联组织以及其他社会力量在促进少年儿童健康成长方面的结合点、切入点以及不同的侧重点。[④]

2009年2月23日至24日召开的全国少工委五届五次全委会明确地提出了在新的历史条件下少先队组织的根本任务：第一个层次是引导少年儿童有爱心，养成良好的道德行为习惯，增强国家意识、科学意识、劳动意识，有条件的少先队组织要在少年儿童中培养审美意识；第二个层次是灌输培养少年儿童对党和社会主义祖国的朴素情感。[⑤] 其中第一个层面与国民教育有共同之处，包含了"科学意识、劳动意识、审美意识"等在内的素质层面和"有爱心、良好的道德行为习惯"等精神层面。此外少先队作为一个思想性、政治性很强的组织，要强调思想层面，特别要注重党、团、队的组织意识衔接，要注重灌输培养少年儿童对党和社会主义祖国的朴素感情。这一层次的目标是少先队组织不能忽略始终要坚持的根本任务。只有认清了这一点，少先队才能找到不同于教育行政部门实施的德育教育和妇联组织妇女儿童权益保护工作的侧重点。

2010年六一召开的第六次全国少代会，明确了儿童性是少先队的基本组织属性，

[①] 全国少工委.关于印发陆昊同志在全国少工委六届一次全委会上的讲话的通知[Z].2010-8-12.
[②] 全国少工委.关于印发罗梅同志、俞伟跃同志在全国少工委七届二次全会上的讲话和全国少工委七届二次全会工作报告的通知[Z].2016-2-1.
[③] 全国少工委.关于印发陆昊同志在全国少工委六届一次全委会上的讲话的通知[Z].2010-8-12.
[④] 注：本部分内容参考江苏省少先队总辅导员华耀国老师提出的修改意见。
[⑤] 李艳.全国少先队工作会议及代表大会概览[M].北京：中国青年出版社，2016：388.

政治性是少先队的本质组织属性。此外,进一步强调:"新的历史条件下少先队组织的根本任务是:要引导少年儿童有爱心,养成良好的道德行为习惯,增强国家意识、科学意识、劳动意识、审美意识,还要锻炼强健体魄,培养良好心理素质;要特别注重党、团、队组织意识和教育内容的衔接,灌输培养少年儿童对党和社会主义祖国的朴素感情。灌输培养少年儿童对党和社会主义祖国的朴素感情是少先队组织根本任务最重要的内容,始终不能动摇、不能含糊、不能放弃、不能遗忘。"①倡导在正面教育中灌输培养朴素感情,在文化熏陶中灌输培养朴素感情,在实践、体验中灌输培养朴素感情,在分析对比中灌输培养朴素感情。为帮助广大辅导员实施新的历史条件下少先队组织的根本任务,全国少工委编写了《灌输培养少年儿童对党和社会主义祖国的朴素感情工作读本》、《少先队组织根本任务基本层面工作读本》。

为适应少先队组织的根本任务,少先队加快了少先队学科化建设,"少年儿童组织与思想意识教育"作为教育学的二级学科,先后在全国40多所高校开设,《少年儿童组织与思想意识教育》等一批学科专著出版。

2015年全国第七次少代会上再次强调指出"理想信念教育是少先队教育的根本"。② 2017年《少先队改革方案》也明确指出,少先队改革要坚持牢记队的使命的基本原则,"以思想引导为灵魂,坚持开展组织教育、自主教育、实践活动,大力开展爱国主义、集体主义、社会主义和共产主义远大理想教育,引导少年儿童听党的话、跟党走,做到爱祖国、爱人民、爱劳动、爱科学、爱社会主义,立志做中国特色社会主义和共产主义事业接班人,准备着为实现中华民族的伟大复兴的中国梦贡献力量。"③2019年根据习近平总书记70年贺信精神,全国少工委提出了"构建党团队一体传承红色基因全链条,聚焦少先队政治启蒙和价值观塑造主责主业,充分发挥少先队组织在立德树人中的独特作用,培养少年儿童朴素政治情感和共产主义道德,教育引导少先队员牢记初心使命,始终听党的话、跟党走,从小学先锋、长大做先锋,努力培养担当民族复兴大任的时代新人,培养德智体美劳全面发展的社会主义建设者和接班人"。④ 还提出了党建带团建、队建的工作机制,进一步明确了新历史条件下少先队组织的根本任务。

新的历史条件下少先队组织的根本任务的提出,明确了在新的历史条件下少先队按照党的要求开展工作的切入点和侧重点,凸显了少先队的本质属性,体现了少先队的独特价值,把准了少先队的正确方向,这对于端正少先队的教育思想,坚持中国特色社会主义少年儿童组织发展道路,具有里程碑式的意义与价值。⑤

---

① 全国少工委.高举队旗跟党走为着中华民族伟大复兴的理想勇敢前进——共青团中央书记、全国少工委主任罗梅在中国少年先锋队第六次全国代表大会上的工作报告[Z].2010-6-10.
② 罗梅.听党的话跟党走为实现中华民族伟大复兴的中国梦时刻准备着——在中国少年先锋队第七次全国代表大会上的工作报告[Z].2015-6-15.
③ 共青团中央,教育部,全国少工委.少先队改革方案[Z].2017-2-22.
④ 全国少工委,共青团中央,教育部.关于印发《关于构建阶梯式成长激励体系 增强少先队员光荣感的指导意见》《关于深入贯彻落实党建带团建、队建 加强少先队工作体制机制建设的意见》的通知[Z].2019-11-20.
⑤ 注:本部分内容参考江苏省少先队总辅导员华耀国老师意见修改。

二、"少先队活动课"成为必修

为了破解少先队工作在学校中的难题,在教育改革和课程改革背景下,解决少先队活动时间和内容保障问题,同时系统、科学地组织少先队活动,带动课内课外、校内校外少先队工作普遍活跃,打牢少先队理论研究、学科建设的实践根基,促进少先队教育与学校教育的深度融合,全国开启了少先队活动课程建设之路。

早在 2012 年之前,全国少工委就已着手研究起草《少先队活动(课程)指导纲要》,并在上海、江苏、北京试点研发少先队活动课程,编写相关教材。① 2012 年《教育部关于加强中小学少先队活动的通知》(教基二[2012]3 号),明确规定"少先队活动要作为国家规定的必修的活动课,小学 1 年级至初中 2 年级每周安排 1 课时"。这是历史上首次将少先队活动纳入国家课程,给予国家课程地位,确保课时安排,为系统开展中小学少先队教育提供保障。2013 年少工委确定了首批《少先队活动课程指导纲要(试行)》试点单位,并于 2014 年 11 月 25 日至 26 日在华东师范大学召开"少先队学科和少先队活动课程建设研讨交流会暨中国少年先锋队工作学会第五次会员代表大会",使得少先队活动课体系化建构进一步清晰。2015 年全国少工委组织修订形成了《少先队活动课程指导纲要(试行)》,明确了少先队活动课程的政治性和儿童性两大性质,形成了"组织意识、道德养成、政治启蒙、成长取向"四大内容及相应目标,确立了"组织教育、自主教育、实践活动"三大途径,提出了"队会、队课、队仪式、队组织生活、队实践活动、队品牌活动"等六大方式,并对其评价激励、实施要求、管理保障等提出了具体的指导。

为了更好地推动少先队活动课程的开展,国家还配套制定了《少先队活动课程基本内容》及《少先队活动课程分年级实施参考》等指导文件。此后,各地针对少先队活动课程,开展培训指导和交流观摩,形成一批优秀活动案例成果,编写了一到八年级《少先队活动课程》指导用书。各地还围绕少先队活动课开展说课大赛、专项教研和督导工作,为少先队活动课的开展和实施提供了保障。

三、高校设置"少年儿童组织与思想意识教育"学科

少先队的学科化发展经历了一个漫长的时期。李源潮曾指出少先队的研究应有三个源泉,一是中国共产党领导的中国特色社会主义,二是现代教育思想和少儿心理学,三是生动活泼、日新月异的少先队实践。② 作为一项以实践性为主的学科,自少先队工作学会成立以来,众多少先队教育专家就不断在实践中总结经验,进行学科建设的探索。

在前期经验积累的基础上,2010 年,全国少工委在争取教育部门的支持下,依托北京师范大学、首都师范大学、中央教育科学研究所,启动了少先队学科理论构建、辅导员培养模式、少先队活动课程设计和辅导员专业化职业化制度设计等课题研究,在首都师

---

① 全国少工委.关于印发全国少工委六届三次全委会工作报告的通知[Z].2012-2-18.
② 全国少工委.关于印发罗梅同志在少先队学科和少先队活动课程建设研讨交流会暨中国少年先锋队工作学会第五次会员代表大会上的讲话的通知[Z].2014-12-18.

范大学初等教育学院开设少先队教育辅修专业,开设班级管理与少先队教育必修课程;与北京师范大学和首都师范大学达成在教育硕士中增设少先队教育培养方向初步意向。①

2011年,全国少工委又联合北京大学、中国人民大学、北京师范大学、中国科学院心理研究所、中国社会科学院政治学研究所、中国青年政治学院等单位,拜访了100多位教育学、心理学、政治学、社会学、传播学、管理学等领域专家学者,以教育学为基础,融合政治学、社会学、心理学、传播学、管理学相关重要理论和少先队建队以来科研成果,构建少先队学科基本理论框架。② 开始着手在高校开设少先队相关专业和课程。

2012年是少先队学科建设史上具有里程碑意义的一年。这一年,29个省份的39所高校教育学一级学科下设置了"少年儿童组织与思想意识教育"二级学科,初步建立科研和人才培养机制,着手招收学术学位研究生。③ 2013年部分高校开始启动"少年儿童组织与思想意识教育"硕士学位招生工作。截至2016年,共招收硕士研究生413人,博士研究生6人,首批毕业研究生59人。④

2017年《少先队改革方案》下发后,全国少工委又制定了《全国少工委办公室直接联系师范单位管理办法》、《全国少先队课题研究管理办法》等文件,不断加强课题研究组织管理工作。确立了"全童入队现实下少先队员的光荣感如何树立"、"德育教育格局中少先队组织的独特功能如何体现"、"新的社会条件下少先队的工作方式如何改进"三个时代性战略性课题,进一步加强与高校的密切合作,深化学科建设,开展人才培养,聘请高校教育专家参与少先队理论建设,共享研究资源。通过这些方式,不断加强少先队理论研究和学科的专业化发展。

四、少先队工作进入全面深化改革的新阶段

2017年,团中央、教育部、全国少工委联合下发了《少先队改革方案》,制定了《县(市、区、旗)中小学少先队改革主要任务清单》,从完善少先队代表大会制度、少先队工作委员会制度等方面提出了改革少先队领导体制和运行机制的初步要求。2018年,团中央、教育部和全国少工委联合制定了《中国少年先锋队组织工作条例(试行)》,同年全国少工委还下发了《中国少年先锋队全国工作委员会工作规则》、《全国少工委委员履职规范(试行)》、《关于设立全国少工委专门工作委员会的决定》、《全国少工委专门工作委员会工作制度(试行)》四个制度文件,极大地推动了少先队各项工作的制度化建设。2019年又制定下发了《关于深入贯彻落实党建带团建、队建 加强少先队工作体制机制建设的意见》,对各级团委和教育部门做好党建带团建、队建,以及各级少工委运行机制建设提出了要求,为少先队领导体制和运行机制改革指明了方向,从而开启了新时代少先队全面改革的新阶段。

---

① 全国少工委.关于印发全国少工委六届二次全委会工作报告的通知.[Z].2011-2-21.
② 全国少工委.关于印发全国少工委六届二次全委会工作报告的通知.[Z].2011-2-21.
③ 全国少工委.关于印发罗梅、王定华同志在全国少工委六届四次全会上讲话的通知[Z].2013-1-13.
④ 全国少工委.全国少工委2016年工作报告[Z].2017-3-3.

（一）少先队体制机制改革

1. 完善少先队员代表大会制度

本次改革要求要增强少代会的代表性，并提出了具体的比例要求。特别是在县（区）级及以上少先队代表中，要求队员代表要占到50%以上，队员代表由队员选举产生；成人代表由成人同级党、团组织产生，其中要求少先队辅导员、中小学校长、志愿辅导员、少年儿童教育机构、社会组织、研究机构和高校等一线代表要占到成人代表的60%以上。除增加了代表的广泛性外，代表参与的渠道也进一步扩大，各级少工委纷纷建立答复、办理或反映代表意见、建议制度。通过这些举措，少先队员代表大会制度逐步完善。

2. 健全各级少工委领导工作运行机制

其一，设立六个专门工作委员会。为了更好地完善全国少工委工作制度，健全少工委运行和决策机制，充分发挥委员的作用，服务委员履职，提高少先队工作科学化水平，2018年，全国少工委决定设立六个专门工作委员会：少先队思想教育专门工作委员会、少先队组织建设专门工作委员会、少先队实践活动专门工作委员会、少先队权益服务专门工作委员会、少先队宣传和网络新媒体专门工作委员会以及少先队小骨干专门工作委员会。专门工作委员会的人员由全国少工委委员组成，主要负责对全国少工委的工作提出建议，完成全国少工委交办的工作任务，联系协调本领域全国少工委委员开展调查研究，开展服务少先队员、支持少先队工作的有关项目和活动。

其二，实行少工委"双主任"制。加强团教协作是少先队长久以来工作的重要方法。在少工委初建时期，一些地方就探索实施了团教两家齐抓共管的"双主任"制，很好地推动了少先队工作的开展。本次改革进一步明确了省、市、县级的少工委主任由同级团委、教育部门分管负责人同时担任，实行"双主任制"。此外，全国少工委还鼓励探索省、市、县级"双主任"（即团委、教育部门分管负责同志）交叉挂职、兼职制度，推动省、市、县级团委少先队工作部门和教育部门交流挂职。

为了更好地发挥各级少工委的领导作用，除了上述措施外，在本次改革中地方各级少工委不断健全日常工作机构，建立省、市、县级"少工委办公室主任、少先队总辅导员、少先队教研员"每月例会制度、委员重点发言制度、委员提案制度等，不断推动少先队改革的深入发展。

（二）少先队基层组织建设与改革

在全面深化改革的背景下，全国少工委不断通过健全和规范学校少先队组织建设、协调城乡少先队组织发展、拓展社区和少先队组织工作等途径促进基层少先队各项工作的活跃和发展，加强少先队基层组织建设，推进少先队改革落地落实。

1. 健全和规范学校少先队组织建设

随着基础教育办学模式的改革，民办学校、国际合作办学等学校不断涌现。在本次改革中明确要求民办学校、特教学校、外交部21所驻外使领馆阳光学校、国际合作办学等学校成立少先队组织并加强其基础建设。在已建立学校少先队组织的中小学全面建立学校少工委。在小学阶段，通过进一步加强队前教育，细化入队标准，规范入队程序和评价方式;探索建立中小学贯通的队籍管理制度、队员成长档案,制定少先队员守则,探索《少先队员证》等方式加强其规范性。在初中阶段,初中一年级全面实行建队,举行建队仪式。通过健全少年团校、团课制度等,开展好初中少先队和共青团衔接工作。此外,还通过争当"四好少年"活动,"红领巾奖章"、"全国优秀少先队员"、"全国优秀少先队集体"评选,"动感中队"创建等活动提升少先队组织的活力,不断促进学校少先队组织建设。

2. 协调城乡少先队组织发展

农村、革命老区、民族地区、边远地区、贫困地区的少先队工作一直以来都比较薄弱。本次改革进一步协调城乡少先队发展,形成城乡少先队互联互帮互学机制。其具体做法包括:一是通过党政相关对口支援帮扶等制度形成城市与农村、东部与中西部、内地与少数民族地区之间的少先队组织、少先队员、辅导员之间的交流与结对互助,结合城乡少先队"手拉手"活动的深化,形成城乡少先队互联互帮互学的联动机制;二是结合教育扶贫,推动农村少先队工作纳入教育部门相关工作机制;三是通过建立公益基金、创设援助项目等形式积极动员社会力量支持这些地区少先队基础设施建设。这些机制建设对新时期探索薄弱地区少先队工作有着重要的指导意义,是新时代背景下区域间少先队组织协调发展的重要举措。

3. 拓展社区和校外少先队工作

随着城镇化进程的加快、农业现代化的发展,我国城乡社会发生着巨大而深刻的变化。一方面,广大城市社区和不少农村社区已日益成为我国社会的基本治理单元,与少年儿童学习、生活、成长的关系越来越密切;另一方面,广大少年儿童的校外生活被各类社会教育机构挤占,进而造成了一系列新问题。

基于现实状况,这一时期社区和校外少先队工作得到进一步拓展。其基本方向是:其一,通过加强社区少先队组织建设,推动校外活动场所建队,探索社会教育机构和社会组织中的少先队组织活动形式,大力推进社区和校外少先队组织建设。其二,不断发挥学校少先队辅导员作用,借助青少年事务社工力量,用好青年志愿者特别是大、中学生志愿者,发挥好家长作用,整合社区力量,面向社会聘任志愿辅导员等方式加强社区和校外少先队辅导员队伍建设。其三,利用青年中心、青年汇、市民学校、青少年之家等综合服务平台,用好社区和校外各类实体公益性阵地、各类爱国主义教育基地、文物历史遗迹等社会拓展活动阵地。其四,加强学校少先队与社区少先队活动的融合联动,依托社区阵地和空间开展自主性活动,推动青少年宫活动进社区、下基层等举措,丰富活跃社区和校外少先队活动。其五,积极争取承接政府购买公共服务项目,依托社区阵地开展常态化、精准化服务等提高社区和校外少先队服务能力。这些新举措可以说开创了社区和校外少先队工作的新局面。

新时代下,社区和校外少先队工作应当成为新形势下少先队整体工作创新发展的重要"牵引力"和"增长极",成为推动少先队事业全面协调发展的重要着力点。①

---

① 全国少工委.关于印发罗梅同志在全国社区和校外少先队工作现场交流会上的讲话的通知[Z].2015-11-24.

(三)少先队教育方式改革与品牌活动建设

这一时期少先队聚焦少年儿童政治启蒙和价值塑造主责主业,不断增强少年儿童对党和社会主义祖国的朴素情感,探索设计少先队员阶梯式成长激励体系,增强队员光荣感,优化组织教育、实践教育、仪式教育等,形成了一批"新时代"受队员喜爱的少先队品牌活动。

1. 探索设计少先队员阶梯式成长激励体系

为增强少先队员的光荣感,紧密结合少先队员的日常学习生活,尊重少年儿童不同成长阶段的认知规律和行为特点,在对政治启蒙和价值观塑造的要素进行儿童化的、逐步深入的生动解析的基础上,2019年团中央、教育部和全国少工委下发了《关于构建阶梯式成长激励体系 增强少先队员光荣感的指导意见》,并配套下发了《入队规程》、《"红领巾奖章"实施办法》、《优秀少先队员、少先队集体荣誉表彰实施办法》、《红领巾岗位激励实施办法》、《红领巾实践激励实施办法》、《推荐优秀少先队员作团的发展对象实施办法》等文件,提出了完整的"少先队员阶梯式成长激励体系"和具体的操作指导。

阶梯式成长激励体系包括入队激励、奖章激励、荣誉激励、岗位激励、实践激励、推优激励等多种方式,涵盖了队前预备、队中教育、离队输送三个关键阶段,将激励分层次地贯穿于少先队员成长的全过程,从而为解决这一时期少先队员的光荣感不强、组织意识薄弱等问题提供了很好的解决策略。

2. 开展新时代少先队品牌活动

这一时期少先队除继续开展了中国少年儿童平安行动、少年军校活动、少年科学院活动、中华少年小甲A足球活动、"手拉手"活动等品牌性活动外,还结合时代特色开展了一批新时代少先队品牌活动,如中华民族伟大复兴中国梦理想教育活动、社会主义核心价值观教育类活动、"争做新时代好少年"主题系列活动、"动感中队"创建活动、小小志愿者活动、红领巾"创未来"创新创意创造活动、"红领巾动感假日"夏(冬)令营活动。这些品牌活动的开展适应了新时代的要求,促进了少先队工作在新时代的发展。

(四)少先队辅导员工作队伍建设改革

这一时期全国少工委不断加强辅导员队伍的制度化建设,着手构建"专业辅导员+志愿辅导员"的基本工作队伍,以设置少先队"总辅导员",制定"双线"职称晋升制度,成立"少先队名师工作室",加强队伍培训等方式,推动了辅导员的专业化、职业化发展。

1. 建立健全辅导员队伍建设的相关制度

其一,设置各级少先队"总辅导员"。2010年共青团中央、教育部、人力资源与社会保障部、全国少工委联合下发的《关于进一步加强少先队辅导员队伍建设的若干意见》(以下简称《意见》)中指出"省(区、市)、市(地)、县(市、区)按不低于同级团委或教育行政部门中层副职的标准配备总辅导员。"2012年团中央、教育部、全国少工委下发了《少先队总辅导员设置管理办法(试行)》,对少先队总辅导员的岗位设置、任职条件、基本职责、培养、管理、职业发展等方面进行了详细地阐释。各地积极响应团中央、全国少工委的相关要求,通过公开招考、团省委编制内调剂、从基层系统选拔专业人选等方式,配备少先队总辅导员。总辅导员的设置对增强辅导员队伍专业化、职业建设起到了重要的作用。

其二,成立"全国少先队名师工作室"。为了进一步推进少先队工作队伍的专业化建设,着力培养一批少先队工作骨干,发挥少先队名师工作室在促进辅导员队伍建设和基层少先队工作中的重要作用,2015年全国少工委下发了《关于建设全国少先队名师工作室的通知》,对建设少先队名师工作室的主要任务、建设标准、管理标准和申报要求进行了规定。在申报的基础上,2017年命名了102个全国少先队名师工作室。除了全国少先队名师工作室外,各地也成立了各级少先队名师工作室。这些名师工作室不但促进了辅导员队伍的专业化发展,更推动了少先队活动课程建设及少先队的改革。

其三,建立辅导员准入退出机制。2020年,团中央、教育部、人力资源与社会保障部和全国少工委联合下发了《关于加强新时代少先队辅导员队伍建设的意见》,提出"建立准入退出机制",要求建立少先队辅导员队伍岗前培训制度,持证上岗,规范辅导员个人申请、组织考察、正式聘任等任职程序。建立辅导员退出机制,规范辅导员正常岗位调整、个人原因退出岗位和组织予以解聘的条件、流程等,逐步建立适者进、优者上、庸者下的良性机制。这一机制的建立进一步规范了辅导员队伍的管理,提高了辅导员的准入门槛,从源头上保障了辅导员队伍的质量。

其四,搭建辅导员成长晋升路径。为了畅通少先队辅导员的成长发展通道,确保少先队辅导员在成长发展上与其他相关群体享受同等待遇,辅导员"岗位晋升"、"职称晋升"两条路径逐渐形成。2010年《意见》中提出"要按照中小学教师职称评聘的规定和要求,做好符合条件的大队辅导员的职称(职务)评聘工作,将大队辅导员少先队工作内容、工作量和工作质量纳入中小学教师职称评价范围。"[①]2011年许多地区开始了少先队学科教师职称试点工作,在中小学教师职称中设立少先队教育专业科目,制定评聘办法和标准。各地普遍在本地中小学教师职称评审中积极推动,出台相关政策,并不断落实少先队辅导员中小学中层管理人员职级待遇。可以说,职称评定中"双线晋升"(详见链接3-4)畅通了辅导员的专业成长通道,同时也为少先队的学科化发展提供了保障。

链接3-4

"双线晋升"机制

针对少先队辅导员设置的一种职称评审制度。在中小学教师职称评定中设置少先队学科,有意向长期从事少先队工作的辅导员在职称评审时提供两种选择,可以申报少先队学科也可申报其他学科职称。在申报其他学科职称时会将从事少先队工作的工作量和科研成果按合适比例折算,计入职称评定。

---

① 共青团中央,教育部,人力资源和社会保障部.全国少工委关于进一步加强少先队辅导员队伍建设的若干意见[Z].2010-10-11.

除了"职称晋升"路径外,少先队辅导员还可以通过"岗位晋升"来实现自身的成长。即符合条件的少先队辅导员有机会作为各级少先队总辅导员、少先队学科教研员和教育部门后备干部人选。[①] 通过这种岗位晋升,实现成长发展。

2. 开展分级全员培训,促进辅导员专业化成长

随着少先队学科的专业化发展,辅导员队伍培养逐步朝着专业化方向推进。这一时期全国少工委研究制定了全国少先队辅导员分级全员培训计划,开通了辅导员培训专题网站,并多次组织实施了"国培计划"——中小学骨干少先队大队辅导员培训项目,逐步将辅导员队伍培训纳入团干部培训和中小学培训的体系之中。与高校合作设置"少年儿童组织与思想意识教育"相关专业,鼓励在职辅导员参与少先队相关学科在职研究生专业的培养。这些举措极大推动了少先队辅导员队伍的专业化发展。随着对辅导员政治素质和履职能力要求的提高,辅导员的培训也会被逐步纳入"青年马克思主义者培养"工程体系,并逐渐建立"岗前培训+在岗培训+专项培训"、"辅导员培训+师资培训"的分级培训体系,逐步建立健全辅导员专业化发展的培训体系。[②]

除了专业辅导员队伍建设外,这一时期也进一步探索了志愿辅导员队伍建设,建立了志愿辅导员注册管理、分级聘任和培训等制度,并不断完善志愿辅导员激励机制,将其纳入优秀少先队辅导员、优秀志愿者的表彰行列之中,从而极大地扩充了辅导员队伍。

(五)建设少先队新媒体工作矩阵,打造少先队活动网上工作和活动平台

随着互联网的迅猛发展,"互联网+"已经成为各项改革的"标配"。这一时期全国和省级少工委利用微博、微信、网站建设等方式积极构建"网上少先队"工作矩阵。一方面全国少工委建设开通了面向少先队员的"中国红领巾"微信公众号,推进"全国少工委办公室"微信公众号改版建设;另一方面依靠"智慧团建"开启了"智慧队建",探索建立少先队电子队务和基层组织、队员、辅导员、各级少工委信息管理系统,不断发挥网络信息优势,服务少先队工作的开展。

2010年党中央专门批示成立的"未来网"于2011年11月开通上线,它是国家互联网信息办公室批准的中央新闻网站,是全国少工委新媒体工作平台。"未来网"致力于打造青少年教育类垂直新闻资讯、维护青少年合法权益、指导青少年安全上网、搭建青少年丰富多彩的活动平台。其中未来网"红领巾集结号"成为指导基层开展各项主题活动和品牌活动的重要网络平台。2020年7月,在全国第八次少代会召开前夕,由全国少工委主办,中国少年儿童新闻出版总社、未来网承办的全国少先队辅导员网络集体备课平台正式上线,该平台旨在成为广大少先队辅导员示范、展示、交流的"云教案",是新时代少先队适应网络教育教学发展新形势的重要探索。

新时代背景下,少先队组织聚焦少先队政治启蒙和价值观塑造主责主业,可以说找

---

① 共青团中央,教育部,人力资源和社会保障部.全国少工委关于加强新时代少先队辅导员队伍建设的意见[Z].2020-10-11.

② 共青团中央,教育部,人力资源和社会保障部.关于加强新时代少先队辅导员队伍建设的意见[Z].2020-2-27.

到了阻碍少先队发展的"症结",找准了改革的"发力点"。为了增强队员的光荣感,少先队开始探索建立阶梯式成长激励体系,着眼于全程式、多角度激励队员,具有一定的现实意义。但在后续发展中还需注意,这一激励应将队员个人的成长融于服务集体之中,注重培养队员在队组织中学会自我教育,乐意为集体利益进行合作,形成集体行动的习惯。此外,在新的历史时期,需要充分发挥家长参与的积极性,给家长提供更多参与少先队组织建设和活动开展的机会,让家长在参与中深入了解当下少先队组织教育的价值和意义,从而带动孩子热爱少先队组织,增强对组织的光荣感和归属感。同时,还需要进一步发挥少先队的功能,通过孩子影响身边家长、亲友、教师以及其他社会人员,形成关注政治、关心社会的良好风气。这应该成为少先队发展的新的思维逻辑。

综上,作为与新中国同一年诞生的少先队组织,经过了70多年的风雨历程,在广大少先队工作者和社会各界人士的支持帮助下,少先队组织紧密围绕党和国家不同时期的工作大局,配合基础教育改革,发挥自身优势,不断开创着少先队工作新局面。在新时代,少先队将聚焦"政治启蒙与价值观塑造"的主责主业,进一步发挥在立德树人中的独特作用。这是少先队组织在新时代背景下,分析新形势,准确把握工作前进方向的自觉行动,势必会对少先队未来发展产生深远的影响。

思考与练习

1. 根据本章学习内容,结合自己的经验和理解,谈一谈20世纪80年代中期以来少先队取得的成就,尝试分析其取得这些成就的原因。

2. 请阅读《少先队改革方案》,结合你所了解的相关信息,思考本次少先队改革主要解决的问题是什么。

3. 近年来,增强少先队员光荣感和责任感成为了热点话题,广大少先队工作者也不断通过强化仪式教育、开展争章活动等途径来解决这一问题。2019年全国少工委也提出要采用分批入队、构建阶梯式成长激励体系来增强队员的光荣感和责任感。在你看来,队员组织光荣感和责任感应如何加强?请谈一谈你的意见或建议。

延伸阅读

1. 段镇.少先队教育学[M].上海:上海教育出版社,1985.
2. 段镇.少先队学[M].上海:上海人民出版社,2008.
3. 少先队上海市工作委员会,上海市少先队工作学会编.沈功玲少先队教育文集[M].上海:少年儿童出版社,2000.
4. 张先翱.张先翱少先队教育文集(上卷)[M].北京:中国少年儿童出版社,2014.
5. 张先翱.张先翱少先队教育文集(下卷)[M].北京:中国少年儿童出版社,2014.
6. 赵国强.少先队管理学[M].上海:上海人民出版社,2014.

第四章 少先队的组织身份及认同原理

📖 内容梗概

1. 组织身份认同的内涵
2. 组织身份认同的心理机制
3. 组织身份认同的条件
4. 少先队组织身份的定位及建设策略
5. 少先队群团组织身份的当代合法性危机
6. 少先队群团组织身份的建设困境

📝 重要概念

组织身份　组织身份认同　组织核心性　组织独特性

🎯 学习目标

1. 初步理解什么是组织身份；
2. 基本掌握组织身份认同的原理；
3. 理解少先队的两种身份的内涵及其建设策略；
4. 了解当代少先队的合法性危机及建设困境。

"少先队员"几乎是所有当代中国少年儿童在中小学时期所拥有的一种独特的组织身份,这种组织身份寄托着中国共产党对少年儿童将来能够做"中国特色社会主义事业的合格建设者和可靠接班人"的身份期望。因此,教育广大少年儿童真正接受和认同少先队员身份是少先队组织建设的核心任务。其中,少先队组织身份建设的基本原理是什么,与之相应的工作策略是什么,是少先队组织建设所要解决的基本问题。为此,本章先阐述组织身份认同的基本原理,包括什么是组织身份、认同组织身份的心理机制和外部条件,接着阐述少先队员身份认同的基本策略,最后分析当代少先队员身份认同的危机与改革方向。

第一节 少先队的组织身份内涵及其意义

一、身份、组织身份的概念及意义

在进入少先队组织身份的分析之前,需要对几个基本的上位概念:组织、组织身份的内涵及其意义进行分析。

(一) 身份

"身份"的英文单词是 identity,它是指一个人的自我身份或群体身份的品质、信仰、个性、外貌等的总和,包括向内和向外两个维度,向内是指个体自我认同(self identity),向外是指个体认同所赋予的社会身份(social identity)。

向内自我认同与一个人的自我形象、自尊和个性的认可有关。温里奇(Weinreich, P.)指出,自我身份是:"人对自我的整体解释,这个整体解释中,既包括他如何解释现在的自己、过去的自己,也包括他所希望的未来的自己,现在、过去和未来之间在自我那里具有连续性"。例如"个人的种族身份既表达了他对自己过去血统的解释,也表达了他对种族的未来期望,种族的过去与未来在他那里具有连续性。"[①]

向外认同的社会身份是指人们根据与他人的共同点来确定自己的社会身份。例如,人们可以根据宗教信仰或出生地(亚裔美国人、南方人、上海人)、政治归属(共产党人、环保主义者)、职业(作家、艺术家、神经外科医生)或关系人(母亲、父亲、叔叔或阿姨等)来确定自己的身份。社会身份比较复杂,有的社会身份被污名化(艾滋病患者、无家可归者、酗酒者),还有许多社会身份具有多重性,如亚裔美国民主党人和一位作家可以同时表达一个人的社会身份。一个人扮演的不同社会角色可以帮助他整体认识自己的身份。社

---

① Weinreich, P. 14: *The operationalisation of identity theory in racial and ethnic relations*. In Rex, J. & Mason, D. (eds.). *Theories of Race and Ethnic Relations. Comparative Ethnic and Race Relations*[M]. Cambridge: Cambridge University Press, 1988: 299.

会身份可以为人们提供自尊感和社交框架，也可以影响人们的行为。塔杰费尔和特纳（Tajfel，H. and Turner，J.）的试验发现，无论分配给群体的任务是基于最不可靠的共性，还是基于任意性，人们都倾向于选择某一群体作为其成员。社会身份通常既会影响个人如何看待自己，也会影响别人如何对待你。所以，身份对于我们每个人都很重要。[①]

每个人或群体都有自己的某种形象——对自己是什么样的人的信仰。拥有强烈的认同感似乎是可取的，它能带来舒适感和安全感。我们经常面临复杂的决定和环境，身份也有助于我们做出决定和知道如何行事。当然，问题是，身份一旦确立就很难改变。如果你相信自己是某一类人，你通常会采取相应的行动，根据这种信念来解释你的行为。当然，这只是为了进一步加强你的认同感。所以，举例来说，如果你认为自己是一个利他主义者，你很可能会寻找帮助他人的机会，并将你的行为解释为利他主义驱动。然而，如果你认为自己是一个懒惰的人，你可能更倾向于整天躺在床上看电视，并且认为你在工作中挣扎的时候是因为懒惰。

（二）组织及组织身份的内涵及意义

组织（organization）是指有特定目的的有组织的一群人所结成的机构或协会。组织类型多种多样，公司、政府、非政府组织、政治组织、国际组织、武装部队、慈善机构、非营利公司、合作伙伴、合作社和教育机构等都属于组织。其特点是有共同的目的、清晰的职责分工、明确的权威与责任关系以及共同协作等。

组织身份（organization identity）是个群体概念，是指作为一个组织，对"我们是谁？"、"我们在干什么？"、"我们将来想成为什么样的组织？"等问题的回答，表现在组织的国籍、文化、宗旨、价值观、核心业务、所有权结构或战略风格等方面。

阿尔伯特和惠顿（Albert，A. and Whetten，A.，1985）（如图 4-1）是组织身份研究的代表性人物。他们认为组织身份通常体现了组织的核心属性（centrality）、独特属性（distinctiveness）和持久性属性（durability）[②]。

图 4-1

阿尔伯特和惠顿

[①] Tajfel，H. Social identity and intergroup behavior[J]. *Social Science Information*，1974，13（02）：65-93；Turner，J. C. H，Tajfel（ed.）. Social categorization and social discrimination in the minimal group paradigm. *Differentiation Between Social Groups: Studies in the Social Psychology of Intergroup Relations*[M]. London：Academic Press，1978：235-250.

[②] Stuart，A.；Whetten，David，A. Organizational Identity[J]. *Research in Organizational Behavior*，1985（07）：263-293.

核心属性是组织重要而本质的属性，包括一个自成体系的思想体系，它通常以组织使命为基础，由一个或多或少内部一致的关键信念、价值观和准则系统指导人们的决策和行动。这种特性往往反映了组织权力领导人的需要和偏好。核心属性决定了组织身份的内涵。

独特属性是将某组织身份与其他组织身份区分开来的属性，通常包括组织意识形态、管理理念和文化，它有助于组织明确自己的独特特征。组织身份的独特性主要体现在外显性特征上，通常是在关系和比较中得以彰显；如果要突出组织身份的独特性，那么，组织就必须不断地强化自身以区别于其他组织。比如，人们提及少先队，头脑中马上就会想到红领巾，这说明红领巾是少先队组织才特有的特征，其他少年儿童组织都不能随便佩戴红领巾。

持久属性是组织相对稳定的属性，是指组织身份所坚持不变的行动原则。比如，少先队所坚持的群团性即是最持久的属性。

组织身份之所以很重要，原因在于：第一，组织身份通常意味着其组织成员会以某种方式行动。比如，少先队本身是由中国共产党创建和领导的少年儿童群团性组织，它的活动方式有：举行队会、队课，组织参观、访问、野营、研学、故事会，开展文化科学、娱乐游戏、军事体育等各种有意义、有趣味的活动，以及参加力所能及的志愿服务、公益劳动和社会实践等。虽然其他少年儿童组织也会开展这些活动，但少先队开展这些活动时，通常有些特殊的要求，比如，他们活动时通常要佩队旗、唱队歌、戴红领巾，以及行队礼等标志性的符号，开展方式通常有中队或小队等，这些通常是普通少年儿童组织所不具备的。第二，组织身份可为组织领导者及其成员提供身份视角，即为其行为提供身份性指导和约束[1]。比如，少年儿童一旦加入少先队，就要每日佩戴红领巾，就要按少先队员的要求行动，保持"诚实、勇敢、活泼、团结的作风"；并爱国、爱党和爱社会主义，立志做社会主义事业的接班人和建设者。从消极意义上讲，一旦加入少先队，就不能随意践踏红领巾，因为这是少先队对其队员的基本约束。

二、少先队组织身份的内涵

如前所述，组织身份内中蕴含着组织的核心性、独特性和持久性等特征，以此为分析框架，我们可将少先队组织身份建设的策略列表4-1所示：

表4-1 少先队组织身份的内涵

维度	指标	状况
核心属性	信念	培养共产主义接班人
	价值观	坚持中国共产党的领导；"听党的话，跟党走"
	哲学观	马克思主义、毛泽东思想、邓小平理论、"三个代表"重要思想、科学发展观、习近平新时代中国特色社会主义思想
	规范体系	《中国少先队章程》(2020)；《中国少年先锋队组织工作条例(试行)》(2018)

---

[1] Dutton, J. E., & Dukerich, J. M. Keeping an eye on the mirror: Image and identity in organizational adaptation[J]. *Academy of Management Journal*, 1991(34): 517-554.

续表

维度	指标	状况
独特属性	组织标识	红领巾、队旗、队歌、队徽、队礼、呼号、队室、队服等；
	身份隐喻	中国少年儿童的群团组织； 学习中国特色社会主义和共产主义接班人的大学校； 建设社会主义和共产主义的预备队
	特色活动	少先队代表大会； 红领巾争章活动； 入队、离队仪式； 队干部换届选举； 少先队活动课等
持久性	组织策略	全团带队、团教协作、队教协同
	行动原则	坚持群众路线

第二节 组织身份认同的基本原理

明确组织身份并不意味着它能够被其成员所认同,就像不是所有的国家成员都会认同某一执政党一样。因此,接下来一个重要的问题是,少先队组织如何被中国少年儿童所认同。对此,2020年中国少先队第八次全国代表大会关于第七届全国少工委工作报告的决议明确指出,新时代少先队必须紧紧围绕增强少先队员光荣感这一关键目标,这其实就是如何增强少先队员对少先队组织身份认同的问题。为此,我们先了解一下组织身份认同的基本原理。

一、组织身份认同的内涵

组织身份认同是指组织成员对组织身份的认同,英文是 Organizational Identification(简缩为 OID)。研究表明,组织身份认同感发生在组织成员感知到与所在组织的合一性,并认为自己属于该组织时[1],因此,组织身份认同一般指的是组织成员根据其组织成员的资格定义自己的程度[2]。它关心的问题是:"在这个组织里,我是谁?"[3]。组织身份认同包括三个组成部分:对组织的团结感;对组织的态度支持和行为支持;对与其他组织成员共享特征的感知。组织身份认同说明了其组织成员的满意度和相应的行为取向,并反过来影响组织的有效性。

组织身份是成员组织身份认同的基础。研究表明,成员在组织中的时间越长,对组

---

[1] Ashforth, B. E., & Mael, F. Social identity theory and the organization. *The Academy of management Review*, 1989.14(1), 20-39.
[2] Ashforth, B. E., & Mael, F. Social identity theory and the organization. *The Academy of management Review*, 1989.14(1), 20-39.
[3] Pratt. M. B. To be or not to be: Central questions in organization. In D. A. Whetten. & P. C. Godfrey (Eds.). Identity in organizations (pp. 171-208). Thousand. Oaks, CA: SAGE, 1998.

织越了解,组织身份感越强,进而会增强成员的组织身份认同感。当然,组织身份的外部声望也影响着个体对组织的认同,比如,外部声望越高,则认同度越高,反之则越低。

二、组织身份认同的心理发生机制

许多组织理论家认为组织身份认同是人类的一种基本功能,与人的心理需求密切相关。一般研究认为,组织身份认同与人的心理发展需求密切相关,然而,亦存在四种不同的观点。

第一观点认为,组织身份认同是出于人的安全需要。现代心理学研究表明,几乎所有的群居动物都有某种形式的认同,这些倾向中有一些是遗传密码中"固有的"。

图 4-2 印刻现象:"谁是你们的爸爸?"

印刻现象表明,一只年幼的动物,如一只小鸭子,因与生俱来的"基因编程"而需要它们去认同一个目标作为学习的对象(Lorenz,1937)。对于那些学过心理学或行为学的人来说,劳伦茨(Lorenz, K.)经常被描绘成一群鸭子围着他转,因为他是那个注意到小鸭子会在出生后的两天内把它们注意到的第一个移动物体或人"印下来"的人。虽然还不清楚我们是否能够把小鸭子的这种行为称为"认同"母亲的过程,但"印刻现象"暗示着动物需要寻找其他的信息源来表明它们是什么样的生物(即使这些信息是错误的,在鸭子的印刻现象例中)。至少,这种行为说明认同可能具有适应或保护功能,有助于物种的生存。

就人类而言,认同的需要可能与生理安全同样重要。例如,埃雷兹和厄利(Erez, M. & Earley, C., 1993)指出,自我效能感和自我一致性是自我发展的主要动力。安全感和信任感是这两种需求的基础,因为个人试图通过对能力的感知或通过对冗余和可预测模式的感知来体验对其环境的某种控制。与安全需求相联系的组织文献很少,然而,一些间接的证据确实存在[1]。例如,布利斯(Bullis, C.)和巴赫(Bach, B. W.)注意到,在导师—徒弟关系的特定转折点上,很可能发生认同。这种认同可能是由脆弱或不确定的感觉引起的,这就解释了为什么在这些情况下,认同经常与被保护人向他们的导师寻求更多的建议有关[2]。

---

[1] Erez, M., & Earley, C. Cultural self-representation theory. In Culture, self-identity, and work[M]. New York: Oxford University Press, 1993: 17-18.

[2] Bullis, C., & Bach, B. W. Are mentor relationships helping organizations? An exploration of developing mentee-mentor-organizational identifications using turning point analysis[J]. *Communication Quarterly*, 1989(37): 199-213.

阿什福斯和梅尔(Ashforth & Mael, 1989)认为来自外部群体的威胁可能会增加对自身群体的认同,而普拉特发现了这种认同(Pratt M. G., 1994)[①]和个体变化可能是由于成员试图解决组织内由组织精英引起的紧张或矛盾。在后一种情况下,认同是成员用来解决不一致的认知和情绪的一种应对机制。最后,出于安全考虑的身份认同可能发生在个人感到某种被迫成为或保持组织成员的情况下。比如,一个儿童被其他儿童要求呆在某个组织里,否则就可能受排挤或欺凌。

第二种观点认为,组织身份认同是出于人的归属需求。原因是多方面的:或许是因为喜欢某人或某群体,又或许因为"它(身份)使我们与一个或多个我们身份相同的人处于一种令人满意的关系中"[②];还可能是因为身份可有助于帮助组织成员克服社会孤立状况。比如,根据切尼(Cheny, G.)的说法,"作为个人对社会分化的反应,一个人的行为是为了认同某些目标"[③]。总之,归属感是人认同组织或其他法人团体的核心动力。

第三种观点认为,组织身份认同是出于人的自我发展的需要。许多认同理论的核心理念认为,每个人都有寻求积极自我的倾向,认同可以用来发挥这种自我提升的功能。心理分析学家早就讨论过这种身份的使用。被称为"自我防卫机制"的身份认同,据说是指当一个人试图通过模仿一个受人尊敬或钦佩的人来增强自我意识时发生的。因此,一个勉强称职的中层管理者可能会试图通过模仿公司CEO的行为来增加自我价值感。社会认同理论认为认同是由自我提升的需要驱动的。研究者们注意到,个人感知他们所属的群体(他们的内部群体)比他们不属的群体(他们的外部群体)更积极。同样,切尼(1983)指出,"公司"身份可能通过提供地位和声望来增强自我价值感[④]。最后,杜顿(Dutton, J. E.)等人指出,具有吸引人的形象和身份的组织很可能在成员中引起认同[⑤]。他们认为,吸引力部分取决于自我提升的评估。具体地说,吸引力部分取决于一个组织的身份使人们感到与众不同或特殊的程度,以及身份提高个人自尊感的程度。总之,这些研究表明,个人可以通过认同组织来增强自己的自我价值感。

第四种观点认为,组织身份认同是出于人的整体需求。一些学者认为,个人试图认同一个组织,其意图可能是想在自己的生活中找到意义感或目标感。因为现代人越来越多地面临着全球竞争、快速变化的市场环境、组织裁员、工作家庭紧张以及其他组织变革所带来的不确定性和焦虑。由于这些变化,成员们开始感觉到他们的生活更加支离破碎,而且往往更加无意义。因此,他们正在寻找更深层次的意义,帮助重新排序,甚至可能简化他们的生活。这种需要有时被称为自我实现、整体需要,甚至是精神需要。一个具备特定愿景、社会事业或世界观相关的组织可能会成功地培养认同感,因为它们

---

① Pratt, M. G. *The happiest, most dissatisfied people on Earth: Ambivalence and commitment among Amway distributors*[M]. Unpublished doctoral dissertation, University of Michigan, 1994.
② Aronson, E. *The social animal*[M]. (6th ed.). New York: W. H. Freeman, 1992: 34.
③ Cheney, G. The rhetoric of identification and the study of organizational communication[J]. *Quarterly Journal of Speech*, 1983(69): 145.
④ Cheney, G. The rhetoric of identification and the study of organizational communication[J]. *Quarterly Journal of Speech*, 1983(69): 145.
⑤ Dutton, J. E., Dukerich, J. M., & Harquail, C. V. Organizational images and member identification[J]. *Administrative Science Quarterly*, 1994(39): 239-263.

会使个人感觉完整,其方式比从属关系或自我提升需求更深刻。

基于以上四种观点,少先队在促进少先队员的组织身份认同时,要注意思考少先队对于少年儿童个体意味着什么,是否能让少先队员在少先队中产生安全感、归属感、价值感以及自我成长感,这些都是必须关注的重要因素。多年以来,少先队常常提及"儿童性"问题,并把儿童性理解为以儿童喜闻乐见的方式开展活动,这是促进少先队员身份认同的一方面,更重要的方面在于关注少先队本身是否能够满足少年儿童的心理发展需求,不以此为基础,少先队员的认同感是没有心理基础的。

三、组织身份认同的心理过程及条件

现有的组织身份认同理论表明,少先队组织身份认同的发生需要一定的外部条件。对此问题的回答,有两种理论立场:一是社会认同理论(Social Identity Theory),二是自我分类理论(Self-Categorization Theory)。

(一)社会认同理论的观点

社会身份是自我的一部分,是由一个人的群体成员身份所定义的。社会认同理论是20世纪70年代由社会心理学家亨利·塔吉菲尔(Tajfel,H.)和约翰·特纳(Turner,J.)提出的。其基本观点是:(1)社会认同建立在三个关键的认知要素之上:社会分类、社会认同和社会比较。(2)一般而言,个人希望通过维持其群体优于相关外群体的良好社会地位来维持积极的社会身份。(3)一般认为,内群体偏爱会导致消极的、歧视性的结果,但研究表明,内群体偏爱和外群体歧视是截然不同的现象,一个并不一定预测另一个。

1. 个体认同某一社会经历的过程

社会认同理论明确了个体在进行群体内/群体外分类时所经历的三个心理过程(如图4-3)。

图4-3 个体社会认同的过程

第一个过程,社会分类(social categorization),是我们将个人组织成各类社会群体以理解我们的社会世界的过程。这个过程使我们能够根据我们所属的群体来定义他人和自己。因为我们更倾向于根据社会类别而不是个人特征来定义一个人。社会分类的结果通常是强调同一群体的人的相似性和不同群体的人之间的差异性。一个人可以属于不同的社会类别,但不同类别的重要性取决于社会环境。例如,一个人可以将自己定义为企业高管、动物爱好者和忠诚的阿姨,但这些身份只有在与社会环境相关时才会出现。

处于此阶段的个人会这样想:
- 我把自己看作是这个群体的成员;
- 我所在的群体很好地反映了我是谁;
- 我觉得群体外成员与我们群体内成员有很大的不同;
- 群体的成功就是我个人的成功。

第二个过程，社会认同（social identification），是作为一个群体成员进行认同的过程，是形成归属感的阶段。对一个群体的社会认同会导致个体按照他们认为该群体成员应该采取的行为方式行事。例如，如果一个人把自己定义为环保主义者，他可能会努力节约用水，尽可能回收利用水资源，并参加争取气候变化意识的集会。通过这个过程，人们会对他们的团队成员身份产生情感上的投入。因此，他们的自尊受到群体地位的影响。

处于此阶段的个人会这样感觉：
- 我感觉自己卷入了群体中正在发生的事情；
- 当他人批评这个群体时，我感觉好像就是在批评我个人；
- 我和这个群体的距离非常近。

第三个过程，社会比较（social comparison），是人们将自己所在的群体与其他群体就威望和社会地位进行比较的过程，也是形成个人积极态度的阶段。为了保持自尊，一个人必须认为他或她的内群体（in-group）比外群体（out-group）拥有更高的社会地位。例如，一位电影明星可能会评价自己比一位电视真人秀明星更受大众欢迎，然而，他也可能认为自己的社会地位不如一位受过古典训练的莎士比亚戏剧演员。重要的是要记住，内群体成员不会将自己与任何外群体成员进行比较——这种比较必须具有较高的相关性，比如，电影明星不会与铁路工人进行比较。此时，个人的心理感受是：
- 我作为这个群体的一员感觉很快乐；
- 这个团队有许多人是我个人喜欢的；
- 通常而言，当我想到自己是这个群体的一员时我感觉很舒服。

2. 积极的社会认同如何保持

一般来说，人们被激励着建立积极的自我感和自尊感。人们在团队成员身份上的情感投资导致他们的自尊与他们所在的内群体的社会地位联系在一起。因此，与相关的外群体相比较，对自己所在群体的积极评价会产生积极的社会认同。但是，如果不能对自己的团队进行正面评价，个人通常会采用以下三种策略之一：

一是个人流动性。当一个人不看好自己的群体时，她可以尝试离开当前群体，加入一个社会地位较高的群体。当然，这不会改变团体的地位，但可以改变个人的地位。

二是社会创造力。群体成员可以通过调整群体间比较的某些因素来提高现有群体的社会地位。这可以通过选择一个不同的维度来完成，在这个维度上比较两个群体，或者调整价值判断，使曾经被认为是负面的东西现在被认为是积极的。另一个选择是将内群体与另一个外部群体进行比较，特别是一个社会地位较低的外部群体。

三是社会竞争。群体成员可以通过集体努力改善自己的处境来提高群体的社会地位。在这种情况下，内群体与外群体直接竞争，目标是在一个或多个维度上扭转群体的社会地位。

有一点需要提醒的是，对外群体的歧视并不必须导致内群体认同度的加强。虽然群体内偏袒和群体外歧视往往被视为同一事物的两面，然而研究表明，事实并非如此。群体内的积极认知与外部群体的消极认知之间没有系统关系。帮助团队中的成员而不向外部成员提供这种帮助与有意地伤害外部团队成员有很大的不同。群体内偏袒会导致一些消极的结果：从偏见、成见到制度上的种族主义和性别歧视。然而，这种偏袒并不总是导致对外部群体的敌意。研究表明（如图 4-4），群体内偏爱和群体外歧视是两种截然不同的现象，其中一种不一定能预测另一种。因此，在建构积极的群体身份认同时，要避免误用外群体歧视策略，否则可能适得其反。

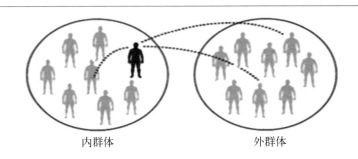

图 4-4　群体内偏袒与群体外歧视现象图

（二）自我分类理论的观点

自我分类理论研究的是个体如何将自己归类为社会群体的成员，即最大化组织相似性和组织间差异性的过程。自我分类理论是特纳（Turner，J.C.）和他的同事开发的社会认同理论的扩展。在自我分类理论看来，群体代表着某种原型，原型表现为一个"模糊集群，通常以榜样性群体成员（最能体现群体特征的现实群体的成员）或理想类型（群体特征的抽象）的形式抓取群体成员的情景性特质（Hogg，1996）。身份类型是通过将自己与他人进行比较，并将自己置于一个社会领域的过程而形成的。

自我分类理论认为，个体是根据社会领域所诱发的类别在不同的抽象层次上对自己和他人进行的分类。也就是说，他们声称，个人是否具备个人、社会或更抽象的身份（例如，人类成员）在很大程度上取决于语境因素（如图 4-5）。这是因为社会性自我的概念是情境性的，只要特定的社会自我分类在社会领域中发挥了作用（即成为感知和行为的基础），人的认知系统在寻求特定语境下的意义最大化时，才会用分类来解释刺激物之间的相似性和差异性"①。

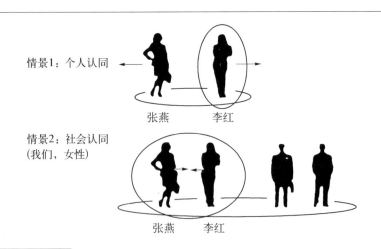

图 4-5　不同情景中的自我分类

---

① Dutton, J. E., Dukerich, J. M., & Harquail, C. V. Organizational images and member identification[J]. *Administrative Science Quarterly*, 1994：239-263.

个人与社会的身份对比取决于个人如何对自己进行分类(即进行何种程度的比较)。一个女人可以把自己定义为一个聪明的人,一个与其他女人相比的个体,一个与男人相比的女人。作为一组男性心理学家中唯一的女性心理学家,她可以根据不同的环境,在男女之间进行组间比较,并将自我定义为"我们"(女性),与"他们"(男性)形成对比,或者她可以利用自己的性别类别成员身份,将自己作为个体心理学家("我")与其他心理学家相比较(即,增强她在群体中的个性)[1]。

自我分类理论还注意到,随着个人从个人身份向社会身份转变,自我认知变得去个性化。也就是说,个人倾向于不再将自己定义为不同的个人,而是将自己视为共享某些社会成员类别的代表。

基于以上分析,自我分类理论发现身份认同的发生通常需要如下情况:[2]

第一,组际的差异性或对比性大时,容易产生身份认同。当社会环境突出其他组织时,个人更有可能将自己视为组织的成员。与社会认同理论的假设类似,自我分类理论认为,群体之间的差异越明显或群体间的冲突越大,越有助于增加个体发生社会认同的可能性。或者说当仅有一个组织独特性突出时,个人身份更有可能被唤起。

反之,当组织成员与其他组织中的个人相似度较高或模糊时,组织身份认同难以发生。在这种情况下,组织分类无法将不同组织之间的差异最大化。(这一点特别重要,少先队最近几十年始终向学生身份靠拢,完全否定自身的独特性,这自然不利于少先队身份认同)因此,自我分类理论可以提供关于某些社会认同比其他更容易发生的条件的见解。

第二,组内的相似性越高,认同越容易发生。在高度异质化的组织中,组织类别可能无法最大程度地提高组内相似性。例如,作为一个大学教授,如果我发现自己在和一个由演员、农民和船长构成的群体中进行分类,这是非常困难的,尤其是在缺乏强有力的组织身份或使命时,基本无法将我们团体的相似性与其他团体的差异性进行最大化比较与分类。在这种情况下,似乎没有什么东西把我们联系在一起(例如在技能和价值观方面)。因此,一个人的身份最好能创造出有意义的区别(即最大程度地扩大社会刺激物之间的相似性和差异性)。

反之在组内方面,当组织成员之间的差异过大时,组织身份认同会变得很困难,即当组织成员被认为缺乏相似性时,很可能只会唤起个人身份。

四、组织身份认同的促进策略

对此,有四种不同的观点:

(一) 功能主义的观点

这种观点认为,组织身份是由基本的、客观的、通常是有形的特征组成的,它不仅在

---

[1] Turner, J., Oakes, P., Haslam, S., & McGarty, C. Self and collective: Cognition and social context[J]. *Personality and Social Psychology Bulletin*, 1994(20): 455.

[2] Michael G. Pratt. *To Be or Not to Be? Central Questions in Organizational Identification*[M]//. In David A. Whetten, Paul Godfrey. *Identity in Organizations: Building Theory Through Conversations*, New York: Routledge. 2005: 190.

组织研究中占据主导地位,而且在宣传和社会形象的树立等相关方面也占据主导地位[1]。持有这一观点的功能主义者,其组织建设策略通常是关注组织的标志、物理属性、官方历史、文件和高层领导人的演讲等对于组织身份形成的价值。

(二) 社会建构主义的观点

它认为组织身份指的是组织内的群体和个人对组织的核心性、独特性和持久性的相对共同的理解,这些理解赋予成员的工作经验以意义,并由来自不同专业群体和层次的多个参与者的复杂交互作用派生而来[2]。如何更好地体现建构主义,普拉特(Pratt, M. G.)概述了两种不同的变体,用更平实的语言表达一种"聚合"视角,即集体身份存在于个体成员的头脑中,因此是个体观点的总和;还有一种"格式塔"理论,认为集体身份存在于把认知能力强的人联系在一起的关系和关系纽带中[3]。

这种观点通常倾向于将组织身份描述为不太稳定和更具可塑性,更少由高层决策,而容易受到不同层面因素的影响。(1) 组织身份中的观念性心理因素,如信念、价值观和假设的影响。(2) 利益相关者的语言使用方式。身份陈述建立了价值承载的类别,人们通过这些类别而积极或消极地定位组织,并生成过去、现在和未来的身份。(3) 一些具体性因素。社会认知和语言使用具有"具身性"特点,人们的"身体动觉、视觉空间、时间听觉和他们组织的情感体验"以及组织活动所涉及的时间性、空间性、节奏、音频提示、气味、视觉和情感显示方式等影响着人的身份建构。

(三) 心理动力学的观点

这种视角补充了现实主义和理性主义方法,将注意力转移到塑造集体身份的组织中的其他未被承认的无意识过程中。布朗(Brown, A. D.)等人借鉴了弗洛伊德的研究成果,对组织的心理动力学进行了分析,将组织描述为调节集体自尊的手段。他们的观点是,个体对身份的自我防卫机制,如"否认功能"和"合理化"功能可在组织层面进行改善,组织可通过引导个体的自我反思、关于未来可能的身份对话,以及培养个体探索自我威胁问题等管理实践而帮助个体降低身份焦虑[4]。

(四) 组织身份认同动力学模型的观点

代表人物是玛丽·哈奇(Hatch, M. J.)和马奇肯·舒尔茨(Schultz, M.)[5]。组织身份是组织文化和组织形象及其相互影响的产物(如图4-6);组织文化是组织身份的内部定义,组织形象是组织身份的外部定义。因此,探讨组织身份认同的形成机制,最

---

[1] Brown, T. J., Dacin, P. A., Pratt, M. G., Whetten, D. A. Identity, intended image, construed image, and reputation: An interdisciplinary framework and suggested terminology[J]. *Journal of the Academy of Marketing Science*, 2006, 34(2): 99-106.

[2] Glynn, M. A. When cymbals become symbols: Conflict over organizational identity within a symphony orchestra 2006. *Organization Science*, 2000(11): 285-298.

[3] Pratt, M. G. Disentangling collective identity[J]. In Polzer, J. T., Mannix, E., Neale, M. A. (Eds.), Research on Managing Groups and Teams, 2003(5): 161-188.

[4] Brown, A. D. Narcissism, identity and legitimacy[J]. *Academy of Management Review*, 1997(22): 643-686.

[5] Hatch, M. J., & Schultz, M. The Dynamics of Organizational Identity[J]. *Human Relations*, 2002, 55(8): 989-1018.

重要的是研究组织文化与组织形象如何相互影响的。这一观点是基于三个主要的社会学基础：

1. 库利的"镜中我"理论

库利（Cooley，C.H.1902）认为，个人行为在一定程度上是由自我认识决定的，而这种自我认识是由与他人、社会的互动形成的。在库利看来，他人对自己的评价、态度等是反映自我的一面镜子，个人也可以通过这面镜子来认识和把握自己。"镜中我"思想的核心是通过他人之镜充分认识到自我，并且以此作为参考标准获得自我概念。

2. 格夫曼的印象管理理论

格夫曼（Goffman，E.）认为在人际互动中，"不管个人在头脑中所具有的具体目标是什么，也不管他达到这个目标的动机是什么，他的兴趣始终是控制他人的行为，特别是控制他人对他的反应。这种控制将主要通过影响他人而逐渐形成的限定而实现，而且他能通过给他人某种印象的方式借以表现自己达到影响这种限定的目的，他给人的这种印象将引导他人自愿地根据他的意图而行动"。①

3. 米德的符号互动论

米德（Mead，G.H.）认为，自我作为有别于非我（周围环境、客体）的主体自己，由主我（I）和客我（Me）组成。主我是主动行动者，是有机体对他人态度的反应，具有自发性、冲动性及创造性，它在行动中改变社会结构；而客我却是自我的社会方面，是一套想象中的有组织的他人的态度。任何行为都是由主我的冲动引起，而后受到客我的控制的；前者是行为的动力，后者是行为的方向，主我与客我相辅相成共同构成社会个体完整的自我②。

基于以上理论，哈奇和舒尔茨一方面认为组织文化通常在无意识的情况下运作，因为文化是隐性的，存在于意义、价值、信仰等深层之中，但文化的作用不可小觑，它具有潜在的能动性，能对他人的态度做出反应并塑造着他人的反应。所以，他们把"组织文化"看作具有"主我"意义的存在。另一方面，他们把组织形象与"客我"的概念相匹配，认为组织形象同样像"客我"一样影响着组织身份的建构方向。

基于这一前提认识，哈奇和舒尔茨分析了组织身份、文化和形象的动态交互模型（如图4-6）。

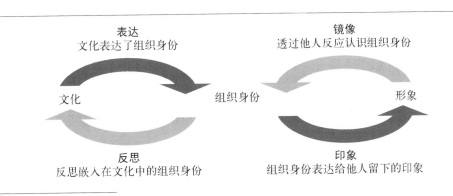

图 4-6 组织身份动态模型

---

① Goffman, E. *The Presentation of self in Everyday life*[M]. New York: Doubleday Ancher, 1959: 3-4.
② Mead, G.H. *Mind, self and society*[M]. Chicago, IL: University of Chicago Press, 1934.

右上为镜像。他人对组织的印象就像一面镜子,组织成员透过他人的反应及评价来认识组织身份;组织成员对自己的看法比他们认为别人对自己的看法更积极或更消极。

右下为印象。身份表达给他人留下印象的过程,分为有意和无意两类。有意的如通过广告、召开新闻发布会、创造和使用组织标识、建造组织设施等;无意的如通过组织成员每天的交流、行动、表现、态度等。组织的曝光度越高,产生的外部印象就越多,组织为了给他人留下深刻印象而做出的努力,会被他人从外部渠道获得的印象所影响。

左上为表达。文化通过身份表达使自己为人所知的过程,如广告、服装、仪式等,都是通过文化背景下的自我表达来帮助构建组织身份。组织身份认同促使组织成员认同组织文化的表达,并以此来打动他人,吸引他们的注意力和兴趣。

左下为反思。在反思过程中把组织身份嵌入组织文化。组织文化使得组织成员能够维护"主我",而非仅凭"镜像"中的"客我"来定义自己。组织文化为组织成员形成身份以及采取行动、制造意义和投射形象提供了背景。组织成员对自己组织身份进行反思时,他们会参照组织文化,对组织身份的反思使得组织成员将组织身份与组织文化紧密联系在一起。此外,组织文化也会通过一些具有文化意义的物品(如标志、标语)等展现出来,这类标识、符号等有助于自我定义及身份形成。

模型左侧体现了组织文化及其表现形式,模型右侧体现了组织形象及其对组织的影响。他人对组织评价的镜像促使组织进行反思,并在反思过程中把身份嵌入组织文化(浅灰色箭头的方向);组织身份进一步表达了组织文化,并且通过组织文化的表达来打动他人,影响他人对组织形象的构想(深灰色箭头的方向)。文化与形象之间的联系展现了组织内外部的自我定义与组织身份构建之间的内在关联。模型的上半部分体现出组织成员以及他人对组织身份的主张,模型的下半部分体现出双方对组织身份的反思和再印象过程。基于组织身份的动态性,不论组织成员及他人对组织身份的主张是什么,很快就会被反思和印象(reflecting and impressing)的过程占据,反过来又会反馈到组织身份进一步的镜像和表达过程中。

组织身份动力学模型让我们明白,组织身份并不是人们头脑中对组织的看法的总和,它是一个动态的过程,组织身份是通过组织内部和外部的所有利益相关者对组织内涵的理解而不断地进行社会建构的。

五、组织身份的两种危机倾向及其内在原理

当组织文化与形象能够平衡发展的时候,组织身份保持良好的动态性,当两者差异较大的时候,组织身份的动态性就会失调,出现两种发展倾向:自恋倾向和过度适应倾向,即要么组织不顾外界的反应而只关注自身,要么组织过度受外界反应的影响而失去自身(见图4-7)。

模型左侧:自恋倾向型的组织身份是在组织身份与组织文化之间,在内在向度上的自我沟通中发展起来的,他们只关注自我的内部世界而忽视他人的反应。组织身份动态失调的另一个相关根源是,组织误将自我反思性(即对身份的文化内涵的反思)当作是投射给外人的印象。组织成员根据他们如何向他人表达自己的身份来推断自己的身

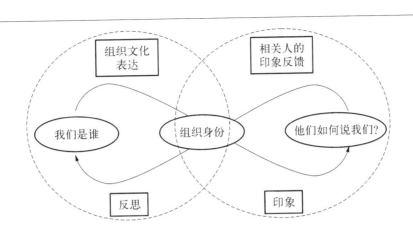

图 4-7 组织身份的两种危机倾向（模型）

份。最初，可能看起来是试图通过对身份的反思来打动外人，但实际上是文化把自我理解的表达直接转化为对组织身份的反思，而自己却误以为外部他人也同自己一样理解自己，这就产生了内向聚焦和自我封闭型的组织身份。也就是说，这种身份几乎完全参照组织文化的身份建构，可能意味着组织将失去外部利益相关者的兴趣和支持。组织自恋即组织的自我吸收和自我催眠都体现出文化与形象之间的差异。

组织自恋可能会在一段时间内基于形象与文化之间暂时的脱节而出现，其结果要么是纠正这种自恋，要么导致组织的消亡。

模型右侧：过度适应倾向的组织身份通常是过度关注利益相关者的反映，以至于忽视或抛弃自身的文化传统。在这种情况下，文化传统被取代。他人印象是我们主要通过偶然的、不经常的、表面的或中介化的信息，通过大众媒体、公众场合、二手资料等获得的东西，并不是通过我们自己直接的、持久的经验和对对象的"核心"感知。当他人印象取代了组织的"核心"身份时，组织文化或身份也就会消失，变得难以接近。例如，有的公司过于关注市场反应、关注"消费者文化"，组织文化就容易流失。

就我们的组织身份动态模型而言，当之前支撑组织形象的组织文化从视野中消失时，身份便虚拟化了。组织成员把这些形象作为构建组织身份的唯一或主要来源，这就意味着组织成员把形象当作组织文化，而不顾这种形象是否代表文化。正如组织自恋症的情况一样，我们并不是说文化的丧失是组织的永久条件，相反，文化缺失代表着身份动态中的一个阶段，这种阶段可以改变。例如，通过增加组织曝光度，或者通过让利益相关者更多地接触到组织文化，而不仅仅是表面上看起来的不断变化的组织形象。

第三节　少先队群团组织身份的当代合法性危机及促进策略

一、当代少先队组织身份的合法性危机

如上所述，少先队兼具政治性和群团性两种身份，为此，它就需要具备两种合法性：

政治合法性和群团合法性。少先队的政治合法性是由其在我国的党政体系所具有的特殊位置决定的,少先队是中国共产党创建和领导的,判断政治合法性的主要依据是少先队是否能够"听党的话,跟党走"。群团性身份的合法性指的是作为少年儿童群众团体的少先队,是否真正代表和维护了它所代表的少年儿童群体的合法权益,能否代表和维护少年儿童的共同利益,能否真正有效地提升少年儿童的权益地位。

新中国成立至文革的相当长的时期内,为适应经济政治高度集中的体制机制,少先队的政治性身份非常突出,但群团性身份发挥不充分,少先队活动的主题设计和方式选择与党政部门常常雷同化、同步化,"把围绕党的中心任务转变成了围绕党政部门转,照抄照搬发文件,照模照样搞活动,没有发挥群团组织的各自特点及其独立自主开展工作的组织作用"①。少先队这种重政治性身份、轻群团性身份的做法很大程度上束缚了少先队的手脚,不仅导致少先队领导人员和工作人员的创造力不足,行政主义滋生,而且导致少先队的宗旨与功能偏离少年儿童的成长需求,不受少年儿童和社会的认同与喜爱。

改革开放后至21世纪的最初10年,少先队工作为纠正此前政治性身份和功能的偏差,开始不断向基础教育的普通身份靠拢,将少先队工作压缩到组织儿童开展各类入队离队仪式、争章活动以及一些少先队娱乐活动中,不再强调少先队的政治功能,又弱化了少先队的政治性身份,同时,也没有真正认识到少先队的群团性身份及其功能的内涵是维护少年儿童的合法权益,从而使少先队工作处于左右摇摆的状态,少先队的组织身份也变得日益模糊。

二、产生少先队身份合法性危机的原因

从新中国成立到改革开放,我国社会生活的各个方面都渗透着政治权力,形成了强国家—弱社会的社会发展状态。尽管在理论上少先队具有两种身份及相应的两种职能,但在强国家—弱社会的状态下,少先队的社会身份及社会职能被其政治身份和政治职能所遮蔽,它的首要宗旨和任务是完成当时迫切需要完成的政治任务,并没有将维护少年儿童的权益上升到组织的基本职能上来。在强国家—弱社会的状态下,一方面,少先队的社会身份是被其政治身份所遮蔽的,少先队根据党的中心工作来确定其基本职能,围绕政府的中心工作来开展其主要活动。另一方面,在这一时期,少年儿童身份也被"群众"、"人民"、"建设者"等政治身份所遮蔽,因此群众利益或人民利益遮蔽了少年儿童作为一个未成年群体的特殊利益与需求,换言之,把人民群众的一般权益需求等同于少年儿童的特殊权益需求。而新中国成立后到改革开放期间,人民群众最根本的利益是国家的稳定和社会经济的发展,因此人民群众,无论其阶级身份、民族身份、性别身份和年龄身份如何,全都被动员和组织起来参与政权巩固和建设。即使提到少年儿童的权益问题,也是从政权巩固和社会建设这一目的,即从人民群众的根本利益这一角度提出的,而不是真正从思想上认识到少年儿童作为一个年龄群体有其特殊权益和需求这一层面提出的。

---

① 黄九思.群团组织群众化初探[J].领导科学,1993(02):29-30.

改革开放之前,由于国家和社会的关系是强国家—弱社会状态,少先队组织的社会职能被政治职能所遮蔽,因而这一时期少先队组织不是被视为"少年儿童的组织",而是被视为"组织少年儿童的组织"。即使少先队组织未能很好地承担其社会职能即代表和维护少年儿童利益,其现实存在的合法性也未受到质疑。

改革开放后,少先队的群团性身份开始得到关注,国家与社会关系转变的同时,国家政权的核心功能也开始转变,即国家政权的核心功能从行政取向社会服务转变,少先队的主要功能也随之变化,明确其服务的对象不应该是整个社会,而主要是少年儿童。当少先队把服务少年儿童、代表与维护少年儿童的利益作为自己的基本职能之时,能否代表与维护少年儿童的利益就成为少先队群团合法性的依据。另一方面,1992年,我国政府签署承诺联合国大会通过的《儿童权利公约》,同世界192个国家一道,用《公约》形式确认儿童的基本权利,承诺维护儿童权利的庄严责任,这是我们社会生活和法制建设的一件大事,具有重要的历史意义和现实意义。遵循和落实《公约》,少先队也负直接的责任,因为"少先队是少年儿童自己的组织,少先队工作者是少先队员的服务人、保护人和代言人,履行《公约》责无旁贷"[①]。1990年,中国少先队全国代表大会通过的少先队新章程里,代表大会在"我们队的目的"条款中,还专门加上了"维护少年儿童正当权益"一条。这是少先队在身份与职能定位上的一个重大进步。但到2002年时,原任上海少先队总辅导员的段镇认为,少先队在儿童权益维护方面做得并不理想[②]。这是因为,就时代发展趋势而言,20世纪80年代以后,中国进入改革开放和市场经济时代,高风险性与不确定性逐渐成为中国人的基本生存状态,人们的教育观也不再以培养顺从的儿童为目标,而是以独立性和自主性为主,在此情况下,儿童和家长都更为关心其所处的人与事能否满足他们成长的需求。因此,维持儿童权益也成为时代发展的客观规律。

20世纪90年代时,以段镇为代表的上海少先队工作者也认识到这一发展趋势,并探索了少先队自动化建设之路,注重少先队自主性的培养,便是对其在社会发展中所出现的合法性危机的一种回应,也是为更好地实现其"代表与维护少年儿童的权益"的组织功能和突出其一直被政治性身份所遮蔽的社会性和群团性身份的回应。但这一阶段的探索并未真正从少先队的群团性质角度作深入而系统的理论阐述,对少先队的群团性身份和功能的理解并不全面。进入新世纪之后,基础教育领域从各个方面呼吁儿童立场,加之富裕时代和少子女时代的到来,儿童自然地站到了家族和社会的中央,更多的目光围绕儿童需求而转;而此时,少先队对其群团性身份的理解却不深入,更不知政治性身份的启蒙是需要通过群团性身份转换才能够实现。这正如美国教育学家杜威所认为的那样,如果要为美国建设一个民主社会,就需要通过教育,但教育即是生活,一种能够让儿童过上民主生活的生活,做民主的事,参与民主活动,将来儿童才真正能够成为民主的人。同理,儿童要成为特色社会主义的建设者与接班人,他们就需要回归到日

---

① 段镇.还权于童——纪念《儿童权利公约》十周年[M]//段镇主编.少先队发展新思考.上海:华东理工大学出版社,2004:59.
② 段镇.少先队发展新思考[M].上海:华东理工大学出版社,2004:59-62.

常生活世界,使少先队的组织生活本身就具备社会主义的特质,使它们以社会主义社会的理想形态引导和衡量当下的组织生活,让每个孩子的权益都得到保护,每个孩子都有安全感,每个孩子的个性都得到发挥,每个孩子都离不开少先队对他们的呵护。此时,少年儿童才能够真正热爱少先队并以从属于少先队为荣。

三、少先队群团身份建设的困境

然而,在现实中,少先队身份的重建却面临着多重困境。

(一) 过重的政府色彩

按照学术界所界定"群团组织"的标准,我国的少先队并不是真正意义上的群团组织,或者说少先队只是一个名义上的群团组织,它的实施运作机制与群团组织的要求存在一定距离,呈现出更多的"政府"色彩,这为其"群团组织"身份的认同带来了很大的困难。

第一,组织资源来源的体制化。组织的发展离不开资源,少先队的资源从来源上大致可以分为党政资源、社会资源和自身资源。在改革开放之前,党政资源是少先队资源的唯一来源;改革开放后,少先队培养自身资源和整合社会资源的意识和能力得到了很大的提高,但仍然存在一定程度的对党政资源的依赖性,少先队的资源主要来自于正规体制内部。

少先队从党政组织获取的资源包括政治资源和经济资源。虽然我国政治体系的特殊地位为少先队提供了政治地位上的合法性,但由于目前少先队的地位是处于正规体制的边缘地带,其自身的权威极其有限,因此为成员服务往往要借助于党和政府的权威。少先队在组织序列上隶属于党群系统,组织领导人的变更必须报同级党委批准,有时甚至是地方党委或组织人事部门直接任命;人事管理参照公务员序列,工作人员具有国家干部身份,它的编制由政府指定,行政级别由政府确定,经费由政府财政拨付。

第二,职能上的政府多部门分工化。在我国政府设置的机构中,少年儿童发展问题被多个政府系统分散管理,职能分工分散,无法形成统整的格局。教育系统中教育部设有基础教育司,地方教育局设有德育处,主要职责之一是负责少年儿童思想道德品格的培养;团中央设有全国少工委,地方团委则设有地方性的少工委,负责少年儿童政治思想意识的培养;全国妇联下设有中国儿童少年基金会(简称中国儿童基会),中国儿童基会的宗旨是:抚育、培养、教育儿童少年,辅助国家发展儿童少年教育福利事业。

政府多部门分工化也带来一些弊端。虽然总体看来我国政府非常注重少年儿童的权益保护,但因为不同条线分担少年儿童成长的不同功能,使得每个系统眼中的儿童都是片面的少年儿童,无法真正从整体性的少年儿童的角度促进少年儿童成长,这是其一。其二,各系统职能分割过细,严重束缚了某一系统的工作整体性。比如,本来少先队作为群团组织,不仅要在政治上培养少年儿童的政治思想意识,而且要维护少年儿童的权益需求,以加强少先队组织的自身建设和少年儿童对少先队的归属感与光荣感。但在目前的体制分工格局内,少先队维护少年儿童权益的功能和物质资源一部分划分到了妇女群体组织系统之下,似乎在弱化少先队作为群团组织的这一基本身份与功能。少先队在当代需要突出其群团性身份及其功能,但因缺乏制度保障和物质基础而一再被压抑,所以,政府分工多样化的格局严重伤害了少先队群团组织属性及其功能的发挥。

第三,组织管理体系的行政化。少先队在改革开放后逐渐形成了纵横交错的组织结构体系,纵向结构主要通过"科层制",依托各个时期的行政层级设置相应的少工委领导机构,每个少工委都附属于各级党委政府,接受各级党政的领导,在业务上接受上级少工委的领导。整个少先队的领导体制运行都贯彻高度集权的从上而下的运作模式,各级少先队工作的指导思想、工作思路、基本机制和内容方法都高度统一于全国少工委,上级少工委的指示基本能得到下级少工委的忠实执行。这种情况从积极方面说,可以保障少先队的政治属性,但从消极方面说,就会使得各级少先队工作失去自主性、创造性和发展活力,更谈不上少先队基于各地情况,因地制宜创造性地发挥其团结广大少年儿童、满足少年儿童需求开展少先队活动,如此一来,其群团组织的属性也就自然成为空论。

(二)少先队群团组织发展中的国家逻辑困境

根据《儿童权利公约》,1990年的少先队章程把"维护少年儿童的正当权益"作为其目的,并一再明确其群团性组织的性质。群体组织的功能之一是运用自身专业化的服务为社会中的某些特定成员提供"纯公共物品"或"准公共物品",以实现社会公共利益。因此,少先队组织重新界定其身份为"群团性组织",必然将"服务于少年儿童"作为其应然性功能。功能的转变必须以结构的同步同质的调整作为保障,我国少先队在改革开放后也进行了一系列的结构调整,主要表现为以国家逻辑所建立的"横向到边,纵向到点"的超级组织网络,其目的在于最大程度地扩大其代表范围,增强其代表性。

但这一依照国家逻辑建构的少先队组织体系却存在内在的紧张和冲突。2017年《少先队改革方案》推行后,少先队的结构系统在继续保留其在改革开放前就已形成的纵向结构的基础上,在横向上向各个领域的社会组织延伸,将其纳入到自己的组织体系中,形成了纵横交错的组织结构。这样一种组织结构的调整滞后甚至偏离了少先队组织的功能定位。首先,少先队组织的纵横扩张,仅仅实现了其服务对象的增加,但要真正增强其代表性,更重要的在于它为少年儿童服务的内容与质量,不是仅靠组织数量能说明问题的。其次,21世纪以来,各类与少年儿童组织有关的社会企业大量出现,是对少年儿童需要分化和多元化的回应。它们的产生和发展有利于实现少年儿童群体的特殊利益和需求,以弥补少先队组织在此方面的供给不足,但实际上也等于在替代少先队作为群团组织本应有的群团性身份及其功能。在少先队的横向扩张中,虽然许多社会组织都被纳入到少先队的组织体系中,但由于少先队的组织网络更多是借助政治性身份占有了大部分的社会资源,使得很多社会组织一方面是被迫加入,比如,即便是各级教育厅局都设有兼职少工委副主任的领导职位,但实际上,这也是出于政治大局的无奈,并未从内心或行动上真正认同少先队作为群团组织应有的身份与功能。另一方面,一些社会组织是为了借助少先队的政治身份而发展其自身利益,并非真正出于少先队作为群团组织应有的"非营利功能"而进行。

四、少先队身份认同建设的基本策略

少先队员的组织身份认同是指少先队员对自己在少先队中的身份感知、理解及其参与状态的总体接受程度,表现为少先队员对少先队的归属感与荣誉感、行为上的一致性程度。不同的少先队员对少先队的组织身份认同具有程度上的差异性。理想的组织身份认同是少先队员在情感与行为上都觉得自己与少先队是一体化的,但达成此理想状态需要若干条件。根据上述理论,少先队在促进少先队员的组织身份认同时,应该注意的是:

第一,加强少先队组织身份的核心特征和独特特征,让少先队员充分理解少先队组织对其个人的具体要求。比如,在入队教育时,其内容不仅要让少先队员了解少先队历史发展、少先队信念与口号,更要让少先队员明确少先队员在今天的独特使命,以及每个少先队员在其中的独特责任。只有这样,少先队员才能够更好地将少先队组织身份与其他少年儿童群体的组织身份区别开来。此外,每个具体的少先队还应该基于自身的发展基础、现实条件以及少年儿童群体的独特需求,树立自身的独特目标与使命。

第二,少先队教育工作要加强自身形象的社会影响力。虽然少先队是每个中国少年儿童都应具备的组织身份,但在当代这一身份的光荣感有所下降,主要是由于时代背景不同了,少年儿童更喜欢生动活泼的活动。少先队活动到底对于少年儿童成长有何独特的价值?如果仅仅从国家事业接班人的角度进行意义阐释,并不足以吸引广大少年儿童和社会的关注。因此,提高少先队在当代的社会正向影响力,形成更为积极的社会形象,促使少先队员在比较中形成荣誉感是必要的关注点之一。

第三,少先队在组织建设时,不宜放大组织内部的竞争力,否则,可能产生负面效果,即让没有取得胜局的成员无法得到满足感和成就感。比如,少先队争章活动就要避免因争章而促使儿童之间的关系紧张和分裂。

思考与练习

1. 当代少先队组织身份合法化危机的产生原因是什么?
2. 从组织身份认同原理的角度思考当代少先队组织身份认同的策略合理性。

延伸阅读

1. 陈家建.法团主义与当代中国社会[J].社会学研究,2010(02).
2. 顾昕,王旭.从国家主义到法团主义——中国市场转型过程中国家与专业团体关系的演变[J].社会学研究,2005(02).
3. 俞可平.论国家治理现代化[M].北京:社会科学文献出版社,2014.

第五章 少先队教育的范畴

📖 内容梗概

1. 少先队教育在当代教育体系中的位置
2. 少先队的准正规教育内涵
3. 作为准正规教育,少先队教育的中国特质
4. 少先队教育与思想政治教育、学校教育、德育及其他组织教育的关系
5. 少先队教育的基本要求

📝 重要概念

正规教育　准正规教育　非正规教育　校外教育阵地

🎯 学习目标

1. 了解少先队教育在当代教育体系中的位置;
2. 理解少先队的准正规教育内涵;
3. 理解作为准正规教育,少先队教育的中国特质;
4. 了解少先队教育与思想政治教育、学校教育、德育及其他组织教育的关系;
5. 了解少先队教育的基本要求。

《中国少年先锋队章程》(2005)指出少先队"是少年儿童学习中国特色社会主义和共产主义的学校"。这句话显然是个类比的说法,指明了少先队的教育属性,或者说少先队教育是中国少年儿童的一种教育形式。虽然这一判断几乎是个常识,但少先队教育有何独特性?应该属于什么类型的教育?这些问题都尚未得到全面的论述。通常情况下,人们对少先队教育类型的理解有两种认识,第一种是把少先队与少先队相近或相类似的组织,即童子军组织(Boy Scouts)进行参照和比较,以发现其共性,探讨其特殊性。第二种是把少先队教育归属于德育的框架之内,但到底为何属于德育的范畴,至今没有一个明确的说法,人们大多凭经验性理解大体认为少先队教育是有关少年儿童思想意识教育的,其目标或内容属于德育的范畴。基于以上研究情况,我们将"少先队教育到底属于什么类型的教育?"这一问题作为本章论述的重点。

第一节 少先队教育的范畴与特质

普通教育学通常把现代教育分为学校教育、家庭教育和社会教育,并未把某类儿童组织也划为一种独立的教育类型,那么,首先,我们需要讨论的是少先队何以是一种独立的教育类型,再讨论它应归属于哪一种教育范畴。

一、少先队教育属于终身教育体系的一部分

从本质上讲,"教育是有意识地以影响人的身心发展为直接目标的社会活动。"[1] "教育是社会采用的一种手段……通过这种手段来保证晚辈们既在实践中又在意识形态上使社会现状得以维持。"[2]体现教育这一本质的最典型的社会形式是学校教育,但少先队教育也符合这一本质。因它是由专门人员和专门机构承担的有目的、有组织、以影响少年儿童的身心发展为直接目标的社会活动,只是与学校教育的不同之处在于,它们在核心目标、具体内容和少年儿童对象、课程、方式方法、系统性等方面有差异,但这并不妨碍少先队是一种教育形式,只是它更多地属于准正规教育的范畴。

在当代终身教育体系下,少先队教育属于其中一部分。如图 5-1 是格里芬(Griffin, C., 1998)勾勒的终身教育框架[3],从中可以较清晰地定位少先队教育在整个终身教育体系中的类属及区位。

---

[1] 叶澜.教育概论[M].北京:人民教育出版社,1998:8.
[2] 约翰·怀特.再论教育目的[M].李永宏,等,译.北京:教育科学出版社,1997:73.
[3] Griffin, C. Public Rhetoric and Public Policy: Analysing the Difference for Lifelong Learning[M]// In Holfold, J., Jarvis, P. and Giffin, C. (Eds.). *International Perspectives on Lifelong Education*. London: Kogan Page Limited, 1998.

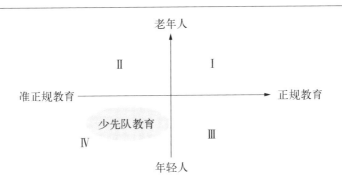

图 5-1

终身教育的维度及少先队教育的类属

终身教育框架可以让我们更为清晰地理解少先队教育的当代意义。现代社会是学习化社会,"学会生存(learning to be)"包含了学习思考、学习成为一个有创造力的公民、学习作为社会的一名正式成员所必须采取的行动和反映的目标,甚至包含了比这些内容更大和更深的东西。因为"学会生存"需要一个自我发现的过程,需要意识到自己的能力以及自身的缺点。所以,从这个意义上看,如果把少先队教育仅归属于德育,就会遮蔽我们对它在青少年终身学习意义上的重要价值的认识。

二、少先队具有"准正规教育"的特质

理解这个问题首先需要理解什么是准正规教育。"准正规教育"的英语表达是 non-formal education,这个词最早被翻译成"非正规教育",但由于这种翻译使得这个词具有一定的消极意义,容易形成负面印象,因此,将之理解成"准正规教育"更合适。甚至有学者建议用 para-formal education 这个词替代 non-formal education。提出这个概念的是阿根廷的学者,他认为准确地说,准教育概念是指介于高度组织化、结构化和全日制教育与结构相对松散、业余性的校外教育之间的教育形态,而非正规教育相对而言主要是指结构松散、业余性的非正规教育活动。显然,少先队教育既不像学校教育那样组织和结构严谨,也不像有些非正规教育活动一样结构松散和业余,因此,更应该在准正规教育的意义上理解少先队教育。总之,为了避免对非正规教育形成消极印象,本书将之称为"准正规教育"。

那么,少先队教育具备哪些准正规教育特征呢?

(一)准正规教育产生的历史背景

学校自产生以来,作为教育的主要形态,在人的成长中一直具有重要作用,也自然得到越来越多的理论界、政策界和实践界的关注。但事实上,在学校产生以前,人的成长是融合在生产生活之中的,生产生活也是人成长发展的重要资源,但因学校教育系统化和制度化的程度越来越高,我们几乎忘记了学校教育以外其他机构、组织或生产生活单位的教育价值与意义。但这一切正慢慢发生变化,准正规教育在20世纪60年代末70年代初开始成为国际教育政策讨论的一部分,因为人们发现它与反复学习和终身学习的概念有关。塔特(Tight,1996:68)认为,尽管准正规教育的概念与终身学习理念的提出有关,但它更多是指向"承认在公认的教育机构之外进行的教育、学习和培训的重要性",主要原因是社会政治、经济的发展形势与学校教育所提供的供给之间出现了脱节,人们开始

发现仅仅依靠学校教育并不能满足社会对人才各类素质的需求。于是,学校教育的弊端呈现了出来,如:学校教育的结构性较紧,灵活性也就相对弱,无法较灵活地适应社会对人才的需求;再如,学校教育培养的人更多具有共同性,而缺乏个性;学校教育更关注人的理性发展,而忽视人的情感与价值观,尤其是人对自己所处社区的关心与责任心。[1]

于是,1967年,在美国威廉斯堡召开的一次国际会议上,人们提出了一些想法,以便对日益严重的"世界教育危机"进行一次广泛深入的讨论。人们对学校教育的弊端开始了反思,认识到教育增长和经济增长不一定是同步的,就业也不一定是教育投入的直接结果。许多国家发现(政治或经济上)很难支付正规教育规模的扩张。此次会议得出的结论是,正规教育系统适应其周围社会经济变化的速度太慢,它们不仅受到自身保守主义的阻碍,而且受到社会自身惯性的阻碍。如果我们也承认教育政策的制定往往遵循而不是引领其他社会趋势,那么随之而来的变化将不仅来自正规教育,还将来自更广泛的社会和其中的其他部门。正是从这个结论出发,世界银行的规划者和经济学家开始区分非正规教育(informal education)、准正规教育(non-formal education)和正规教育(formal education)[2]。

大约在同一时期,联合国教科文组织开始向终身教育和"学习型社会"的方向发展,最终形成了"学会做人"的理念(《学会生存》,联合国教科文组织,1972年)。终身学习应该成为塑造教育体系的"主要概念"。联合国教科文组织倡导了一个有影响力的学习系统的三分法,其中最著名的陈述是库姆斯(Coombs, P. H.)、普罗塞斯(Prosser, C.)和艾哈迈德(Ahmed, M.)所下的定义[3]:

正规教育(formal education)是指从小学到大学的按等级结构和时间顺序排列的"教育系统",除一般学术研究外,还包括各种专门的教育方案和机构,用于全日制技术和专业培训。

准正规教育(non-formal education)是指在已建立的正规体系之外的一切有组织的教育活动,无论是单独运作还是作为某些更广泛活动的一个重要特征,旨在为可识别的学习对象和学习目标服务。

非正规教育(informal education)是指人真正的终身学习过程,即每个人都从日常经验及环境的教育影响和资源中获得态度、价值观、技能和知识,这种日常经验和环境包括从家庭和邻居,从工作和娱乐,从市场、图书馆到大众媒体。

这里所作的三类教育概念上的区分主要是行政上的。正规教育与学校和培训机构联系在一起;准正规教育主要与社区团体和其他组织联系在一起;非正规教育涵盖了剩下的内容,例如与朋友、家人和同事的互动。当然,以上分类也只是相对的,有时,非正规教育与准正规教育有许多重合之处,而随着正规教育课程类型的多样化,正规教育与准正规教育之间的区分边界也会变得模糊。但无论如何,准正规教育概念从此便进入

---

[1] Tight, M.(1996). Key concepts in adult education and training. New York, NY: Routledge.

[2] Fordham, P. E. 'Informal, non-formal and formal education programmes' in *YMCA George Williams College ICE301 Lifelong Learning Unit 2*[M]. London: YMCA George Williams College, 1993: 2.

[3] Coombs, P. H., Prosser, C. & Ahmed, M. *New Paths to Learning for Rural Children and Youth*[M]. New York: International Council for Educational Development, 1973.

了世界教育的范畴之中,并为世界许多国家所认可并纳入教育决策和实践体系之中。

(二) 准正规教育的内涵

实际上,准正规教育是一个模糊而富有争议的概念,这是因为世界各国的准正规教育的实践方式及背景各不相同,每个学者都希望能够从某些方面给准正规教育下定义,自然就会产生许多不同的理解与概念。

除了上述的库姆斯(Coombs, P. H.)的定义外,还有一些其他学者的定义,如:阿迪塞希亚(Adiseshiah, M. S.)将准正规教育定义为"在正规教育系统之外有组织地提供学习机会,涵盖一个人的一生,并为满足特定的需求而规划——治疗、职业、健康、福利、公民、政治或自我实现"①。拉贝尔(LaBelle, T.J.)将准正规教育描述为"为特定人群提供学习经验而组织的系统校外活动"②多尔(Dore, R.)扩展了准正规教育内涵,认为准正规教育"意味着所有在学校之外进行的经过深思熟虑的、有意识的、有组织的教学和学习(不包括在家庭和工厂中进行的无组织的学习,在行话中称为准正规学习)"③。拉贝尔(LaBelle, T. J.)④提出了一个新的区分准正规教育的概念框架,并将其与正规教育区分开来。他将教育系统分为三部分:正规教育、非正规教育和准正规教育。正规教育是一种制度上的、按时间顺序分级的、具有层次结构的系统;非正规教育贯穿于人的终生过程,通过这个过程,每个人都获得并积累了知识、技能、态度;准正规教育是一切有组织的、系统的、程序化的教育活动,是正规教育框架之外的活动,为目标群体提供选定的学习类型(三者关系见图5-2)。拉贝尔(LaBelle, T. J.)认为这三种教育在系统内同时存在,有时和谐,有时冲突,程度上各不相同,除了主要模式外,在同一制度环境中还可能存在第二和第三模式。所有个体在任何时候,都处于一种或多种学习经验的模式中,每个个体根据社会经济水平、性别和种族宗教,创造了一种独特的教育影响生态。

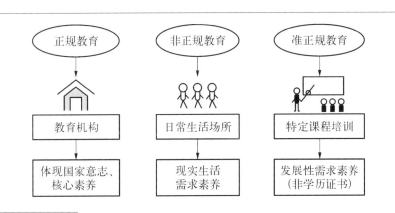

图 5-2

正规教育、非正规教育和准正规教育

---

① Adiseshiah, M. S. *Towards a Functional Learning Society*[M]. Tamil Nadu Board of Continuing Education, Madras, 1975: 26.
② LaBelle, T.J. Introduction[J]. *Comparative Education Review*, 1976, 20(03): 278.
③ Dore, R. *The Diploma Disease*[M]. London: Allen and Unwin, 1976: 104.
④ LaBelle, T. J. An introduction to the non-formal education of children and youth[J]. *Comparative Education Review*, 1981, 25(3): 313-329. LaBelle, T.J. Formal, non-formal and informal education: A holistic perspective on lifelong learning[J]. *International Review of Education*, 1982(28): 159-175.

总之，当前对准正规教育的定义是基于对在校外教育和社区组织中发展起来的教育教学活动的概念化。因此，准正规教育通常发生在其人的闲暇时间，是自主选择和自主参与的过程。准正规教育基于这样一种假设，即教育和社会目标可以而且应该通过灵活地应用原则、主题、组织和工具来实现，这些应该不受学校结构和形式条件的约束。非形式教育的目的是促进社会参与，以造福社会，并表达个人的需要，特别是有关休闲活动的需要。在准正规教育中，我们可以识别具有独特属性、典型内容和特征方法的设置和组织。

在相同性上，正规教育和准正规教育都包括教育活动，即旨在促进有计划和有组织的学习活动，这种学习活动明显区别于人们在日常生活中的非计划性活动中的学习活动。教育就是"有组织的、持续的、旨在带来学习的交流"[①]。卡罗恩认为正规教育和准正规教育是统一的，因为他们拥有"计划，机构和教育对象"[②]。

也许由于国家体制或教育体系不同，中国一直没有被纳入实施准正规教育联盟的国家之中。当然，没有以准正规教育的方式命名教育类型，并不代表中国教育系统中不存在准正规教育，这一点，我们将在下面分析。

（三）准正规教育的特质

对此，学者们进行了不同维度的分析。辛金斯（Simkins，T.）从目的、时间、内容、借给系统和控制性等方面分析了准正规教育的特征（如表 5 - 1）[③]。

表 5 - 1 正规教育与准正规教育的比较

	正 规 教 育	准 正 规 教 育
目的	长期和一般性需求／专业资格证书取向	短期和具体需求／非专业资格证书取向
时间	长周期／准备性／全日制	短周期／重复性／非全日制
内容	标准化／以学术性知识输入为中心／入学要求确定性的对象	个体化的／以实践为中心的输出／对象决定了参与的标准
供给系统	以机构为基础，与环境相对割裂；严格结构化的、教师为中心和资源集中的供给系统	以环境为基础，与社会相关联；结构灵活，以学习者为中心和资源节约型供给系统
控制性	外部性的、等级性的	自治的、民主性的

第二种分析方式是对正规教育与准正规教育的优缺点进行对比。正规的教育系统不能有效地满足个人和社会的需要，这是因为正规学校的结构僵化，主要依靠规章制度进行运作，不能把重点放在学生的真正需要上，所提供的课程脱离个人和社会，更多的是关心如何执行既定方案，而不是关心如何有效地实现有用的目标。这就要求从学生的基本需要出发，建立与现实相适应的策略，即准正规教育。与正规教育不同，准正规教育在

---

① Simkins, T. *Non-formal Education and Development* [M]. Manchester: Manchester University Press, 1977: 8.
② Carron, G., & Carr-Hill, R. A. *Non-formal education: information and planning issues* [M]. Paris: UNESCO IIEP Research Report 90, 1991: 20.
③ Simkins, T. *Non-Formal Education and Development. Some critical issues* [M]. Manchester: Department of Adult and Higher Education, University of Manchester, 1997: 12 - 15.

很多方面都是有益的,它们有些活动鼓励青年人选择他们自己喜欢的方案和项目,这些活动很重要,因为它们为青少年提供了探索他们兴趣的灵活性和自由性。当青少年可以选择和参与自己喜欢的活动时,他们就有机会发展多种技能,比如决策技能。而且,准正规教育可以提供促进技能和知识发展的体验性学习活动,这有助于帮助青少年建立信心和能力,也有助于帮助他们发展同龄人和非同龄人之间的人际关系,提高人际交往能力。这是因为在与课外同龄人和社区中的成年人互动中自然就会获得这种能力。

第三种方式是根据管理模式是自上而下,还是自下而上进行的区分。

杰夫斯(Jeffs,T.)和史密斯(Smith,M. K.)[1]从课程的角度进行了分析(如图5-3):正规教育大致上近似于自上而下的课程形式,具有相对固定而明确的类型和形式,如语言、数学、科学等课程(图中C部分)。准正规教育是自下而上或协商形成的课程(图中B部分),课程形式相对灵活;准正规教育可以说是非课程性的或是会话形式(图中A部分)。

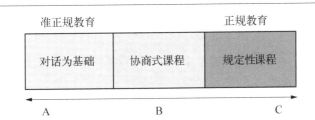

图5-3 正规教育与准正规教育的课程特征

也有学者指出准正规教育的特点在于：这种教育中的学习可以在不同的地点进行；与处境不利人类群体的需要有关；关注特定类别的人；专注于明确的目标；组织和方法灵活等[2]。还有人指出它的特点在于：它是一个参与性、开放性很强的教育形式,不需要结构化的课程；年龄、时间和课程具有灵活性；公共和私营部门都可参与支持；没有定期考试的要求；不需要颁发像证书和奖项这样的形式；欣赏自主学习等等。

(四) 准正规教育的理论基础

关于准正规教育,许多教育家都进行过阐释,这里,我们分析一下准正规教育的理论基础。

1. 布鲁巴赫的生活关联论

美国教育学家布鲁巴赫[3]从历史角度进行了分析。他指出准正规教育很早就产生于文字发明前的历史,当时的教育没有从日常生活中分离出来,并不是在独立的制度框架内进行的,它是年轻人与成年人共同参与的日常生活的一部分。这一时期的教育是与现实生活经历相一致的,也是不可分割的;这时人人都是教育者,既使不是自己的孩子,也要对未成年人负有教育的责任。然而,"由于世世代代继承下来的文化越积越多,要想仅

---

[1] Jeffs, T. and Smith, M. K. (eds.). *Using Informal Education: An alternative to casework, teaching and control?* [M]. Milton Keynes: Open University Press, 1990.

[2] Department of Educational Foundations and Management. "A Critical Assessment of the Role/Importance of Non-Formal Education to Human and National Development in Nigeria: Future Trends" [J]. *Internation Journal of Scientific Research in Education*, 2012.

[3] Brubacher, J.S. *A history of the problems of education* [M]. New York: McGraw-Hill, 1947.

靠准正规教育传授它们就显得时间不够了,甚至还会出现其中某些科研课题被遗忘或失传的危险。结果,学校作为一种保存文化遗产的特殊机构便应运而生了。由于学校是这样发展起来的,所以它和日常生活没有直接联系。"①根据布鲁巴赫的说法,这种制度化教育与相关的生活经验相去甚远,是以牺牲年轻人对现在和未来的适应性为代价的。

然而,准正规教育并没有在社会历史中被抛弃,它一直伴随着正规教育延续到现代。布鲁巴赫说:"事实上,准正规教育自始至终与正规教育并驾齐驱、长期共存,至今仍然如此。如果着眼于数量而不是质量的话,长期以来占据优势地位的将会是准正规教育。"②在中世纪,准正规教育采取了学徒在职学习的形式;在现代,随着教育越来越普及,准正规教育主要被确定为年轻一代的"校外学习"时间。后来,成人教育也被纳入准正规教育的框架,并被视为一个终生教育的过程:家庭先是最有力的教育代理机构,然后是社会和社区机构。

布鲁巴赫呼吁人们注重准正规教育的价值。他指出,准正规教育有助于美德的养成,因为美德是在行动中形成并成为习惯的,而这恰恰是学校教育的不足,学校教育在美德教育上更注重的是抽象概念而不是行为。

2. 杜威的教育与生活一体化理论

杜威可以说是准正规教育理论的先驱。他的许多教育思想,尤其是他在《民主与教育》(1916/1966)和《经验与教育》(1938/1963)中所创造的教育思想学说是准正规教育的思想基石。

首先,杜威(1916/1966)提出的教育生活一体化理论与布鲁巴赫(1947)提出的生活关联理论有着本质区别。杜威承认正规教育在复杂的现代社会中对年轻人能力发展的重要贡献,为了利用正规教育和准正规教育的优点使个人和社会受益,杜威建议打破障碍,把两种教育形式结合起来,以达到适当的平衡,而不是把各自的独特性分裂式地强加于儿童。杜威认为,把正规教育和准正规教育形式分离甚至对立具有较大危险性,正规教育是抽象而书卷化的,远离儿童熟悉的行为和对象,与现实生活经验相距较远,无助于培养儿童对现实生活的感受。相反,准正规教育关注人们的日常经历,并注重与人的生活需求,注重实践体验,有助于人们切身体验生活的价值和意义,对儿童的影响是即时性的。所以,这种教育形式的重要价值不容忽视,它甚至是正规教育的必要基础。

其次,杜威区分了"内在的"和"外在的"价值观,前者对个人来说是无价的,不可比较也不可替代;后者可以根据其实现外部目标的工具价值来评估。杜威认为准正规教育是建立在内在价值的基础之上的,因为它培育个性,尊重原创性和多样性,本身就是目的;而正规教育则以外在价值为基础,因为它以为未来的成年生活做准备,并以其生产力水平来衡量其价值,忽视当下生活对于人的成长的价值,而不利于儿童当前生活质量的提升。

最后,经验学习理论是杜威准正规教育哲学的第三个依据。杜威指出,与个人经验相关的教育计划和项目属于准正规教育的范围,他们不受外部成人标准的支配,是促进和增长进一步学习经验的动力,并产生重要知识的连续性。

表5-2说明了杜威为准正规教育和正规教育所作的区别。总之,杜威非常重视准

---

① 布鲁巴赫.教育问题史[M].吴元训,主译.合肥:安徽教育出版社,1991:339.
② 布鲁巴赫.教育问题史[M].吴元训,主译.合肥:安徽教育出版社,1991:341.

正规教育,认为其发展的基础是个人积极参与周围社区的生活,与周围社区直接交流,并在那里养成适当的做事、思考和感觉的习惯。①杜威的这一思想对美国、加拿大等现代教育产生了重要影响。

表5-2 杜威一元教育论框架下的准正规教育与正规教育的比较①

准正规教育	正规教育
连续性的一元论方法论	二元论方法论
经验性的	较高的理性认知
注重活动	被动学习
注重主体性知识	注重客观知识
重视情感体验	注重理智
关注内在价值	关注外在价值
实验性的	文字性的

3. 克雷明的教育生态论

美国教育学家克雷明②在生态学方法上构建了他的教育理论,他认为教育是一个整体,在个人的整个生命周期中,在各种情况下、各种机构中发生。他假定,在各种教育的相互作用中,情境和制度的多样性是相互关联的,同时也与整个社会有关。这些关系可能是政治的、教学的或个人的,可能是互补的或矛盾的、协调的或不协调的。

克雷明与杜威的观点有一定的分歧。克雷明虽然承认杜威关于学校与社会二元对立的观点,但他认为杜威并没有解决二元理论两极对立的问题,而是成为了二元论两极对立的牺牲品。克雷明认为,除了学校之外,社会机构(如家庭、宗教机构、图书馆、博物馆、广播媒体等)也具有同等的教育价值,并认为这些机构通过对课程进行深思熟虑的、系统的教学来提供"有意性教育"。在这一点上,他并未低估学校教育作为一种教育手段的重要性,但也给予了许多其他教育场所适当的重视。

这种对校外场地重要性的看法得出了对准正规教育的定义,即准正规教育是教育的一个组成部分,它也可以是一种深思熟虑的、系统的、持续的努力,以传播、唤起或获得知识、态度、价值观、技能或情感,以及这种努力的任何其他结果。

4. 后现代背景下准正规教育意义彰显论

亚瑟和爱德华兹(Usher, R. & Edwards, R., 1994)指出,在后现代时期,后现代世界似乎没有可预测的秩序,并且呈现出一种非传统行为规范的趋势,也许接近混乱。这一观点是对经典的、等级分明的世界观的一种颠覆。文化边界是开放和可渗透的,高低文化标准之间的区别不明显(Giroux, H. A. 1993)③。由于其本质特征——碎片化、脆弱性和以太性——新时代引发了新的哲学问题(Bauman, Z. Postmodern Ethics. Blackwell, 1993),教育面临着发展生命意义和目的感、自我定义和真实身份感的严峻挑战。这种教

---

① 杜威.民主主义与教育[M].王承绪,译.北京:人民教育出版社,1990:349-355.
② Cremin, L.H. *Public education*[M]. New York: Basic Books, 1976.
③ Giroux, H. A. Living dangerously: Identity politics and the new cultural racism: Towards a critical pedagogy of representation. Cultural studies (Volume 7), 1993. 1-27.

育挑战与各个年龄段的人都有关系,特别是与正在发展心理过程的年轻人。

在此背景下,准正规教育的地位也在发生变化,可能成为教育的主导模式。首先,与正规教育相比,准正规教育因制度化程度较低,灵活性大,能够随着教育挑战的变化而变化,可以为青少年提供一个安全可靠的地方,让他们体验自由,体验走向独立和成年的步骤,而不必面对更为封闭的正规教育体系的惩罚。其次,在青少年时期,青少年经历了多方面的变化,必须应对许多发展任务,其中包括个性化、形成个人和社会认同,以及学会自主决定自己的未来。在此方面,准正规教育可以在很大程度上帮助青少年应付他们的生存环境,形成他们的个人身份。青少年在准正规社会情境中的经验使得他们具备处理多种领域或情景下的策略或方法,而这些通常是正规教育所无法提供的。比如,正如拉贝尔(LaBelle, T. J. 2000)所说,解决城市青年的失业问题是准正规教育的一个潜在领域,在这种情况下,教育性的救助工作者的目标就是创设一种积极的环境,其中包含一些积极的人物,这些人愿意为重建新的习惯和态度,帮助解决青少年生活中的重要人物,改变他们的生活样式和培养他们的责任感做出自己的努力。[①] 第三,青少年参加准正规教育活动是出于他们自己的自由选择,这种环境使他们能够找到表达自己自主发展方式的最佳方式。这种环境也会影响他们的世界观、习惯、个人责任以及他们生活的世界所特有的各种生活领域的感受。准正规教育具有自发性、即兴创作的倾向,以及更为对称和民主的人际关系,因此它的消费者享受归属感,因为它使他们的行为准则合法化,甚至那些接近冒险主义和冒险的行为准则。最重要的是,准正规教育鼓励参与者构建真实的体验,而不必担心周围环境的反应。

(五)少先队的准正规教育特质之具体表现

为说明这一点,可以用对比的方式进行说明(见表5-3):

表5-3 准正规教育与少先队教育的相似之处

	准正规教育的特质	少先队教育的相应特质
1.	多发生在正规教育机构以外	大多发生在正规教育机构以外,但一部分在学校之中
2.	活动的策划性与计划性灵活	少先队活动策划性与计划性灵活
3.	指向特定群体	指向6—14周岁的中国少年儿童
4.	注重成员的自愿性和自主性	注重少年儿童的自愿性和自主性
5.	群体本身是学习的资源	注重少先队组织本身即学习资源
6.	学习者中心取向	少年儿童为中心取向
7.	注重经验性学习和体验性学习	注重经验性学习和实践体验
8.	学习内容和结构灵活	学习内容和结构灵活
9.	以社区为实践基础,注重与社区建立关联	学校和社区均为学习的基础,注重与社区建立关联

---

① LaBelle, T. J. The changing nature of non-formal education in Latin America[J]. Comparative education, 2000, 36(1): 21-36.

从上表可以看出,少先队教育与准正规教育有许多相似或重合之处。下面,我们再将少先队教育与正规教育进行比较(见表5-4),或许就可以发现,少先队教育与正规教育的重合之处非常少:

	正 规 教 育	少 先 队 教 育
1.	多发生在正规教育机构中	一部分在学校之中,一部分在学校以外
2.	注重活动的策划与计划性	活动的计划性与非计划性的统一
3.	指向特定群体	指向6—14周岁的中国少年儿童
4.	控制性和结构性较强	控制性和结构性较弱
5.	学术性课程是主要学习资源	学术性课程不是主要学习资源
6.	学术性知识为中心	少年儿童政治思想意识发展为中心取向
7.	注重间接知识的学习	注重经验性学习和实践体验
8.	学习内容和结构严谨	学习内容和结构灵活,不严谨
9.	有严格的考试评估系统,有学历学位等资质证书	无严格的考试评估系统,不需要资质证书

表5-4 正规教育与少先队教育的比较

表5-3和5-4表明,少先队教育与正规教育的相似性较少,更多表现为差异性。从上述两个维度可以看出,少先队教育更具备准正规教育的特质,所以,在类属上,应当将它像童子军一样,归类于准正规教育,只有这样,我们对它的教育性质、理论基础、基本原则以及方式方法的定位才能够更加准确而科学。

将少先队教育纳入准正规教育的范畴,有许多优势,比如:

1. 它可以让我们认识到少先队应以校外为主要阵地,这有助于加强少年儿童与成年人的联系,并了解社会生活。少先队应注意在少年儿童和社区成年人之间建立教育性的关系,引导少年儿童关注社区,了解社区的特征,并教授他们与当地社会生活相适宜的文化传统以及相应的人际交往等实用技能。

2. 可引导少先队开展一些能够提升少年儿童实用技能的活动。这是因为社区生活不同于学校生活,真实的社区生活需要的生活技能包括急救、野营、应急准备、园艺、烹饪、汽车修理、手工艺品等等。

3. 可培养少年儿童的领导力。在非正规教育意义上的少先队活动需要为少年儿童提供自主策划、组织和实施的空间,这本身就会为少年儿童提供大量发展组织领导力的机会。例如,少先队可以让少年儿童学习"如何举行正式的见面会;如何在公共场所担任主持人,制定议程,组织其他人一起参与项目;如何在团队中处理人际关系问题;如何以民主的方式做事;如何应对权威的挑战;如何在保持朋友关系的同时行使权威等等"。

4. 可学习践行社区责任。少先队可让少年儿童参与社区项目,如为残疾人洗车,代购买生活物品,志愿服务繁忙的交通路口,或为社区消防安全绘制紧急逃生路线图等。

5. 可增加家庭对少年儿童的教育参与空间。少先队可让父母和其他家庭成员参与徽章技能的教学、项目工作,讨论道德准则的含义,帮助少年儿童解决担任领导职务的困难。

(六) 作为准正规教育,少先队教育的中国特色

中国少先队具备自身的一些独特性,或者可以说,少先队是具有强烈正规色彩的准正规教育,具体表现在:

1. 它是政党领导下的准正规教育

这主要体现在两方面。一方面,少先队的领导者是中国共产党,即这个准正规的教育组织的领导者是正规的,并委托中国共青团直接领导。这与世界上的准正规教育多以民间组织为领导有所不同,即便是童子军的领导者也只是国家某具体职能部门。另一方面,它的宗旨是为建设社会主义和共产主义培养预备队,是做中国共产党关于中国社会主义事业的建设者和接班人,具有国家取向性。

2. 它是组织体系建设比较完善的准正规教育

一般的准正规教育的最初宗旨是为了弥补正规教育的不足,其组织体制建设并不完善,与此不同,少先队教育是我国当代社会发展的自然产物,是中国特殊背景下形成的一种教育形式,在组织性、系统性方面都要比国际上的其他组织更强。纵向上,从全国到地方都设立了各级"少先队工作委员会"(简称"少工委")作为全国和地方少先队经常性工作的领导机构;几乎所有的学校都建立少先队大队,每个班级都成立中队,每个中队下设小队。横向上,各类社会组织人员也广泛参与到少先队的教育工作之中,表现在"少工委由共青团组织、教育部门、党政有关部门、群众团体、解放军、辅导员、中小学党组织书记(校长)、专家学者、社区和校外教育机构、社会组织、社会各界代表和少先队员代表组成"①。

3. 它是与学校教育有密切关联的准正规教育

一般的准正规教育并不发生在学校中,但少先队教育却有很大一部分活动发生在学校中,这体现在:第一,少先队教育的对象是年满6周岁—14周岁的青少年,与中国义务教育体制下的小学与初中教育中的学生具有极高的一致性,这也就意味着少先队教育与学校教育的对象是一致的,甚至教育者也是一致的,"学校少先队每个中队都配备中队辅导员,一般由班主任兼任,也可由其他教师兼任"。第二,为了加强少先队教育在整个义务教育体系中的重要性,《教育部关于加强中小学少先队活动的通知》(教基二[2012]3号)规定:"少先队活动要作为国家规定的必修的活动课,小学1年级至初中2年级每周安排1课时"。第三,学校教育和少先队教育领导的密切合作,体现在"省(自治区、直辖市)、市(地、州、盟)、县(市、区、旗)少工委全会选举产生本级少工委主任、常务副主任、副主任,由共青团和教育部门有关负责同志以及优秀辅导员、中小学书记(校长)代表等担任。县(市、区、旗)及以上少工委设挂职、兼职副主任。学校少工委由学校党政领导、大中队辅导员和志愿辅导员、家长代表以及少先队员代表等组成。"

---

① 共青团中央,教育部,全国少工委.中国少年先锋队组织工作条例(试行)[Z].2018-1-22.

以上只是根据现有教育体制和政策文件进行的分析。在现实中,由于学校教育的组织性、系统性强,体量大以及功能价值特殊,历来受到政府和社会各方面的重视。虽然少先队教育是由执政党中国共产党直接领导的少年儿童的教育形式,但因其是准正规教育,没有考核、没有证书,不需要太多的准入条件,常常会造成少先队教育独特性的模糊化、边缘化或被替代化。要改变这种状况,仅仅从体制上规定各类角色或制度是不够的,因为从本质上讲,少先队教育是一种准正规教育,它的主要特质应该是在校外开展、以社区为基地,由学生紧密联系社会开展形式灵活、真正有助于促进儿童成长的教育活动。

第二节 少先队教育与其他教育的关系

明确少先队教育的类属,也就明白了少先队教育的边界,如此,就可以更为清晰地理顺少先队教育与思想政治教育、学校教育、德育及其他组织教育的内在关系了。

一、少先队教育与思想政治教育的关系

少先队以政治性为根本属性,其教育内容和目标与思想政治教育之间有很大的关联,但二者在归属范畴上有本质区别。思想政治教育属于教育内容或教育任务的范畴,而少先队教育属于组织形式范畴,它是与学校教育、家庭教育和社会教育并列的教育形式,由教育主体(辅导员与少先队员)、教育内容、教育方式方法以及相应的制度体系等要素构成。因此,两者仅在教育内容或任务上有交叉,不是包含与被包含的关系。如果把少先队教育简单地归于思想政治教育的范畴,就会窄化少先队教育的其他功能。

二、少先队教育与学校教育的关系

少先队教育具有一定的组织性和计划性,学校教育也是有组织、有计划的教育形式,两者有共同之处,但少先队教育不拘泥于学校教育,两者有交叉,又有区别(如图5-4)。

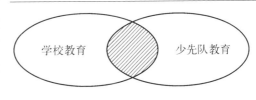

图 5-4

学校组织结构图中的少先队组织

共同之处在于两者在使命、目标与任务上是相同的,都要培养全面发展的少年儿童,都是培养有理想、有道德、有文化、有纪律的社会主义事业建设者和接班人。因此,开展少先队教育是中小学校义不容辞的光荣职责,学校有必要在发展规划中将少先队教育工作统筹纳入其中,进行同谋划,以实现同发展的目标。

当然,两者的重心是不同的,具体来说表现在以下方面。目标上,少先队以儿童思想政治意识和价值观发展作为基本目标,学校教育以学生综合素质发展为基本目标。方式上,学校教育以课堂教学为主要形式,辅以其他教育方式,其中包括少先队教育。少先队教育主要以活动为主,以少先队为基本单位,通过队的活动,提升队的育人

价值,课堂教学只是其辅助形式。

教育人员上,学校教育的主体是学科教师,少先队的教育人员既有教师、少先队辅导员,也有其他与少先队教育相关的人员,而且,少先队教育人员还包括一些社区工作人员,少年宫、少年科技站等社会性机构或组织中的人员,不拘泥于教师。

然而,到这里,我们还没有完全厘清两者的内在关系。根据2017年共青团中央、教育部以及全国少工委颁发的《少先队改革方案》,从学校组织的意义上,我们能够进一步认识少先队教育与学校教育的内在关系(如图5-5)。

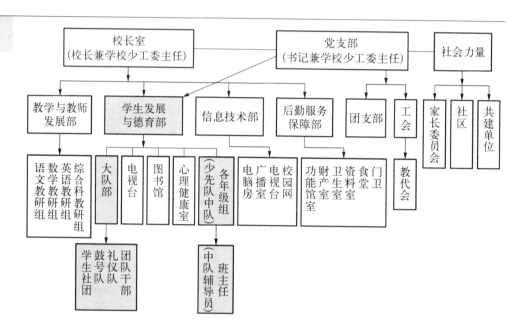

图5-5 少先队教育与学校教育的关系

常见的学校组织教育结构图中,少先队教育在学校教育中的地位比较高,学校校长和学校党支部书记直接兼任学校少先队工作委员会(简称"学校少工委")主任,直接领导少先队工作。在职能分工及部门归属上,学校少工委下设"少先队大队部",并与学校"学生发展与德育部"联合办公。通常情况下,德育内涵更宽泛一些,少先队教育被认为归属于学校德育工作,是学校德育工作的一部分。

三、少先队教育与德育的关系

少先队教育作为一种教育组织形式,因其教育内容偏重思想政治教育,如集体主义教育、爱国主义教育等等,与德育也就发生了一定的关系。

首先,少先队教育是道德教育的主要途径之一。在我国,道德教育不仅传授道德价值观,身心健康、政治思想、法治教育也是德育的重点。道德教育的主要方法是主题性——道德教育课程。随着学生教育水平的提高,课程内容也变得更加以政治为中心。除了课程外,晨会、班会、党组织(少先队、共青团)也是德育的主要途径。少先队教育是道德教育的主要途径之一,是以拥护中国共产党的执政目标为教育宗旨与内容的教育。

其次，德育的目标是培养"好孩子"，少先队教育是在培养"好孩子"的基础上培养"红孩子"。少先队教育更注重通过少先队教育培养学生的政治思想意识、对执政党的认同以及他们参政议政的能力等。少先队组织是具有鲜明政治属性的组织，其首要任务是教育、引导队员从小树立远大理想，树立正确的世界观、人生观和价值观。少先队要用共产主义的远大理想激励队员，用爱国主义、集体主义、社会主义的思想教育队员，引导队员胸怀远大志向，把正确的理想信念作为人生成长进步的动力。

最后，少先队教育有其独特而不可替代的方式方法。少先队是少年儿童组织，"组织"是这种教育的基本载体和方式，通常是以少先队的组织方式开展各类活动；同时，成为组织成员需要一定的仪式活动，从入队到离队，都需要通过一定的条件、仪式等进行。因此，少先队教育作为一种教育途径具有不可替代的价值。

当然，少先队教育虽具有自身的独特性，但不能割裂地处理其与德育的关系，需要将少先队教育融入德育的整体格局之中。如2004年《中共中央国务院关于进一步加强和改进未成年人思想道德建设的若干意见》第四点要求中提出："充分发挥共青团和少先队在未成年人思想道德建设中的重要作用"，具体要求是"把少先队工作纳入教育发展规划，把对少先队工作的指导、检查、考核纳入教育行政部门的督导、评估范畴。各级共青团组织和教育行政部门的有关负责同志要参与同级少先队工作委员会工作。中小学校党组织和行政部门要积极支持少先队开展活动，并选派优秀青年教师担任少先队辅导员，把少先队辅导员培训纳入师资培训体系。要建立和完善校外辅导员制度，选聘热心少先队工作、有责任心、有能力、有经验的人士担任校外志愿辅导员。少先队小干部要实行民主选举，定期轮流任职。共青团组织和教育、民政等部门要密切协作，积极推进社区少工委建设，扩大少先队工作的覆盖面"。

四、少先队教育与其他组织教育的关系

不可否认，少先队教育是一种组织教育，但它不同于公司、政府等组织开展的教育，后者的教育意在服从组织，产生最大化的工作效率或生产效率；少先队的组织教育是一种方式，意在通过组织团结和教育儿童，最终指向思想政治意识的发展（如图5-6）。

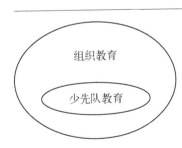

图5-6 少先队与其他组织教育的关系

少先队是中国共产党直接创建和领导的，并为培养少年儿童的思想政治意识而设。因此，少先队在某种程度上也是一种半政治性组织，即政治目的不是少先队的主要目标，也不必构成其大多数活动，但关键的要求是，政治目的不仅仅是通过寻求改变或维护其成员，或为其代表提供直接服务，还为了促进儿童形成"听党话，跟党走"的价值观，所以，少先队在运作方式上与其他政治组织有很多相同之处，也设有学校少先队代表大会制度，小学和初中学校每学年召开一次少先队代表大会（简称"少代会"），县（区）级少代会每三年召开一次，全国和省级、地市级少代会每五年召开一次。这些组织运行方式都类似于中国共产党的组织运行方式。

第三节 少先队教育的基本要求

一、应突出少先队的组织教育特征

正如学校教育教学的基本单位是班队一样,少先队教育的基本单位是中队,即中队是少先队的基层组织之一,一般以教学班为单位编成。《中国少年先锋队章程》(2005年)规定:"在学校、社区建立大队或中队,中队下设小队","中队由两个以上的小队组成,成立中队委员会,由3至7人组成。"

大队的一切工作都要依靠并通过中队贯彻实施;学校的一切教育、教学工作都要通过中队所在的班级进行;小队的工作与活动需经中队领导组织与发起。中队不动,全队难动;中队一动,全队皆动。中队是队员生活的基本单位,中队辅导员是队员的直接指导者,队员组织生活的质量首先取决于中队组织的发展状况。因此,如何充分发挥少先队中队的作用就显得非常重要而有意义。但传统上教师在学校教育中更注重班级活动,甚至将两者严重混淆,掩盖了少先队活动的特殊性。因此,这里首要要区分少先队中队与班级的关系。

(一)区分中队与班级的关系

由于少先队的组织发展方针是把"全体少年儿童组织起来",因此"全童入队"的根深深扎在学校土壤里。少先队中队一般建在班级里。中队组织建设最为重要的是针对易于发生的班队不分、以班代队的现象,强调少先队的"队味",坚持体现少先队组织特性,积极形成少先队中队文化。

少先队组织与班级存在于同一学生群体中,为什么有了班级还要有少先队组织呢?①

第一,组织属性不同。班级是学校教育教学的基本单位,它具有国民基础教育的最一般特点:全民性、基础性、普遍性。而少先队是中国共产党创立和领导的少年儿童群团组织,它既具有儿童性的最基本的组织属性,更具有政治性的最本质的属性。

第二,工作目标有区别。少先队与班级有着同样的教育目的,都是为了培养德、智、体、美全面发展的一代新人。但是就其具体目标来说,两者具有不同侧重点。班级就其形成来讲,是按照班级授课制的培养目标和教育规范组织起来的;就其教学组织的功能来说,主要是以完成课堂教学任务为目标;而从教育管理的功能来说,主要是实现建班育人,班级是学校实施养成教育、素质教育的基本单位。少先队组织就其教育目标来讲,其根本任务是通过各种教育活动,培养少年儿童有爱心,养成良好道德行为,培养国家意识、科学意识、劳动意识、审美意识,锻炼强健体魄,培养良好心理品质,更为重要的是培养党团队相衔接的组织意识,灌输培养对党和社会主义祖国相互之间的感情。少先队组织更侧重于思想引领及重要政治情感的培养。少先队中队是少先队对队员进行

---

① 以下几点借鉴华耀国少先队辅导员培训材料(未发表)。

思想意识教育的重要组织载体。

第三，工作内容不同。班级的建立是以共同的教学活动为出发点的，为了教学活动的正常进行，班级制定了一系列的规章制度，如课堂规则、学习纪律、学生守则、考试规则等，以此来加强班级日常管理工作；为了形成良好学风，提高教育质量，班级展开一系列的工作，如班集体的建设、家长工作等；为了实现教学目标，班级组织开展各种有意义的活动，如兴趣小组活动、校外活动，以促使儿童德、智、体、美全面发展。少先队以队章为依据，围绕少先队组织的根本任务，侧重思想意识的教育与培养，引导少先队员通过组织生活和集体活动，培养少年儿童的党团队相衔接的组织意识，进行政治启蒙和信仰启迪；围绕基本素养，开展丰富多彩的队活动；完成队组织交给的任务，提高儿童自我要求、自我监督、自我批评、自我调节和自我教育的能力。因此，班级和少先队虽然同属于一个群体，但它们是两个不同的组织，两者的工作内容和工作重点是有差异的。班级工作是以日常管理和教学活动为主要内容，而少先队组织主要是对少年儿童进行组织意识等思想意识教育。

第四，工作载体和方式不同。在班级中，班主任是组织者、教育者和指导者，学生是受教育者。班主任作为教育者，其工作手段一般是谈心、谈话、晨会、班会、班级管理等。在少先队组织里，少先队员是组织的主人，队员们根据自己的兴趣和要求组织各种生动有意义的活动，他们既是各项活动的积极参与者，又是各项活动的设计者和组织者。少先队辅导员主要辅导和帮助队委会开展工作、组织活动，少先队辅导员工作着重培养、发展少先队员自我教育的意识和能力。少先队教育的手段与载体弥漫在中队建设、中队教育的一切环节中，除了开展丰富多彩的活动，还包括建设和发挥少先队的教育阵地（中队队角、中队之窗、中队园地、黑板报、中队网页等）的教育影响，依托组织规范、组织礼仪、组织成员交往等少先队文化的潜移默化的影响。

（二）需坚持中队组织建设的少先队特征

中队与班级相比，其全童性与教育性是一样的，但其特殊性也十分明显：一是中队有比较完备的组织性、民主性、自治性；二是中队体现少先队组织从属党团领导的政治性；三是教育方式的独特性——少先队员的主体性、教育方式的活动性与实践性、组织文化影响的弥漫性，以及教育内容和教育力量广泛的社会性。班级和少先队组织因教育目标和教育内容的侧重点不同，两者所采用的教育方法侧重点也有所不同。班级教育采用的主要是以教师为主导、师生互动的教育方法，而少先队组织则更强调少先队员的自我教育，立足于自学、自理、自动、自律；班级教育多采用教育管理的方式，少先队更注重教育活动与文化感染。

因此，在实际工作中，一方面要坚持少先队组织儿童性的基本组织属性，牢固树立主体教育观与儿童观，积极发挥少先队在学校教育教学中的助手作用；另一方面又要坚持少先队组织政治性的本质组织属性，让少先队组织围绕少先队组织的根本任务，履行少先队组织职能，坚持相对独立性，充分重视中队建设，加强队组织建设，发展中队少先队文化，发挥少先队中队在教育引导少年儿童中的不可替代的作用。

当然，在处理两者的关系时，要将自上而下的、由班主任负责的行政性教育组织——班级,和自下而上的、由少年儿童自己学习当家作主的群团性自我教育组织——少先队中队,和谐有机地联结为一体,协调一致,真正达到学校教育和少先队教育的共同目的,把少年儿童培养成全面发展的一代新人。

二、需创新少先队教育的多种形式和途径

少先队的准正规教育特质赋予了其更多的灵活性、与时俱进和因地制宜开展教育活动的创新空间。它不像正规教育一般必须严格按照知识逻辑和学生认知逻辑的多重要求开展教育教学活动,而是主要是以活动为基础开展教育,有较大灵活性。因此,需要充分发挥少先队教育的这一优势,因时因地地创新少先队活动,使少年儿童真正喜爱少先队活动。下面,重点介绍三种少先队创新活动的品牌经验。

(一)红领巾假日小队

红领巾假日小队是在社区内组织并在双休日和假期开展活动的小队,其目的和宗旨是使少先队组织在校外、社区充分发挥作用,活跃少先队生活,全面提高少年儿童素质。

红领巾假日小队的编队原则是:人数宜少,就近就便,自愿组合,适当调配。小队组成人员以3人至5人左右为宜。组建一支以队员的家长为骨干的红领巾假日小队辅导员队伍,是搞好红领巾假日小队的关键。红领巾假日小队辅导员有两种,一种是固定的小队辅导员,每个小队一名,由大队或中队聘请,任期一年至两年,不轻易更换,保持稳定。另一种是一次性(一日)小队辅导员,由红领巾假日小队临时聘请,由队员家长或社区内有某种专长的人担任,辅导或监护一次红领巾假日小队活动。

红领巾假日小队以"五自"学习实践活动、"手拉手"互助活动等体验教育活动为中心开展活动,积极配合校内少先队的红领巾奖章争章活动。红领巾假日小队活动坚持小型、经常、多样、灵活、自主、贴近生活,不拘一格,充分利用社区和家庭教育资源等特点。

(二)留守少年儿童少先队小队

留守少年儿童是伴随我国城市化和工业化进程,在农村少年儿童中出现的一个特殊群体。针对留守少年儿童存在的问题,不少地区的农村学校少先队组织创新少先队组织与活动的内容和方式,建立了留守少年儿童少先队小队。

为此,一些地方的学校少先队大队认真调查登记本校的留守队员具体情况,以自然村或社区为单位,将居住在一起的留守队员编成若干个校外少先队留守小队,每个小队队员5名左右,民主推选队长、队干部,自主命名队名。学校大队部为每个小队聘请1名辅导员或志愿辅导员。留守小队辅导员可以从自然村或社区附近的在职教师中选聘,志愿辅导员可以从农村退休干部、退休教师、团干部和青年志愿者中选聘。辅导员的职责任务是:掌握本小队队员的家庭情况、学习情况和心理变化,认真记录,及时与家长沟通联系;引导队员因地制宜开展各种课余或假期小队活动;对留守小队活动进行指导;重点关注留守小队活动的安全性。

留守小队队员与农村教师、党团员、基层干部、青年志愿者结成"一帮一"对子。留

守小队组织队员开展每周打一个亲情电话、写一篇周记、读一本好书、每月寄一封家信、与辅导员谈一次心等活动，引导留守队员与父母、老师、亲友加强沟通，增进感情。开展丰富多彩的兴趣学习、志愿服务、参观考察等活动，引导留守少年儿童互帮互助、互相关爱、健康成长。

（三）网络少先队

当前，全球信息技术迅速发展，互联网对人类文化活动乃至社会生存方式都产生了不可估量的影响，人们与网络的联系也越来越密切，而且网络参与者的低龄化成为一大趋势。利用网络，发挥网络便捷、迅速、广泛的特点，拓展少先队组织建设活动已成为少先队组织建设创新的成功探索。不少地方创建了网络少先队。

目前，网络少先队有这样几种模式[①]：

1. 现实的小队组织利用网络进行沟通、联系，开展小队活动。如寒暑假时，不少地方的少先队建立网络小队进行假期联系，开展假期活动。

2. 跨地区利用网络建立虚拟组织。这类网络少先队的活动主要是进行网络层面的交流，利用网络的邮箱、QQ群、博客等进行联系，在网络上开展交往、学习、娱乐等各类活动。

3. 网络虚拟组织与现实组织相结合。即既有有形化的小队的组织形式，又利用网络的优势，跨地区广泛联络，形成合力和影响力。例如全国十佳少先队员袁日涉的"一张纸小队"（详见链接5-1），利用网络，联合了全国当选的数千支少先队小队、数十万少先队员，同时开展环保活动。由于网络的扩散性、广泛性、隐蔽性、边缘性的特点，又由于少年儿童的年龄特点，要特别重视对少年儿童的引导。

链接5-1

辅导员袁日涉创建的绿色生活先锋中队

在北京东城区灯市口小学，有一支绿色生活先锋中队，如今已经成立了整整三年，26名队员在这支中队里践行着绿色生活。说起中队创始人、中队辅导员袁日涉老师，她从小学一年级开始，就跟随老师和家长参与环保活动，大学期间，便开始独立组织植绿护绿志愿活动，如今致力绿色环保工作已经有18年了。袁老师在学生时代就曾荣获"全国十佳少先队员"、"中国十大杰出志愿者"等荣誉称号，成为一名中队辅导员之后，她便决心将自己的中队建设成"绿色生活先锋中队"，继续在学校里把绿色理念传递给更多孩子。

如何践行环保理念？袁日涉老师要求孩子们在日常生活中通过点滴小事养成环保习惯，比如每天中午，队员们坚持"光盘行动"，节约身边的每一粒米。参与学校组织的各类活动，连啦啦操比赛用的花球都是用自己家中废旧的垃圾袋制作而成。每位队员的家中还都设立了"绿色银行"，收集废纸、饮料瓶，为每年4月的"以废换绿"活动做好准备。

---

① 以下几点借鉴华耀国少先队辅导员培训材料（未发表）。

在少先队活动课上,袁日涉老师还带领队员们发起"以废换绿"、"爱心认养 添绿冬奥"主题活动。每年4月,队员们倡导"以废换绿"开展植树行动,用自己回收废品的收入捐种"'以废换绿'志愿者林",为北京的蓝天作一份贡献。几年来,雁栖湖畔、莲石湖边,都留下了孩子们的绿色足迹。

结合"以废换绿"活动,2018年年初,袁日涉老师又带领孩子们发起了"爱心认养 添绿冬奥"为主题的林木认养活动,倡议周边单位参与皇城遗址公园的树木认养,得到了周边十余家单位的响应,成为了北京市近年来最大规模的一次群众性树木认养活动。

在探究过程中,袁日涉给每个小分队确定了几个研究主题:社会对于通过认养树木履行植树义务这一方式的了解情况、林木种类有哪些、树木器官有哪些、林木养护工作的内容、制作一张皇城遗址公园林木认养图。五个小队自由选择其中一个感兴趣的问题进行了资料搜集、实地考察、访谈调研、问卷调查、数据分析等自主探究工作。

环保课题研究、走进植物园认识植物、带动家人注册志愿家庭、排演志愿者主题情景剧……袁日涉老师用各种孩子们喜闻乐见的方式,动员孩子们从小加入志愿活动,参与植绿护绿,培养他们的社会责任感。绿色生活先锋中队成立转眼就过去了三年,她也将继续把环保理念在孩子们中间传递下去。袁日涉说,还是希望从内心里把这些事情做真、做实、做久,而她也将继续以饱满的姿态迎接每一天的挑战:"青春、热血,有理想、有本领、有担当,这是新时代新青年该有的样子。"

北京青年报 2018 - 09 - 19

三、要注重红领巾小社团建设

(一) 红领巾小社团的主要特征

红领巾小社团是在少先队组织管理下,由少先队员自己组织、管理并定期开展活动的带有专业性,体现儿童的兴趣爱好的少先队群团组织。

1. 自主性强。红领巾小社团由队员自愿组建、自主管理、自己开展活动,充分发挥队员的自主精神,队员成长迅速,受到师生的欢迎和喜爱,普遍富有人气和号召力。

2. 社团特征明显。红领巾小社团以满足队员兴趣爱好、个性特长和共同需求为宗旨,是带有一定专业性的小群体。红领巾小社团有自己的小章程,明确社团成员必须遵守的规定、活动的内容和方式、宗旨和任务、社团的组织机构等,社团负责人由社团成员自己协商选举产生。

3. 专业特点突出。红领巾小社团根据本校、本地实际情况,根据不同年龄阶段少年儿童的特点组建,组织文学、艺术、科技、体育、劳动、服务、休闲、娱乐等各种类型的社团。各社团突出各自专业特点,开展独具特色的活动,设置显现特色的奖章,以激励队员不断达标、创优、超越。

4. 辅导有针对性。红领巾小社团聘请有专长的人士担任辅导员,有计划、有针对性地指导开展活动并展示成果。

5. 有影响力。社团可以建立在中队、年级、学校内,也可以在社区内。红领巾小社团得到学校、社区有关方面的支持。红领巾小社团一般是学校少先队的特色活动和品牌项目,在社会上有一定的知名度和影响力。

红领巾小社团形式多样,活动特色明显,注重队员素质培训,队员参与踊跃,社团活动的时间一般是在课余和假日。所以红领巾小社团是少先队基层组织创新的生长点,不仅能拓展少先队活动的途径,而且也是少先队工作的有效延伸。一个学校红领巾小社团组建的越多,这所学校少先队大队的生活就越丰富多彩、校园文化也必然越加繁荣。

红领巾小社团不仅是以满足兴趣爱好、培养素质特长为重点的活动组织,也是培养高尚道德、发展心智和创新素质的儿童团体,更是坚持少先队组织属性,发挥少先队组织作用,实现少先队组织根本任务的组织载体与实施路径。如:"红领巾爱心社"、"爱国主义教育基地讲解团"、"红领巾爱家乡小导游"、"红领巾小记者团"、"红领巾创造工程院"、"少年科学院"(详见链接5-2)、"小小孔子研究院"、"我能行俱乐部"、"红领巾合唱队"、"未来工程师之家"、"红领巾足球俱乐部"、"当当乒乓队"、"红领巾七彩光俱乐部"、"山里娃泥塑社"、"江南风剪纸社"等等。

链接5-2

少年科学院

少年科学院是在少先队组织规划指导下,模拟中国科学院的组织和活动形式组织起来的科技类社团,隶属大队委员会。它是学校少先队借助校内外科技教育资源,以培养未来公民科学素养为目标,以开展研究性科技活动为特征,以少先队员为服务对象的少先队科技教育的社团组织。

少年科学院建设要做到"五有"

(1) 有章程

少年科学院章程对少年科学院作用与任务的定位、组织机构、辅导员队伍、学员队伍、活动资源、考核奖励等几个方面内容作出规定。

(2) 有组织

少年科学院活动是少先队活动的一个品牌,因此在学校受大队部领导,成立以队员为主体的自主管理机构,设有"院长"、"副院长"、"所长"、"研究员"等职。

(3) 有基地

活动基地是少年科学院具体活动相对固定的场所。少年科学院根据学校自身优势和所在地区可以依靠的社会力量和资源,开辟活动基地。活动基地是少年科学院活动必不可少的物质条件,一般包括校内基地和校外基地。

> （4）有活动
>
> 内容丰富、形式多样、力所能及的研究性活动是少年科学院活动的核心。
>
> （5）有制度
>
> 制定并执行完善的管理制度是保证少年科学院活动良性发展的重要手段。少年科学院的管理制度一般包括少年科学院管理制度、科学院研究所活动制度、院长（所长）岗位责任制度、少年科学院奖励表彰制度、小研究生管理制度、指导教师管理制度、小课题研究管理制度等。

（二）需加强红领巾小社团的建设与管理

了解队员发展个性需要和组建社团的可行性，制定建立社团的规划。少先队要大力组建红领巾小社团，积极开展社团活动，不断拓展红领巾社团活动的新途径。少先队组织主要承担安排活动、提供支持、负责管理等职责。不同的红领巾小社团有不同的专业特点、不同的组织形式和生动的组织名称，应隶属于大队委员会下属的各个职能部门领导。各个职能部门指导制定完整的年度活动计划，每个月至少组织开展两次以上的活动，做好记录，支持并帮助队员自发管理。各类社团都要开展好活动，使队员在活动中感到快乐、感到满足。聘请有专长的教师、家长、专家、演员及社会热心人士担任社团的指导，提高红领巾小社团的活动水平。有计划、适时地让各社团通过文艺表演、作品展示、操作演示等多种形式向学校、家长、社会汇报活动成果，听取各方意见，努力扩大影响，争取各方支持、关心。表彰并奖励优秀红领巾小社团和社团优秀成员。

四、需注意优秀少先队集体建设

（一）优秀少先队集体的结构要素

科学界定团体、组织、群体、集体的特定概念十分重要。凡由于某种相同属性，以某种方式长期或临时、有形或无形地聚集联结在一起的人群都是群体。团体是比较稳定的、组织化了的群体；组织是团体的存在形式；而集体是团体或组织发展到高级阶段的形态。集体的要素主要是：集体的组织结构、集体的目标、集体的核心、集体的活动、集体的舆论及情感等。

优秀少先队集体的标准必须具备以下基本条件：有形象明确的集体奋斗目标；有坚强的骨干队伍；有丰富的集体活动；有良好的队风队貌；有健全的集体制度。

（二）队集体建设的一般方法[①]

1. 优化集体结构做到组织健全。要根据"队员自愿、集体互助互补、人数适当、居住相近、拥有骨干"的原则建好小队。要充分发挥队内民主，体现"优势互补"的原则，建好队委会。队委会要性别差异互补，个性结构优化，汇集多方面人才。

2. 提出规定明确的集体目标。集体目标要体现少年儿童个人发展目标与集体目标

---

① 以下几点借鉴华耀国少先队辅导员培训材料（未发表）。

相一致,要得到集体成员的认可。集体目标要有远期、中期、近期目标,要具体可操作,具有激励性。

3. 建立坚强的集体核心。从某种意义上讲,建立坚强的集体核心,也就是建设一支有较好素质的少先队小干部队伍。要在少先队集体中逐渐形成良好的民主气氛,健全民主选举队干部制度,让队员学习当家作主,使小干部队伍在队员中具有一定的威信,真正成为队集体的核心。

4. 开展丰富的活动。队组织要开展丰富多彩的集体活动,加速良好集体的形成。集体活动要注重发挥队员的主体积极性,增强活动的趣味性,增强活动的合作性,增强活动的多元性,满足队员成长的多方面需求,形成生动活泼的队集体。

5. 培养健康的集体舆论。在少先队集体中倡导一种集体生活的正气:好事大家夸奖,坏事大家抵制,大事大家评议,做到是非分明,生活民主,形成健康的集体行为规范。

6. 形成统一的集体纪律。全体队员用集体的规范来约束自己的行为,并内化为自己的符合集体生活准则的行为习惯,形成良好的集体生活风尚。建立起从纪律的建立、执行、监督到评估的一系列的运行机制,保证集体纪律的权威性和科学性。

7. 培养良好的情感生活和和谐的人际关系。一个好的集体要把所有的少年儿童的情绪都调动起来,努力培养少年开朗热情的性格,培养队员的乐群性。要真正坚持"面向每一个队员"的思想,不歧视任何一个队员,形成平等、和谐的人际关系,让队员充分感受温暖、民主、团结的气氛,培养善良、开阔、坦荡的胸怀。同时,要积极创设教育情境,提供实践机会,开展丰富多彩、寓情于景、以行增情的活动,逐步建立起良好的集体情感。

五、应把握少先队活动课的基本性质

少先队活动对于少先队组织而言,是少先队组织工作及教育的基本方式,是履行少先队组织职能、实现少先队组织根本任务的主要路径与方法。"活动是少先队的生命力之所在","没有活动就没有少先队"。少先队组织按照党的期望与要求,通过少先队活动传承党的思想与信仰,加强思想政治引领和价值引领。少先队活动是加强政治思想培养与道德建设、培养党的事业接班人的重要途径。

少先队活动对于少年儿童而言,可使少年儿童受到教育、陶冶情操、增长才干、健康成长;也有助于引导少年儿童力所能及地参与社会实践,促进社会化进程。丰富多彩的活动引导少年儿童了解社会,学会关心社会、参与社会生活,加速少年儿童社会化的进程。而且,少先队活动可满足少年儿童自我表现、自我实现、自我完善的需求以及少年儿童自尊、自立、自主的需求,促进他们的健康成长。

正因为少先队活动有如此多的价值,2013 年,我国中小学校每周都拿出一个课时以供开展少先队活动。为此,要充分把握少先队活动教育的如下几项要求:第一,坚持思想性。少先队活动要坚持体现少先队组织政治性的本质属性,突出思想政治引领,重在培养少年儿童的思想意识,致力于少年儿童早期的政治启蒙和信仰启迪,着力于少年儿童的党、团、队的组织意识衔接的教育,特别重要的是灌输培养少年儿童对党和社会主义祖国的朴素感情。第二,坚持实践性。少先队活动坚持体现实践体验的少先队教育理念,强调灌输教育与实践体验相统一,把开展丰富多彩的实践活动作为实施少先队活动课程的主要方式。第三,坚持社会性。少先队活动坚持体现少先队教育社会化的要求,综合运用课堂内外、校园内外教育资源,紧密联系社会生活实际,面向未来发展对少年儿童成长的要求,在学校及社会的大课堂中开展少先队活动。第四,坚持综合性。即少先队活动要综合利用校内外、课内外、少年儿童与成人世界等各种教育资源,综合采用显性、隐性等多种活动方式以及教育灌输、实践体验、文化熏陶等教育方法。

思考与练习

1. 少先队教育为什么是一种准正规教育? 它的中国特质是什么?
2. 如何理解少先队教育作为一种准正规教育的独特价值?
3. 少先队教育与思想政治教育、学校教育、德育等是什么关系?
4. 作为一种准正规教育,少先队教育应坚持的教育要求是什么?

延伸阅读

1. 布鲁巴赫.教育问题史[M].吴元训,主译.合肥:安徽教育出版社,1991:339.
2. 斐迪南·滕尼斯.共同体与社会[M].林荣远,译.北京:商务印书馆,1999.
3. 国家教委,共青团中央.国家教育委员会、共青团中央关于加强少年宫工作的意见[Z].1987-02-28.
4. 共青团中央,教育部,全国少工委.中国少年先锋队组织工作条例(试行)[Z].2018-1-22.
5. Adiseshiah, M. S. *Towards a Functional Learning Society*[M]. Tamil Nadu Board of Continuing Education, Madras, 1975:26.

第六章 少先队教育的价值、目的及制度

📖 内容梗概

1. 少先队教育的价值定位
2. 少先队教育目的
3. 少先队教育制度

📑 重要概念

组织意识　道德养成　政治启蒙　成长取向　少先队教育制度

📝 学习目标

1. 了解少先队教育价值取向的历史变迁；
2. 理解新时代少先队教育政治性的新内涵；
3. 理解并掌握少先队教育目的和培养目标的独特内涵；
4. 了解少先队教育的基本制度。

本章主要阐述了三个相关的核心问题：第一，少先队教育的价值取向，尤其是当代少先队教育的政治性内涵。第二，少先队教育的目的和培养目标上的独特内涵。第三，为实现这种价值与目标，相应的少先队教育所应制定的基本制度问题。通过本章学习，你能够认识少先队教育对于我国少年儿童教育的重要意义，并了解少先队教育的相关制度。

第一节　少先队教育的价值定位

人的社会活动是有意识、有目的和有方向性的，影响人活动方向的一个根本因素就是价值取向。价值取向可以被理解为一定意义上的价值标准，人们依据某种价值标准对某种价值有所意向，从而在行为上有所取向。少先队教育的价值取向则是在一定的社会条件下，少先队教育所表现出的价值倾向性，它直接影响了教育内容、教育目标和计划的选择与实施。

一、少先队教育价值取向之历史变迁

作为少年儿童组织，少先队的历史可追溯到新中国成立前的少年儿童革命组织。1922年，中国共产党所创建的第一个少年儿童革命组织——安源儿童团于轰轰烈烈的工人运动之中诞生，此后各地儿童团如雨后春笋般逐渐建立起来。

（一）革命性价值取向时期(20世纪20年代至新中国成立)

儿童团于革命斗争中应运而生，其教育目标、内容自然与战争形势紧密关联，"一切组织和教育工作，须立在阶级的和革命的观点上"①。在北伐战争时期，团中央公布《劳动童子团简章》，规定儿童团的口号是"准备着打倒帝国主义！准备着打倒军阀！准备着做全世界的主人！"；抗战时期，《西北抗日儿童团章程》中指出儿童团员的日常任务是："宣传大家打日本；侦察敌情捉汉奸；站岗放哨送书信；尊敬抗战官和兵；帮助抗属来做事；学习生产不稍停"；湘赣边区共产主义儿童团第一次代表大会所颁布的决议案中指出儿童团是"共青团的后备军，是现在革命过程中的助手，是造就将来革命健将的学校"。尽管随着战争形势的发展，儿童团组织的具体内容、形式和工作侧重点不断调整，但总体上，新中国成立前的儿童团组织被定位为革命队伍的辅助和后备力量，其主要任务是参与革命活动，培养儿童的集体主义和革命奉献精神，培养下一代革命者，帮助中国共产党取得革命胜利，具有鲜明的革命性和政治性价值取向。

（二）政治性价值主导时期(新中国成立至20世纪70年代末)

1949年新中国成立后，我国社会结构呈现出明显的总体性社会特征，即社会结构

---

① 共青团中央.儿童运动决议案[Z].1926-7.

分化很低,政治、经济和意识形态高度重叠。在这样一个价值共识高度整合的社会,无论是成人还是儿童,都主动以主人翁的姿态热情投身于社会改造和建设运动中。在此背景下,以革命斗争为主要任务的儿童团不复存在,立志于"团结教育全国少年儿童,培养他们成为爱祖国、爱人民、爱劳动、爱科学和爱护公共财物的新中国优秀儿女"①的中国少年儿童队成立了。此时的少先队教育与国家事业紧密相连,少先队员需积极投身于偏成人化的社会改造和建设运动中,在这种政治色彩鲜明的集体活动中习得自己的少先队员身份。这种经历很好地培养了少年儿童对国家、对党团队组织的责任感和归属感,也构成了他们政治认同的基础。1953 年 8 月 21 日,团中央颁布《关于"中国少年儿童队"改名为"中国少年先锋队"的说明》,指出"'先锋'是开辟道路的人,是为了人民的利益走在前面的人。"将"先锋"内涵赋予少先队,主要是为了教育少年儿童从小学习先锋,长大勇当先锋,意在将少先队作为培育优秀和先进少年儿童的组织。当时,为了体现少先队的"先锋"特征,形成你追我赶的参与氛围,各地少先队在吸收队员时采用"分批入队"方式,表现越好、积极性越高、学业越出色的孩子,越早被吸收进组织中,于是,能否尽早入队成为了少年儿童判断自身是否优秀的标志之一。这类似于"入门考验"②的入队形式加强了少年儿童对少先队组织的认同感,成为少先队教育中培养组织归属感和责任感的一种重要方式。

随着少先队教育中少年儿童自身的发展问题逐渐被人们所重视,许多少先队工作者和教育学者对少先队教育用成人化方式进行抽象政治思想教育的做法进行了批判,认为这是"把战争时期解放区办短期干部训练班中改造思想的一套做法,机械地搬用到长期教育的小学里和少年儿童中来","大大损害了少年儿童们的健康和活泼的天性,妨碍了少年儿童自由的成长和正常的发展"。③ 1958 年,共青团三届三中全会对《队章》用儿童语言表达做了修改,以突出少年儿童的主体地位。1965 年,为了体现少先队作为全体少年儿童的群团组织的性质,共青团九届二中全会作出"把全体少年儿童都组织起来"的方针,同年邓小平提出"不要使孩子入不了队","戴上红领巾就是教育"的号召,逐渐改变了以往择优入队、分批入队的方式,转向一种全面、普遍化的教育取向。1966 年至 1976 年,十年文化大革命时期,少先队教育处于停滞和消解状态。

总体而言,建国初期党和国家领导人为统一思想,齐心建国,引导国人在国家发展的关键时期要从大局出发,以国家、集体利益为上,因此少先队作为对少年儿童进行政治教育的重要阵地,主要任务就是尽最大力量培养少年儿童对党和国家的热爱与信任之情,培养一种自觉的忘我和对集体服从的精神。此时期的少先队教育表现出鲜明的时代特征、政治价值取向和集体主义取向,与国家发展需求紧密相连。至六十年代初期,少年儿童的自身发展和其在组织中的主体地位逐渐被重视,少先队教育的制度建设等不断完善,教育形式开始立足于儿童特点,采用知识学习与实践体验相结合的方式。

---

① 中国新民主主义青年团中央委员会.关于建立中国少年儿童队的决议[Z].1949-10-13.
② 埃利奥特·阿伦森.绝非偶然—社会心理学家阿伦森自传[M].沈捷,译.杭州:浙江人民出版社,2012:86-90.
③ 冯文彬.培养教育新的一代[N].云南政报,1950(03):154-155.

但整体上这一时期的少先队教育呈现出显著的国家、政治本位取向。

(三) 儿童性、教育性价值彰显时期(20世纪80年代至21世纪最初十年)

20世纪80年代,在改革开放带来的经济体制变革浪潮中,国家与社会之间的结构开始逐渐分化,国家对于社会的控制范围逐渐缩小,控制力度逐渐减弱,导致自由空间出现并不断扩大,一个具有相对自主性的社会逐渐形成①。社会结构的变迁必然会导致作为社会主体的"社会人"的价值变迁,社会的价值观逐渐出现多元化趋势。在行为和实践领域,受西方思潮影响强烈的诸如个人主义、自由主义等价值观逐渐被推崇。中国社会价值观出现了从整体价值观向整体价值观与个体价值观融合的变化趋势。②

社会结构及价值观的变迁使得少先队教育价值取向发生了新的转变。1984年,共青团中央和教育部于北京联合召开了中国少年先锋队代表会议,会上讨论了少年儿童工作的方向问题,强调了少年儿童学习社会主义以及自身创造发展的重要性。1990年,为了进一步体现时代要求,体现少先队员的自主精神,经少代会审议通过,《中国少年先锋队队章》修改为《中国少年先锋队章程》,章程明确规定少先队的基本任务是"团结教育少年儿童,听党的话,爱祖国、爱人民、爱劳动、爱科学、爱护公共财务,努力学习,锻炼身体,培养能力,立志为建设社会主义的现代化强国贡献力量,做共产主义的接班人。维护少年儿童的正当权益。"少先队的性质是"中国少年儿童的群团组织,是少年儿童学习共产主义的学校,是建设社会主义和共产主义的预备队"。此时的少先队教育,在教育内容上,政治色彩减弱,开始以少先队员的思想品德教育为主,当然,"以爱国主义为起点的共产主义思想教育,以学英模为主要内容的革命传统教育,以'人民利益高于一切'为准则的集体主义品德教育"③仍是少先队教育的重心;在教育形式上,一改以往成人化政治思想教育的做法,开始根据少先队员的年龄和思想特点,采用少年儿童喜闻乐见的方式来进行教育,活动形式的设计更加有趣活泼,"雏鹰争章"、"红领巾手拉手"、"星星火炬"、"动感中队"等兼顾少年儿童心理年龄特征和少先队教育目标的活动争相出现;在教育理念上,重视少先队员的主体性,各地的少先队工作者开始更多地思考如何培养自主能动的人。

由此可见,改革开放后社会结构的变化带来了整个社会文化背景的转变,市场经济的发展和"去依附性"生存的环境要求个体充分的自我开发、自我规划和自我实现④,越来越多的人开始寻求个人取向与社会取向的平衡,自我发展的价值观越来越多地受到公众和舆论的偏爱。在此社会背景下,少先队教育的重心也随之发生了变化,逐渐转向弱政治性、强教育性、弱集体、强个人、弱成人性、强儿童性,开始注重少年儿童的全面发展,培养少年儿童的主动性和自主精神,少先队教育价值取向逐渐由国家、政治本位转向儿童本位。

---

① 孙立平,王汉生,王思斌,等.改革以来中国社会结构的变迁[J].中国社会科学,1994(02):47-62.
② 廖小平,成海鹰.改革开放以来中国社会的价值观变迁[J].湖南师范大学社会科学学报,2005,34(06):12-16.
③ 全国少工委.关于在全国少先队员中进一步加强共产主义教育的意见[Z].1986-3-20.
④ 卜玉华.回溯与展望:中国中小学教师发展的世纪转型[M].济南:山东教育出版社,2007:232.

20世纪末，中国基础教育进行了大规模的素质教育改革，少先队教育也进行了相应的改革和重心调整，提出了以素质教育为目标，以能力训练为重点，以实践活动为途径的新的工作思路①。《关于进一步加强少先队工作的意见》《关于进一步加强和改进未成年人思想道德建设的若干意见》等重要文件均强调了少先队教育在素质教育，尤其在思想道德建设中所发挥的重要作用，并提出将少先队工作纳入基础教育发展的总体格局，逐渐形成了"团教一体化"的格局。

（四）政治性与教育性价值兼融时期（2010年至今）

自21世纪第二个十年始，在步入新的历史发展阶段之际，为了回应时代挑战和突破发展困境，少先队教育进行了一系列富有创新性的改革，在价值判断上整体呈现出一种兼融倾向。

2013年2月，全国少工委颁发了《关于推进少先队活动课程建设的通知》，要求少先队活动作为国家规定的必修活动课要列入中小学课表，保证每周1课时，确保其不被挤占和挪用。2015年，全国少工委下发《少先队活动课程指导纲要》（试行），将政治性和儿童性定义为少先队教育的根本性质，其中政治性体现为少年儿童理想信念的教育、社会主义核心价值观的学习、对党和国家朴素感情的培养等，而儿童性则体现于尊重少年儿童的主体地位，培养少年儿童自主和创造精神等。2017年，团中央、教育部和全国少工委联合颁发《少先队改革方案》，总结了当前少先队教育中"少先队员的光荣感和组织归属感不强，辅导员队伍专业化程度不够，少先队组织的吸引力、凝聚力和影响力不够"等主要问题，要求在"坚持少先队作为中国特色社会主义事业战略预备队的基本定位和促进少年儿童全面发展的工作主线"的前提下，实现"立德树人的根本任务"，"服务少年儿童快乐生活、全面发展、健康成长"②。2018年又发布《中国少年先锋队组织工作条例（试行）》，提出新时代的少先队教育"要突出特性"，"与学校教育的特色差异化发展"，强调了少先队教育在思想引领和政治启蒙教育上所具有的独特价值和作用。此后与少先队工作相关的一些重要文件和讲话对少先队教育"立德树人"的根本目标做出了解读，即立德树人不仅要关注少年儿童的道德教育，还要将政治启蒙和价值教育放在首位，这是少先队教育的"主责主业"③。

总体上，进入新时代后，少先队教育的价值定位呈现出一种兼融倾向，具体表现为兼采儿童本位关注少年儿童作为自然主体的自主发展需求与国家、政治本位强调少先队的政治性及其在少年儿童思想意识教育中关键作用的理念。很难判断二者孰轻孰重，因为少年儿童是少先队教育的主体，儿童本位取向关注少年儿童的主动发展和生命成长，政治启蒙和价值教育则是少先队教育的核心目标之一，这与少先队的基本性质和任务相关。如何在具体的少先队教育活动中实现政治性、儿童性和教育性的统一，是当前少先队教育探索和发展的主要方向。

---

① 中国少年先锋队全国工作委员会，中国少年先锋队工作学会主编.中国少年先锋队大全[M].北京：中国少年儿童出版社，2005：240.
② 中青联发.关于印发《少先队改革方案》的通知[Z].2017-2-22.
③ 吴刚.在全国少工委七届五次全会上的总结讲话[Z].2019-10-15.

二、新时代少先队教育的政治性价值

（一）少先队教育的新时代背景

新世纪以来的中国社会进入了更为深刻的转型变革时期，少年儿童的生存背景也随之发生了极大的变化，给少先队教育带来了新的挑战。

首先是信息化时代价值多元化的挑战。信息的传递不再受地理空间的限制，信息传播速度空前加快，少年儿童们的视野更加开阔，接收的刺激和面临的选择也更多。多元化发展的社会样态意味着人们的价值判断、价值取向和价值行为不再受某一种主流价值影响，而是在承认不同思想、观念、价值和学说合法性的基础上倡导主流。这种价值多元化的过程既包括价值融合，也存在价值冲突。冲突导致传统的价值观念遭到质疑，新的价值观念又尚未成形，在新旧交替之时，少年儿童的价值标准逐渐变得模糊，社会责任感日趋淡薄，其精神和理想世界也易陷入困惑和迷茫状态。所有这些时代特有的社会文化环境构成了少年儿童发展的生存土壤，也昭示着作为全体少年儿童组织的少先队教育所面临的时代挑战和使命。

其次是基础教育强势发展对少先队教育独特性的挤压。依托素质教育的大框架、团教共同管理的形式，虽然有助于构成少先队工作的整体合力，但在某种程度上也模糊了少先队教育与学校教育、德育的边界，少先队教育的独立性和独特价值逐渐减弱，导致在具体实践中部分少先队教育者将少先队定义为学校教育或德育的辅助手段，更多关注少先队教育的道德教育作用，而忽略少先队教育的政治价值取向的情况出现。而随着新课改出现的形式多样的实践活动课程，如"特色课程"、"社团活动"等，也弱化了少先队教育实践育人的独特作用，替代了少先队活动在少年儿童日常生活中的分量。

这些现状构成了当代少先队教育发展的困境，当下少先队教育不仅要回应新时代对其使命和定位再清晰的急切需求，还需要突破现实发展的困境，思考"如何在新时代发挥少先队的独特教育价值，培养我们的未来一代，使其能够承担起国家和社会接班人的责任"的关键问题。

（二）中国社会政治内涵的当代变化

整体上，少先队教育发展的时间跨越了半个多世纪，在中国共产党的运行体系中，少先队培育少年儿童价值观的独特功能与教育价值始终没有改变，但少先队教育属性的具体内涵却发生了改变，虽然同样强调少先队的政治性，但在不同历史时期的政治性内涵不同，如在新中国成立前，少先队教育的政治性主要体现在革命性上，政治对象指向帝国主义与封建主义。新中国成立后至20世纪80年代前，政治性主要体现在阶级斗争上。20世纪80年代以后，少先队的政治性体现在维护中国共产党的领导，"听党话，跟党走"，以斗争为取向的政治性被弱化，中国所处的国际环境开始纳入视野，爱国主义教育和社会主义核心价值观教育等成为体现政治性的主要内容。

由此可见，少先队教育政治性的当代内涵需要从中国社会政治内涵变迁的宏大背景出发进行理解。近百年来，我国社会的政治重心在发生着不断的转移。建国以来，我国现实生活经历了政权政治、生产力政治到民生政治不断发展演进且日趋完善的进程。

所谓政权政治,是将夺取政权和巩固政权作为一个政党或国家政治生活中的最核心、最主要的任务。在无产阶级革命时期,如何通过暴力手段夺取政权,成为无产阶级及其政党奋斗的主要目标,也成为革命党的首要行动纲领。在无产阶级政党看来,政治就意味着夺取政权,最大的政治就是国家政权问题。社会主义国家建立以后,在过渡时期,国家仍面临着艰巨的巩固政权的任务,政治意味着巩固政权,肃清反革命。在革命和过渡时期,围绕着夺取和巩固国家政权的阶级矛盾和阶级斗争是政治的最大体现。所谓生产力政治,或称经济政治,是指随着过渡时期结束,大规模的阶级斗争已经结束,国家进入和平建设时期,阶级矛盾虽然没有消失,并有可能在一定条件下激发,但就总体来说,已经不是社会的主要矛盾,社会的主要矛盾体现为人民群众日益增长的经济文化需求同落后的社会生产力之间的矛盾,生产关系、社会制度的变更以及由此带来的阶级矛盾让位于生产力发展的矛盾,因此,进行经济建设,发展生产,解决这种矛盾便成为最大的政治任务。① 所谓民生政治,就是把与广大民众现实生活密切相关的社会问题的解决和建设提升到政治的高度予以关注和解决,并作为各级党政干部执政为民的重要内容。党的十七大报告指出,改善民生是社会建设的重点,强调从政治的高度来关注民生问题有利于推动全社会关注社会建设,关注直接的人民生活水平的改善,也有利于推动建设和谐社会。从政权政治向民生政治的转换,是合乎中国社会发展的历史规律的。20世纪上半叶,在救亡图存的历史浪潮中,中国共产党领导人民通过新民主主义革命和社会主义改造,最终建立了社会主义共和国,开启了中国现代化建设的新征程。人民主权的政治制度架构,为民生问题的根本解决提供了制度基础;宪法对公民社会权利的确认,为民生保障和改善提供了法律依据。在现代化建设中,中国在经济建设上取得的巨大成就,为人民生存条件和生活质量的改善奠定了坚实基础,14亿中国人的温饱问题得到根本解决,全面建成小康社会指日可待,中国社会正在从生存型社会迈向发展型社会,在此过程中,民生问题受到了公共政策的关怀。从"发展成果为人民共享"到"人民对美好生活的向往就是我们的奋斗目标",中国政治发展的民生战略日渐清晰。

英国著名社会理论家和社会学家安东尼·吉登斯(Anthony Giddens)关于解放政治和生活政治的观点有助于我们理解这一点。

什么是解放政治?吉登斯将"解放政治"定义为"一种力图将个体和群体从其生活机遇由不良影响的束缚中解放出来的一种观点。解放政治包含了两个主要的因素,一个是力图打破过去的枷锁,因而也是一种面向未来的改造态度,另一个是力图克服某些个人或群体支配另一些个人或群体的非合法性统治"②。可见,解放政治是在特定时代背景下,对宗教、特权、制度等固有权势束缚和压抑人性的一种批判,以及对理性和人性的一种呼吁与追求。"解放政治的产生、发展自始至终都体现出它是一种基于合法性增长的政治"③。解放政治的理念存在着一定的矛盾和局限性,它过于追求个体的自由、

---

① 田新文.民生政治:理解政治生活变化的新视角[J].社会主义研究,2008(04):106-110.
② 安东尼·吉登斯.现代性与自我认同:现代晚期的自我与社会[M].赵旭东,方文,译.北京:三联书店,1998:248.
③ 张敏,王俊拴.解放政治、生活政治、抑或民生政治?——"合法性"视域下核心政治的逻辑演进[J].武汉理工大学学报(社会科学版),2015,28(03):479-483.

自主行为的能力和权利,而忽略了个体的责任和义务,也不关注解放后如何进一步实现社会团结。这导致随着全球化和解传统化时代的到来,解放政治的理念无力应对和解释社会生活中的新变化。为了满足新时代公众的合法性需求,吉登斯认为解放政治需要向生活政治转变。不同于解放政治只关注宏观解放,生活政治以关注生活为核心决策,所关注的是后传统时代在自我实现过程中所引发的政治问题,更符合个体在自我、情感、内在等层面的微观解放的需求,也更能够吸引民众对政治的认同。从本质上看,这是一种选择的政治,它意味着在不同的生活方式的主张之间做出决定,随着传统控制的逐渐丧失和新的秩序尚未出现这一特殊时期的到来,人们面临的是一系列的冲突,个体必须作出多样性的选择。生活政治中的"选择"不仅仅是个体的,也是集体的,较之解放政治,体现的是一种更全面的"人的解放"。此外,高度现代性的社会背景中,自我认同成为重要的时代问题,而生活政治也是一种认同政治,因为它"认为个体的自我认同最终取决于他自己对生活方式所作出的选择,并将此纳入自己的研究范畴"[①],是一种强调生活方式的政治。

(三)少先队教育政治性的新内涵

根据吉登斯的这一观念,显然,少先队教育的政治性内涵也随着中国社会政治内涵发生着从解放政治向生活政治取向的转变,这一转变从20世纪80年代以来便有所显现。改革开放以来,少先队建设开始注重如下几方面:

一是注重民主性。在全球化、现代化与民主化的大时代背景下,国家认同与政治认同必须以民主为基本前提。亚里士多德认为,人是天生的政治动物,必须过政治生活。从这个逻辑出发,人们在政治生活中所形成的国家认同,是人们现实存在必不可少的心理与精神要素。[②] 与国家和人民一体、国家决定人的现实存在的古代国家不同,现代国家以人的独立存在为基础,人民与国家是二元的,人民成为了主体。这也意味着现代国家认同的需求源于个体的独立和自主,人民对国家的认同实际上等同于人民对自身的认同,因此现代国家认同的现实政治基础就是民主。中国共产党以建设中国特色社会主义为社会理想,这也就意味着要以民主为基本的价值取向。中国共产党把少先队比作"少年儿童学习中国特色社会主义和共产主义的学校",这个陈述所蕴含的命题是少年儿童与国家的基本关系,希望少年儿童能够理解并认同中国是特色社会主义的国家。同时,这个命题也指明了少先队教育价值取向中民主的基础性和重要性。改革开放后,少先队教育通过指导和支持少年儿童在队组织的集体生活中学会当家作主,通过组织民主生活来实施活动民主和教育民主,培养少先队员自治自理、自律自强和社会参与、社会服务的能力。比如,少代会是少先队员在组织中当家作主的最高组织形式,也是少先队员的最高权力机构。少先队从学校大队,到区、县、省市乃至全国,层层定期召开少先队代表大会,这是中国少先队主体的新发展,其特征是发扬队的民主,让孩子们在自己的组织里学习当家作主,行使小公民享有的民主权利。

[①] 张敏,王俊拴.解放政治、生活政治、抑或民生政治?——"合法性"视域下核心政治的逻辑演进[J].武汉理工大学学报(社会科学版),2015,28(03):479-483.
[②] 林尚立.现代国家认同建构的政治逻辑[J].中国社会科学,2013(08):22-46+204-205.

二是注重平等参与性。少先队干部是少先队组织中的重要角色,有助于培养儿童的策划、组织、实施、协调、沟通的能力,也有助于培养儿童的团结协作精神等,历来为教师和家长所重视,也为少年儿童自己所期待。为此,20世纪90年代以来,上海、北京等地便尝试按民主集中制的原则,让有能力、有愿望、有群众基础的队干部实施轮换上岗制:即每届队干部换届时采取竞聘上岗的民主集中制度原则,由每个少先队直选、普选自己的领导人,这是少年儿童民主意识和民主政治能力养成的重要途径,也是他们将来走向民主社会建设的重要人生经验。

三是注重社会参与能力和少先队员的奉献与服务精神。社会参与能力是少年儿童有意识地以社会成员之一的身份,积极承担和完成社会公共责任与义务的能力。社会实践活动可以帮助学生逐渐习惯以社会成员身份参与公共事务的行为方式,并在实际参与中不断清晰个体与集体、社会间的关系认同,以不断提高权责意识和社会参与能力。调研活动是另一种重要的社会参与活动,社会调研强调学生的问题解决能力,最常见的方式就是对社会现象提出"为什么"的疑问。自改革开放以来,少先队教育中的社会实践和调研活动形式逐渐多样化,既包括志愿者公益活动、社区服务活动、实践体验活动等通过正式途径组织参与的内容,也包括非正式途径的、自发的社会自组织活动,如寒暑假中小队社会实践活动、"大手牵小手"、关爱社区老人等;主题愈加丰富,不限于当前社会的现实问题,也关注人口、地理、环境、自然资源等论题。这有效增加了少年儿童个体与社会间的互动和联系,也培养了少先队员的奉献与服务精神,使其学会关心弱者、关爱自然、关爱社会公益等。在少先队社会实践和调研活动中,少年儿童从自身开始,关注周边的公共事务,将自我置身于班级、学校、社区及更大的公共生活空间之中,从而建立起自我与他人、社会间的紧密关系和权责意识,而不是陌生和冷漠地封闭自我。

四是爱国主义与传统文化教育。作为国家或民族群体中的一员,我们拥有着共同的历史、民族意识和命运、价值、信仰。爱国主义与传统文化教育可以帮助我们理解自身,不论是作为个人,还是作为群体中的一员,能够帮助少年儿童树立看待问题的不同文化视角,将个体自身与国家乃至世界的其他人联系在一起。不同于20世纪初期和新中国成立初期解放政治思维对中国传统文化基本上持否定的态度,自20世纪90年代以来,少先队教育便注重引导少年儿童的民族精神和爱国主义情怀,提倡把优良的中国传统文化作为重要的教育内容。2014年教育部颁布的《完善中华优秀传统文化教育指导纲要》提出,"加强中华优秀传统文化校园教育活动,依托少先队等开展形式多样、丰富多彩的活动,着力增强中华优秀传统文化教育的多元支撑"。可见少先队是传统文化教育的重要途径。传统文化教育是少年儿童了解国家和民族历史文化的重要来源,对少年儿童家国情怀、朴素爱国主义和民族精神的养成有着重要的促进意义,"红领巾心向党"、"红领巾相约中国梦"、"争当美德小达人"、"优秀传统文化在我身边"等均是当代少先队教育以爱国主义和传统文化教育为主的特色主题活动。

以上诸多事实说明,我国少先队教育的政治性内涵已经出现了从解放政治向生活政治的转向。当然,根据吉登斯的观点,少先队教育在培养少年儿童的自我反思、选择和政治认同等方面,尚没有给予充分重视,这或许是由于我国社会文化传统与政治制度不同于西方,我们不能以吉登斯或西方的政治内涵为参考系去衡量我国少先队教育的政治性之发挥状态。

第二节 少先队教育的目的

一、少先队教育目的及基本内涵

目的通常指人预先设想的行为目标和结果。人的实践活动以目的为依据,目的贯穿于实践活动的始终。教育作为人类特殊的实践活动,同样具有目的性。广义的教育目的一般是指人们对受教育者的期望,即人们希望受教育者通过教育在身心诸方面发生些什么变化,或者产生怎样的结果。国家、政党、民众、家长、学校和教师等都可以提出这样或那样的期待,这些期望都可以理解为广义的教育目的。狭义的教育目的则指国家对把受教育者培养为何种人才的总要求,是通过教育过程在受教育者身上所达到的社会所期望的结果。

因主体不同,教育目的又分为不同的层次,从而形成一定的层次结构。教育目的主要指国家、政党或理论学者对受教育者应该被培育为何种人才的总体要求和描述。培养目标是指各级各类学校或其他校外教育机构(如少年宫、青少年活动中心等)根据教育目的,对受教育者身心发展所提出的具体要求。课程目标指课程本身要实现的具体目标和意图。教学目标则是受教育者在具体教学活动中所达到的预期结果。教育目的、培养目标、课程目标和教学目标构成了教育目的的基本层次,四者间既有联系又有区别:教育目的与培养目标之间是普遍与特殊的关系,教育目的针对所有受教育者,而培养目标针对特定的教育对象;培育目标建立于教育目的的基础之上,是教育目的的具体体现。课程和教学目标是教育目的和培养目标在教学活动中的具体化。

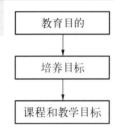

图 6-1 教育目的的基本层次结构

少先队教育面向全体少年儿童,是中国少年儿童教育和特色社会主义教育事业的重要组成部分。因此其教育目的既要体现我国少年儿童教育的一般性目的,即实现少年儿童"在品德、智力、体质等方面全面发展","培养有理想、有道德、有文化、有纪律的社会主义建设者和接班人"(《中华人民共和国义务教育法》,2018年修订);还要凸显作为政治组织和群团组织的特殊属性和教育目的,即"团结教育少年儿童,听党的话,爱祖国、爱人民、爱劳动、爱科学、爱社会主义,学习和实践社会主义核心价值观,树立远大理想,培养优良品德,勤奋学习知识,锻炼强健体魄,培养劳动精神,立志为建设中国特色社会主义现代化强国贡献力量,努力成长为社会主义现代化建设需要的合格人才,成长为能够担当民族复兴大任的时代新人,做共产主义事业的接班人"以及"维护少年儿童的正当权益"(《中国少年先锋队章程》,2020年)。从具体内容上看,少先队教育的核心任务是培养德智体美全面发展的社会主义建设者和接班人,此外还指向少年儿童的思想政治教育、正确价值观的树立和对少年儿童的权益保护。

二、少先队教育的课程目标

2015年,全国少工委发布《少先队活动课程指导纲要(试行)》(下文简称《课程纲要》),将少先队教育的课程目标界定为组织意识、道德养成、政治启蒙和成长取向四个方面。根据《课程纲要》的界定,结合少先队教育的当代内涵,我们可以对少先队教育的课程目标所涉及的四个方面作如下解读:

(一) 组织意识教育

组织意识是组织成员在共同生活中形成的对组织的一种认同和精神联结,表现为组织成员对组织的认知、情感和行为倾向反应等。组织意识既是组织认同的基础,也是具体表现。组织意识的建构主要通过借助仪式符号形塑共同在场氛围以增进成员与组织间的情感链接、宣扬组织共同的价值观念和健全制度文化建设以达到成员价值观念的认同的方式来进行。

少先队是少年儿童的群众性组织,具有良好的组织意识教育环境。在组织中,儿童会表现出适应、社会化、社会控制或社会冲突以及沟通等各种行为,并通过这种体验来学习适应社会;在组织中,少年儿童也逐渐认识到个人与集体之间的关系。通过对《少先队章程》、少先队性质和历史、少先队员权利义务等组织知识的学习,参加由特有礼仪、符号综合而成的系统的组织活动(如入队离队、大中队建队授旗、少先队检阅仪式等),自主参与队干部选举、中小队建设等组织制度建设等,能够促使少先队员理解并认同自己的组织身份,自觉遵守纪律和履行义务,并随着年龄的增长逐步增强光荣感和组织荣誉感。

(二) 道德养成教育

道德养成教育指通过多种教育方法和途径,根据一定的道德规范、行为准则,培养少年儿童的道德品质和行为习惯,帮助少年儿童树立正确的世界观、价值观和道德观的教育。

2017年颁发的《共青团中央改革方案》和《少先队改革方案》中均强调将"立德树人"作为少先队教育的重要目标。此处的"德"有多方面的内涵,一是指个体的道德品质和能力。道德品质和能力是个体在道德行为中所体现出的一种稳定倾向,使个体能够迅速把握复杂的道德要求和情境并直觉地做出某种道德决定,而这种决定也经得起日后的自我评价。[①] 二是理想信念、人格和价值观教育。理想信念是个体形成健全人格、稳定的精神世界和正确价值观的根基,也是社会纽带和共同体形成不可或缺的必要条件。人格是个体思维、情感和行为的特征性模式及其背后的心理机制,是个体独特而持久的特征,影响个体在不同情境中的具体行为。健康人格的养成离不开少先队对少年儿童的心灵和品格教育、良好的人际交往和行为习惯的培养。在中国,少先队教育承担了主要的理想信念、人格和价值观教育的任务,是传授国家主流价值的重要渠道,熟悉并遵循社会的普遍价值观念是少年儿童未来参与社会生活的基础。三是法制意识和社会规范。少先队教育的主体是6—14岁的少年儿童,正是个体社会

---

① 格奥尔格·林德著.怎样教授道德才有效[M].杨韶刚,陈金凤,康蕾,译.北京:中国轻工业出版社,2018: 24.

化的重要年龄阶段。法制及社会规范知识教育涉及个体在社会生活中应该遵守的基本法律常识和规范,如遵守公共秩序、爱护公共财物、遵守公德等,法制及社会规范知识的教育能够约束和指导少年儿童的行为,让他们知道什么可做、什么不可做、应该怎么做等问题。

(三) 政治启蒙教育

少先队组织是少年儿童政治社会化的重要场所。少先队教育具有政治性特征,这是党建队的根本目的决定的,因此其具有培养少先队员对党团的信任与向往、树立爱国主义和民族精神等政治启蒙和意识形态教育的目标指向。

少先队教育的政治启蒙一方面体现于对少年儿童政治文化及情感的培养中,《中国少年先锋队章程》中对少先队创立者和领导者、性质及目的的规定,少先队特有的仪式符号和制度,具有明确价值取向的主题活动等,无一不体现着鲜明的政治文化内涵。这种政治文化的传播和渲染,逐步培养了少年儿童对党、国家和民族的朴素情感,引导其将个人理想和情感与国家和民族发展联系在一起,为其成长后树立正确的政治意识和态度奠定基础。另一方面则指向少年儿童的民主意识培养,其目的在于使少年儿童以一种自主的精神状态参与公共生活。通过一些民主活动,如队建设、队干部竞选、少先队代表大会等,让少年儿童熟知包括商议、投票和选举在内的基本的民主生活,是少先队民主意识培养的主要方式。

(四) 成长取向教育

少先队教育的成长取向所关注的是少先队员作为"具体个人"的目标维度。从少先队教育的特殊性出发,它的目标定位主要体现在:

第一,品格训练。即少先队员通过参与少先队各类活动,让少先队员独立策划和参与活动,接受活动中的各类挑战,并学会自主地解决问题,从而锻炼其独立性与接受各类挑战的意志品质。

第二,独立性与领导力培养。通过训练和领袖的榜样,少先队员被教导每个队员都应具有独立性、领导力、自立和能坚持等积极健康的道德准则。少先队教育的方法是自然和无意识的:自然体现在遵循少年儿童的自然冲动,无意识体现在少年儿童只是主动地参与活动,不以为这是教育。

第三,其他各类习惯、技能以及与自然、社会相处的能力。少先队活动可为少先队员提供一些实用的学习方法,有助于少先队员建立信心。活动和游戏提供了一个有趣的方式来发展技能,并提供与自然和环境的接触机会,追求在户外环境的学习。少先队员还可通过小队学习来建立团队意识和家庭氛围。

第三节 少先队教育制度

一、少先队教育制度的内涵

《现代汉语词典》(2016)中对"制度"的解释为:"办事的规章或行动的准则;或是在

一定历史条件下形成的政治、经济、文化等方面的体系。"① 可见制度一词具有机构或组织体系及其所运行规则的两层含义，这两层含义是密不可分的，完善的机构或组织体系不能缺少制约和协调内部要素的运行规则，同理制度规则必须以一定的组织或机构体系为对象。

一般而言，教育制度被认为是一个国家各级各类教育机构及教育规范体系的总称。这一定义包含了制度的两层含义，一是各级各类教育机构与组织，二是教育机构与组织赖以存在和运行的规则规范，如各种相关的教育法律、规则、条例等。② 教育制度具有客观性和历史性，是一定社会历史阶段的产物。同时也具有规范性和强制性，并受一定的社会政治、经济、文化影响和学生身心发展特点的制约。广义的教育制度包括一切教育设施、规章制度等；狭义的教育制度通常指学校教育制度，即学制，是一个国家各级各类学校的总体系，规定了各级学校的性质、任务、目的、要求、入学条件、学制年限及其之间的相互关系。③

少先队教育制度，即少先队教育的组织体系及规范，一方面具有教育制度的普遍特征，另一方面由于其少年儿童群团组织、非正规教育等特性，而具有自身的特点。下面将对少先队员入队到离队期间所涉及的几个最基本的制度进行阐释，包括入队教育、仪式教育、少先队干部的民主选举与轮换、活动课程、评价激励机制、少先队代表大会和离队教育等基本制度。

二、少先队教育的基本制度

（一）入队教育制度

《少先队章程》(2020)规定，"凡是6周岁到14周岁的少年儿童，愿意参加少先队，愿意遵守队章，向所在学校少先队组织提出申请，经批准，就成为队员。队员入队前要为人民做一件好事，要举行入队仪式"。从队章的规定可以看出，入队的客观条件是少年儿童的年龄，入队秉持自主自愿的原则。

1. 队前教育制度

2019年，《关于构建阶梯式成长激励体系增强少先队员光荣感的指导意见》中明确规定了少先队的入队规程，要求学校在少年儿童一年级入学时就持续进行入队教育，许多学校通过儿童团、苗苗团等帮助儿童逐步认识少先队组织和适应组织生活。队前教育一般包括对少先队知识的学习、队礼仪的训练和队活动的观摩等。

一年级第二学期开始，学校根据入队标准进行过程性评价，并分批次吸收少年儿童入队，首批入队队员一般不超过班级总人数的30%。入队需达到"六知、六会、一做"的标准。"六知"指知道少先队的名称、创立者和领导者，知道队旗、队礼，少先队员的基本标志——红领巾的含义，知道少先队的基本作风。"六会"即会戴红领巾、敬队礼、呼号、唱队歌、背入队誓词和写《入队申请书》。"一做"指入队前要为人民做一件好事。

---

① 字词语辞书编研组编.新编现代汉语词典[M].长沙：湖南教育出版社，2016：1653.
② 王道俊，郭文安主编.教育学[M].北京：人民教育出版社，2016：104.
③ 王坤庆，谢新国主编.教育学[M].武汉：华中科技大学出版社，2015：83.

2. 入队仪式

队员入队时要举行入队仪式,一般由共青团组织代表或少先队大、中队长主持,基本程序如下:

- 全体立正,仪式开始;
- 出旗(奏出旗曲,全体队员敬礼);
- 唱队歌;
- 大队委员会宣读组建一年级少先队组织的决定;
- 大队委员会宣读新队员名单;
- 为新队员授红领巾;
- 新队员宣誓(由大队辅导员或大队长领誓);
- 为新建中队授中队旗;
- 为新建中队聘请中队辅导员;
- 党组织、团组织代表或大队辅导员讲话;
- 呼号;
- 退旗(奏退旗曲,全体队员敬礼);
- 仪式结束。

链接 6-1

如何理解"全童入队"和"分批入队"的关系?

先来看看一些相关信息吧:

少先队建队初期,为了体现少先队作为全体少年儿童的群众组织的性质,共青团九届二中全会作出"把全体少年儿童都组织起来"的方针(1965),同年邓小平提出"不要使孩子入不了队,……戴上红领巾就是教育。"

十年动乱结束后,共青团十届三中全会采取了坚决果断的措施,要求"在一年级就把全体适龄儿童组织起来"(1981),从而确保了全国少先队员的总数和各级少先队工作的尽快恢复,后来发展成为"全童入队"的基本原则。

"全童入队"的实施保障了每位少年儿童参与少先队教育的基本权益,但在具体实施过程中,全童入队常常被误解为"全童同时入队"。

2019年,共青团、教育部和全国少工委制定了《关于构建阶梯式成长激励体系 增强少先队员光荣感的指导意见》,意见中明确提出,要"尊重少年儿童不同成长阶段的认知规律和行为特点,递进开展分批入队、分段教育、分级激励、推优入团",在"全童入队"的组织发展原则基础上,"有组织、分批次地吸收适龄少年儿童加入少先队"。

现在,你能厘清"全童入队"和"分批入队"的关系了吗?请说说看。

(二)少先队的仪式制度

少先队仪式是由队旗、红领巾、队歌、队礼、呼号、宣誓、鼓号音乐、队服等少先队特有的礼仪、符号综合而成的一套系列化、程序化的模式,包括入队仪式(含少先队大、中队建队授旗)、队会仪式、少先队检阅仪式等具体形式。少先队礼仪制度是少先队教育所特有的一种集体礼仪,通过仪式和符号等增进少先队员间、少先队员与组织间的情感链接,是少先队组织思想意识教育极为重要的方式之一。

对于年龄尚小的少先队员而言,符号和仪式在其社会化进程中有着十分重要的意义。"仪式形塑了儿童的生活,并使他们可以适应某种社会秩序。仪式构成社会化领域和制度之间的桥梁,并使对于课程和学校都非常重要的社会学习成为可能。"[①]穿队服、敬队礼、呼号、宣誓、唱队歌等都是少先队所特有的仪式符号,这些仪式符号承载着少先队的内涵和精神,一方面给队员们营造了一种庄严而神圣的氛围和严肃场域,增加了队员的荣誉感,激发了队员们的爱国热情;另一方面给予少年儿童以少先队员身份交流和沟通的机会,并促进了共有体验强化的过程,这一过程被涂尔干称之为集体兴奋,即集体良心或集体意识的形成[②]。共有的情感、行动和意识促进了少先队员身份的认同,而链接集体情感的符号和标志,如队旗、队礼、红领巾、入队仪式等进一步促进了集体的团结。此外,仪式和少先队主题活动的结合,使抽象的思想意识变成了生动具体的行为,促使队员进一步模仿内化。

(三)少先队干部的民主选举与轮换制度

少先队作为中国少年儿童的先锋队,是少年儿童自愿参加、按民主集中制原则组织起来的集体,民主是少先队教育的一个基本价值取向。使少年儿童参与组织生活,成为团体生活的一员,让少年儿童感觉到自己的参与和贡献,是少先队民主教育的重要方式,而少先队干部的民主选举和轮换制度,则是此种方式的一种重要体现。

《队章》规定,"小队长和中队、大队委员会都由队员选举产生"。每个队员在队中都有选举权和被选举权。投票与选举是民主意识培养的一个重要方式。少先队干部选举即少先队员就少先队干部推选问题达成一致意见的讨论与决策过程,这一过程的价值在于其结果建立在集体意志基础之上,建立于"多人集中、共享的知识、观点和态度比一个人的更有价值"的基本理念之上。没有经过成熟的思考、讨论和研究,少先队员会作出冲动和草率的投票行为,因此辅导员应该在选举前帮助少先队员充分认识民主选举的意义、自己在选举中的角色和少先队干部的角色,并准备多种方式进行竞选。小队干部的选举一般在小队民主生活中进行;中队干部的选举由各小队推举候选人,再进行公示,最后投票或举手表决;大队干部的选举由各中队推举候选人,再提交学校少代会进行选举。少先队干部的选举一般遵循按期举行、反映少先队员们的意志、按规定程序和纪律进行的基本原则。

少先队干部的民主选举能够体现大多数少先队员的意愿,有利于少先队工作的开展。但通过民主选举产生的班干部往往是表现优秀、能力较强的队员,在队中具有一定威望。为了避免机会被少数队员占有,实现每位少先队员的机会公平,少先队采取队干部轮换制度。队干部任期满后,没有特殊情况不再连任,由别的队员来担任,在队干部

---

① 克里斯托弗·乌尔夫.教育中的仪式:演示、模仿、跨文化[J].北京大学教育评论,2009,7(02):130-142+192.
② 兰德尔·柯林斯.互动仪式链[M].林聚任等,译.北京:商务印书馆,2009:70.

轮换时,为了确保少先队工作的新老接替,队委需要保留三分之一的原队委会成员。这一方面保障了每位少先队员参与选举和作为少先队主人翁的权利,促进少先队员明确和履行自己的义务;另一方面能够让少先队员充分认识组织中的不同角色,个体充当过的角色越多,与集体和组织的联系越紧密,所受的组织意识教育就越深刻和全面。同时,队干部轮换制度也避免了队中为连任而出现的"小团体"和拉票等不良风气。

(四)少先队活动课程制度

少先队活动课是少先队教育一种较为规范化、常规化的实施方式。2012年,教育部颁布《关于加强中小学少先队活动课的通知》(教基二[2012]3号),将少先队活动课定为国家规定的必修活动课,从此少先队活动课正式进入中小学课程。2015年,共青团中央、教育部和全国少工委联合发布《少先队活动课程指导纲要(试行)》(以下简称《课程指导纲要》),明确了少先队活动课的内容、形式和评价方式等,将以往较为零散的少先队活动逐渐正规化和日常化,确保了少先队教育在中小学教育中的重要地位。

活动课程是"从学生的真实生活和发展需要出发,从生活情境中发现问题,转化为活动主题,通过探究、服务、制作、体验等方式,培养学生综合素质的跨学科实践性课程"[①],与学科课程并列设置,是基础教育课程体系的重要组成部分。少先队活动课程,顾名思义,则是以少先队为载体、具有少先队独特教育价值的一种活动课程,《课程指导纲要》中将其界定为"少先队把握组织属性,通过特有的组织形式、集体生活和活动方式对少年儿童进行思想引导的活动课程"。

在课时安排上,少先队活动课作为国家规定的必修活动课,小学一年级至初中二年级每周安排1课时;在课程实施上,以"一纲多本"为原则,鼓励各地中小学少先队组织因地制宜,开发具有地方特点和学校特色的少先队活动课;少先队活动课采取组织教育、自主教育和实践活动综合融通的形式,即通过大中小队的组织形式,在队会、队仪式活动、少代会、队集体活动等组织活动和实践活动中,充分发挥少先队的组织教育作用,培养少先队员的自主意识和能力;少先队活动课程的目标和基本内容指向组织意识、道德养成、政治启蒙和成长取向四个方面;而少先队活动课程的具体实施方式包括队会、队课、队仪式、队组织生活、队实践活动和队品牌活动等;少先队活动课的评价激励以雏鹰争章为载体,根据少先队活动课的目标和具体内容设置进步章和基础章,并鼓励各地中小学少先队组织结合本地特点和学校特色,设置灵活丰富的地方章和校本章;少先队活动课的具体实施效果和评价考核纳入中小学教师绩效考核和职称评聘系统。

(五)少先队评价激励制度

在少先队员成长过程中,公正有效的评价与激励制度能够满足少年儿童的内在心理需求,也能够进一步激发个人潜能。在少先队教育中,以优秀少先队员评选、先进人物学习等为代表的榜样教育和以雏鹰争章为载体的激励机制是最为常见的两种评价与激励方式。

榜样教育注重榜样人物对少年儿童心理和行为上的引导和指引,在少先队发展历

---

① 教育部.中小学综合实践活动课程指导纲要[Z].2017-09-25.

程中一直发挥着重要的作用。相较于战争时期英勇无畏、舍生忘死的革命烈士和少年英雄，或者全面建设时期以集体利益为先、无私奉献的集体和劳动模范，当代少先队教育对榜样的界定更加丰满立体，也更接近少年儿童的生活，如《少先队改革方案》(2017)中强调"树立宣传新时期少年儿童可亲、可信、可学的榜样，用身边的人、身边的事教育少年儿童"；且榜样的选取与评价方式也更加丰富，包括"全国十佳优秀少先队员"、"优秀少先队辅导员"、"最美少年"、"最美集体"等。

以雏鹰争章为载体的评价激励制度更注重少先队员的日常化参与和阶段性成长。雏鹰争章活动最初是配合1993年的"跨世纪中国少年雏鹰行动"而制定的一种激励措施，后逐渐发展为少先队教育的标志性荣誉奖项和激励机制。雏鹰争章包括达标奖章和雏鹰奖章两个类别：达标奖章按雏鹰行动的基本内容，设有自理章、自学章、友谊章、体育章、自救章、礼仪章、艺术章、爱国知识章、孝敬章等25枚；雏鹰奖章是对在雏鹰行动中成绩突出的少先队员的奖励。雏鹰争章一般包括定章、争章、考章、颁章、护章等几个步骤(详见第九章)。相较于以结果为评估标准的传统激励方式，雏鹰争章更符合少先队员的发展需求。首先它强调少年儿童的主体性和参与性，比如在具体的争章过程中，辅导员仅起引导和指导作用，争章活动的主体一直是少先队员，奖章的获取标准则呈现出明显的年龄和阶梯式发展特征；其次雏鹰争章在形式上更加灵活，比如在奖章的设置上，除基础章和必修章外，少先队员和辅导员也可以根据实际需要增添其他奖章，还可以将雏鹰争章与少先队其他活动结合在一起，使其成为一种常态化的日常激励方式；最后雏鹰争章的评价主体更加多元，不仅包括少年儿童自己，也包括同伴、家长、辅导员等。

2019年，为了加强少先队员的荣誉感教育，建构阶梯式成长激励体系，团中央、教育部和全国少工委联合发文要求各地少先队在雏鹰争章活动基础上开展"红领巾奖章"活动。"红领巾奖章"聚焦于少先队员的政治启蒙和价值观教育，设有基础章、特色章和星级章三类。其中基础章包括红旗章、红星章和火炬章，凸显出少先队教育的政治属性；特色章的设置更具灵活性，由各级少工委根据实际需要围绕"德智体美劳全面发展"自行设定；星级章用于对个人和集体的表彰。可见，少先队教育改革进程中，也在根据教育价值定位的需要在不断创新和改革以雏鹰争章为载体的少先队评价激励体制，使其更符合少年儿童和少先队教育的发展需求。

(六) 少先队代表大会制度

少先队代表大会(简称少代会)是少先队大队或大队以上组织和机构召开的、由少先队员推举产生的队员代表为主体参加的会议，是培养少先队员民主意识、政治参与能力的重要方式。作为同级队组织的最高权力机构，少代会具有商谈、决定一个时期队的重大事务、选举队领导委员会的权力。全国和地方少先队经常性工作的领导机构，即全国和地方各级少先队工作委员会，由同级少先队代表大会选举产生。

一般而言，少代会主要内容(议程)是审议少先队工作报告，明确今后的工作任务，以及选举新的领导委员会。少代会采取代表提案制度，代表有权对队的工作和活动提出批评和建议，并需要通过各种方式广泛征询、听取少先队员们的意见、要求和建议等，经归纳整理后以书面形式提交大会讨论。少代会要对代表们所提交的议案给予答复,答复内容和改进措施应在少代会上或会后向队员们宣布。少代会代表一般由各中队选举和推荐产生,除占代表总数一半以上的队员代表外,还有由少先队辅导员、少先队干部、共青团和少先队工作者等其他主体组成的成人和列席代表。

链接 6-2

> ➢ 少先队代表大会多久召开一次?
> ➢ 少代会主要内容(议程)有哪些?

- 全国少代会每五年召开一次。

主要任务:1. 贯彻党中央的指示、要求;2. 落实团中央和教育部的部署;3. 审议和通过全国少工委工作报告;4. 讨论并决定少先队的重大事项;5. 可以修改队的章程;6. 选举产生新一届全国少工委。

- 省(自治区、直辖市)、市(地、州、盟)少代会每五年召开一次。县(市、区、旗)少代会每三年召开一次。

主要任务:1. 贯彻党组织的要求;2. 落实团组织、教育部门和上级少工委的部署;3. 审议和通过少工委工作报告;4. 讨论并决定本地少先队工作的重要事项;5. 选举产生新一届少工委。

- 学校少代会每学年召开一次。

主要任务:1. 贯彻党组织的要求;2. 落实团组织、教育部门和上级少工委的部署;3. 审议和通过少先队大队委员会工作报告和学校少工委工作报告;4. 讨论并决定学校少先队的重要工作和重点活动;5. 选举产生新一届少先队大队委员会、学校少工委;6. 反映少先队员的心愿和呼声。

——《中国少年先锋队组织工作条例(试行)》(2018)

(七)离队教育制度

超过 14 周岁的队员应该离队,少先队员离队时应该进行离队教育,主要内容包括:认识年龄是离队的客观原因,离队并不代表完全脱离少先队;回顾和总结自己在少先队中的成长历程;认识少先队与共青团的关系,学习共青团基本知识,为共青团员的角色和价值做成熟的思考,为自己是否和能否加入共青团做审慎抉择。

少先队大队要为离队队员举行离队仪式。离队仪式一般选择"五四"青年节或"六一"儿童节,离队仪式与入队仪式程序相似,基本流程为:

- 全体立正,仪式开始;
- 出旗(奏出旗曲,全体队员敬礼);
- 唱队歌;
- 大队委员会宣读离队队员名单;
- 少先队员代表、离队队员代表讲话;
- 党组织、团组织代表或大队辅导员讲话;
- 呼号;
- 退旗(奏退旗曲,全体队员敬礼);
- 仪式结束。

一般离队仪式上不必解下红领巾，红领巾由离队队员留存纪念。许多少先队大队会采取颁发离队证书、集体合影和赠送有纪念意义的礼物等方式增加离队的仪式感和荣誉感，有些少先队大队将离队仪式和14岁集体生日结合，成为少年儿童成长历程中难以忘怀的集体记忆。

三、少先队教育的其他制度

（一）少先队教育的领导管理制度

1. 少先队领导管理的主要思想

理解少先队教育的领导管理制度的前提是理解"党建带团建，团建带队建"、"全团带队"和"团教协同"的少先队领导管理思想。

"党建带团建，团建带队建"即以党的建设带动团的建设，将队的建设纳入到团的建设中去，以实现党—团—队的相互促进和发展。共青团是党的助手和后备军，少先队是党亲手创立并委托共青团领导的少年儿童学习中国特色社会主义和共产主义的学校，这表明党团队之间存在着天然的政治关系，这种政治关系决定了队的组织建设依托于团的组织建设，而团的组织建设又紧紧依靠于党的组织建设。"全团带队"源于1958年胡耀邦在共青团八届三中全会上的总结讲话，他提出改进和加强少先队工作的关键是全团动手，即"全团带队"。2003年，共青团中央颁布《关于加强全团带队的意见》（中青发[2003]31号），提出"全团带队"带的是少先队的思想建设、基层组织建设、辅导员队伍建设和各项工作的开展。可以说，"全团带队"是基于"党建带团建，团建带队建"原则，对团队关系的深入阐释。"团教协作"，也被称作"团教齐抓共管"，体现的是少先队领导管理中共青团组织与教育行政部门间的关系，少先队教育是基础教育不可分割的一部分，又受到共青团组织的直接领导，那么如何处理、沟通和协调这二者之间的关系？"团教协作"从理念和制度上对此问题做出了解答，即共青团是少先队的直接领导者，我国教育部以及地方至基层的各级教育管理部门是少先队工作的协同管理者。在人员配置上，中央层面，教育部基础教育司负责人兼任全国少工委常务副主任；省级（包含）以下少工委实行双主任制度，由同级团委、教育行政部门分管领导分别担任本级少工委主任，齐抓共管少先队。在工作机制上，遵循重大事项互相协商和常态化沟通（一般每半年/学期进行至少1次少先队工作协商沟通）、少先队关键文件团教联合发文、协作开展少先队辅导员队伍管理建设、地（市）级以上教育行政部门选派干部到同级少工委挂职和兼职等制度，以确保团教协作的顺利实施。

2. 少先队教育的领导组织机构

少先队教育的领导组织机构设置基本遵循"党建带团建，团建带队建"、"全团带队"和"团教协同"的思想，下面对其中的一些重要领导组织机构进行简要介绍。

如前所述，少先队由中国共产党委托共青团直接领导，共青团中央少年部是共青团中央主管少年儿童工作的职能部门，与少先队全国工作委员会办公室合署办公，受团中央书记处直接领导。团中央少年部的主要职责有研究指导全国少先队工作和少先队辅导员队伍建设、指导少先队校外阵地建设、负责少先队宣传工作、管理少先队报刊、协同社会力量推进少先队工作、表彰社会与教育部门对少先队工作有贡献的相关人士等。

同理,各级团委均设有少年部,与各级少工委协作主管各级少先队工作。

《中国少年先锋队章程》(2020)中规定:"全国、地方各级和学校少先队工作委员会是全国、地方各级和学校少先队经常性工作的领导机构,由同级少先队代表大会选举产生。"少工委的主要职能是根据党中央和团中央的要求,提出少先队工作的主要任务,制定工作规划;负责少先队的组织发展、实践活动开展和辅导员队伍建设;指导队报队刊、少年宫的工作和少先队理论建设;在少代会闭会期间执行少代会决议等。在人员配置上,少工委主任一般由团委和教育厅(局)的领导担任,少工委办公室设在相应的团委少年部,少年部长兼任少工委副主任或办公室主任,以实现团、教、队的相互协作和沟通。一般而言,各级少工委以省—市—县—乡(镇)为主线建构领导机构体系,此外 2017 年《少先队改革方案》实施后,中小学也成立了由党政领导、大中队辅导员和志愿辅导员、家长代表等参与的学校少工委组织。

大、中、小队是少先队的基层组织。少先队组织以学校、社区为单位建立大队,大队下分中队,中队下设小队。以学校为例,往往一个学校就是一个大队,规模较大的学校也可以按年级组建大队。大队委员会由 7 至 13 人组成,根据工作需要设队长、副队长、旗手和学习、劳动、文娱、体育、组织、宣传等委员。大队干部由队员大会或少先队代表大会选举产生,每年或每学期改选一次。少先队大队的工作任务是制定大队工作计划、组织大队活动、商讨大队相关事务和领导各中队工作。少先队大队的建设需要做到有组织、有辅导员、有活动、有阵地和有制度。学校需设立专门的少先队室。大队由两个以上的中队组成,学校中一般以教学班为单位建立少先队中队,并成立中队委员会,中队委员会一般由 3 至 7 人组成,职位设置与大队类似。中队委员会有制定中队计划,组织中队活动,关注队员学习、生活和品行等情况的责任。中队由两个以上的小队组成,小队根据队员们的兴趣、爱好和个人意愿自主组建。一般由 5 至 13 人组成,设正副小队长。小队干部每学期或每月轮换。原则上,小队应每周开展一次小队活动和民主生活会,由队员自主组织开展。社区少先队基层组织的构成与学校相同,城市中一般以行政区域或街道建立大队,以小区为单位组建中队,由同一社区内的少先队员自主组建小队;农村则以乡镇、行政村为单位分别组建大队和中队。

(二)少先队辅导员队伍建设制度

少先队辅导员是少先队教育的重要主体之一,少先队辅导员的队伍建设也是少先队工作中的重要部分。自建队以来,少先队一直在不断调整和清晰辅导员的角色定位、任职标准和职责任务。因篇幅有限,接下来将重点介绍新世纪以来在促进少先队辅导员队伍建设上的一些重要政策和相关制度。

1. 少先队辅导员的选任制度

在少先队辅导员的任职标准上,《中国少年先锋队章程》(2020)中将少先队辅导员定位为"政治素质过硬、思想进步、作风正派、知识丰富、热爱少年儿童的教师以及各条战线的先进人物"。从中可以看出少先队辅导员必须政治立场坚定、知识能力突出、具备教育情怀和素养,但这一任职条件还是比较笼统的。《少先队辅导员管理办法(试行)》(中青联发[2007]24 号)中对少先队辅导员的任职标准做出了更为明确的规定,包括客观条件和主观条件。客观条件从学历要求和从教经验出发,要求任职大队辅导员和乡镇总辅导员应具有 2 年以上教育教学经验,省(区、市)、市(地)、县(市、区)总辅导员应具有 3 年以上的少先队工作经验;城区中小学校的大中队辅导员和省(区、市)、市(地)、县(市、区)总辅导员应具有大专以上(含大专)文化程度,而农村学校的大中队辅导员和乡(镇)总辅导员应具有中师以上(含中师)文化程度。主观条件则与《章程》相似,涉及辅导员的政治立场、教育素养和工作能力,包括"忠诚党的教育事业,具有坚定的政治方向,能自觉实践邓小平理论和'三个代表'重要思想,树立和落实科学发展观;热爱少年儿童,热爱少先队工作,品行端正,作风正派,具有奉献精神,竭诚为少年儿童健康成长服务;掌握教育规律和当代少年儿童成长规律,引导少年儿童在实践体验中提高全面素质;综合素质较高,具有较强的组织协调能力、语言文字表达能力和一定的理论研究能力"等。

在少先队辅导员的选聘上,大队辅导员一般由所在学校推荐、上级团委聘请,由从事学校少先队工作的优秀教师担任。中小学以班级为单位成立少先队中队,中队辅导员一般由班主任兼任,也可由其他科任教师兼任,同样需要经过学校推荐和上级团委聘请。同时,学校和社区需要另外聘请志愿辅导员,志愿辅导员一般由各行各业的先进人物、优秀青年学生、志愿者和解放军指战员、武警官兵、公安民警以及老干部、老战士、老专家、老教师、老模范等社会各界热心少年儿童工作的人士担任,少工委负责对志愿辅导员进行培训。少先队总辅导员作为少先队辅导员队伍的骨干和少先队理论及学科建设的带头人,需要有足够年限的辅导员任职经历、更高的理论研究水平和业务能力。

2. 少先队辅导员的职责规定

少先队辅导员与一般教师同样承担着引导、教育少年儿童的基本责任,但又不同于一般教师,因为少先队自身有异于学校教育的独特的教育价值和组织特性,少先队辅导员还需要在辅助协调少先队组织与建设、促进少年儿童全面成长和权益保护等方面承担应有的责任,由此《少先队辅导员工作纲要(试行)》(中少发〔2005〕14 号)中将少先队辅导员身份定义为"少年儿童的亲密朋友和指导者"、"少年儿童人生追求的引领者"、"少年儿童实践体验的组织者"、"少年儿童健康成长的服务者"、"少年儿童合法权益的保护者"和"少年儿童良好发展环境的营造者"。

少先队辅导员队伍主要由总辅导员、(学校/社区)大队辅导员、(学校/社区)中队辅导员和志愿辅导员组成,他们在工作上相互协作和沟通,上一级辅导员有指导和培训下一级辅导员的责任,在具体职责安排上,少先队总辅导员需要负责本区域少先队工作的组织落实、辅导员的培训指导以及少先队的学科和理论建设。少先队大队辅导员是学校/社区少先队工作的主要组织者和实施者,需要辅导大队委员会规划并推进学校/社区的少先队工作、活动的开展和基础建设,并指导和协调各中队辅导员实施各中队少先队工作。因为学校少先队大队辅导员身兼行政管理,所以同时要负责一部分学校行政管理工作,学校大队辅导员和社区大队辅导员之间在少先队实践活动的开展上相互协作、资源互通。志愿辅导员则主要借助自身优势与专长辅助和推进学校及社区少先队实践活动的进行。

链接 6-3

少先队总辅导员的具体职责有哪些？

➢ 在同级团委、少工委领导下，积极落实少先队组织的根本任务，为少先队工作决策提供专业性意见，设计和实施本区域内少先队重要活动，指导基层少先队辅导员设计与实施少先队活动。

➢ 带头参与少先队相关学科建设，推广学科建设成果，开展少先队工作研究。

➢ 为本区域的少先队辅导员培训、职称评聘等提供专业支持，帮助基层少先队辅导员提升职业精神、提高职业素质、实现职业发展。

➢ 了解和反映本区域基层少先队辅导员的工作、学习、生活情况及诉求，参与协商解决。

➢ 兼任本区域少先队工作学会的具体工作。

➢ 完成同级团委、少工委交办的其他少先队工作任务。

——选自《少先队总辅导员设置管理办法（试行）》(2012)

比较一下大队辅导员和中队辅导员的职责有何区别？

➢ 少先队大队辅导员的职责一般有：抓好学校少先队基础建设；组织开展少先队大队的各项活动；指导和协调中队辅导员工作；培训中队辅导员；关注队员的身心健康，反映他们的意见和成长中的需求，争取学校、家长、社会的支持和配合；维护少年儿童的合法权益，促进他们健康成长全面发展；协助学校行政管理工作；协助社区少工委工作等。

➢ 少先队中队辅导员的职责是：在大队辅导员的领导下，指导中队委员会制订计划、开展工作、组织活动；指导中队集体建设，帮助队员学会当家作主。

——选自《少先队辅导员管理办法（试行）》(2007)

3. 少先队辅导员的职称评聘

少先队辅导员被公认是一类特殊的教师群体，在过去，辅导员没有专门的职称评聘通道，只能以教师身份进行职称评定，评选标准包括学科教学质量、班主任工作情况等，但现实中辅导员往往因为任务繁重而不得不减少课时，将重心从学科教学转移到少先队工作，这种评价标准显然不利于辅导员的专业发展和身份认同。

新世纪以来，为了提升少先队辅导员的专业发展前景，团中央、教育部和全国少工委联合下发了多个文件，以进一步清晰辅导员的职称评定制度和专业晋升通道，如《少先队辅导员管理办法（试行）》(2007)中要求"大队辅导员按学校中层管理人员进行管理和使用，列席校务会议。从事少先队工作多年，且成绩特别突出者，可列入教育系统后备干部培养序列"，"大队辅导员的工作量要折算成相应的教学工作量"，"受到表彰的大中队优秀辅导员和乡（镇）优秀总辅导员应享受同级优秀教师的待遇。辅导员在少先队工作中获得的各种奖励和研究成果，应与中小学教师在教学方面获得的奖励和研究成果同等对待,并记入本人档案,作为考核、聘用、职务和工资晋升的重要依据。共青团组织表彰的先进工作者,教育行政部门表彰的优秀教师,少先队辅导员要占一定比例"等,这些要求增加了职称评定中少先队工作评价的比重,完善了辅导员的奖励、评价和职称评定制度。2010年共青团中央、教育部等联合下发《关于进一步加强少先队辅导员队伍建设的若干意见》(中青联发〔2010〕33号),再次强调"少先队辅导员工作计入工作量,并相应酌减辅导员授课时数。辅导员少先队工作内容纳入绩效考核,根据考核结果发放绩效工资","要按照中小学教师职称评聘的规定和要求,做好符合条件的大队辅导员的职称(职务)评聘工作,将大队辅导员少先队工作内容、工作量和工作质量纳入中小学教师职称评价范围",此文件进一步解决了辅导员职称评定的难题,自此后辅导员可在德育科目中进行职称评定。2012年团中央发布《少先队总辅导员设置管理办法(试行)》文件,对少先队总辅导员的任职条件、管理培养及专业发展做出规定,并提出"鼓励和支持少先队总辅导员长期从事这一工作,向少先队教育专家方向发展。将少先队总辅导员队伍作为共青团、教育系统后备干部培养和选拔的来源",指明了辅导员专业发展和晋升的主要方向。

从上述重要政策文件中我们可以看到,少先队在逐步完善辅导员的职称评聘制度,这也凸显出少先队工作中对辅导员队伍建设的逐渐重视与加强。辅导员的任职选聘、职责要求和职称评定等相关政策的出台,明晰了辅导员的角色定位,也给予了辅导员物质及地位的政策支持与保障。而近几年对少先队专业建设和少先队辅导员专业发展的重视及相应的培训政策,也为少先队辅导员的专业发展之路奠定了前进的基础。

思考与练习

■ 在学习了少先队教育的价值取向、目的、基本制度后,你认为这三方面彼此间有联系吗?如果有,是何种关系?

■ 请认真阅读《共青团中央 教育部 全国少工委关于印发〈少先队改革方案〉的通知》(中青联发〔2017〕3号)、《关于构建阶梯式成长激励体系 增强少先队员光荣感的指导意见》(中青联发〔2019〕13号)等少先队重要改革文件,讨论上述文件中所提出的少先队教育当前存在的问题是哪些,少先队改革的主要方向是什么,有哪些重要举措。

■ 本章讨论了新时代给少先队教育带来的挑战以及少先队教育的现实处境,请结合自己的实践和成长经历,谈谈你的看法。

延伸阅读

1. 安东尼·吉登斯.现代性与自我认同:晚期现代中的自我与社会[M].赵旭东,方文,译.北京:三联书店,1998.

2. 卜玉华.回溯与展望:中国中小学教师发展的世纪转型[M].济南:山东教育出版社,2007.

3. 格奥尔格·林德.怎样教授道德才有效[M].杨韶刚,陈金凤,康蕾,译.北京:中国轻工业出版社,2018:24.

4. 林尚立.现代国家认同建构的政治逻辑[J].中国社会科学,2013(08):22-46+

204-205.

5. 廖小平,成海鹰.改革开放以来中国社会的价值观变迁[J].湖南师范大学社会科学学报,2005,34(06):12-16.

6. 田新文.民生政治:理解政治生活变化的新视角[J].社会主义研究,2008(04):106-110.

第七章 少先队活动教育

内容梗概

1. 少先队活动教育的内涵和特征
2. 开展少先队活动教育的理论基础
3. 少先队活动的类型
4. 少先队活动的设计与组织

重要概念

少先队活动　少先队活动课

学习目标

1. 了解少先队活动教育的内涵功能和少先队活动的要素;
2. 理解少先队活动教育的理论基础,明确活动对于少年儿童发展和成长的意义;
3. 知道少先队活动的主要类型;
4. 掌握少先队活动的设计原则、组织方法和实施流程。

少先队活动作为人类活动的一部分,是实现少先队员政治启蒙、道德成长的基本途径。少先队活动具有政治性、自主性和群团性的特点。通过实践总结积累,当前少先队活动发展出了丰富多样的类型,不仅满足了少先队员政治社会化的需要,而且也更加贴近少先队员的日常生活经验。

第一节 少先队活动教育概述

一、少先队活动的内涵

作为少先队的主要教育方式,少先队活动教育也是少先队生活的主要形式。少先队活动是以少先队员为主体的少先队组织活动,是少先队教育和自我教育的基本手段和方法。少先队的组织教育、集体教育都需要通过少先队活动完成。

(一)活动是少先队教育的基本途径

人的发展是在活动中并通过活动来展开的,因而,活动之于人的发展具有奠基性作用。中国少年先锋队自成立以来,其根本任务就是在党的领导下,培养共产主义接班人。广大少年儿童既是少先队组织的主体,也是社会主义和共产主义接班人的培养对象。而人的思维发展与活动实践具有同一性,因此,只有通过活动才能逐步落实对共产主义接班人的培养目标。

随着制度化教育的不断发展,学校成为少年儿童成长的主要场域,也成为少先队工作的主要依托。1979年10月,第六次全国少先队工作会议的工作报告中,明确肯定了"少先队是整个少年儿童教育事业中的一个不可缺少的重要部分。"1983年10月30日,共青团中央和教育部联合颁发《关于小学少先队工作几个问题的补充规定》,再一次指出:"少先队组织是整个少年儿童教育事业不可缺少的一个重要部分,也是学校教育的得力助手。"[①]少先队组织作为学校教育的得力助手,应当借鉴并选择相应的教育方式方法,将其纳入少先队的教育方式,使自身的教育更加符合少先队员的发展需要,更加贴合少先队员所处的学校教育生活的常态。鉴于此,活动也成为少先队组织引导和培养少先队员的基本途径。

(二)活动是少先队教育的优势途径

活动教育是少先队教育的基本途径,同时,还是少先队教育区别于一般学校教育方式的优势特色教育途径。既有研究指出,以活动为导向的,基于情境的学习是最自然的和最有意义的,能够产生丰富的学习效果。在具体的社会历史文化脉络中所展开的活动,能够为学习者提供丰富的资源和机会,以建构其意义。

---

① 段镇主编.少先队教育学[M]上海:上海教育出版社,1985:91.

然而，在当前的学校教育场域中，在绝大部分时间内，学生并不直接参与社会实践本身，并不通过亲历实践去获得和检验知识。因为他们主要学习的是他人设计的、经由社会整体在历史发展的过程中逐渐沉淀流传下来的公共性的知识和能力。而在课堂教学情境中，他们也很少有机会亲历知识产生的过程，这是教学中学习活动与现实中的活动在情境上的差异。相对而言，少先队的活动教育则可对此予以补充。少先队教育一直以组织丰富多样的活动见长，包括志愿服务、红色研学等特色活动在内的活动都使得少先队员能够通过直接地实践和参与来获取一手经验。不仅如此，作为少先队的领导者，中国共产党向来强调实践对于人的存在与社会发展的根本作用，马克思主义认为实践是人的基本存在方式，人的实践是认识的基础、源泉、动力、检验标准。"从实践中来，到实践中去"不仅是少先队要继承和发扬的优良传统，也是少先队教育的优势所在。

自少先队成立以来，关于少先队活动的研究始终是少先队研究中的重点。段镇认为"少先队活动是少先队组织领导，以队员为主体开展的群团性活动。"具有："按队的组织系统，用队的组织形式来开展，一般以大队、中队、小队为活动单位，并常配有队的一套特殊的组织形式；以少先队员的自主自动精神为基础；具有实践性"三个特点。随着社会的发展和时代的进步，少先队活动在新时期加入了新的内涵，突出了少年儿童活动中"玩"和"学"的特点。[①]

二、少先队活动的构成要素

少先队活动包含了必不可少的几大要素，其顺利开展需要少先队员、少先队辅导员、活动目的与方法等要素的共同协作。

（一）少先队队员

少先队员是少先队活动中的主体，少先队活动的开展以少先队员为中心，活动的组织和开展都是为了促进少先队员在思想政治等方面的意识和能力提升。不仅如此，少先队员也是活动效果和质量评价的主体。

（二）少先队辅导员

共青团选派优秀团员或聘请思想进步、作风正派、知识丰富、热爱少年儿童的教师以及各条战线的先进人物来担任少先队的辅导员。辅导员是少先队员亲密的朋友和指导者，帮助中队或大队委员会进行工作，组织活动。鉴于少先队员们的年龄和心理发展特点，他们还无法完全在活动中开展自主教育，因此，少先队辅导员成为支持和指导少先队员开展活动必不可少的共同体成员。

（三）活动目的

少先队活动要目的明确，突出其思想性、教育性，突出党对少年儿童的要求。活动的目的通常是针对少先队员思想观念、组织意识或是能力水平等方面的提升，也是活动想要实现的结果。少先队员在参与活动的过程中，在辅导员和其他少先队员的共同支持下，透过活动内容得以获得政治启蒙、道德养成等方面的发展。

---

① 段镇主编.少先队教育学[M]上海：上海教育出版社，1985：91-292.

(四) 活动的环境和条件

少先队活动的开展不仅需要主体、客体和共同体，还需要依赖于各种手段工具。例如，少先队大队委员的竞选活动的开展需要场地、演讲的舞台、电脑音响等物质工具。同时，还需要借助一些精神活动的表现形式，例如，不同形式的才艺表演、语言等符号系统。环境和条件是少先队活动开展的中介，使用怎样的条件，如何利用环境等都体现了具体教育情境中的人们的思维方式。

(五) 活动方法与规则

活动方法以活动形式为具体体现形式，根据活动目的和活动内容，选择具有新奇性、动态性的活动方法，使活动主题和内容得到更充分的体现。对活动方法的选择首先需要遵循一定的规则，少先队员和辅导员们据此确定彼此在活动中的关系。

三、少先队活动的特征

(一) 政治性

少先队的所有工作都以对广大少年儿童的政治启蒙为主职主责，这也是少先队活动的立足根本。因此，少先队的活动应以理想信念教育为根本，以"五爱"教育为基础，以中国梦和社会主义核心价值观教育为主线，培养少年儿童对党和社会主义祖国的朴素感情。通过少先队的特色活动引导少年儿童从小学习做人、从小学习立志、从小学习创造，养成好思想、好品行、好习惯，时刻准备着为实现中华民族伟大复兴中国梦的美好未来努力奋斗。这是少先队活动最为根本的特点。

(二) 自主性

在少先队的活动中，少先队员当家作主，虽然辅导员等成人的指导是必不可少的，但少先队员才是活动的主体。1979年10月召开的全国第六次少先队工作会议形成的工作报告指出："少先队教育的一个特殊作用就是'少年儿童在自己的组织里自己管理自己，自己教育自己'"。这是在少先队工作中首次明确强调自主性为少先队教育的重要特征。这就要求少先队活动的主题、方式、组织、评价都应发挥少先队员的主体性精神，引导他们主动自愿参与、自主合作组织开展。因此，在活动的开发与设计过程中，应充分尊重少年儿童的主体地位，遵循少年儿童的年龄特点，认真把握少年儿童的情感、意识、信念形成的基本规律，选择少年儿童易于接受的方式，吸引少年儿童的积极参与。这是少先队活动的基本特点。

(三) 群团性

少先队作为少年儿童的群团组织，其所发起和组织的活动是面向所有少年儿童的普及性的群众活动，不只是培养或展示少数"明星"的活动。少先队活动的群团性首先体现在其对象的广泛性上，在少先队活动中不论成绩好坏、表现优劣，所有队员都能自由参与，人人都有发展自己的机会和空间。其次，少先队活动的群团性还体现在发挥群体的教育功能。少年儿童加入少先队组织，在集体中，通过活动充分发展队员的群体性和群育水平。[1]

---

[1] 杨江丁.在组织教育中促进人与社会的互动——关于少先队活动教育功能的研究[J].上海少先队研究，2013(04): 54-56.

四、少先队活动的功能

少先队是中国共产党创立和领导的少年儿童群团组织,是少年儿童学习中国特色社会主义和共产主义的学校,是建设社会主义和共产主义的预备队。为中国特色社会主义事业培养合格建设者和可靠接班人是少先队组织的根本任务,也是少先队活动的根本任务。具体来说,少先队活动的功能体现在两个层面,其一是组织层面,其二是个人层面。

(一)少先队活动的凝聚功能

从组织层面来看,少先队活动能够极大地推动少先队工作的发展,营造良好的环境,提升少先队的工作水平。通过活动的凝聚作用,将全体少年儿童吸收到组织里来接受教育。丰富的少先队活动将来自不同家庭背景的儿童从松散的群体逐渐发展为集体,进一步成长为少先队集体。作为主体的少先队员,在活动中和其他少先队员、辅导员、环境等互动。在活动中,各个子系统相互发展推进,以实现活动的目的。同时,通过创设情境,采取相应的活动方法,帮助少先队员体会个人与集体的关系,逐渐培养其对少先队组织的认同感和责任感。进一步透过少先队鲜明的主题,使队员在参与活动的过程中感知和内化集体主义精神。

(二)少先队活动的教育功能

从个人层面来说,少先队活动具有突出的教育功能,能够促进少先队员在思想意识、情感态度、身心健康等方面的全面发展。少先队活动的教育功能是由少先队的基本性质决定的。少先队活动是一种有目的的教育活动,是党的教育理想和少年儿童成长发展的中介和载体。

具体来看,少先队活动的教育功能体现在以下几方面。第一,在政治启蒙方面,有助于培养少先队员形成共产主义思想意识。第二,在思想品德方面,有助于开展爱国教育、自主教育以及传统文化教育,帮助少先队员发展"敢想敢干、自尊自信、勇敢顽强、勇敢创新等个性心理品质",并养成良好的行为习惯。[①] 第三,在能力素养方面,有助于拓展队员的视野,丰富其多方面的知识储备,提高其问题解决、沟通等综合能力。在满足少先队员作为主体参与活动的需要的同时,力求为其成为合格的社会主义接班人奠定坚实的基础。

第二节 少先队活动教育的理论基础

要理解少先队活动对于少年儿童成长和发展所具有的基础性意义,进而确立活动作为少先队教育基本途径的意识,首先要解决的问题就是活动与人的发展之间的关系,即为什么说人的成长必须在活动中才能得以展开。而具体到少先队教育即回答为什么活动会成为其中一个基本且有效的教育方式。其实,活动教育的思想在教

---

① 张先翱,吴凯.少先队活动科研成果集[M].上海:上海科学普及出版社,2006:210-211.

育思想的发展史中并不鲜见,罗素、裴斯泰洛齐、杜威、蒙台梭利等教育思想家都曾专章探讨了活动对于儿童发展和教育的价值。这些理论大都主张从儿童的需求出发,通过儿童自主的活动,而非强加的灌输来实现儿童的成长,尤其是认识等理解的发展。而发轫于20世纪30年代的活动理论,从哲学、心理学以及教育学等不同学科视角,采取思辨分析以及经验研究的方法对人类活动进行阐发,至今已成为理解和分析人类学习的理论指导框架之一。这些思想和理论传统构成了我们今天分析和实施少先队活动教育的重要参考。

一、马克思唯物主义理论

马克思主义认为,按其本质来说,人乃是自然和社会的统一体。这样的人是自觉能动地进行着实践活动的人,因此,活动是人的存在形式,活动也是人和社会发展的源泉和根本动力。活动是表征人的存在状态的概念,是人所特有的对周围世界的关系形式,包括人有目的地认识和改造世界以适应自身需要的全部过程。

第一,感性活动是活动的最初和最基本的形式。马克思引入感性活动原则,从存在论的角度确立了感性活动作为感性世界的现实基础,由此强调回归人与现实世界的原初关联。第二,感性活动是历史中的活动,通过加入时间原则,马克思完成了对既往的活动哲学观念的超越。马克思认为人的存在本身就是一个历史性的存在,感性和历史性是统一的,人的感性是历史的,脱离历史的感性一定是抽象的。第三,马克思提出人的认识是发源于并发展于人的历史活动。从发生上看,儿童认识的产生与人类认识的产生过程是一致的,认识的产生是源自人的活动。从发展上看,随着人的实践的分化,物质活动和认识活动得以分化。而在物质劳动和精神劳动的相互交换中,人的认识得以不断演化发展。第四,人的认识是社会历史的产物,马克思指出一切个体的认识本质上是社会性的。"不仅我的活动所需的材料,甚至思想家用来进行活动的语言本身,都是作为社会的产品给予我的,而且我本身的存在就是社会的活动,因此,我从自身所做出的东西,是我自身为社会做出的,并且意识到我自己是社会的存在物。"[①]

马克思将人的感性活动作为主客体关系的前提,在《关于费尔巴哈的提纲》中指出"从前的一切唯物主义——包括费尔巴哈的唯物主义的主要缺点是:对对象、现实、感性,只是从客体的或者直观的形式去理解,而不是把它们当作人的感性活动,当作实践去理解,不是从主体方面去理解。"[②]不仅在存在论的视域下肯定了活动的价值,而且在认识论的范围内,马克思也突出了活动激发人的认识发生发展所具有的基本力量,从而确立了活动与人的发展之间的本质联系。人的本质就是活动性的存在,人的认识的产生和发展依赖于活动。这为少先队活动教育的必要性和可能性确立了合法性的理论基础。

---

① 中共中央马克思恩格斯列宁斯大林著作编译局编译.马克思恩格斯选集·第42卷[M].北京:人民出版社,1995:122.
② 中共中央马克思恩格斯列宁斯大林著作编译局编译.马克思恩格斯选集·第1卷[M].北京:人民出版社,1995:58.

二、活动教育思想

活动教育思想是一种具有深厚的思想基础和广泛实践影响的理论主张。① 它强调只有通过自主活动,儿童的发展才能得以实现,是教育思想和理论中经久不衰的传统。其具体主张是:

第一,肯定活动对于儿童发展的价值。为了凸显这一点,蒙台梭利指出:"儿童对于活动的需要几乎比对食物的需要更为强烈。"美国进步主义教育家杜威提出"以儿童为中心"和"做中学"的教育原则,强调真正的生活和生长全靠活动。而皮亚杰从儿童认识的发生和发展的角度入手,也大加肯定活动的价值,认为活动是人的自然天性,认识起源于活动。

第二,强调实践活动是学习的方式。杜威批判了既有的学校教育把学生看作是被动的知识接受者,而不需要从事任何活动即可接收来自外在的经验的看法,进而指出"做中学"才是最佳的学习方式。其中,身体上的活动也得到了充分的肯定。皮亚杰也非常重视"推、拉、摸"等身体活动的重要性,指出只有通过实际的活动才能给儿童提供自我探索的机会。

第三,分析活动能够促进儿童认识发展的机制。皮亚杰指出自我调节,也即"平衡"是活动的内在机制,并且他还从同化与顺应两种机能来分析这一机制。其中,同化是指对外界刺激的过滤或改变,即主体将外界信息纳入认知结构中的心理过程。同化是一切认识活动的基础,也是主体能动性的反映。顺应是指外界的刺激输入促进了内部结构的改变,即当主体的原有认知结构难以同化外界信息时,需要对自身原有结构进行调整和更新,以便能同化新客体的心理过程。顺应表明了主体认识的自我调节功能。同化与顺应两者相互依存。

第四,明确教育活动的规定性。要想切实促成儿童发展的实现,教育思想家们都进一步地对教育活动作出了具体的规定。这是因为认识起源于活动,既不是源于主体也不是源于客体,而是源于主客体的相互作用。② 怎样的活动能够更好地促动主客体的相互作用呢?杜威在《民主主义与教育》中对活动做了细致的规定,指出活动应能够激发儿童的兴趣,简单易行。同时,活动应具有一个整体的目的,不应狭隘地聚焦于技能的掌握、工具的使用等物质层面的目的,还应当明确其所蕴含的价值。除此之外,活动还应带有社会的性质,能够表现社会的某种情境,令儿童感知到其中的关系。

从教育学的角度来看,活动教育思想首先肯定了活动是人的本能需求,这为通过活动促进儿童成长提供了必要性和可能性。进而,基于人的活动的基本机制,具体分析了如何通过活动进行教育的过程。更重要的是,明确了活动需具有教育性,指出机械随意的活动并不构成经验,只有良好的活动、能够代表真实社会情境的活动才能带来经验的

---

① 田慧生.活动教育引论[J].天津市教科院学报,1999(02):11-13.
② 皮亚杰.发生认识论原理[M].王宪钿,译.北京:商务印书馆,1995:21.

生长。[1]

三、前苏联活动理论

前苏联活动理论也可为我们理解少先队活动提供重要视角。活动理论起源于康德与黑格尔的古典哲学,形成于马克思辩证唯物主义,由维果茨基提出,成熟于前苏联心理学家列昂捷夫。活动理论强调了活动在知识技能、态度和身份认同内化过程中的桥梁性作用,活动构成了心理特别是人的意识发生、发展的基础。[2]

(一)活动理论的发展脉络

第一代活动理论产生于20世纪30年代早期,研究者大都认为起源于维果茨基的社会心理学。维果茨基提出人的心理发展受到社会、历史、文化的制约。他认为活动具有中介性,思维是以语言、工具、数字和信号等抽象符号或者物理客体为中介的。他提出了人类活动的基本机制"主体—工具—客体",即著名的三角模型(见图7-1)。而工具作为联结主体与客体的重要媒介,既包括实体的工具(如量杯)、符号表征(如代数中的符号变量),也包括心理工具。

图7-1 维果茨基:工具作为中介方式

第二代活动理论的主要代表人物是列昂捷夫(Alexei Leont'ev),他从马克思唯物主义的理论出发,认为人的思维是"社会客体"(social object),是人类主体实践的一部分。列昂捷夫认为儿童意识的发展不是单纯由外部刺激决定,主体的活动是中间的衔接环节,由此,他提出应该在"主体—活动—客体"模式中理解人的意识。[3] 与第一代活动理论强调符号的调节作用不同,第二代活动理论对"活动"概念的范围作了扩展,进一步明确了三个层级的活动,分别是活动、行动和操作。活动、动机、操作之间可以相互转化(见图7-2)。[4] 一个完整的活动结构应由活动、行为、操作和相应的动机、目标以及达成目标的条件组成,忽视其中任何一个元素都是不完整的。

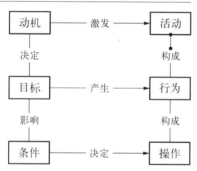

图7-2 列昂捷夫的活动层级结构

20世纪80年代后期,恩格斯托姆系统地阐释并深化了列昂捷夫的活动理论,并通过与认知科学、实用主义、建构主义以及行动者网络理论之间的综合交叉,提出"文化历

---

[1] 杜威.民主主义与教育[M].王承绪,译.北京:人民教育出版社,2009:153.

[2] Kuutti, K. Activity theory as a protential framework for human-computer interaction research[M]//In B. A. Nardi (Ed.), Context and consciousness: Activity theory and human-computer interaction. Massachusetts: MIT press, 1995: 17-44.

[3] 本杰明·得温,科特·斯德尔.学习技术中的活动理论[C]//戴维·H·乔纳森等.学习环境的理论基础——21世纪人类学习的革命译丛.上海:华东师范大学出版社,2015:256-259.

[4] Wilson T. D. A re-examination of information seeking behavior in the context of activity theory [J]. *Information Research*, 2006, 11(04).

史活动理论"(CHAT)。第三代活动理论强调活动的互动性,首先,"关注到不同文化、不同观点和不同主体所建构的活动系统之间的互动,注重活动过程中对象和动机的配合、转化、冲突与重组,不同观点和声音的碰撞"。① 其次,强调由关注个体转变为关注集体组织活动,共同体的概念被引入到活动理论之中。再次,深化了活动理论中的"社会性"和"文化性"概念,更为关注特定的时间、地点和社会文化境脉。最后,重申了矛盾作为活动发展的核心动力。

可以说,活动理论自身的产生与发展就是扎根于社会历史文化的具体情境,是一个具有较强实践性的理论,它肯定了活动作为人的存在形式的重要价值,把活动看作人和社会发展的源泉和根本动力。

(二)活动理论的基本内容

活动理论的核心在于澄清活动的内涵、结构和系统等问题。

1. 活动的内涵与结构

活动理论认为活动是有意识的,互动的,主体和客体之间的转化过程,是心理和客观的历史的统一。② 具体来说,列昂捷夫将活动划分为外部和内部活动,内部活动是人的内部心理机能活动,外部活动是个体与外界、他人发生联系时的活动。他认为外部活动先于内部活动,内部心理活动是由外部活动产生的。从能动性的角度看主体的内部心理活动,其形成当然不能排除外部活动的转化,但离不开其自我激发。

活动是活动理论中最基本的分析单位,活动内部具有层次结构,而且是发展变化的。活动是客体导向的,驱动活动发生的是主体的需要和动机。活动由行为序列构成,行为构成活动的基本单元,操作是展开行为的具体步骤,它的实现依赖于客观条件。因为需要有意识的努力,所有的操作开始都是行为。随着活动的进行,主体的行为越来越自动化,需要主体有意识的努力越来越少,由不随意动作变为随意动作,活动分解成行为并最终分解成操作。(见图7-3)

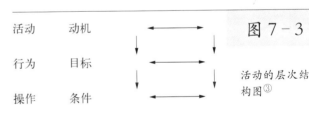

图7-3 活动的层次结构图③

2. 活动的系统

活动理论是一种重在把活动系统作为分析单位的社会文化分析模式。活动理论认为活动系统是集体性人类建构活动,不能简化成个体行动。罗素指出:"一个活动系统是任何一个正在进行的、目标导向的、历史条件下的、具有辩证结构的、工具中介的人类互动,例如,一个家庭、一个宗教组织、一个倡导什么的团体、一个政治运动、一个学程、一所学校、一门学科、一个研究实验室、一个职业等等。"活动的子系统包括:生产子系统、消费子系统、交往子系统、分配子系统。(见图7-4)

---

① 王志琴.高中英语课堂学习活动的变革——基于活动理论的视角[D].武汉:华中师范大学,2013.
② 赵慧军.活动理论的产生、发展及前景[J].东北师范大学报(哲学社会科学版),1997(01):87-93.
③ 吕巾娇,刘美凤,史力范.活动理论的发展脉络与应用探析[J].现代教育技术,2007(01):8-14.

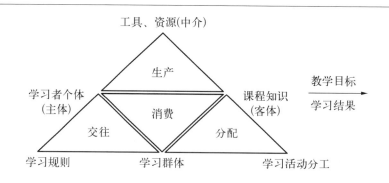

图 7-4 活动系统的模型

3. 活动的要素

活动系统包含互动的要素,包括主体、工具、客体、分工、共同体和规则。① 活动理论的六要素相互作用,组成了四个子系统,这四个子系统服务于将客体转化为活动结果的目标。具体来说:第一,主体指一项活动的执行者,活动的实施者。主体既可以是个人也可以是群体。活动的开展要以主体为中心,其他各要素都是为主体达到活动目的而服务。第二,活动系统的客体是系统生产出来的制品,包括物质的、精神的和符号的。转换了的客体是活动过程中主体要达到的目的,要实现的结果。可以说,所有的活动都是以客体为导向的。就像客体在生产过程中被转化一样,主体也可以被客体转化。② 第三,工具也是中介,是使活动顺利开展所需要借助的环境和条件,是活动主体作用于客体的手段。因此,工具是主体转化客体过程中所使用的任何东西,既包括物质工具,如计算机、锤子等,又包括精神工具,如符号系统、程序语言模式等。③ 第四,活动理论认为"人类个体的活动是一个社会关系系统,它不能脱离了那些社会关系而存在"。④ 共同体包括了至少对客体付诸部分努力的个体和小组,与主体一起参加活动、完成任务,是活动不可缺少的一部分。共同体构建的功能主要有社会强化功能,满足活动主体的归属感和集体感;信息交流功能,以达到自身丰富与发展和共同进步的目的,在共同体中能认识自己、完善自己。⑤ 第五,分工既指共同体内合作成员横向的任务分配,也指纵向的权力和地位分配。⑥ 大多数组织在横向和纵向上都不断演化。但是,就进行分工的灵活性而言,组织与组织之间各不相同。第六,规则是指对活动进行约束的明确的规定、法律、政策和惯例,以及潜在的社会规范、标准和共同体成员之间的关系。

---

① Engeström, Y. Learning by expanding: An activity-theoretical approach to developmental research[M]. Orienta-Konsultit Oy, 1987.
② Nardi, B. Studying context: A comparison of acitivity theory, situated action models, and distributed cognition[M] // In B. A. Nardi. Context and consciousness: Activity theory and human-computer interaction. MA: MIT Press, 1995.
③ 戴维·H·乔纳森.学习环境的理论基础[M].上海:华东师范大学出版社,2015:100.
④ Leont'ev, A. N. The problem of activity in psychology[M] // In Wertsch, J. V. (Ed.), The concept of activity in soviet psychology. Armonk, NY: M. E. Sharpe, 1981: 37-71.
⑤ 申倩倩.活动理论的游戏化学习环境的设计研究[D].西安:陕西师范大学,2013:32.
⑥ Engeström, Y. Activity theory and individual and social transformation[M] // In Yrjö Engeström, J. V. (Ed.), Perspectives on Activity Theory. Cambridge University Press, 1999: 19-38.

因此，规则既包括显性的明确规定，也包括隐性的习俗传统。规则是主体与共同体之间联系的纽带，起到制约和确定个体与个体间相互关系的作用。

活动理论作为分析人类实践活动的理论框架，少先队活动也是人的实践活动的一种，因此，以活动理论为理论基础，既可以从理论上确立少先队活动作为少先队教育基本途径的合理性，又可以进一步弥补既往少先队活动实践和研究中过于偏重于经验总结而缺少理论关照的不足。

首先，不断完善的活动理论不仅强调活动是个体与外部世界之间的转化，其中，外部世界既包括主体周遭的中观系统，也包括其所处的宏观社会历史文化境脉，而且，活动理论还明确活动内部是各个系统的相互作用。从系统的视角来理解和分析活动，可以让我们更为全面、动态地理解少先队活动及其对少先队员的影响，切忌片断化和简单化。以前我们往往是单一工作视角来谈少先队活动，有意无意地将少先队活动与学校日常教学工作单独分离和区隔，系统的视角则能有助于扭转这一认识上的误区。

其次，活动理论提示我们不仅要在社会历史文化情境中而且要在具体的学校情境中理解少先队活动，将少先队活动纳入到学校教育的整体工作中。不仅如此，活动理论强调要从系统性和完整性的角度，全面地考虑活动的各个要素、活动的不同层次以及系列活动之间的关联性。因此，活动理论对系统性的强调拓展了我们对少先队活动教育的认知边界，提示了我们认真分析活动内部因素、系统相互协调的必要性，只有如此才有可能达成对少先队员进行政治启蒙和思想教育的目标。

第三节　少先队活动的类型及其课程化建设

少先队活动教育作为少先队教育形式中最为活泼生动、贴近少年儿童生活，符合其发展需要的教育形式，随着中小学教育水平的不断提高，少先队组织水平的持续更新，少先队活动的类型也越来越丰富，形式也越来越多样。参考段镇在《少先队学》一书中对于少先队活动的分类，以及其他相关研究的成果，依据不同的划分标准，少先队活动可分为不同的类型。分类标准为我们更为系统、结构化地理解丰富多彩的少先队活动提供了科学的理论视角。

一、少先队活动的基本类型

在日常的少先队活动和表达中，我们会听到不同类型或名称的少先队活动，时常让我们理不清其义所指。其实，这是由于分类维度不同所致。因此，我们这里有必要就不同分类方式中的少先队活动类型进行简要说明。

（一）按组织级别分类

有大队活动、中队活动和小队活动。大队活动是少先队大队一级组织，是由少先队大队委员会策划、领导、筹备、主持的全队性、全校性的活动。通常选择重要的节日、纪念日或结合学校少先队传统及品牌特色活动组织开展。中队活动是少先队中队一级组织的活动，由少先队中队委员会策划、领导、筹备、主持，是全班性的活动。小队活动是少先队小队一级组织的活动,由小队队员共同策划、筹备,小队长主持,全体小队队员参加的小型活动。小队人数少,便于组织管理,不受时间、场地限制,小队活动的组织和开展具有一定的灵活性。大队、中队、小队三级活动既可以独立开展,又可以序列化开展,相互结合,相互促进。

(二) 按建设性与自治性分类

有阵地活动、社团活动、民主活动和自发组合的群体活动。

阵地活动是由中队和大队创办的,有专门内容、专门组织形式和专门阵地的经常固定的活动。它们是少先队员们的"集体事业",也可以称之为"小事业"活动。阵地活动,在组织教育方面有队室、知心信箱、值日中队、礼仪服务队、鼓号队等;在宣传教育方面有队报、广播台、电视台、图书馆、展览橱窗、红领巾角、红领巾剧院、红领巾微信公众号等。

社团活动是少先队根据少先队员们各自的兴趣爱好和特长,以自愿为原则,跨中队而建立起来的社团组织的活动,也是少先队组织培养兴趣、学会实践、发展个性特长的专门活动。当前,中小学的社团活动涉及的领域非常丰富,包括研究类,如"中国梦"红领巾研究所、"民族情"丰碑考察等;宣传类,如"向阳花"党史宣讲团、"幸福花"故事讲演团;寻访类,如"小脚丫"梦想寻访团、"小话筒"党员先锋采访团等;艺术类,如"中国梦"公益广告创作团、"好队员"童谣说唱团等。随着教育改革的深化以及社会生活的进步,少先队的社团活动形式也会越来越丰富,更为贴近少年儿童的生活,使得思想政治教育的效果愈佳。

民主活动是少先队民主化建设的活动,包括民主选举活动、民主自治活动、民主评议活动和民主评优活动、召开少先队代表大会活动等。民主活动是少先队活动最为核心的特色活动。

自发的群体活动是少先队员完全按照共同的兴趣爱好,三五成群自由结合、自发组织的活动。这种活动不依赖教师、辅导员,不需要列入大、中、小队活动计划。这种活动形式灵活,较少受到时空限制。

(三) 按时间分类

可分为季节性活动、重大节日活动和周末双休日活动等。

季节性活动是按照季节的特点,根据一年中季节特点来安排的,或者为继承和弘扬民族传统节日而开展的活动。例如,春季可以组织"春游踏春"活动,夏季可以开展夏令营活动,而秋季则通常组织劳动教育活动等。除此之外,还可以配合中国传统中的节气特点展开活动。例如,结合春节,可以开展"年货采购员"、"写春联"等活动;而在端午节可以结合纪念屈原,开展爱国主义教育活动,举行"学包粽子"、"龙舟赛"等特色活动。

节日活动是在各类法定的或有特别意义的节日期间开展的相关活动。对于少先队来说,通常建队日、建党日和建军日都是极具思想意识教育意义的重大日子。通过与具体的节日庆典相结合,使得活动的仪式感和教育功能得到更好的发挥。

双休日活动是假日休闲活动。一般按居住地自愿组建起假日小队为单位组织活动,由小队长主持,年龄小的队员一般都在家长、辅导员带领下进行活动。小队规模小,活动内容有"请进来"的家庭活动：家务、游戏、制作竞赛、阅读、集体做作业等；有"带出去"的户外活动：游园参观、社会服务、游戏等，灵活多样。

（四）按空间分类

这类活动包括校园活动、课堂活动和社会实践活动等。

校园活动是少先队在本校范围内开展的校园内的活动。考虑到安全因素，大部分的少先队活动都在校内开展，其中以活动的地点来划分，则可进一步分为室内活动和室外活动。

少先队的活动也会在课堂当中展开，通常，学校会安排专门的队会课时间开展常规性的少先队活动。例如，少先队知识教育、队前教育等侧重于知识性的内容主要通过课堂活动的方式进行。

社会实践活动是在学校外开展的少先队活动。少先队带领少先队员到工厂、农村、部队等社会机构，实地参观和考察，亲身接触社会、接触大自然，体现少先队活动实践育人的优势。在社会实践活动中，按照儿童所接触的社会生活的范围可进一步分为社区活动、社会活动和郊外活动等类型。根据活动的形式，社会实践活动亦可进一步分为考察探究活动、社会服务活动、职业体验、场馆学习等类型。综合性、探究性、体验性的社会实践活动可以对校内活动加以补充和延伸，同时还有利于少先队组织的优良作风传播到社会并服务于社会，最终形成学校和社区少先队工作全面活跃。2016年，教育部进一步对学生的社会实践活动进行指导，颁布了《关于推进中小学生研学旅行的意见》（详见链接7-1），提倡开展健康的学生社会实践活动。

链接7-1

《关于推进中小学生研学旅行的意见》

2016年11月，教育部等11个部门印发了《关于推进中小学生研学旅行的意见》（以下简称《意见》），对全国中小学研学旅行工作的推进提出明确要求，将研学旅行纳入中小学教育教学计划，要求各地采取有力措施，推动研学旅行健康快速发展。

（五）按活动特性分类

有主题性活动、系列性活动、探究性活动、常规性活动、传统品牌活动以及最新出现的信息类活动。

少先队的主题性活动是少先队组织集体拟定教育主题，引导队员围绕某个特定主题深入而系统地开展的活动。主题的选择要突出少先队思想引领和政治启蒙的目的，同时，要注意贴近队员的实际并符合他们的兴趣和发展特点。目前，中小学开展的主题活动主要以中队为单位，是主题中队会。

少先队的系列性活动是少先队组织的一种大单元的主题教育活动。系列性活动的特点是在较长时间段内（一个学期或一个年度），围绕一个主题或者是几个相近的主题开展多层次多侧面的相互联系的各种活动。系列活动强调把若干活动按顺序有机地组合串联起来，有目的、有计划、有步骤地分阶段进行活动，引导队员为追求某个有趣且有意义的目标，持续不断地努力。

少先队的探究性活动是少先队组织的，在辅导员指导下，从少先队员自身的生活和实践生活中发现问题，确定探究的主题，采取实验论证、角色体验、表达交流、成果展示、集体评议等方式，主动获取知识，认识分析问题，提出解决问题方法的学习活动。探究性活动具有主体性、生成性、实践性、开放性、创造性、综合性等特征，其中生成性是探究性活动的重要特征，在探究过程中特别强调随着活动过程的展开和活动情境的需要不断生成新的目标和新的问题。少先队探究性活动的主要形式有：小课题研究（主题研究）、项目（活动）设计、社会实践学科融合、网络探究等。

少先队的常规性活动是少先队为进行组织教育、处理队的日常事务而开展的活动。这类活动是少先队组织自身特有的活动，包括组织队章学习，开展入队前的教育，举行入队、离队、建队（编队）仪式，聘任辅导员，召开少先队代表大会，民主选举队干部，建立红领巾轮流值日岗等活动。常规性活动具有组织性、民主性和教育性，是少先队组织每年都要举行的活动，对于加强少先队组织建设和思想建设有着重大的作用。

少先队的传统品牌活动是少先队代代或年年相传、形成制度的活动。这类活动有两大特点：一是少先队组织继承发扬前辈创造的，为队员所喜爱的，教育效果好的活动。二是少先队组织根据本区域、本地区、本大队的情况，到某个时间必定要开展的，已形成数年传统的，被队员喜爱的特色活动。

随着信息技术的持续发展，互联网和虚拟空间已经成为人们日常生活中不可或缺的一部分。而且，新时代的少先队员作为互联网原住民，对于网络生活和信息技术具有天然的亲近感。因此，从贴合时代变化、符合少先队员生活经验的角度，越来越多的少先队活动采取了新媒体这一媒介，这样做既能引起少先队员的兴趣，又能提升他们的信息技术水平，同时还能扩大少先队教育的影响力。例如，线上红领巾广播站，发挥少先队员的主动性，自主设计发布少先队微信公众号；通过拍摄 Vlog，采取直播的方式讲红色故事，分享研学心得等活动，打通线上线下阵地，把少先队活动从课堂拓展到校外，进一步延伸到网络空间里。

二、近年来少先队活动的课程化建设

这里，我们要特别介绍近年来少先队活动课程化建设的理念与思路。2012 年 9 月，教育部下发了《教育部关于加强中小学少先队活动的通知》，其中规定：少先队活动要作为国家规定的必修活动课，小学一年级至初中二年级每周安排 1 课时；小学一二年级少先队活动课时可在地方课程与学校课程中安排；小学三年级至初中二年级少先队活动课时可在综合实践活动中安排。这意味着，国家将少先队活动课程化，以融入中小学教育体系，确保少先队活动能够在现有的中小学学校中获得基本的时间保障。同时，少先队活动的课程化也能够促进辅导员等少先队专业工作者从课程开发与实施等教育学专业的理论视角来思考和设计少先队活动的内容和形式。2013 年 3 月，国家颁布了《少先队活动课程指导纲要（试行）》，规定了少先队活动课的性质、目的、内容、实施途径、方式方法以及评价及保障条件等,进一步强化了少先队活动在中小学校教育体系中的地位。

1. 少先队活动课程的内涵与性质

什么是少先队活动课程呢?《少先队活动课程指导纲要(试行)》指出"少先队活动课程是少先队把握组织属性,通过特有的组织形式、集体生活和活动方式对少年儿童进行思想引导的活动课程。"因此,少先队活动课是在少先队辅导员的帮助下,发挥少先队员主体作用的一门独特的活动课程,不以考试为评价,以实践体验为主要途径。

其性质强调两点。其一,政治性。政治性强调以理想信念教育为根本,以"五爱"教育为基础,以中国梦和社会主义核心价值观教育为主线,注重党、团、队组织意识和教育内容的衔接,培养少年儿童对党和社会主义祖国的朴素感情,培养少年儿童严和实的品德,团结、教育、带领少年儿童听党的话,跟党走,从小学习做人、从小学习立志、从小学习创造,养成好思想、好品行、好习惯,时刻准备着为实现中华民族伟大复兴中国梦的美好未来努力奋斗。

其二,儿童性。儿童性要求充分尊重少年儿童主体地位,遵循少年儿童的年龄特点,认真把握少年儿童的情感、意识、信念形成的基本规律,以少年儿童为开发和实施主体,发挥少年儿童自主作用、创造精神和少先队集体的力量,精选与少年儿童学习、生活经验密切相关的教育内容,采取少年儿童易于接受的方式,以校园为基础、家庭为补充、社会为天地,组织开展丰富多彩的实践性、体验性活动,努力增强少先队活动的吸引力和实效性。

2. 少先队活动课程的目标与内容

目标内容包括四个方面。

第一,组织意识。即少先队要教育引导少先队员遵守少先队的章程,牢记党是少先队的创立者和领导者,认识党的伟大、光荣和正确,理解队的性质、目的等队的基本知识,了解少先队的历史,珍惜少先队员称号,履行队员权利和义务,遵守纪律,服从队的决议,积极参加队的活动,努力完成队组织交给的任务,热心为大家服务,学会合作,培养集体主义精神,增强光荣感和组织归属感,培养党、团、队相衔接的组织意识。

第二,道德养成。即少先队要教育引导少年儿童从小学习做人,养成严和实的品德。做一个好人,有品德、有知识、有责任,坚持品德为先。学习和传承中华民族传统美德,学习和弘扬社会主义新风尚,热爱生活,懂得感恩,与人为善,明礼诚信,争当学习和实践社会主义核心价值观的小模范。记住要求,心有榜样,从小做起,接受帮助。培养法治意识,养成守法习惯。爱护生态环境。

第三,政治启蒙。即少先队要教育引导少年儿童从小学习立志。认识和理解党的"两个一百年"的奋斗目标和中华民族伟大复兴的中国梦。把自己的志向同祖国和人民联系在一起。培养追求真理、报效祖国的志向,爱祖国、爱人民、爱劳动、爱科学、爱社会主义,时刻把祖国和人民放在心中,从小听党的话、跟着党走,努力做祖国和人民需要的好孩子,做祖国和人民事业发展的接班人。增强国防意识和国家安全观念。自觉维护中华民族大团结。

第四,成长取向。即少先队要教育引导少年儿童从小学习创造。学习用新理念、新知识、新本领去适应和创造新生活。争当勤奋学习、自觉劳动、勇于创造的小标兵。敢于有梦、勇于追梦、勤于圆梦。培养科学精神,激发科学梦、创造梦、报国梦。培养媒介素养,从小争当中国好网民。积极参加体育锻炼,培养良好心理素质和意志品质。培养阅读习惯、审美意识和情趣,阳光生活,快乐成长,全面发展。

3. 少先队活动课的实施途径和基本方式

根据《少先队活动课程指导纲要(试行)》,少先队活动课程的实施途径主要是组织教育、自主教育和实践活动。基本实施方式以中队活动为基本形式常态开展,也可以大队集中开展,或以小队、红领巾小社团等形式灵活开展。

总体上,在新世纪基础教育课程改革的大趋势下,自《少先队活动课程指导纲要(试行)》颁布实施以来,有力地保障了少先队活动在学校教育体系中的地位,引起了学校领导和教师的重视,有力推进了少先队教育活动在现当代的新发展。

第四节 少先队活动的原则与基本环节

一、少先队活动的基本原则

在活动理论的指导下,针对少先队活动组织与实施过程中所存在的问题,应进一步明确少先队活动设计和组织所遵循的基本原则,以落实少先队活动的实效。

(一)主体性原则

少先队及少先队活动本身就突出强调少先队员的主体性,而活动理论指出主体是活动的核心要素,突出活动的主体性,即在于强调少先队活动应以人为本。其中,尤以对少先队员的主体地位的承认为重。开展少先队活动的最终目的在于促进少先队员主体性的发展,是为了少先队员且基于少先队员特点和需求的发展。少先队员不是参与活动的演员,更不是协助辅导员完成任务的工具。因此,少先队活动的设计在内容的选择和方式的安排上应注重激发队员的能动性、自主性和创造性。当然,这并不是否定辅导员的主体性,事实上只有当辅导员能够获得主体性体验之后,才能从主体间的互动层次来设计和实施少先队活动。

(二)整体性原则

在进行少先队活动设计时应充分注意活动的整体性。不同于少先队员的自发活动,也不同于零散的课外活动,少先队活动是系统的整体性的安排。尤其是近年来教育部将少先队活动以活动课程的性质加以明确,[①]这不仅是为了进一步确保少先队有专门的活动时间,而且也增强了少先队活动的体系化、序列化和科学化。从时间上看,活动设计的整体性体现在序列化方面,少先队活动不应是单一的,而是围绕着系列主题所展开的多元连续的,在设计时可以按学段、按学年、按学期,分系列分层次逐步展开。从组织上看,活动设计的整体性体现在全员化方面,少先队活动的设计应贯穿于少先队组

---

① 参照教育部 2013 年《少先队活动课程指导纲要(试行)》。

织的不同层次,发挥大队、中队和小队组织在开展活动时的优势,进一步落实活动对全体少先队员的教育影响力。从结构上看,活动设计的整体性体现在完整性方面,少先队活动的设计应囊括活动的各个要素,缺一不可。活动的实施依赖于要素之间的共同作用,包括活动目标、过程、方法和评价等所有的环节都应做到完备。

(三)目的性原则

活动理论所强调的客体即通过活动主体所要达到的目标。目的性原则提醒我们,不论活动的种类多丰富,活动的形式多活泼,其基本立足点都是源自于活动的客体,即目标。而少先队活动的基本目标就在于培养少先队员的组织意识、道德养成、政治启蒙和成长取向,这也是少先队活动的基本立场所在,更是少先队活动区别于一般学校活动的特色所在。因此,在实践中不能为了活动而活动,应始终明确组织和实施活动是服务于实现活动主体和活动客体之间的相互转化。这就要求在设计阶段不仅应充分考虑本次/系列活动的目标,还应进一步地对各级目标进行关联,思考向上如何与总体目标相呼应,向下如何细分到本次活动的各个层次。而且,还要求活动所包含的各个环节都能适当且有效地辅助于目标的实现。只有如此,才能实现活动的目的,真正落实活动效果。

(四)创新性原则

创新性原则是由当前教育所处的社会环境和时代发展的需要所决定的,知识经济时代中,信息量呈爆炸式增长,知识更新速度加快,价值观多元化也日趋明显。广大少先队员将要面对的是一个其师长父辈都不曾有可靠经验的不确定社会,他们要解决的是前辈都未曾处理过的挑战,如何有效地帮助他们做好适应未来社会的准备,创新精神和能力的培养将成为关键。其实,少先队一直以来都把培养少先队员的创新精神和创造能力看作是一项重要任务。1984年7月,邓颖超代表党中央在全国第一次少先队员与辅导员代表会议上向全国少先队员发出了"未来需要我们去创造"的号召,提出了"树立创造的志向,培养创造的才干,开展创造性的活动"三点要求。[①] 因此,创新性原则可以说是少先队活动传统的内在要求。所谓创新,即少先队活动要新颖,在内容上新、在形式上新、在内容上新。根据时代发展的要求和少先队员们的生活世界特征,推陈出新,与时俱进。

二、少先队活动的准备与实施

(一)策划与准备

少先队活动是少先队教育的基本形式,少先队教育作用的发挥离不开活动的有效开展。活动理论强调在设计少先队活动时不仅要注重活动设计的形式,更要注重对活动主体的分析、注重活动群体之间的互动、注重环境氛围的营造、注重活动内容的设计。以下按照活动组织与开展的环节分别说明少先队活动的基本环节。

1. 少先队活动的策划

合理的策划是活动顺利展开的前提,因此,在活动实施之前需要周全的设计,包括

---

① 段镇.少先队学[M].上海:上海人民出版社,2015:301.

精心地选择活动主题，确定活动的内容，开发活动的方法和形式等五个方面的内容。

第一，进行活动主体需求分析。虽然对活动主题、内容和方法的选择与确定是设计活动阶段不可或缺的工作，但是，其前提应当是对活动主体进行需求分析。"儿童是有他特有的看法、想法和感情的；如果想用我们的看法、想法和感情去代替他们的看法、想法和感情，那简直是最愚蠢的事情。"[①]因此，近些年来在教育研究和实践领域兴起了一股"学生声音"的趋势，越来越强调从学生视角来理解教育生活，倾听学生对于理想教育活动的看法，并以此来调整活动安排。这就要求辅导员在活动设计阶段要对队员的身心发展水平有较为全面的把握，不仅如此，还应当理解当前少先队员所处生活世界的基本样貌。只有在了解少先队员所思所想所言的基础上，才有可能设计出符合少先队员需求，受到他们喜爱，具有真正教育效果的活动。

第二，准确定位活动主题。根据少先队活动的不同类型，以及大队、中队的具体情况来确定少先队活动的主题。在选择主题时，首先，要考虑活动参与主体的情况，具体包括处于特定发展阶段的少年儿童的认识规律、年龄特征和认识水平。其次，要考虑到活动的目的性，也就是通过活动所应达到的思想教育和政治启蒙的目的。在选择主题的过程中，应采取调查的方法，问需于童，邀请少先队员参与到选择主题的讨论中，从孩子的需求中寻找教育契机。而在实践中，围绕着时政要点、重大节日和校本安排，为少先队活动储备丰富主题。不仅如此，少先队活动课程中也提供了科学的主题库，这些都为少先队活动的选题提供了合理的参考。

第三，选择恰当的活动内容。活动目的的实现不仅需要以教育内容为载体，在确定了活动目的的基础上，还需对活动的内容进行合理的选择。互联网时代，少年儿童所接触到的社会生活日益丰富，也相当多元，这为活动内容的选择提供了诸多参考。然而，少先队活动不同于其他的学校活动，应突出其自身的政治思想教育特性，明确其目的在于促使队员政治社会化，使队员获得政治启蒙，养成道德品质，以培养队员的朴素爱国情感，为成为党的接班人奠定基础。因此，在选择和确定少先队活动的内容时，首先要注意结合国家政策要求，体现内容政治性、时代性和思想性。除此之外，在符合政治性和思想性的基础上，还应从少先队员的视角，选择符合他们认知发展水平的内容，贴合其生活经验的材料内容。如果有需要的话，可以再对活动内容做二次开发，用少先队员喜闻乐见的方式对内容进行重构和重编，提高内容对本地少先队员的适切性。

第四，构思多彩的活动方法。从主题班会到学生社团活动，从学校层面的节日庆典到校外实践活动，再到学校品牌活动，活动的主题涵盖了少先队员全面发展的各个方面。然而，热热闹闹的活动要想真正实现其育人功能，需要进一步在活动的方法层面加强其科学性和教育性。活动理论非常强调中介行动的作用，认为是工具中介改变了人类活动的性质，工具被内化后，还会影响人的心理发展。因此，妥善有效地选择活动开展的环境、采用的工具对于活动主客体的相互转化非常关键。

通常，少先队活动采取的主要形式包括以下几种：

报告式。报告讲座式可以说是长期以来学校教育活动使用最为频繁的一种形式，

---

① 卢梭著.爱弥儿(上卷)[M].李平沤,译.北京：人民教育出版社,2001：88.

这种形式有利于前沿资讯、重要时政、关键信息的有效传播,能够在短时间内对于较大范围的受众传递活动的目标信息。例如"红军爷爷讲英雄故事"这类活动就主要采用报告式。

讨论式。采用这种方式开展活动不仅有利于锻炼少先队员的参与能力和表达能力,而且有利于创造平等民主的氛围。少先队组织是少年儿童自己的组织,少先队员是少先队的主人翁,通过广泛地讨论,邀请最大范围的少先队员参与到少先队活动中能够更好地发挥队员们的主体性。少代会上少先队员对于组织发展的建言献策可以看作是讨论式的代表。

竞赛式。采取竞赛作为活动形式对于培养少先队员的规则意识非常有帮助,规则意识也是当前学校教育非常重视的培养目标。活动理论认为,规则是一个活动中必不可少的要素之一,也是联结主体与共同体的纽带,起到制约和确定个体与个体间相互关系的作用。因此,在竞赛活动中要思考如何公平有效地设置规则,恰当引导学生通过活动的参与,学会尊重规则,逐渐学习共同商讨建立规则。少先队所举行的少先队知识竞赛等活动就属于这一类。

表演式。包括情景剧在内的表演式的活动在当前的学校教育中也较为普遍,不论是在中队层面还是大队层面都可以采用这种活动方式。相对于讨论(辩论式)的语言类活动,表演式的活动对于引发学生体验,培养其情感更为有效。而且,寓教于乐也深受少先队员的喜欢。中队活动中的情景剧表演就属于此类。

游戏式。随着近年来各界对儿童天性的不断体认,通过游戏的方式展开学习越来越受到重视,游戏式活动对于激发儿童的兴趣、引起学习动机有较好的效果。同时,通过创设与活动目标相匹配的游戏环节能够令学生在游戏中体验情感、练习技能、发展能力、更新信念,实现多方面综合的培养目标。

参观实践式。区别于传统的课堂知识学习,实践性学习能够起到常规的课堂知识学习无法实现的作用,即将理论性知识转化为实践经验与能力,能够将理论运用于解决生活中的真实问题中。包括研学旅行、党的会址参观在内的活动都属于这一类。

事实上,一个少先队活动往往会综合以上的各种活动方式,或者以其中一种为主,其他形式为辅。因此,在设计活动时应根据活动主体的年龄特点、特长、本地的资源以及活动目标灵活地进行选择,也可以在此基础上做进一步的创发。

第五,撰写活动方案。在活动设计阶段,最后要做的就是撰写活动方案。方案可以看作是对活动在头脑中的模拟,通过文字的方式再现活动的整个过程和各个环节,是文字上的彩排。通过活动方案的编写,可以帮助活动组织者将活动过程具体化、细节化。一份活动方案通常包括:活动名称、活动目的、参与群体、活动过程与组织和活动的反思与评价等内容。其呈现方式主要以文字为主,辅之以图表、照片。

2. 少先队活动的准备

在活动开始前要做好充足的准备,好的教育活动的开展,离不开精心的准备。通常活动的准备包括:物质材料、组织协调、人员团队、预案经费等方面。

首先,要准备物质材料。不论大小,活动的展开都需要各种物质和材料,其中最重要的是确定活动的场地,确保场地的各项安全措施到位。其次,根据活动各个环节的设计,准备相应的用品、设备和道具,必要的情况下还需要动手制作或者二次开发。再次,制作和开发视频、演示文稿等图形化材料,适当地引入配乐、动画、纪录片等多种新媒体途径,创制更符合少先队员需求的情境,增强其活动体验的效果。

其次,要做好组织协调的准备。从活动理论来看,活动是在共同体中不同系统的互动过程,涉及时间上的动态过程,主体间的相互交往存在着较大的不确定性。因此,在开始前应按照时间、环节、活动内容等设计好流程,配备好相应的负责人员。尤其应注意活动各个子系统之间的相互协调,不能厚此薄彼。有条件的话,最好能够事先进行彩排,根据现场情况对方案进行调整。如果是校外活动,则涉及交通、食宿的安排,应考虑到路线的安排、天气的情况、参与人员的身体状况等因素酌情做好安排。开展活动前的安全教育也是必不可少的环节。任何一个活动,都应该有应对突发情况的预案,包括安全负责人、紧急求教方式等内容,并购置保险,以保证参与人员的安全。

再次,要搭建组织团队。少先队的活动根据组织层级不同,在小队、中队和大队不同的范围内展开,各个层次活动的展开都需要不同利益相关者的协调合作。其中,既包括不同岗位的教师,也包括不同组织角色的少先队员。要想顺利开展少先队活动,尤其是大型的大队活动或者队际间活动,搭建一支高效、合作性高的组织团队是非常关键的。此外,团队成员也是活动共同体的重要构成。少先队活动组织团队通常包括活动的主持人或主讲人、参与嘉宾、合作负责人、后勤支持人员以及拍摄和新闻发布小组等。活动的主要负责人应做到知人善用,根据活动的内容进行明确分工,做好充足的准备工作,以保证对活动有效调控。需要注意的是,团队中应包含少先队员,按照少先队章程第十一条规定:"队员是少先队组织的主人,在队里都有选举权和被选举权,可以对队的工作和队的活动提出意见和要求",少先队活动要特别强调少先队员的主体性,在活动的设计、开展和实施过程中都应充分引导和培养少先队员的参与意愿和参与能力,还活动于队员。

(二)少先队活动的实施

在充分准备的基础上,下一步需要在设定的时间和地点内,进一步按照预定的方案开展活动。将活动设计方案转化为生动的教育活动,需要活动的共同体的参与和转化。在活动实施过程中,活动的组织者应相互配合,各司其职,有条不紊。除此之外,活动一旦开展就会形成其自身的步调和节奏,因此,还需要对整个活动过程进行实时调控。这种调控主要不是为了监督辅导者或少年儿童的某个具体行为,而是要对活动过程进行整体的、宏观的把握,及时发现各种可能影响活动进程的情况和因素,以便及时解决,合理调整,保证教育活动的顺利进行。而且,这样做还可以丰富对活动过程的记录,积累多种类型的活动数据,为评估和反思活动成效、形成有价值的活动组织经验提供较为全面的、科学的依据。这对于长期宣传和开展教育活动也具有积极的意义。

少先队活动从准备到实施过程,可通过一个案例进行更为具体的了解(详见链接7-2)。当然,由于主题不同,各地条件不同,不宜机械地进行操作,而应因地、因情制宜,创造性地开展工作。

链接 7-2

"争当新时代的好队员之习爷爷的小书迷"活动方案

活动背景：为深入学习宣传贯彻党的十九大精神和习近平总书记新时代中国特色社会主义思想，落实少先队改革的部署和要求，加强对少年儿童的思想引领，增强少年儿童文化自信，通过活动感知新时代，向习爷爷学习读好书当好队员，培养队员对党、对人民领袖的真挚情感，努力成长为担当民族复兴大任的时代新人，深入推动"动感中队"红领巾小书虫活动。

活动目的：

（1）引导队员们多读树立人生正导向的书籍，从书籍中获取知识，增长见闻，从小培养良好的阅读习惯。

（2）让队员读"习近平"总书记读过的书籍，了解领袖成长的心路历程。

（3）学习习爷爷"爱读书、读好书、善读书"的优秀品质。

活动年级：四年级

活动时间：40 分钟

活动准备：

（1）辅导队委召开活动策划会议，并对活动设计给予指导意见。

（2）队委进行分工。

（3）分小队对习爷爷看过的书进行分类别探究研读（现代文学、外国名著、经史典籍、历史与科学……），并讨论汇报形式（如讲故事、表演剧、朗读者分享等等）。

（4）中队活动智囊团制作"习爷爷读的书"思维导图的主题和主干——书籍的类别。

活动过程：

1. 整队，报告人数：宣布"争当新时代的好队员之习爷爷的小书迷"主题活动开始

2. 出队旗

3. 唱队歌

4. 宣布活动开始

5. 中队长讲话：对活动的缘起、准备和期望进行简要的陈述

6. 思维导图展示习爷爷读书的主要"脉络"

7. 给小队汇报

8. 中队微论坛：拟建设中队特色图书角"习爷爷的书柜"，共议感兴趣添加的相关书籍

9. 中队辅导员总结

10. 呼号

11. 退队旗

12. 宣布彩虹星四 5 中队"争当新时代的好队员之习爷爷的小书迷"主题活动结束

活动延伸

1. 小队一：故事表演：《30 里借书 30 里讨书》，并补充"习爷爷读的书"思维导图中关于"经史典籍"的书籍名称。

> 2. 小队二：红领巾朗读者分享，并补充"习爷爷读的书"思维导图中关于现代文学的书籍名称。
>
> 3. 小队三：习爷爷读书心得微分享，并补充"习爷爷读的书"思维导图中关于外国名著的书籍名称。
>
> 4. 小队四：讲故事《带一箱子书下乡》，并补充"习爷爷读的书"思维导图中关于历史与科学的书籍名称。
>
> 5. 最后，以共享图书的方式建立中队特色读书角"习爷爷的书柜"。
>
> *活动反思*
>
> 1. 通过形式丰富、贴合儿童特点的红领巾小书虫活动，融入思想引领和政治启蒙。
>
> 2. 彰显小主人文化，实行自己的活动自己办。
>
> 3. 充分运用新媒体，把有意义的事情做得有意思。
>
> （编写者：广州市越秀区文德路小学　李霓施）

三、少先队活动的评估

为了确保活动目标的真正实现，需要对活动实施的过程和效果进行评估，并在此基础上总结经验教训，更为精准科学地开展下一次活动。因此，活动的评估是少先队活动组织的一个基本环节，在实践中需要得到足够的重视。少先队活动的评估，就是根据少先队教育的目标和要求以及少先队员的发展水平，运用科学的评测方法，对少先队活动的过程和效果等相关要素进行系统描述，并做出相应判断的活动。

（一）确立评估标准的依据

任何教育活动的评估都要选择和构建其评估的标准，也即参照一种教育基本价值来对活动进行评估和判断。对于少先队活动来说，其评估标准的确立，首先，要以党中央对少年儿童组织和少年儿童发展提出的要求为依据，这是少先队活动的特色和根本依归。其次，要以活动或系列活动的具体目标为依据，包括政治启蒙、思想引领、道德成长等方面，其中也会涉及社会常识、人际沟通等知识和能力方面的发展目标。再次，需要以广大少年儿童的总体情况，以及不同阶段少先队员发展水平和需求为依据。随着实践的发展，认识的更新，少先队活动的评估标准也应持续地更新、不断地完善。

（二）评估的内容

少先队活动给学生的思想带来了怎样的影响，活动设置的目标是否有效，活动方案是否合理，活动的评价工具是否得当，这些都是活动组织过程中和结束后应当认真评价的。根据活动理论对活动各要素、各系统的分析，结合教育评价理论，少先队活动的评估内容包括对活动方案、活动实施过程以及对活动成果等方面的评价。

第一，对方案的评价，即对活动方案进行的评价。活动方案产生于设计阶段，对它的评价主要侧重于可行性分析,包括活动方法的合理性、活动流程的顺畅性、活动情况的记录方式,以及活动评价时所使用工具的合理程度等等。

第二,对实施过程的评价,即对活动开展的过程进行评价。实施过程的评价能够发现实施过程中出现的问题,反思活动设计的优缺点。同时,这个阶段的评价能够对活动主体(少先队员、辅导员)在活动中的表现情况有具体的、动态的把握。

第三,对效果的评价,即对活动开展的效果进行评价。活动的目标在于引导少先队员的思想提升,因此,活动效果的评价主要针对的是少先队员在多大程度上提高了思想水平,在多大程度上扩展了社会和政治常识,又在多大程度上提升了相关能力等等。这些方面都应采取科学的方法加以评测,确保实施的结果符合原先设定的目标。

(三) 评估的基本方法

依据活动类型、活动目标的特性等条件的不同,在实际评估时,可以选择以下几种评估方法。

第一,观察评价。观察是活动开展过程中最为直接有效的收集评价数据的方法,是辅导员对少先队员在活动过程中的表现情况的评价和记录,主要采用评价表和事迹记录两种方式。这种方法是为了评价学生在何种程度上达到了活动目标,它有利于帮助学生改善自己的行为,促进自身的进步。

第二,档案袋评价,即目前常用的成长记录袋。档案袋由辅导员和少先队员共同建立,共同记录系列活动中的成长过程,这有益于发现少先队员成长的规律与变化,也更贴合教育的长效性特征。

第三,学生反思与自评。反思和自评是帮助少先队员将活动经验转化为学习心得、情感体悟的过程。而且,少先队教育同教育者和受教育者的自我教育、自我修养是紧密联系在一起的。自我教育、自我修养越自觉,自我评估越有效。自我评价的形式有调查、访谈、经验分析。辅导员可以设计自评量表,供学生回答和反思。经验分析则是要求学生写下参与活动的经历和感受,可以引导学生对自己的活动经历进行梳理,也能够帮助辅导员根据队员提供的自评材料反思活动开展情况。

思考与练习

1. 少先队活动包括哪些要素?
2. 少先队活动具有怎样的特征?与其他类型的学校活动有何差异?
3. 少先队活动有哪些类型?各有哪些功能?
4. 评估少先队活动有哪些方法?

延伸阅读

1. 段镇.少先队学[M].上海:上海人民出版社,2015.
2. 张先翱.少先队好活动剖析[M].长春:北方妇女儿童出版社,2011.
3. 全国少工委.少先队活动课程指导纲要[Z].2013-3-8.

4. 少先队广东省工作委员会.少先队基础工作手册[M].广州：广东高等教育出版社,2016.

5. 中国少年先锋队章程[Z].2020-7-24.

6. 共青团中央,全国少工委.中国少年先锋队标志礼仪基本规范[Z].2017-9-27.

第八章 少先队仪式教育

内容梗概

1. 仪式概述
2. 少先队仪式的内涵、分类与功能
3. 仪式教育概述
4. 少先队仪式教育概述
5. 少先队仪式教育的分层实施

重要概念

仪式　仪式教育　少先队仪式　少先队仪式教育

学习目标

1. 了解少先队仪式教育的特征、功能及其理论基础；
2. 了解少先队仪式发展的历史，明确少先队仪式教育是少先队组织教育的重要方式；
3. 了解少先队仪式的主要类型，掌握少先队仪式体系及分层实施的程序和方法。

少先队仪式承载着少先队文化,是少先队教育的重要手段,也是少先队教育的重要组成部分。学习本章内容首先需要从历史文化视角理解仪式与人类生活的关系,尤其要理解少先队仪式的特殊内涵及其功能;其次,要着重把握少先队仪式教育的特殊功能及其实施要点。

第一节 少先队仪式

一、仪式是什么

仪式的确立及其变迁总是伴随着时代的演进与社会的转型,从而映照出经济与政治的特征,展现出文化的发展。因此,我们要想理解仪式及其社会影响,应将其放到具体的社会历史发展阶段中,与整个社会生活和文化传统结合起来考察。[①]

(一)仪式的产生与发展

"仪式"在我国古代的文献中叫做"礼"或"礼仪"。三代的礼乐文化是源远流长的中华文化的源头。东周给礼下的定义为:"礼,经国家、定社稷、序民人、利后嗣者也。[②]"从中华民族的文化来看,作为礼仪之邦,礼乐仪文一直是中国古典人文主义的重要内容。

先秦时期的中国社会是一个高度仪式化的社会,"经礼三百,曲礼三千",代表了中国古代社会中大大小小的各种礼仪。《礼记·王制》中总结了传统社会中的"六礼",即"冠、婚、丧、祭、乡饮酒、相见"——社会生活中的六种基本仪式。而《周礼》之中则有"五礼"之说,即"吉、凶、宾、军、嘉"五种仪式类型。一般来说,"五礼说"是以国家为主体,而"六礼说"则是以民为主。不论是"五礼说"还是"六礼说",其基本作用都是通过一种仪式化的行为以调整现实的社会关系。在儒家经典"三礼"之中,对仪式的类型、对象、参与者、祭祀程序等都作了详细的规定,从中可以看出仪式被赋予的巨大社会功能。

(二)仪式的内涵

仪式首先被限定在人类的"社会行为"这一基本表述上。广义上说,仪式包括各种各样的行为,从"你好"等日常问候的礼节到天主教弥撒的隆重仪式,都属于仪式的范畴。也就是说,从广义上讲,所有经由传统习俗发展而来、被人们所普遍接受并按某种既定程序所进行的活动与行为都可称为仪式。仪式作为社会生活的一种最易观察又最生动的行为,同时也是诸多文化观念象征的承载体。国内外公认的观点是仪式是被一个群体内的人们普遍接受的,通过专门设计的,按某种既定程序进行的身体活动与行

[①] 吴晓群.古代希腊仪式文化研究[M].上海:社会科学院出版社,2000.
[②] 蒋冀骋点校.左传[M].长沙:岳麓书社,2006:11.

为。它经常固定、重复地在某个时间或某一特定的情况下举行,并且承载着某种象征意义。仪式本身象征着一种文化,它以一定的象征性符号作为其活动的核心。这种象征性符号可以是形象、语言、文字、图形、音乐等多种形式。它通过这些符号,彰显出一种特定的文化内涵,使参与仪式的群体能够直观地感受到。

(三) 仪式的功能

仪式作为人类社会古老的活动,之所以流转至今,其主要原因在于仪式具有不可替代的作用。仪式最基本的功能特征就在于将个体与社会加以联结,尤其在价值观层面着意缩小个人价值认同与社会规范之间的差距。因此,可以从个体和社会两个方面来分析仪式所具有的功能。

在个体层面,仪式首要的功能在于满足个体社会情感的需要。兰德尔·柯林斯的互动仪式链理论认为,仪式的参与者在仪式参与过程中能够形成一种"感情的流动",并"形成一种归属感"。区别于其他活动,仪式主要依赖于调动参与者的情感来实现其功能。仪式的个体功能还表现在,能够帮助个体形成对社会价值的认同。这是因为仪式着意于传达特定社会团体所信奉的文化价值观和精神体系,由此建构和不断凝聚"想象的共同体"。在人与社会的关系中,个体通过接触象征符号,深切感受组织文化,更快形成组织认同。

相对于个体性的功能,仪式的社会性功能更为关键,是仪式开展的基本目标。正如杜普瑞所说:"仪式活动总是为了群体,而绝不会为了隔离的个体,人们在参与仪式活动时,觉察自己根本上属于一个团体"。[①] 在早期传统社会,仪式发挥着制定社会基本生活秩序规范的重要作用。在社会秩序仍未确定之时,人们则通过仪式来确定生活节奏,例如举办各种节日庆典,抑或是通过生老病死的仪式来表达人们对生命秩序的理解,而诸如商业、婚姻等仪式则体现了群体内部的交往秩序。而在政治生活领域亦是如此,朝拜、祭祀、战争等仪式也构成了国家政治秩序的重要部分。[②] 除了通过社会规范的习得,仪式发挥社会功能的第二个方式是促进群体的形成和成员之间的团结。仪式活动是将群体中独立个体联结起来的关键环节。所有的公共仪式都具有将个人带入与他人有意义的关系内,即使人们进入一种集体的情感之中的作用。[③] 群体成员在仪式过程中积极互动,互相交流组织传达的集体信息,在真实仪式情境中找到存在感,融入集体和组织,产生组织认同感和归属感。涂尔干认为,仪式活动并不只是创造社会团结的一种可能方式,而是一种必需的方式。

仪式则可通过周而复始的举行来形成一种共同的情感,进一步巩固那些共同的价值和目标,并以此保证社会的稳定。[④] 仪式在普通的个体和神圣伟大的组织/思想价值之间架起了桥梁。不仅如此,这种联结是个体价值观念与其社会认同之间的紧密联系,既是抽象的又是根本性的联结。

---

① 杜普瑞.人的宗教向度[M].傅佩荣,译.台北:立绪出版社,2006:169.
② 彭兆荣.人类学仪式的理论与实践[M].北京:民族出版社,2007.
③ 吴晓群.古代希腊仪式文化研究[M].上海:社会科学院出版社,2000.
④ 墨菲.文化与社会人类学引论[M].王卓君等,译.上海:商务印书馆,2009:56.

（四）仪式的构成要素

经过长期的积累与发展,仪式逐渐形成了一些共通的构成要素。这些要素一方面标识出仪式区别于其他活动的独特性,另一方面综合地促进仪式功能的发挥。仪式的展开,根据具体目标的不同,对其中的某些要素有所侧重。

1. 参与者

参与者是仪式得以称为仪式并开展的最基本构成要素,人是仪式的参与者。这里的人侧重于集体意义上的人,而非个体的人。仪式是集体性互动行为,面向的参与者是群体,当群体成员聚集在一起时,会形成"仪式共同体",每个成员均属于集体,不再孤立存在。除此之外,参与者在仪式中的参与方式具有其独特性,即具有突出的身体性。仪式是身体运动,仪式要求参与者必须亲身在场。在仪式进行过程中,参与者必须调动身体感官参与到仪式的模仿活动中,习得各种实践知识,形成群体价值观的身体记忆。

2. 时空场域

时间与空间是世间万物存在的基本属性。任何仪式的开展,都无法脱离于特定的时空而存在。仪式发生在一定的地点、时间,并在空间和时间上塑造了人们共同的生活。① 不仅如此,这些程序和时空对于特定的仪式及其意义的表达都具有特殊的象征意义。② 从仪式发生的时间上看,仪式通常发生在特定时间,或重大节点,或具有特殊意义的日期。仪式的重复性将时间连接起来,给人们提供事件的连续性和整体性,激发更深的情感。从仪式发生的空间上看,仪式都选择在正规场地,例如教堂、寺庙、学校等特定地点。而且,仪式地点应具有场景性,才能通过环境的创设引导参与者投身于仪式的情境中。时间和空间缺一不可。

3. 象征符号

象征符号是仪式中最小、最基本的单位和组成部分,承载着整个仪式过程所反映的象征意义。③ 代表群体的象征符号,能快速且固定地传达群体精神内涵,在仪式中体现群体性标志及其他代表物。象征符号有两极,一端代表感官经验,另一端代表社会规范或意识形态。仪式中采用的象征符号包括视觉符号、听觉符号和动觉符号。其中,视觉符号即用"肉眼"可直观看见的媒介载体,包括文字、图片、旗帜、视频等。听觉符号是指通过"耳朵"听到的声音信息,包括语言、音乐、音响等,能迅速吸引参与者的注意力。动觉符号是需要身体运动表现出来的行为,仪式要求参与者调动感官和情感,积极地模仿仪式的活动,将仪式的价值凝聚为参与者的身体记忆。象征不仅是一种能够直接影响政治生活的形式资源,它还渗透进社会生活的内部,塑造着文化及其价值,甚至能够掌控心灵和身体,主宰人们的行为和思维。④

---

① 乌尔夫.时间与仪式[A].//时间结构学的教育学研究.《时间的转化》(比尔斯坦、米勒·基普、乌尔夫编).德国魏茵海姆,1999:112-122.
② 大卫·科泽.仪式、政治与权力[M].王海洲,译.南京:江苏人民出版社,2015.
③ 特纳.象征之林[M].赵玉燕等,译.北京:商务印书馆,2006.
④ 王海洲.政治仪式的权力策略——基于象征理论与实践的政治学分析[J].浙江社会科学,2009(07):38-43.

4. 规范化程序

不同于日常生活中的习惯,仪式是社会化、正规化的行为,含有特定的社会文化意义。因此,规范化的程序是仪式不可或缺的构成,也恰恰是不同的环节及环节的不同组织与排布凸显了不同仪式的功能。首先,作为一个完整的事件,仪式应包含明确的起始和结束环节。其次,程序中应包含构成本仪式象征意义的系列符号、标志和礼仪。只有如此才能保证特定仪式的完整性,发挥最大的仪式效果。再次,仪式的程序应包含完整的流程,从仪式主题、内容材料、开展方式、后续延伸、紧急预案等环节的设计,到音乐、情境设置、场地安排等人员材料的选择和组织都是仪式实施的重要构成。同时,也可以说正是这些不同的标志、礼仪、环节及其组合的方式构成了不同的仪式。

二、少先队仪式概述

仪式也是少先队活动的重要内容之一,仪式在少先队教育中发挥了不可替代的作用。

(一) 少先队仪式的内涵

少先队仪式是队旗、队礼、队歌、红领巾、呼号、宣誓、鼓乐、队服、队标志等少先队礼仪符号以及用这些礼仪符号所进行的各类仪式活动的统称。可以说,少先队仪式中的种种活动元素及符号都可被视作少先队实施组织教育的象征符号,蕴含着特定的少先队文化涵义。少先队仪式正是由这一系列的象征符号所组成的一项有目的、有计划的群团性活动,它通过营造特殊的教育氛围,借助多样的教育形式,对学生的心灵起着深刻、持久、潜移默化的感染效应,是少先队组织激励引导少年儿童素质全面发展的有效载体,是激发少先队员们的光荣感、自豪感和使命感的重要媒介。

链接 8-1

《少先队改革方案》对少先队仪式的规定

研究制定国家标准,规范红领巾、队旗、队徽、队歌、队礼、呼号、作风、入队誓词、队委标志、鼓号、队服等少先队标志、标识及其使用,推进依法保护。在校内外少先队活动中积极使用少先队标志和组织文化等各种标识。

(二) 少先队仪式的历史沿革

早在1922年,中国共产党就在湖南、江西边界的安源矿区建立了第一个吸收小矿工及工人子弟参加的少年儿童革命组织,1924年在儿童团的基础上,该组织发展成劳动童子团。随着工人运动和北伐战争的发展,中国共产党又分别在上海、广州、武汉、长沙、天津、唐山等地先后建立劳动童子团,团员大多数是童工、工人农民的子女。他们的标志是系红色领带;团礼是五指并拢,举到额头;口号是:"准备着打倒帝国主义!"、"准备着打倒军阀!"、"准备着做世界的小主人!"

土地革命时期,苏区中央儿童局制定了共产儿童团的组织法和编制法,明确了共产儿童团的标志是红领带,并阐明了红领带的内涵:红领带的红色是无产阶级革命的象征,也是革命胜利的象征。呼号是:"准备着!时时刻刻准备着。"礼仪是:右手五指并拢,高举过头。表示全世界五大洲的无产阶级的利益,高于个人的利益。①

抗日战争时期,全区少年儿童代表大会召开,并通过了《抗日儿童团章程》,其附录进一步规范了儿童团团礼及口号:本团礼节要立正,用右手五指,齐右额举起,五指礼是表示中华民族儿童团结起来,打倒日寇、汉奸,又表示世界上五大洲的儿童团结起来,保护世界和平和人类文化;口号:"时刻准备着!"②

解放战争时期,不仅在解放区建立了儿童团、少先队,还在国民党统治区建立了地下儿童团、报童近卫军、铁木儿团等地下少先队组织。陕甘宁边区儿童团和晋绥边区儿童团开展了军事操练、站岗放哨、救护伤员等工作。在敌占区,地下少先队秘密印发传单,张贴标语,宣传革命形势。

社会主义改造时期,在第一次全国少年儿童工作干部大会上,团中央正式明确了中国少年儿童队队旗、队歌、队员标志、队礼、誓词及口号等内容,并解释了其含义。其中,队旗、队礼和红领巾与现今中国少先队章程中的象征意义一样,但呼号和誓词略有不同,中国少年儿童队的呼号是:"准备着:为建设祖国的事业,为实现毛主席的伟大理想而奋斗!"回答:"时刻准备着!"誓词是:"我是中国少年儿童队队员。我在队旗下宣誓。我决心遵守队章,参加活动,在共产党和青年团的领导下,做一个好队员。我一定好好学习,好好工作,好好劳动。准备着,为建设祖国,为实现毛主席的伟大理想贡献出一切力量!"而队歌则是由郭沫若作词、马思聪作曲的《中国少年儿童队队歌》。

1954年,团中央在颁布《中国少年先锋队队章》的同时,还颁布了《中国少年先锋队队员入队誓词》、《中国少年先锋队集会仪式》、《中国少年先锋队入队仪式》和《中国少年先锋队建队仪式》等章程。团中央明确指出,少先队入队仪式是少先队仪式的一种,且是非常重要的一个仪式。入队仪式的程序一般分为:(1)全体立正,出旗(奏乐、敬礼、礼毕);(2)宣布批准新队员名单;(3)为新队员授红领巾(授予者双手托红领巾授予新队员,新队员双手接过,放在颈上;授予者给新队员打上领结,接着相互敬礼);(4)唱队歌;(5)新队员宣誓;(6)大队长致词;(7)新队员代表发言;(8)共青团组织的代表或辅导员讲话;(9)呼号,由大队辅导员或邀请少年儿童心目中最崇敬、最有威望的人面对队旗领呼,全体队员坚定回答;(10)退旗(奏乐、敬礼、礼毕);(11)宣布入队仪式结束。③

1958年6月2日至8月13日召开的共青团三届三中全会上,团中央对少先队队章作了重要修改。与1954年颁布的队章相比,语言上用儿童化的表述来表达,在内容上将原来的呼号改为"准备着:为共产主义事业而奋斗!"但回答还是"时刻准备着!"该会议修订的呼号一直沿用到今天。少先队组织呼号内容也发生了很大的变化,从一开始

---

① 中国少年先锋队全国工作委员会,中国少年先锋队工作学会.中国少年先锋队大全[M].北京:中国少年儿童出版社,2005:130.
② 魏兆鹏.对青少年道德教育工作历史的思考[J].中国青年政治学院学报,1995(01):16-20.
③ 中国少年先锋队全国工作委员会,中国少年先锋队工作学会.中国少年先锋队大全[M].北京:中国少年儿童出版社,2005:184-377.

的"为实现毛主席的伟大理想"到"为实现共产主义和祖国的伟大事业"再到"为共产主义事业而奋斗",可见少先队组织在教育和引导少年儿童上逐渐扩展到国家情怀,并具有更广阔的视野。

1978年10月27日,共青团十届一中全会通过了《关于恢复中国少年先锋队名称的决议》和《关于中国少年先锋队队歌的决定》。会议确定了将《我们是共产主义接班人》作为少先队队歌。从此,少先队组织全面恢复,少先队事业又蓬勃发展起来。1981年8月15日,共青团十届三中全会通过《关于加强少先队工作的决议》,并通过了修改后的《中国少年先锋队队章》。新队章在"我们的队员"条文中增加了"满了14周岁的队员应该离队。由大队举行离队仪式"一部分内容。[①] 由此,在少先队仪式中又增加了离队仪式。此外,这个时期上海市还诞生了一个特别的仪式——小红星儿童团入团仪式,并在上海市逐步普及。这个时期可以说是我国少先队仪式类型发展最快的时期,并在仪式象征载体上有了新的发展。

改革开放以来,随着社会的发展,学校教育有了极大的发展,少先队仪式的内容形式也随之不断丰富起来。2005年出版的由全国少工委主编的《中国少年先锋队大全》在原有基础上,又增加了大、中、小队建队仪式,辅导员受聘仪式,重大节日、纪念日仪式,主题活动仪式,夏、冬令营开营闭营仪式等。少先队仪式的类型更为丰富,而且少先队仪式的内容形式也更为多样。

全国少工委在《少先队抓基层抓落实工作指南》中指出,要加强少先队礼仪建设,规范使用队旗、红领巾、队歌、队礼、呼号、誓词、鼓号音乐、队服、队干部标志等少先队特有的礼仪标志,按规范举行少先队大队和中队的队会、入队仪式、少先队检阅式、升旗仪式、列队仪式、离队仪式等。[②] 2017年2月23日,共青团中央、教育部、全国少工委联合印发《少先队改革方案》,再次明确了深化仪式教育的重要性,强调通过建立分层仪式教育体系提升少先队员组织认同感。

少先队组织通过仪式来凝聚队员和辅导员的组织归属感,发挥仪式教育在形塑共同价值观的传统由来已久。少先队仪式的形成、体系的建立以及逐渐的规范化和系统化也是少先队组织不断成熟、少先队组织思想日臻完善的表现。在少先队组织发展的近百年中,少先队仪式在少年儿童政治启蒙、道德养成及综合素质的培养过程中发挥着不可替代的重要作用。

(三)少先队仪式的标志

2018年,《中国少先先锋队组织工作条例(试行)》第二十二条规定,"红领巾、队旗、队徽、队委(队长)标志是少先队组织特有的标志,队礼、呼号、入队宣誓、队歌、队会、仪式等是少先队的基本礼仪。"根据《中国少年先锋队章程》(2020)和有关规定,少先队员要规范使用少先队标志礼仪,加强对少先队员的组织教育,增强少先队员光荣感。

---

① 中国少年先锋队全国工作委员会,中国少年先锋队工作学会主编.中国少年先锋队大全[M].北京:中国少年儿童出版社,2005:204-377.
② 张学军主编,全国少工委编.少先队抓基层抓落实工作指南[M].北京:中国青年出版社,2007:224.

1. 红领巾

红领巾是少先队员的标志。1922年2月13日,世界上第一个由工人阶级政党领导的少先队组织在苏联莫斯科诞生了,刚成立的少先队没有特殊的标志。在一次接受新队员的大会上,来参加会议的先进女工把自己的红色三角头巾解下来系在少先队员的脖子上,勉励他们说:"戴着它,别玷污了它!它的颜色是同革命战旗一样的!"红领巾就这样诞生了。红领巾的含义,即代表红旗的一角,是革命先烈的鲜血染成。每个队员都应该佩戴它和爱护它,为它增添新的荣誉。因此,少先队组织要教育队员爱护红领巾,保持红领巾干净、平整,佩戴时服装规整。小学低、中年级队员佩戴小号红领巾,小学高年级和初中队员佩戴大号红领巾。小学低、中年级身高较高的队员,可佩戴大号红领巾。按规定,少先队员参加校内外少先队集会、活动,参加升国旗仪式、开学典礼、毕业典礼等重要仪式活动时,须佩戴红领巾。参加体育活动、生产劳动或在家里休息时,可以不佩戴红领巾。天气炎热时可暂不佩戴红领巾,但应佩戴队徽徽章。而少先队辅导员在参加少先队集会、活动时,应佩戴大号红领巾。少先队活动邀请有关领导、来宾等成年人参加时,领导、来宾应佩戴大号红领巾。各级少先队组织、少先队员、少先队辅导员不得购买使用不合规定的红领巾。①

链接8-2

正确佩戴红领巾的做法

1. 将红领巾披在肩上,钝角对准脊椎骨,右角放在左角下面,两角交叉;
2. 将右角经过左角前面拉到右边,左角不动;
3. 右角经左右两角交叉的空隙中拉出,右角恰绕过左角一圈;
4. 将右角从此圈中拉出,抽紧。

链接8-3

案例讨论:红领巾上的广告

某小学向小学生们发放的红领巾上印有"XX广场"的广告,除此之外发放的学生帽上也印有该广告。

请思考并讨论,该小学的做法存在什么问题,为什么会出现这种情况?

---

① 共青团中央,全国少工委.中国少年先锋队标志礼仪基本规范[Z].2017-9-27.

2. 队旗

队旗是少先队组织的标志。五角星加火炬的红旗是少先队队旗，五角星代表中国共产党的领导，火炬象征光明，红旗象征革命胜利。作为少先队大队、中队的标志，《规范》规定少先队组织在开展集体活动时，举行入队仪式、离队仪式时，成立少先队大队或中队时以及举行重要会议时按规范使用队旗，除上述情况外，使用队旗及其图案需经县级（含）以上少工委批准。

链接 8-4：

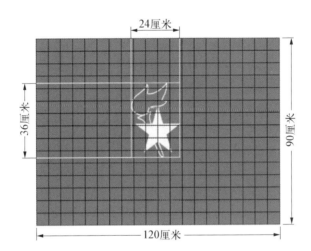

队旗使用要求

在少先队集会、活动中，出旗、退旗时应敬队礼。1 名少先队员旗手和至少 2 名少先队员护旗手组成旗手组合，旗手右手握旗杆下部贴腰，左手伸直握旗杆中上部，队旗倾斜成约 45 度角。

队旗平时应陈列在队室，不悬挂。队旗及其图案不得用于商标、商业广告以及商业活动。各级少先队组织不得使用破损、污染、褪色或不符合制作规定的队旗。

3. 队徽

队徽是少先队组织的象征，《规范》规定，少先队各级代表大会等重要场合，少先队队室、中队角等少先队标志性阵地，团委、少工委的会议室，有关少先队的外事场合可以悬挂队徽或张贴队徽图案。在少先队的各级组织颁发的奖状、奖旗、奖章、证书和其他荣誉性文书、证件上也可以印队徽图案。少先队的报刊和出版物、新媒体文化产品和网站上可以使用队徽图案。上述情况外，使用队徽及其图案需经县级（含）以上少工委批准。

图 8-1

少先队队徽

4. 队委（队长）标志

大队、中队委员会委员和小队长都要佩戴队委（队长）标志。规范的队委标志如图,队委(队长)标志可用布、塑料等材料制作。《规范》要求大队、中队委员会委员和小队长都要在佩戴红领巾的同时,在左臂佩戴队委(队长)标志。同时,各级少先队组织和个人都不得使用不合规范的队委(队长)标志。

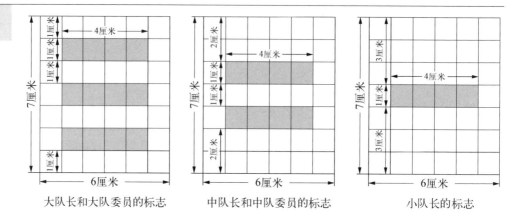

图 8-2 少先队队委标志

大队长和大队委员的标志　　中队长和中队委员的标志　　小队长的标志

(四) 少先队仪式的礼仪

1. 队礼

图 8-3 少先队队礼姿势

队礼是少先队礼仪中核心象征符号之一,在少先队组织发展过程中,队礼的形式和规范也几经变化。现阶段规范的少先队队礼为:右手五指并拢,高举头上,表示人民的利益高于一切。要求少先队员在升降国旗时、在队旗出场和离场时、在烈士墓前、在参与队活动仪式时都要敬队礼。在其他场合中,如遇到师长等,队员也可行队礼。少先队集会报告和列队、行进、检阅时,只由小队长、中队长、大队长敬队礼,其他队员注目致敬。少先队辅导员和少先队工作者在参加少先队的集会和活动时,应同少先队员一并行礼。受邀参加少先队活动的领导、来宾可行注目礼,在接受少先队员敬礼、献红领巾时应回敬队礼。

2. 呼号

与队礼相同,少先队呼号的内容也随着时代和政治的发展而有所调整,现阶段的呼号内容是在 1958 年共青团三届三中全会上确定下来的,即"准备着:为共产主义事业而奋斗!"回答为"时刻准备着!"在队会仪式中,领呼人一般由辅导员担任,也可由党组织、团组织的代表,或拥护党的领导、对祖国有特殊贡献可以作为少先队员表率的代表来担任。呼号时,领呼人需面向队员,在"呼号"动令后,领呼人和队员举右拳至肩上,拳于耳侧,拳心向左前方,进行呼号。呼号完毕,领呼人落下右拳,全体队员随之落下右拳。

3. 入队宣誓

入队宣誓是少年儿童在成为一名真正的少先队员,成为光荣的中国少年先锋队正式的一员的神圣时刻所表明的决心。由此,少年儿童的身份得以转变,脱离了日常的学生身份,进入到少先队这个特殊的、光荣的组织中,进而获得了少先队员的身份。其具体内容为:"我是中国少年先锋队队员。我在队旗下宣誓:我热爱中国共产党,热爱祖国,热爱人民,好好学习,好好锻炼。准备着:为共产主义事业贡献力量!"宣誓时,少先队员需面向大队旗,跟随领誓人右手举拳至肩上,拳于耳侧,拳心向左前方。旗手执大队旗倾斜,旗面朝向队员,护旗手执旗帜两角展开旗面。

4. 队歌

少先队队歌也经历了几代更新,现在我国采用的少先队的队歌为周郁辉作词、寄明作曲的《我们是共产主义接班人》,《规范》要求在少先队集会或活动时唱完整队歌,要求包含两段歌词。同时,在少先队队室陈列队歌曲谱和歌词。

少先队发展至今已经有了完整的仪式体系,其中包含各种标志、系列礼仪,以及标志和礼仪设计与使用的规范。这一合理的、体系化的象征符号系统组成了少先队组织生活的基本结构,体现了少先队组织文化的核心精神,是维系个体少先队员和少先队组织的文化情感纽带。

(五) 少先队仪式的类型

当然,除了少先队标志与礼仪之外,在少先队组织成长的历史中还形成了不少重要的仪式,少先队仪式发展至今,主要包括入队仪式、队会仪式、初中建队仪式、离队仪式和升旗仪式、队委(队长)轮换仪式、颁章仪式、祭奠先烈仪式、检阅仪式等。[1]

少先队组织仪式大体可分为三类:第一类,队员入队、离队仪式,大、中、小队建队仪式,队干部选举仪式、就职仪式,辅导员受聘仪式。第二类,大、中、小队队会仪式,重大节日、纪念日的集会仪式。第三类,少先队主题活动仪式、升旗仪式、检阅式等。

1. 入队仪式

未成年人的入学、入队、入团等有特殊意义的重要日子,都蕴藏着宝贵的思想道德教育资源。队章明确规定队员要举行入队仪式,入队仪式是少先队组织特有的、最基础的、最重要的仪式之一。规范且符合身心发展的入队仪式使少年儿童有了新的身份——中国少年先锋队队员。入队仪式是一种"过渡型仪式"活动,即伴随着每一次地点、状况、社会地位以及年龄的改变而举行的仪式。它不仅标志着学生身份角色的转变,也意味着即将开启另一个新的人生征程。通过仪式将这种身份转变具体化、扩大化,使他们亲身感知和体验,在心理、思想上接受新的角色,从而激励队员更好地迈向人生的新高度。少先队组织有严密的结构,有共同的规范,有一致的组织目标。入队仪式通过一定的系列程序化活动,把新队员编入组织中,以此增强新队员的组织归属感和集体主义精神,引领少先队员开启新的人生征程。

2. 初中建队仪式

初中建队仪式是指通过重温入队誓词等系列程序化活动,让刚刚从小学毕业,进入初中阶段的队员在仪式活动过程中传承原有的良好传统、体验新集体的组织生活、接受良好少先队文化熏陶,为他们搭建在少先队组织学习成长的平台,使之成为其"从小学习做人、从小学习立志、从小学习创造"的新起点。初中队员由小学毕业升到初中后,离

---

[1] 共青团中央,教育部,全国少工委.中国少年先锋队组织工作条例(试行)[Z].2018-1-22.

开了原来的少先队组织。因此,在初中举行建队仪式,成立一个新的组织,不仅能加强他们对少先队员的身份认同及组织归属感,更能通过凝聚情感帮助他们在新组织、新起点上树立新目标,展示新的形象,谋求新的突破。

3. 离队仪式

《中国少年先锋队队章》规定:超过14周岁的队员应该离队,由大队举行离队仪式。离队仪式指的是让队员重温少先队誓词,回顾红领巾时代,明确肩上的责任与义务、使命与担当,让超龄队员自行离队的系列化程序活动。离队仪式不仅意味着少先队员角色发生了转变,更是向他们传递青少年责任与担当理念的契机与平台。通过规范化程序,凝聚队员情感,激励队员更好地迈向人生新高度,使他们坚定理想信念、志存高远。因此,深刻认识到少先队离队仪式的重要性,规范少先队离队仪式流程,是少先队工作者所要掌握的基本技能。

4. 少先队队会仪式

少先队在重大的节日、纪念日组织集会或者举行大、中队队会时都应该举行队会仪式。队会是少先队日常组织的活动,可以说,队会仪式是少先队员接触较多的常规仪式。举行队会仪式时,要求每一位少先队员都应戴好鲜艳的红领巾,各级少先队队委(长)还应佩戴相应的少先队委(长)标志。保持一种庄严肃穆的气氛,让队员在特定的组织氛围中潜移默化地受到感染和教育。

5. 检阅仪式

仪式是一种"文化表演",具有表演性,即在仪式进展中师生的"身体在规定的套路中被赋予了适当的姿势和动作",[①]从中表现出对意义的认同。少先队检阅式作为一种"文化表演",既是少先队礼仪的重要组成部分,又是少先队组织教育的一次大型传统活动。它具有浓郁的少先队特色,庄重严肃,动人心弦。通过检阅仪式可以帮助认知水平不高的少先队员突破认知障碍,从而获得有关少先队的"实践性知识",完成逻辑语言难以完成的任务。

6. 少先队的升旗仪式

中华人民共和国国旗旗面为红色,象征革命,中华人民共和国国歌象征着在任何时候任何地点,要捍卫国家和民族的尊严,中华民族的坚强斗志和不屈精神永远不会被磨灭。十九大报告强调,要加强爱国主义、集体主义、社会主义教育,引导人们树立正确的历史观、民族观、国家观、文化观。参与升旗仪式是公民国家观念和爱国意识强的一种表现,少先队升旗仪式已成为爱国主义活动之一,是少先队组织开展大型活动、渗透爱国主义教育的重要形式。挖掘升旗仪式的教育潜力,让少先队员感受升旗仪式的庄严感、神圣感,从而激发起他们的爱国主义精神和使命感。

7. 祭奠先烈仪式

纪念性仪式具有一定的仪式结构要素,包括传递精神符号的发言者以及敬礼和礼乐等社会行动,是提升群体凝聚力的重要方式。十九大报告中强调,必须继承革命文化,发展社会主义先进文化,不忘本来、吸收外来、面向未来,更好地构筑中国精神、中国

---

① 保罗·康纳顿.社会如何记忆[M].纳日碧力戈,译.上海:上海人民出版社.2000:67-68.

价值、中国力量,为人民提供精神指引。《烈士公祭办法》第二条和第三条规定:烈士公祭是国家缅怀纪念为民族独立、人民解放和国家富强、人民幸福英勇牺牲烈士的活动。在清明节、国庆节或者重要纪念日期间,应当举行烈士公祭活动。祭奠先烈仪式作为一种纪念性仪式,是国家和民族教育下一代的重要活动与重要形式,也是教育队员继承革命文化、发展社会主义先进文化的有效平台。为了缅怀纪念烈士,弘扬烈士精神,规范烈士公祭工作,民政部于2014年3月31日出台《烈士公祭办法》,少先队组织可参照实施。

第二节 少先队仪式教育

一、仪式教育是什么

(一)仪式教育的内涵

从人类发展的历史来看,仪式教育出来已久。而且从原始社会开始,仪式就是一种非常重要的教育形式。从教育的发展历史来看,一般认为原始社会的"巫"在某种意义上可以说扮演了今天的教师角色。而"巫"正是各种仪式的主持者,通过仪式,原始人不断了解自己的身份和社会禁忌,通过大量的、不断重复的仪式,原始人的行为获得了社会"合法性"。对于原始社会的青少年而言,成人仪式或青春期仪式是其人生中第一个仪式,也是其进入社会的第一步。中外不少教育史学家都认为,这种仪式可能是后来文明社会制度化教育的起源。

进入古代社会后,随着学校教育的正式出现,仪式也成为学校教育中一个极具成效的经常性的教育手段。在中国古代社会中,"礼"是国家政治与个人生活的规范,而仪式则是礼的表现形式。因此,礼就成为古代学校主要的学习内容,仪式则是学习礼的载体。以蒙学为例,蒙学不仅教"礼",而且通过一系列仪式活动来展开"礼"的教学,其中包括释奠礼、启蒙礼、束脩礼以及一些学规。而学规则是学童入学受业、事师必须遵循的礼仪。蒙学学规的语言浅显易懂,关注的是儿童道德训练和日常教学,为了使学童在常年的坚持中养成良好的行为习惯和道德观念,为出仕为官、做人奠定知识和道德基础。[①]

在蒙学教育之上,书院教育中也存在诸多仪式教育活动,无一不体现着书院教育家们对仪式情境教育功能的透彻把握。中国传统书院的仪式教育主要有三种:祭祀仪式教育活动、讲会仪式教育活动、尊师仪式教育活动。自创建以来,书院大多非常重视祭祀活动,早在北宋初年,书院中就已经存在祭祀活动。在祭祀仪式前,所有参加仪式之人都需要"斋戒三日,不饮酒,不茹荤。散斋二日,沐浴更衣,宿于别室。致斋一日宿于洞中"。此外,一些书院学规中还对祭祀仪式中学生不重视的行为进行明确的惩罚,如,河南紫云书院规定书院释菜仪式中如果生徒"或托故不至,或跛倚笑语,礼貌不肃者,各

---

① 田茂,王凌皓.我国古代蒙学仪式教育的社会教育功能及启示[J].学术探索,2016(12):140-143.

记过一次,实贴讲堂壁上"。明代是书院讲会发展的重要阶段,呈现出很多新的特点,如"区间联合大会"、"各级联属大会"等,都设有一定的仪轨。清代书院讲会制度更为成熟,讲会仪式教育活动也更为正式。例如,陕西关中书院资料中有记载:"每月四仲月,一会讲。讲日,午初击鼓三声,各具本等服帽,诣至圣前四拜礼,随至冯恭定公少墟先生位前,礼亦如之。礼毕,向各宪三恭,然后东西分班,相对一揖就坐。以齿为序分,不可同班者退一席。讲毕,击磬三声,仍诣至圣前,肃揖而退。"传统书院的讲会仪式分为讲会前准备仪式、当日迎接宾客和会友仪式、谒圣谒贤仪式和讲会辩难仪式等几个主要的阶段。每个仪式过程都有严格的规定,充分体现了传统书院教育中对仪式教育功能的重视。

随着社会形态的变化,科学性、知识性的内容超越了伦理性的内容逐渐成为学校教育的主体内容,相应地作为伦理规范载体的仪式也逐渐在学校教育中式微。但是,近年来随着教育研究和实践领域对人的非认知因素重要性的再次肯认,情感和情境在教育过程中的作用又进一步得到强调。而仪式教育活动的本质则是通过情境设置聚焦情绪,强调情绪渲染和情绪调动在学习中的作用。仪式教育主要是以仪式为载体来展开的教育活动,区别于其他类型的教育活动,仪式教育具有象征性、表演性、情境性,意在根据特定文化传统和社会秩序所确定的行为方式和规范,有目的、有计划地对受教育者施加影响,而其教育目的重点则在于令受教育者掌握组织规范、仪式的程序,在此基础上,通过唤起受教育者的情感体验,最终在反复而长期的仪式参与中促进受教育者理解组织文化,凝聚社会向心力,促进受教育者的组织身份认同感的形成。

(二) 仪式教育的理论基础

对于仪式的综合研究,起步于19世纪晚期,发展至今,积累了丰富的理论成果。学者们大都从人类学、社会学或者心理学的角度来分析人类社会的仪式现象,接下来我们主要介绍其中较有代表性的几个理论。

1. 人类学视角

以爱德华·泰勒(Edward Taylor,1832-1917)和詹姆士·弗雷泽(James Frazer,1854-1941)为代表的早期人类学家在描述众多仪式场面的基础上,阐明那些看似荒谬、野蛮的仪式的含义和目的,并认识到仪式中的各种物体都具有某种特定的象征意义,由此开创了一种对仪式的象征性研究方法。而法国人类学家、结构主义之父克劳德·列维-斯特劳斯(Claud Levi Strauss),在对神话与仪式的研究中,指出神话和仪式是我们体察人类文化深层结构的重要途径。之后,埃蒙德·利奇(Edmund Leach)发展了从结构论的角度来研究仪式的思路,认为仪式是关于社会秩序的一种象征形式,仪式使得社会结构更趋明朗化,更易于为人们所接受。而同期另一位人类学家维克多·特纳(Victor Turner)则把象征作为动员人们行动起来的一种原动力,认为仪式的象征具有凝聚的性质。他指出,仪式是一种调整手段,社会内部的冲突与变化可通过定期的仪式得以遏制,从而恢复群体的平衡与稳定。[①]

---

① 吴晓群.古代希腊仪式文化研究[M].上海:社会科学院出版社,2000.

2. 社会学视角

社会学视角一般都强调仪式是一种由社会共同体所共同举行的活动,它对共同体发生作用并通过共同体持续下去,因此具有明显的社会性。埃米尔·涂尔干(Emile Durkheim)认为仪式是一种手段,社会集团可凭借这一手段来表达和加强集团的情感和团结,使其成员达到一种情感上的一致性。而马林诺夫斯基(Bronislaw Malinowski)对仪式功能的解释侧重于个人,他认为,仪式具有减轻人们内心恐惧与焦虑的功能,并使人产生一种目的感和一种平和幸福的情感。但同时,他也承认公共仪式具有一种进一步确立群体联合的社会作用。拉德克利夫·布朗(Alfred Reginald Radcliffe-Brown)则更注重仪式的社会功能,认为仪式对社会结构的构筑有着不可缺少的作用,他认为社会可借助仪式以确立某些基本的社会价值观,大多数仪式的价值也正是社会的共同价值。[①]

3. 心理学视角

从心理学的视角来研究仪式,其重点不在于解释现象,而是侧重于对参与者的情感分析,这方面影响较大的是西格蒙特·弗洛伊德(Sigmund Freud)和卡尔·古斯塔夫·荣格(Carl Gustav Jung)。弗洛伊德认为原始民族对于乱伦、禁忌、万物有灵、图腾崇拜的信仰与仪式在本质上都与精神病相似,都是潜意识的冲动,是一种强迫性行为。虽然这一理论并不具有人类学意义上的充分根据,且带有很大的想象与猜测的成分,但是这种心理分析的方法却有可取之处。而荣格在批判继承弗洛伊德理论的基础上,提出了"集体潜意识"的概念作为对弗洛伊德理论创造性的发展,他认为神话、仪式都是集体潜意识的表现形式,通过对它的分析可以找到原初的意义及本质。

4. 政治学视角

政治学视角下的仪式研究主要从权力和仪式的关系切入,探讨的主要问题是政治仪式背后的权力斗争和意识形态冲突。仪式在现代政治生活中是不可或缺的重要组成部分,它既是一种有力的信息载体,携带着社会记忆和意识形态留存在个体和群体的身体和心灵之中;也有助于产生对权力的忠诚和信仰。政治仪式能够为国家和社会提供一种富有凝聚力和认同感的象征体系;能够通过政治文化塑造一种稳定而持续的群体情感和价值规范;或者通过仪式,在社会生活中建立起一种有助于社会和谐和政治民主的普遍共识。[②]

(三)仪式教育的功能

人类文明的传承有很多种方式,从最早的结绳记事、口耳相传,到文字的出现以及当代的电子信息的传达,虽然媒介不同,但都发挥着传承社会重要信息和价值的作用。早期人类社会主要依靠声音、行为动作等媒介,尤其是借助带有一套程式的仪式来传承文化,延续文明,因此对于共同体中的下一代而言,仪式发挥了重要的教育功能。发展至今,虽然传递信息的媒介日益丰富,且仪式的形式亦有所改变,但由于其对参与者情

---

① 吴晓群.古代希腊仪式文化研究[M].上海:社会科学院出版社,2000.
② 王海洲.政治仪式的权力策略——基于象征理论与实践的政治学分析[J].浙江社会科学,2009(07):38-43+126.

感的调动以及对象征符合的运用等特点,使得其仍然具有不可替代的教育功能。具体来说,仪式具有理想信念教育、社会教育、思想教育等方面的功能。

1. 理想信仰教育功能

信仰是人类特有的精神现象,它是指人们对某种物质、精神、思想、主义学说的信服和仰慕,并且以此作为自己的精神寄托和行动指南。① 信仰是一个人的精神支柱,对于一个社会、一个民族而言也是维系其稳定性和统一性的基本要素之一。在《宗教生活的基础形式》一书中,涂尔干认为,宗教可以分解为两个基本范畴,即信仰和仪式。仪式属于信仰的物质形式和行为模式,而信仰则属于主张和见解。一个宗教是信仰与仪式活动之统一的体系,它们都同神圣的事物有关。因此,宗教需要借助仪式来实现信仰内化的功能。② 而在宗教之外,其他的仪式形态也与信仰有关,并且强化了某一特定群体所共享的信仰体系。例如,在神话和巫术中,可以发现人们对于控制命运、影响自然的信仰,以这种信仰为基础,进一步地产生固定的仪式,从而借助仪式的表演来帮助实现现实生活中人们所办不到的、无法取得的结果。人类学家特纳认为,应从"感觉极"和"理念极"来分析信仰的确立,前者唤起人们底层的、自然的欲望和感受,后者通过价值和道德引导控制人的精神,极端对立的两极通过浓缩和统一的象征符号实现人的思想观念的价值转变,这就是仪式具有确立人生信仰功能的秘密。③

2. 社会教育功能

仪式的社会教育功能主要体现在社会成员通过仪式的程序、符号的运用以及情感的渲染习得共同体所要求的基本规范,进一步促进个体社会化的过程。一方面,仪式活动从正面教育其社会成员所应遵循的道德规范,另一方面,仪式通过禁忌,教育成员不能违反的社会规范,其中还包括对社会秩序的认识和接纳。仪式中的各种程序、禁忌也是对日常生活规范的一种仪式性反映,不论是原始社会还是当代社会,在共同生活中人们必然要遵守一些行为规范,用以维护人们的相互关系。而在没有法律和制度的情况下,要确保这些规范的实行,则主要通过仪式程序、禁忌等方式来达到社会教育的目的。在参与仪式且遵守仪式中的服饰、用品、动作、声音等要求的过程中,儿童和青少年自然而然地学习到了"能做的与不能做的事情"。而且,由于仪式禁忌既有对神的敬畏,也有对宗祖的尊崇,因而具有较强的约束力。而我国自古以来更是将仪式作为"礼"的有效载体,通过对仪式的规定和践行实现社会成员对"礼"的学习和认同。④

3. 思想道德教育功能

英国人类学家阿尔弗雷德·布朗认为禁忌是仪式,体现了一种价值观,一个社会体系可以被看成一种价值体系,并可作为价值体系加以研究。⑤ 虽然通过对原始社会以及少数民族仪式的分析,可以看到仪式内容中的生活常识和劳动技能等方面的内容,但是仪式教育在最根本上是对即将参与社会共同生活的个体进行思想价值观的教育。

---

① 平章起.成年仪式的德育功能[M].天津:南开大学出版社,2012:13.
② 涂尔干.宗教生活的基本形式[M].渠东,汲喆,译.上海:上海人民出版社,1995:61-63.
③ 维克多·特纳著.象征之林——恩登布人仪式散论[M].赵玉燕等,译.北京:商务印书馆,2006:28.
④ 王青伟.度戒[M].长沙:湖南人民出版社,2014:53.
⑤ 王铭铭.西方人类学名著提要[M].南昌:江西人民出版社,2006:309.

"对于社会成员所赋予不同类型的对象的仪式价值存在着某种程度的公认尺度,而且,大多数仪式价值是社会成员所公认的、既定的社会价值"[①]。仪式教育从规范入手,让参与者自觉地将这些规范运用于日常生活中,通过人际交往互动反复强化,进而在不断操练的过程中,社会成员逐渐理解并内化这些道德行为规范所依托的伦理价值以及社会道德理想。仪式所依据的神话传说通常也是培养品德习惯与特定性格品质的源泉。

4. 文化认同教育功能

通过仪式活动,整个部族(社会)实现了让参与者,尤其是儿童认识和了解整个部族(社会)的历史与文化的功能。作为一种民俗文化形式,仪式一方面综合地运用物质文化、制度文化和观念文化的不同内容,实现其文化认同的教育功能。而另一方面,仪式中个体依据个人的生活经验,在耳濡目染中可以直观地理解并掌握仪式所传达的文化意蕴。一个人由儿童到成人的转变若没有心理和社会方面的调试是不可能完成的,通过各种仪式,青少年在成长过程中不断地适应其所处的文化环境。经过从出生以来的系列仪式,未来的社会成员逐渐具备了其部族社会所特有的感受方式、思维方式和表达方式,成为特定社会历史的人。

仪式之所以能够发挥信仰教育、社会教育、思想道德教育以及文化认同教育的功能,原因在于仪式能够把抽象的精神、信仰转化为具体的符号系统,其中包括器物、标志、音乐、行为、程序等,从而被其参与者所接受和内化。从教育学来分析仪式的教育功能,即把仪式作为一个具体的、情境性的教育实施过程,通过个体的观察、模仿与身临其境,通过在场其他人的言行举止、现场的氛围唤起参与者相似的内部情感来实现其教育目的。

二、少先队仪式教育概述

(一) 少先队仪式教育的内涵

少先队仪式教育是少先队工作者通过一系列在程序形式上具有少先队组织特性,由少先队组织文化传统所规定的行为方式和程序,有目的、有计划地对少年儿童施加影响,使少先队员掌握各类仪式应有的规范和程序,并唤起队员的情感体验,培养少年儿童对少先队组织的认同感、荣誉感和归属感,强化队员遵守少先队章程,自觉履行队员权利和义务,服从队的决议,最终实现少先队的组织意识培养目标的教育活动。

(二) 当代少先队仪式教育的特征

少先队仪式教育主要体现出政治性、整体性、自主性和体验性。

1. 政治性

少先队仪式教育的政治性源自于少先队的政治属性,是少先队仪式教育的基本属性。从政治视角来看,仪式具有社会整合、强化群体凝聚力的功能,而这些都是政治社会化实现的必要条件。事实上,少先队仪式中所使用的标志都有着强烈的政治意义,例如队歌开宗明义指出每一位少先队员都是"共产主义接班人",队旗上的五角星代表着中国共产党的领导,火炬象征光明,红旗象征革命胜利。而少先队仪式中的礼仪也表达

---

① 史宗主编. 二十纪西方宗教人类学文选[M]. 金泽,等,译. 上海:上海三联书店,1995:107-110.

了少先队组织内部的组织结构和关系,例如,队礼为:"右手五指并拢,高举头上。"它表示人民的利益高于一切。而每一次队活动都会以"准备着,为共产主义事业而奋斗"的呼号结束。少先队员通过长期且不断地参与到仪式中,逐渐习得少先队仪式标志和礼仪所代表的象征意义。可以说,少先队仪式在少先队教育的诸种形式中最具有政治性也最能发挥其政治启蒙的功能。

2. 儿童性

随着时代的进步,相比于传统社会,现代社会中人们更少地开展仪式,同时,现代社会中的仪式也更多地吸收融入了现代文明的规则。对于当代的少先队仪式教育而言,这一点集中体现于儿童性上。这意味着在开展少先队仪式教育的过程中,应尊重儿童的主体地位,充分发挥少先队员的主动性与积极性,让他们学会自己出主意、想办法、定计划、做事情,自己管理自己,自己教育自己。不仅如此,少先队仪式教育的儿童性还体现在使用儿童化的语言,采用少年儿童能够理解且喜爱的形式,而非以成人世界来为少先队员代言。少先队仪式教育的儿童性是发出儿童声音的重要保障,是区分少先队仪式与其他社会生活领域中仪式的重要参考。在少先队仪式教育的实施过程中,辅导员应以少年儿童发展规律为依据,通过设计多种参与性的教育内容提高少先队员的参与度,扩大参与面,力求全体队员的全程参与,使少先队仪式活动的影响力、感染力更深刻地唤起队员们的情感体验。进而通过发挥少先队仪式教育中的主体性来培养少先队员的自主精神。

3. 整体性

从内部系统来看,少先队仪式教育是由辅导员、队员、教育目的、内容、形式、少先队仪式标志礼仪和情境等要素组成的一个有机整体。在教育过程中,诸要素之间互相联系、协调与配合,发挥着系统性的功能。其中,少先队辅导员占有特殊地位,发挥着重要的引导作用,而少先队员作为教育主体也需要发挥能动性,为取得效果作出努力。同时,少先队仪式是面向全体少先队员,而非部分少先队员表演的舞台。仪式之所以能够起到集体凝聚的作用,原因之一就在于其参与者要包括组织或相应群体内部的全体成员,少先队仪式在这一点上也不例外。而从外部系统来看,少先队仪式教育是少年儿童教育活动这一大系统中的子系统。因此,少先队的仪式教育应与学校教育、家庭教育、社会教育相互配合,使它们之间处于协调和谐状态。此外,从内部和外部两个方面来看,少先队仪式教育非常强调其整体性,不应割裂地来理解少先队仪式教育。

4. 体验性

少先队仪式以多种多样的活动形式及程序为主,因此,在仪式教育过程中,必须要创设环境,引导少先队员真正参与到仪式中。只有参与到仪式的实践中才能获得体验,达成仪式教育的目标。通过参与具体的实践过程,如参与仪式上的鼓号表演、歌唱洪亮振奋的队歌、呼喊坚定有力的呼号等,少先队员能够在获得丰富的情感体验的同时,进一步理解相关仪式的内涵。而不断重复的仪式进一步带来少先队员的情感升华,使得其体验逐渐内化,凝聚为对少先队组织的认同和热爱,进而不断增强其荣誉感和责任感。少先队仪式教育所带来的强烈的参与感和体验性是其突出的特征。

(三) 少先队仪式教育的功能

少先队仪式具有标志性的礼仪基本规范和既定程序,每个规范和程序都应承载着组织文化,是抽象的组织文化的具体化和表现形式。同时,少先队仪式包含着生动、形象而丰富的教育内容,以其感染性成为少先队组织教育的一种有效形式,是进行少先队组织教育的特有方法之一。少先队仪式教育有助于少先队员个体性功能的发挥。正如张晓兰同志在第五次全国少代会工作报告中谈到的那样,少先队"在未成年人思想道德建设中发挥重要作用",指出:"要用少先队文化陶冶少年儿童,通过特有的标志、礼仪、阵地、群体活动、先进典型、组织制度和价值理念,着力营造独具特色的文化氛围"。

1. 有助于增强少先队员的组织身份认同

少先队仪式教育的根本目的是加强少先队员的身份认同,且少先队仪式教育的作用机制就在于,通过一系列象征符号组成的程序化活动来表现少先队的精神和宗旨,形成少先队员的身份意识。① 庄严而神圣的入队仪式是少先队组织特有的、最基础的、最重要的仪式之一,通过规范的且符合其身心发展的入队仪式,使少年儿童有了新的身份——中国少年先锋队队员。入队仪式是少先队员们人生中第一次参与的政治活动,而严格规范的队会、列队仪式、离队仪式,丰富多彩的少先队活动,整齐划一的队服、红领巾、队礼等,无一不在少年儿童的生活和学习中不断增强其少先队员的身份认同感。

2. 有助于规范少先队员的行为习惯

英国教育家约翰·洛克(John Locke)指出,"一切教育都应归结为养成儿童的良好习惯。"② 与之相类,2004年2月26日发布的《中共中央国务院关于进一步加强和改进未成年人思想道德建设的若干意见》中明确指出,未成年人思想道德建设的四项主要任务之一是从规范行为习惯做起,培养良好道德品质和文明行为,对小学生而言,要重点规范其基本言行,培养其良好习惯。该《意见》还明确指出,加强和改进未成年人思想道德建设是一项重大而紧迫的战略任务,要扎实推进中小学思想道德教育,充分发挥共青团和少先队在未成年人思想道德建设中的重要作用。③ 少先队员按时佩戴红领巾,按时参加少先队的各种仪式,对于规范其行为习惯具有一定的教育意义。

3. 有助于提升少先队员的核心素养

2013年,十八届三中全会指出,立德树人为教育的根本任务。2016年,《中国学生发展核心素养》颁布,提出了包含文化基础、自主发展、社会参与在内的三大领域核心素养框架。少先队仪式教育具有丰富多样的类型,存在着培养少先队员民族意识、爱国情怀、文化素养等核心素养的多种仪式教育活动,为培养少先队员核心素养提供了丰富的资源。不仅如此,少先队仪式教育由于其自身的特点,能够为培养队员的荣誉感和爱国情感发挥独特的作用。

---

① 徐水蝉,于洪燕,董子蓉.互动仪式链理论对少先队仪式教育的启示[J].中小学德育,2016(10):13-16.
② 储培君等.德育论[M].福州:福建教育出版社,1997:183.
③ 中共中央国务院.中共中央国务院关于进一步加强和改进未成年人思想道德建设的若干意见[EB/OL].(2004-02-24)[2004-02-24].https://baike.baidu.com/item/.

4. 有助于传承社会主流文化

少先队仪式教育是传承社会主流文化的重要组成部分,有助于主流文化在少先队组织中的弘扬与践行。社会主流文化在时代的发展中具有主导性,整合和引领其他文化的发展,我国的社会主流文化始终坚持以社会主义核心价值观为基础、爱国主义为核心,与社会主义教育相结合,具有强大的民族精神和时代精神。① 少先队仪式教育对社会主流文化具有选择、传递、保存、复制、创新、反思的功能,它既受制于社会主流文化,也能够在保持自身独立性的情况下,反作用于社会主流文化。

5. 有助于促进少先队组织文化健康全面地发展

少先队仪式教育是少先队组织文化的重要载体,能有效促进少先队组织文化健康全面地发展。少先队组织文化是一种少先队员共有的抽象的价值观观念,是全体少先队员、少先队管理者、服务者组成的少先队事业的人,在少先队教育、学习、活动、管理等各方面、各历史时期发展过程中所创造的物质财富和精神财富的总和。② 自少先队成立以来,少先队组织文化内涵不断得到丰富与发展,在促进少年儿童政治社会化方面发挥了精神上的引领与支撑。因此,为促进少先队组织文化健康全面发展,在开展仪式教育过程中,我们要积极营造少先队文化氛围,培养少先队员正确的政治观点和政治立场,使他们建立健康的人生观、世界观、价值观。

第三节 少先队仪式教育的实施策略

尽管少先队仪式有上述种种好处,但在当前的少先队教育中,存在着轻视仪式、忽视仪式设计基本规律、仪式教育效果不佳等问题。而在少先队仪式实操过程中,则存在着仅重视大型集会仪式,忽视常规仪式;偏重仪式的形式美,而忽略了其政治思想教育的目的;在标志礼仪的使用方面规范性不足等问题。为了进一步提高少先队仪式教育的效果,2017年2月23日,共青团中央、教育部、全国少工委联合发布"关于印发《少先队改革方案》的通知",并提出:"要加强少先队组织文化建设,深化仪式教育,创新入队仪式、初中建队仪式、离队仪式和雏鹰奖章颁章仪式,以及检阅仪式、升旗仪式、祭奠先烈仪式等,建立少先队分层仪式教育体系,增强仪式的庄重感、参与感。"③据此,从目的、标志礼仪、程序和注意事项几方面对少先队仪式教育的实施加以说明。

一、明确仪式的教育目标

少先队仪式作为重要的教育手段,其教育效果的发挥首先就在于明确教育目标,以目标来指导仪式情境的设计,并作为教育效果的评估参考。总体上来说,少先队教育的

---

① 徐少保.论教育与社会主流文化的交融[J].中国职工教育,2014(05):96.
② 郑爱珍.富于文化内涵的少先队组织更有生命力[EB/OL].http://www.xzbu.com/9/view-3534309.htm.
③ 共青团中央,教育部,全国少工委.关于印发《少先队改革方案》的通知[Z].2017-2-25.

基本目标在于政治启蒙、思想引领和道德养成。其中,少先队仪式教育的目的则更侧重于培养少先队员对于组织的认同感和归属感,以此为基础逐步提升少先队员的政治社会化水平。第一,从认知层面,通过参与少先队仪式,了解少先队组织的规范、制度,掌握少先队组织标志礼仪的内涵及其意义。第二,在方法能力层面,学习掌握正确的坐、立、行走、敬礼等动作技能,学习少先队仪式规范的操作程序,提高自主管理、组织和实践的能力。第三,在道德价值观层面,形成立志、做人、创造的使命感,逐步提高个体的社会责任感,形成良好、全面的道德品质。第四,在政治思想启蒙方面,则在于培养少先队员的集体主义精神,提高遵守纪律的自觉性,以形成良好的组织观念。同时,增强队员对少先队组织的认同感、归属感与崇高感,进一步增强少先队员的国家意识和爱国情感。在此基础上,不同类型的少先队仪式又相应地具有其独特的教育目的。

二、规范使用标志礼仪

标志礼仪作为仪式中最基本的要素,通过其系统的组合排布构成了不同的仪式。标志礼仪将不可见的理想信念、情感价值观念转化为可见的实物、可听的歌曲和呼号、可模仿的动作。队员在反复的接触与参与过程中逐渐习得其所象征的丰富、隐性的文化价值内涵。因此,建构少先队仪式的标志礼仪体系,规范运用相应的标志礼仪是发挥少先队仪式教育功能的关键。但是,在当前学校少先队工作中,少先队仪式的标志礼仪的规范性欠佳的情况比较普遍。一方面,是由于少先队工作整体上未得到足够的重视,相关的制度建设不足;另一方面,也是因为少先队辅导员缺少相应的专业培训,对少先队仪式的标志礼仪规定把握不够。因此,规范少先队标志礼仪的使用要从以下三方面入手:首先,需要对少先队的标志系统和礼仪规范进行全面地梳理,建设各类仪式的礼仪行规体系,形成统一的指导标准。其次,通过分级培训,普及少先队标志礼仪的基本知识,提升辅导员仪式教育的专业素养。再次,在实践操演中,将标志礼仪的规范化纳入活动评价的指标体系中,以评价促落实。

三、优化仪式的程序

相对于标志礼仪,程序是仪式的动态性构成。标志、器物、动作仪轨等象征符号固然重要,但是,仪式中象征符号的编排与呈现方式对于组织文化、社会价值的传达和渗透也至关重要。队员在仪式的实践操演中,投入地模仿群体所规定的程序化动作,而其他日常的随意行为则遭到禁止。由此,一个充满仪式感、庄严感、神圣感的秩序化领域得以从日常生活领域中分离出来。程序化的仪式实践使得参与者了解群体内部关系的结构,明了组织生活的秩序,获得秩序感。因此,优化少先队仪式的程序,主要涉及三个方面的内容。第一,明确程序所依据的组织关系结构、所传达的组织秩序意义。第二,仪式程序的设计应面向全体队员,而非少数成员,在少先队仪式的程序中应包含能够令全体成员共同操演的环节。第三,仪式程序的内容开发应充分调动队员的感官和身体动作的参与,尤其注重开发适合不同年龄阶段队员身心发展需要的身体活动,使队员通过动作模仿等实践性操演习得组织文化。

四、设置仪式场景

标志、礼仪和程序作为要素都是少先队仪式不可或缺的内容,然而,仅仅具备了这些要素还并不能构成一个完整的仪式。仪式的设计与实施更为重要的是运用这些要素创设恰当的情境。仪式中的每个元素、象征和动作含义最终只能从整体活动中得出。仪式场景的设置是对仪式发生的时间、空间、要素的综合性、整体性设计,以创设一个不同于日常生活的仪式世界。因此,第一,运用多元丰富的表现形式,为激发队员的情感体验提供丰富的资源,善用音乐、色彩、道具、服饰、舞蹈、手势等表现手法,加以和谐有序地组织,营造特定的氛围。第二,仪式的场景设计应注意将不同事物联系起来,塑造一个与相关领域相似的、可被模拟的场景,以供队员展开想象,并将其原有的经验与仪式提供的价值观念建立联系。第三,注意仪式场景的重复性,相似的场景应保持不断出现。为具有相同主题或者教育目的,应设计系列性仪式,逐步展开。这样仪式及其所代表的文化价值对于队员而言才是可再认的。

五、分层实施少先队仪式

由于不同年龄的少先队员在认知水平、情感能力等方面存在差异,少先队仪式的实施应当依据其身心发展规律,对小学低年级、高年级和初中三个学段,构建系统规划、有效衔接的分层教育体系。[①] 2017 年颁发的《少先队工作改革方案》对少先队仪式分层实施做了规定,接下来以升国旗仪式的实施方法为例,说明仪式分层实施的程序和做法。

(一)升旗仪式的教育内涵与目标

少先队升旗仪式是少先队组织开展大型活动、渗透爱国主义教育的重要形式。挖掘升旗仪式的教育潜力,让少先队员感受升旗仪式的庄严感、神圣感,从而激发他们的爱国主义精神和使命感,引导少先队员懂得维护国旗的尊严,增强队员的国家观念,发扬爱国主义精神。升旗仪式即少先队员通过升国旗、奏唱国歌等系列规范化活动,培养少先队员对国家和民族的认同感和自豪感。升旗仪式的具体目标为:

1. 认识五星红旗是我国的国旗,懂得尊重和爱护国旗。
2. 学唱《中华人民共和国国歌》,理解、普及与国歌相关的礼仪和知识。
3. 增强少先队员的国家意识和爱国情感。

(二)升旗仪式的规范流程

每周周一、开学典礼、毕业典礼、举办重大节日活动时,少先队都要举行升旗仪式,规范流程如下:

1. 全体立正,升旗仪式开始
2. 号手吹奏《出旗曲》
3. 国旗进场【全体肃立】
4. 升国旗【大队长下达"向国旗敬礼"口令、队员敬队礼,奏唱《中华人民共和国国歌》】

---

① 中国少年先锋队全国工作委员会.中国少年先锋队章程修正案[Z].2005-6-3.

5. 礼毕

6. 介绍升旗手

7. 国旗下讲话

8. 旗手退场【奏唱《歌唱祖国》】

平日升、降旗仪式则由学校的国旗班少先队员负责。

(三) 分层操作的方法

参加升旗仪式是国家以法律形式规定的公民义务,每一个在场的中国人都必须自觉参加并积极履行。根据《国旗法》和国家教委的相关规定,中小学要严格执行升降国旗制度。虽然升旗仪式在校园中不适合单独分级举行,但是不同年级的参与方式仍有区别。刚入学一到二年级的小学生,尤其是尚未入队的新生主要以观摩为主,不需要敬队礼,只需逐渐了解升国旗仪式的规范和要求,初步形成爱国的情怀。而到了小学中段,队员则可以参与到护旗的活动中,学习护旗的动作,使其组织光荣感得以提高。到了小学高年级和初中阶段,则可以逐步由各中队轮流承办升旗仪式。

思考与练习

1. 一个完整的少先队仪式应该包括哪些要素?
2. 少先队仪式有哪些类型,其功能是什么?
3. 少先队入队仪式的实施程序包括哪些内容?
4. 如何理解少先队仪式中辅导员和少先队员的角色和地位?
5. 请根据所学知识,写一份少先队主题仪式策划方案。

延伸阅读

1. 华耀国:《少先队基层组织建设指南》(未出版,2020 编).
2. 共青团中央少年儿童部.少年先锋队工作问答(修订再版)[M].北京:中国青年出版社,1963.
3. 少先队广东省工作委员会.少先队基础工作手册[M].广州:广东高等教育出版社,2016.
4. 共青团中央,全国少工委.中国少年先锋队标志礼仪基本规范[Z].2017-9-27.
5. 张先翱.少先队标志礼仪基本规范的来龙去脉[J].辅导员,2018(05):18-22.

第九章
红领巾奖章教育

内容梗概

1. 红领巾奖章教育的性质及其功能
2. 红领巾奖章教育的基本原理与作用机制
3. 红领巾奖章教育的内容体系
4. 红领巾奖章教育的外部支持系统及其相互作用
5. 红领巾奖章教育的未来展望

核心概念

雏鹰争章　红领巾奖章教育

学习目标

1. 理解红领巾奖章教育的性质及其功能；
2. 能够从相关的理论视角出发理解红领巾奖章教育的作用机制；
3. 了解红领巾奖章教育的内容体系，包含奖章内容、活动程序以及评价特色；
4. 了解红领巾奖章教育的外部支持系统及其相互作用。

红领巾奖章教育（原名"雏鹰争章教育"）诞生于20世纪90年代，是新时代少先队的品牌活动，标志着少先队教育朝实践性、儿童性方向迈出了重要一步。在20多年的发展历程中，红领巾奖章教育逐渐覆盖到我国各地的少先队组织，发展出一套系统的争章体系，成为了集激励、组织、评价为一体的综合性活动。可以说，红领巾奖章教育是少先队活动课程中最具全局性和系统性的内容。阅读完本章，相信你可以对整个少先队活动课程的目标取向、内容框架以及评价方式有更清晰的认识。

第一节 红领巾奖章教育的概念与属性

红领巾奖章教育是我国少先队用以激励新时代少先队员光荣感而设立的一种评价性体系。它原名为"雏鹰争章教育"，参考的是西方童子军国际青少年组织教育中的"雏鹰争章"概念。1993年，"中国少年雏鹰行动"正式启动，当时，根据时任中共中央总书记的江泽民同志所题的"自学、自理、自护、自强、自律，做社会主义事业的合格建设者和接班人"精神，全国少工委从少年儿童的年龄特征出发，确立了若干枚"雏鹰奖章"，意在对少年儿童的思想道德素质、科学文化素质和健康素质等方面的发展状况进行全方面的评价和激励，鼓励少年儿童从日常生活及学习的具体环节入手，通过定章、争章、考章、颁章、护章，不断为自己确立新的目标，发现自己的潜能，看到自己的进步，证明自己的成功。[①]

2019年，共青团中央、教育部和全国少工委联合印发了《关于构建阶梯式成长激励体系增强少先队员光荣感的指导意见》，文件中对"雏鹰争章"这一名称进行了修改，改为"红领巾奖章"，意在凸显少先队教育的中国特色。

具体而言，可从如下几方面理解红领巾奖章教育的属性。

一、红领巾奖章教育是少先队教育激励体系的核心部分

红领巾奖章教育首先是一种目标激励性的教育，是少先队教育激励体系中的核心组成部分。从奖章本身的激励方式来看，体现在两方面：一是通过儿童看得见、摸得着且感兴趣的"物"，即围绕特定目标所设计的形式多样的奖章，激发儿童参与活动、达成目标的愿望；二是荣誉激励，通过奖章背后的意义形式，包括同伴和成人精神上的认同，激发儿童表现自我、超越自我的渴望。"奖章"的形式符合儿童具象化的心理认知特点，而"认同"则满足了儿童社会性发展的需求（包括自尊自信的需要，以及通过他人的评价建立自我认同的需要），两个方面相互配合，密不可分。从红领巾奖章与少先队教育其他激励方式的关系来看，争获奖章是其他激励方式的前提与基础，构成了整个少先队教

---

① 全国少工委.少先队辅导员工作纲要（试行）[Z].2015-12-16；《少先队辅导员工作纲要（试行）》(2017).

育激励体系的核心部分。

二、红领巾奖章教育是少先队教育的一项特色活动

这体现在：红领巾奖章教育包含了一套系统的流程，即定章、争章、考章、颁章、护章五个环节。首先，少先队员在辅导员、家长的协助下，确定自己所要争取的奖章目标；其次，通过开展相应的训练与实践活动，鼓励少先队员积极参与，在过程中努力向目标靠近。争章活动可依托少先队活动课程进行；接着，组织灵活多样的考评小组，考察少先队员的实践成果，评定其是否达到奖章所对应的要求；然后，举行相应的仪式，为获得雏鹰奖章的队员颁奖；最后，少先队员要珍惜自己所获得的奖章，做到不遗失、不破坏、在重要节日庆典佩戴等。各个环节的设置都要强调儿童的主体性与体验性，同时要有政治性、思想性的渗透。

三、红领巾奖章教育是少先队教育的特色评价方式

红领巾奖章教育有着相对具体和系统的标准来定义少先队员的成长与成功。在评价手段和内容上，紧紧围绕少先队教育的特色目标与主题，既设置了统一的标准（国家级雏鹰奖章标准），也有个性化的考量（地方、学校可设置特色奖章与选修章标准）；在评价主体上，家长、教师、同伴、社会人士在内的多元主体都可以参与其中；在评价形式上，既有过程性评价，也有结果性评价，既有日常性评价，也有阶段性评价。这与传统的仅靠分数判断学生优劣的方式形成了鲜明对比，成为衡量儿童综合素质的重要依据。

第二节 红领巾奖章教育的基本原理

红领巾奖章教育何以起到持续地激励少先队员参与少先队活动，并从中获得成长与成功的作用呢？我们有必要从相关的理论中去寻找答案。这一部分主要介绍了五种理论：强化理论、社会学习理论、需要层次理论、多元智力理论和荣誉理论。之所以介绍这几种理论，是因为它们从心理学与政治学的视角出发，比较集中地解释了主体发展的动力来源与可能性的问题，能帮助我们理解红领巾奖章教育与少年儿童产生理想互动的内部机制，也可以成为我们反思和改进现实中红领巾奖章教育实践方式的基点。

在这里要特别说明，红领巾奖章教育最初是由经济与政治发展所抛出的教育命题，我们从以上理论切入，并非是要为红领巾奖章教育刻意套上华丽的理论外衣，而是基于提升少先队教育专业性、理论性的现实需求，有必要借用相关理论去分析争章教育的作用肌理。如此，我们才能真正地理解它、认同它并更好地实践它。

一、强化理论

强化理论是行为主义心理学学习理论的重要组成部分，前苏联生理、心理学家伊凡·彼德罗维奇·巴甫罗夫（Иван Петрович Павлов）的经典条件理论、美国心理学家爱德华·李·桑代克（Edward Lee Thorndike）的试误说都涉及"强化"这一概念，但真正

对"强化"进行系统研究,并使之成为行为科学理论的是美国心理学家伯尔赫斯·弗雷德里克·斯金纳(Burrhus Frederic Skinner)。在以动物为对象的操作性条件反射实验中,特定行为的出现频率因为后果的改变而增加了,这个过程被称为强化。行为可以通过强化被塑造和增强,通过提供积极刺激物而使行为出现频率增加的被称为"正强化",通过撤销消极刺激物而使行为出现频率增加的被称为"负强化"。"正强化"和"负强化"都会使有机体的行为增加,差别只在于强化物的性质。

有关强化物的类型,除了根据性质划分的积极强化物与消极强化物,斯金纳还根据人类行为受到强化程度的影响,将其划分为"一级强化物"与"二级强化物"。一级强化物主要满足的是生存、繁衍等基本生理需要,如食物、水、安全、温暖、性等。二级强化物指的是与一级强化物反复联合进而获得自身的强化性质的中性刺激,一般是非物质的,如金钱、学历、关注、认同等。通常而言,"二级强化物"比"一级强化物"具有更持久的强化效果。此外,根据强化物的时间安排与强化效果的不同,斯金纳将强化分为了"连续式强化"和"间隔式强化"。前者是在特定的行为出现后立即给予强化,后者则是在行为发生一段时间或一定次数后再给予强化。在行为建立的初期,"连续式强化"最有效,能帮助行为者快速习得某种行为。但在后期应逐渐过渡到"间隔式强化",以免行为者过度依赖强化而削弱了其内在动机。①

值得注意的是,"强化"与教育中最常提及的"奖励"和"惩罚"并不相同,这一点常常被误解。首先,"正强化"不等同于"奖励",虽然在操作上都是提供积极的刺激物,但"奖励"不一定会使后续行为出现的频率增加,而"正强化"一定会。其次,"负强化"也不等同于"惩罚","负强化"是撤销一个消极刺激而使行为频率增加,"惩罚"则表现为提供一个消极刺激或是撤销一个积极刺激,目的是使行为不再发生。"奖励"与"惩罚"主要是基于教育者的意志和立场,包含着教育者对特定事件的价值判断,如一件事是"好的",值得奖励,或是"不好的",需要惩罚。而行为是否被强化则不一定以教师的意志为转移,需要考虑学生的兴趣以及感受能力。从这个意义上来说,强化的主体实际上是学生的兴趣或潜能。②

强化理论对教育教学的影响是深远的,对我们讨论红领巾奖章教育也具有重要的启示意义。一方面,要充分利用奖章教育的正强化功能。正面强化物既包括可见的奖章,也包括来自同伴、辅导员以及社会成员的肯定。前者是快速且持续激发儿童兴趣的外在手段,后者则更能增强学生的内部动机,这是奖章教育能够发挥功能的关键。另一方面也很重要,要适度且个性化地平衡好不同强化物对少年儿童的影响。也就是说,同样的奖章,对大多数少年儿童或许是有效的强化物,但对个别儿童来说或许并不起到强化作用;在奖章教育实施初期,能对少年儿童起到强化作用的强化物,也许在后期强化效果则减弱了……这些都是在具体的教育实践过程中需要去个性化地判断和考量的。

---

① 先宏斌.从惩罚到强化的学理探究[D].上海:华东师范大学,2011.
② 先宏斌.从惩罚到强化的学理探究[D].上海:华东师范大学,2011:12-40.

二、社会学习理论

社会学习理论是关于人类个体在社会情境中学习现象的一种理论,它研究各种社会因素如何影响和改变人的思想、情感和行动的过程,目的是要说明和解释人行为的规律。[①] 社会学习理论是在传统行为主义学习理论的基础上发展起来的,美国心理学家阿尔伯特·班杜拉(Albert Bandura)是这一理论的奠基人。传统学习理论大多以动物为研究对象进行实验,再将从动物身上发现的行为规律套用到人身上,这就很容易忽视人类学习的复杂性。因此,班杜拉以人为对象进行了大量的实验,其中最有影响力的当属"波比玩偶实验",从这一实验出发,班杜拉提出了富有影响力的人类学习过程机制。

> **链接 9-1**
>
> **波比玩偶实验**
>
> 该实验将 3—6 岁的儿童分成三组,先让他们观看一个成年男子(榜样人物)对一个充气娃娃做出种种攻击性行为,如大声吼叫、拳打脚踢。接着,让第一组儿童看到这位成年男子受到表扬和奖励(糖果等);让第二组儿童看到这位成年男子受到训斥和惩罚;第三组为控制组,只看到成年男子的攻击行为。然后,将三组儿童分别领入单独的房间,房间里摆放着玩具,也包括同样的充气娃娃,在十分钟内,观察并记录这些儿童的行为。结果表明,同控制组相比,看到榜样人物受奖励的儿童,其对娃娃的攻击性行为明显更多。反之,看到榜样人物受惩罚的儿童,其攻击性行为明显更少。

班杜拉认为,行为的习得有两种不同的过程,一种是通过直接经验习得行为的反应模式,即直接学习。例如,儿童击打他人受到成人责骂,于是停止击打行为。另一种则是通过观察他人的行为及其结果而习得行为的过程,即观察学习,又称替代学习。例如,儿童观察到他人因攻击性行为而受到惩罚,因此没有表现出攻击性行为。观察学习之所以能发生,是因为人具有替代学习的能力,不需要每件事情都亲身体验和实践,这也是人区别于动物的重要特征。相较于直接学习,在替代学习能力基础上发展出的间接学习更具有普遍性,它为人的社会发展提供了更为有效的途径。

关于观察学习的要素与过程机制,班杜拉等人做出了系统的阐释。在观察学习的过程中,被观察的对象称为榜样(model),观察主体称为观察者(the observer),榜样通过观察者的观察活动而影响观察者的过程,称为示范作用(modeling)。榜样既包括现实中的、活生生的个体人类,也包括负载着行为规则信息的各种环境刺激,因而示范作用发生的途径和方式也是多种多样的。[②] 就过程来看,观察学习是观察者对观察活动中的信息规则进行认知加工,进而转化为相应的符号表征,并在适当的条件刺激下成为自

---

① 高申春.人性辉煌之路——班杜拉的社会学习理论[M].湖北:湖北教育出版社,2000:42.
② 高申春.人性辉煌之路——班杜拉的社会学习理论[M].湖北:湖北教育出版社,2000:124.

身行动的内部指南的过程。它包含了注意、保持、产出、动机四个相互关联的子环节。每一环节的成效都受到来自榜样、观察者本身以及示范过程等多种因素的影响。

与传统行为主义学习理论不同的是,社会学习理论突出了人在学习过程中的主体地位以及社会关系对学习的影响,这对后续的学习与教育理论的推进具有极重要的价值。一方面,环境对人的影响并不是绝对的,人对环境中的各种刺激与信息会有选择地进行内在转化,只有一部分信息最终会被转化为指导主体行动的心理内容,而自我效能感对于主体选择和转化成什么样的环境信息意义深远。另一方面,社会环境提供了大量替代学习的信息来源,相比直接经验,间接经验的作用或许更隐蔽,但却更为普遍。因此,在教育过程中,我们要注重这些社会性中介力量对主体学习的意义和价值。

作用到红领巾奖章教育这一具体的教育活动,社会学习理论可以启发我们对以上两方面做出更具体的思考。首先,争章活动的设计应当以促进少年儿童积极的自我效能感为目标,这就需要在活动中始终关注到少年儿童的自尊和自信水平,提供能够帮助他们面对挑战和实现目标的各方面支持。其次,要树立典型的、丰富的榜样,既可以是少年儿童身边的同学、师长,也可以是各行各业的杰出工作者;可以是真实的个体和群体,也可以是凸显了历史与时代价值的文字、图像或者产品。榜样的选取还要考虑学生的具体生活情境,考虑学校乃至区域的文化特色。

三、需要层次理论

美国心理学家亚伯拉罕·马斯洛(Abraham H. Maslow)是人本主义心理学的代表人物,他在20世纪40年代提出了著名的需要层次理论,对人的动机进行了系统性的论述,奠定了从目标出发的激励理论的基石。马斯洛将需要按照强烈程度划分成了五个等级,从低到高分别是生理需要、安全需要、爱的需要、自尊需要以及自我实现的需要。马斯洛认为,这些基本需要的满足取决于不同的条件,我们受到实现或保持这些条件的欲望及某些更理智的欲望的激励,因此,它们构成了人行为的基本功能、结果、目的和目标。[1] 五类基本需要并不构成刻板的等级关系,它们之间是相互关联的,最占优势的需要由具体情境和具体个人决定。

教育活动以实现或保持人的需要为价值前提,满足人的生理与安全需要是其基础与保障,而对于相对高级的需要的满足,如爱的需要、自尊的需要以及自我实现的需要,则更是教育活动的价值体现,也是教育过程中应该着力追求的目标。爱的需要是指个体对于获得亲密与深情关系的渴望,它既包括被爱,也包括爱他人;自尊需要是一种得到来自他人的、稳定的、有坚实基础的、较高的评价的需要,它既包括对力量、成就、面对世界时的自信、独立和自由的欲望,也包括对名誉或威信(来自他人对自己的尊敬和尊重)、公认、注意、重要性、赞赏的欲望。自我实现则是一种自我完成的欲望,也就是一种使自己的潜能得以实现的趋势。[2] 在教育活动中,由以上需要转化成的教育目标包括:培养个人丰富的知识与技能;涵育个体健康的人格和价值观念;建立一种合作的、互动

---

[1] 马斯洛.人的动机理论[M].人的潜能和价值.北京:华夏出版社,1987:162.
[2] 马斯洛.人的动机理论[M].人的潜能和价值.北京:华夏出版社,1987:162-177.

的、鼓励式的教育环境来达成上述结果。

从这个意义上说，红领巾奖章教育作为一项教育活动，也必须直面少年儿童的需要，以促进少年儿童生理与心理的健康发展。首先，任何活动的开展都要以确保少年儿童的安全为前提，安全是最重要的防线。为少年儿童营造一个广阔又安全的学习和实践空间不仅是家庭和学校的责任，也是整个社会的责任。在此基础上要关注少年儿童更深层次的发展需要，尤其是对那些在日常学习和行为表现中不那么突出的少年儿童，要努力在奖章活动中发掘他们的闪光点，提升和增强他们的自尊心与自信心。另外，要在有爱的氛围中培养学生爱的能力。爱不是一句空洞的口号，教育中的爱一定是具体和外显的，这是少年儿童学习爱的前提。在奖章教育中，要引导少年儿童在学习与交往中爱身边具体的人、事、物，一步步感知和领悟对党和国家的大爱。

四、多元智能理论

心理学家对个体能力、智力的研究经历了漫长的过程。20 世纪初，比纳的智力测验以一种相对科学的方式界定了智力的内容，并为智力的高低提供了可量化的指标，这在长达一个多世纪的时间里成为评判个体智力的基本依据。虽然智力测验也遭到了许多批评，主要集中在其过于狭隘地界定了人的智力，不能指出更广泛群体的更全面的能力以及进一步发展的潜能，但这些声音都没能消减社会对智力测验的热情。美国心理学家霍华德·加德纳（Howard Gardner）反对传统智力理论所认为的"智力可测量"的观念，他认为，人类的智能必定伴随着一组解决问题的技巧，使人能够解决自己所遇到的实际问题或困难，此外，还能创造出有效的产品；必定还能调动人的潜能以发现或提出问题，从而为掌握新的知识打下基础。[①] 在此基础上，他提出了"多元智能理论"，指出个体身上至少存在着与特定的认知领域或知识范畴相联系的几种智能，这些智能彼此相对独立，可采用多种多样的方式，整合并适应不同人和不同文化的需要。

在《智能的结构》一书中，加德纳介绍了七种相互独立的人类智能，分别是：语言智能、音乐智能、逻辑—数学智能、空间智能、身体—动觉智能、自我认知智能和人际智能。自我认知智能和人际智能被统称为人的认知智能，前者向内指向自我，后者向外指向他人。加德纳认为，这两种智能范畴内所表现出的病态，比在其他智能形式中显现出来的病态、不良后果要更严重，同时，这两种智能的优势所能获得的好处也更大。[②] 后来，加德纳又补充了自然智能和存在智能的概念。

智能类型及其概念	典型代表
[语言智能]：对词汇意义具有敏感性；对文字排列具有敏感性；对声音、节奏、词形变化以及韵律具有敏感性；对语言不同的功能具有敏感性	诗人
[音乐智能]：音高、旋律、节奏和音质	音乐家、作曲家

表 9-1

多元智能的类型、概念与典型代表

---
① 霍华德·加德纳.智能的结构[M].沈致隆，译.北京：中国人民大学出版社，2007：78.
② 霍华德·加德纳.智能的结构[M].沈致隆，译.北京：中国人民大学出版社，2007：283.

智能类型及其概念	典型代表
[逻辑—数学智能]：数的概念、符号、规律、逻辑关系、推理	数学家
[空间智能]：准确地感知视觉世界；转化或修正视觉体验、重造视觉体验；视觉、空间想象	雕塑家；棋类大师
[身体-动觉智能]：熟练地控制身体；熟练摆弄物件	运动员、哑剧演员、舞蹈家
[自我认知智能]：对自身情感的检验和认知的能力	作家
[人际智能]：发现其他人类个体之间的差异并加以区别的能力，尤其是对他们的情绪、气质、动机与意向进行区分的能力	公关

多元智能理论对改变传统的一元智力观做出了重大突破，这深刻地影响到了社会人才观与教育制度。在国内，这一理论也在人才观、教师观、学校观、课程观、模态观、评价观等方面影响着教育改革。[①] 这是我们讨论红领巾奖章教育所不能忽视的一个重要背景。更具体地说，多元智能理论给予红领巾奖章教育的启发在于，要多维度地看待和评价少先队员，发现每个少先队员的闪光点，并努力为每位少先队员的闪光点提供发光发亮的机会，打破以学业成绩或角色看待少先队的狭隘的评价眼光。

五、荣誉理论

荣誉是西方政治学理论中的概念。在现代民主体制建立以前，荣誉可以说是政治的基石，是构成贵族制度、等级制度的关键要素。而自现代政治体制在西方普遍建立以来，与等级相挂钩的荣誉概念逐渐在民主、平等的观念中黯淡下来。在这样的背景下，美国政治学者莎伦·R.克劳斯重新诠释了荣誉在现代自由主义政体语境下的内涵，探讨了其在现代民主社会中的作用，并指出荣誉是激发个体能动性的重要源泉。

克劳斯认为，荣誉是一种多面的现象，它包括(1) 以外在认可形式呈现的诸种公共荣誉(public honors)；(2) 荣誉的准则(codes of honor)；(3) 作为一种性格品质的荣誉心，一种极力遵循其行为准则，并希望因这样做而获得公共认可的勃勃雄心。[②] 这表明，荣誉可以既是外在的奖赏，也是内在的性格；既是具象的形式，也是抽象的准则。作为外在且以具体形式呈现的公共荣誉总是以差额形式分配，比如，能获得国家勋章的总是极少数人，但正是由于其分配的差额性，才能真正激励和鼓舞个体追求更高的要求。荣誉的内在面代表着一种标准，一种行动准则，它是一种责任而非奖赏，一个遵守荣誉准则且不以获得公共荣誉为目的的人所拥有的是"荣誉心"，即作为性格品质的荣誉。比如，考试不作弊的人并非是为了获得奖励，而是他内心的准则不允许他这么做。这样说来，作为性格品质的荣誉首先要包含着自尊与自控，它向一切人开放，因而与民主体制下所强调的平等也并不矛盾。然而，作为性格品质的荣誉恰恰是容易被忽视的方面，也是克劳斯特别强调的部分。

---

① 于华.境外多元智能理论的研究进展及其启示[J].教育研究与实验,2012(03).
② 莎伦·R.克劳斯.自由主义与荣誉[M].林垚,译.南京：译林出版社,2015：8.

那么，为什么作为性格品质的荣誉在现代社会中如此重要，无法被替代呢？克劳斯认为，在讨论现代人的自由意志时，当前的政治理论中存在着将"自利"动机与"利他"动机二元对立的倾向。主张"自利"动机的理论家们认为，公民政治能动性来源于对自身利益的诉求；主张"他利"动机的理论家们则强调对他人的责任或是对共同体的热爱。这两种主张将"利益"与"责任"对立起来，都无法完备地解释自由主义社会中的德性问题。在这一基础上克劳斯指出，荣誉可以填补两种极端之间的空白地带，将"利益"与"责任"结合起来，将"为我"与"为他"结合起来。荣誉基于的是"对自身的义务感"，它包含着"高亢而有原则的野心、勇气、骄傲，以及对自尊以及公共声誉的渴望"[①]。荣誉既不否定自我关切，又不允许我们做出放弃原则的举动，因而可以成为现代社会个体能动性的有力来源。

总而言之，克劳斯所要挖掘的正是个体人格中的"贵族元素"，它是对民主社会的调剂。若缺少了对个体内在野心与骄傲的鼓励，那么整个社会将会缺少壮举、英雄与信仰。培养荣誉心即培养内心的信仰，这似乎与少先队教育的目标不谋而合，也与少先队教育所面临的挑战不谋而合，即如何培养少年儿童内在的荣誉心。

自此，我们可以将以上五种理论统整到对红领巾奖章教育的思考中来。这些理论至少可以帮助我们加深对两大问题的认识：为什么要激励少年儿童参与到红领巾奖章教育中？以及如何更好地激励少年儿童参与到红领巾奖章教育中？多元智能理论回应的是第一个问题，它凸显的是人的多元潜能与发展可能性，这必然需要更多元的教育来作为支撑；其余四种理论回应了第二个问题，它们均对人性的动力来源问题做出了描述和补充，而任何好的教育（不仅是红领巾奖章教育）都不能绕开人性来谈人的发展。当然，在这里还要说明一点，不仅仅是以上理论能帮助我们对红领巾奖章教育有更深的思考，我们欢迎每一个读者用更开放的心态和更广博的视角参与到对红领巾奖章教育的思考与实践中。

第三节 红领巾奖章教育的内容结构

在本章第一部分中，我们明晰了红领巾奖章的三种属性，它既是少先队教育的目标性激励机制，又是少先队教育的特色活动，还是少先队教育的评价方式。这三种属性贯穿于少先队教育的始终。激励是少先队教育的起点，它点燃少先队员主动参与的热情；活动是少先队教育的主体，少先队员们在活动中学习做人、学习立志、学习创造；评价是少先队教育的结点，评价既帮助少先队员反思自己的进步与不足，又是对激励机制的落实。在这一部分，我们将更具体地呈现三种性质下红领巾奖章教育的内容体系，其中包含了对红领巾奖章教育发展脉络的简单梳理。

一、红领巾奖章的内容层次与激励形式

奖章是少先队教育中重要的激励载体。自1994年红领巾奖章教育启动以来，全国

[①] 莎伦·克劳斯.自由主义与荣誉[M].林垚,译.南京：译林出版社,2015：20-22.

少工委共制定并颁布了五套统一的奖章内容方案。奖章至少分为"基础章"、"星级章"和"特色章"三大类。"基础章"是每位少先队员在少先队教育过程中可以去争取的奖章，横向上通常根据少先队教育的目标进行分类，纵向上通常根据年段进行区分，可以不同年级争获不同基础章，也可以将同一基础章划分层次要求，让不同年级的少先队员们去争获。"星级章"是在学校之上设置的具有进阶性的荣誉奖章，只有少部分的少先队员能够获得，且星级越高，获得的难度越大，代表的荣誉也越高。"特色章"是地方、学校根据教育实际所设置的，是对"基础章"的补充。

以2019年最新版调整的奖章内容为例，包含以下要点：奖章分为基础章、特色章、星级章三个类别；(1) 基础章突出少先队的政治属性，以少年儿童政治启蒙、价值观塑造、组织意识培育为主要内容，包含红星章、红旗章和火炬章三个类别，分别对应爱党、爱国、爱队三个主题，基础章由全国少工委设定（共有12枚）；(2) 特色章为选修章，由省、市、县级少工委或学校少工委设置颁发；(3) 星级章共设置五星级，一至五星级分别由学校、县、市、省、全国少工委颁发，分为"个人"和"集体"两个类别。

表9-2 红领巾奖章内容(2019年版)

红领巾奖章类别	基础章	特色章	星级章
具体内容与颁发单位	● 全国少工委设定三个类别：红星章（爱党教育）；红旗章（爱国教育）；火炬章（队前教育）；	● 省、市、县级少工委或学校少工委根据工作实际，围绕"德智体美劳全面发展"自行设定颁发，是基础章的补充	● 分为"个人"、"集体"两个类别； ● 设定一至五星级，五星级为最高等级； ● 一星级由学校少工委颁发；二至五星级由县、市、省、全国少工委颁发

五套红领巾奖章内容方案在更替过程中，有两个特点逐渐凸显出来：一是"基础章"的类属性逐渐突出。最早只是对"基础章"的内容进行罗列，而最新版方案强调的是"基础章"的三大类别，意在突出少先队教育的三大主题，对具体章目不做统一规定。二是奖章教育的"灵活性"逐渐增强。从2005年方案中提出"特色章"的设置，到2019年方案中"基础章"的设置和细化，地方和学校在红领巾奖章教育中的能动性越来越大。这里的能动性不仅体现在对奖章类目的设置上，还体现在对奖章形式（纸质版奖章、电子版奖章、徽章版奖章）的设计以及争章各环节的安排上，这要求地方和学校将更多的热情与智慧投入到红领巾奖章教育中来，使争章形式能更好地吸引和激励广大的少先队员。

表9-3 五套方案中红领巾奖章的内容分类

1994	达标章(20枚) 雏鹰奖章：三级、二级、一级	
1998	基础章(5类，城市版41枚，农村37枚) 星级雏鹰奖章(一星、二星、三星、四星、五星)	
2005	基础章(17枚) 特色章 雏鹰奖章(雏鹰奖章银章、雏鹰奖章金章)	

2015	基础章(8枚) 年级进步章(赤、橙、黄、绿、青、蓝、紫、金) 雏鹰奖章(雏鹰奖章银章、雏鹰奖章金章)
2019	基础章(3类,12枚) 特色章 星级章(个人一星至五星;集体一星至五星)

2019年,共青团中央、教育部、全国少工委发布了印发《关于构建阶梯式成长激励体系 增强少先队员光荣感的指导意见》以及《关于深入贯彻落实党建带团建、队建 加强少先队工作体制机制建设的意见》的通知。《关于构建阶梯式成长激励体系 增强少先队员光荣感的指导意见》中提出,要以增强少先队员光荣感为中心任务和目标。围绕这一目标,少先队的激励体系在原有的基础上更系统化和层次化地被构建,以红领巾奖章激励为核心载体的阶梯式成长激励体系被基本建构起来。这一体系还包括入队激励、荣誉激励、岗位激励、实践激励以及推优激励,它们都以"红领巾奖章"获章情况作为重要依据。相比于单一的奖章激励,阶梯性成长激励体系的内容更加丰富,层次更加完善,内容也更具有针对性,突出了少先队教育的政治立场。当然,这一激励体系是否能落实、落实的效果如何,目前还无法回答,需要在时间中检验。

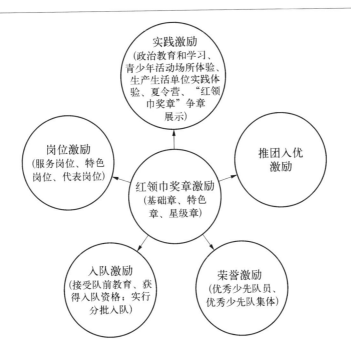

图9-1

阶梯式成长激励体系(2019)[①]

[①] 共青团中央,教育部,全国少工委.关于印发《关于构建阶梯式成长激励体系 增强少先队员光荣感的指导意见》《关于深入贯彻落实党建带团建、队建 加强少先队工作体制机制建设的意见》的通知[EB/OL].(2019-11-26). http://zgsxd.k618.cn/wjk/2019/zqlf/201911/t20191128_17923773.html.

二、红领巾奖章教育的实施环节

作为一项教育活动,红领巾奖章包含五个环节,分别是定章、争章、考章、颁章和护章。定章是指少先队员在辅导员的指导下,根据自己的实际情况,确定在某一阶段学会一项或几项技能,争取在某些方面取得明显进步的环节,它是争章活动的第一步。在定章阶段,少先队辅导员应当做好以下工作:一是动员少先队员参与争章活动;二是详细地向全体队员说明争章要求,展示奖章内容;三是在少先队员自主选择争章项目的过程中给予适当的引导;四是根据队员选择的争章项目,协调好相关的项目导师与基地。在这个过程中,辅导员切记要尊重儿童的自主选择,不能将大多数人的意愿强加给少数儿童。

争章是指少先队员按照自己制定的争章计划,在有关指导教师和队友的帮助下,开展各种训练活动,以习得相应技能,取得相应进步的实践过程,它是争章活动的中心环节。争章活动依托于少先队活动课程,包括队会、队课、队仪式、队组织生活、队实践活动、队品牌活动等具体形式(如表9-4)。在争章阶段,少先队员们要根据定章阶段所制定的计划展开自我训练,也可以聘请有专长的老师、家长、少年宫老师、社会人士等作为教练。为最大程度地提升儿童的积极性和自主性,辅导员的工作要根据儿童的年段和气质特征进行调整。一方面,对低年段的儿童应给予更多的协助和监督,对中高年段的少年儿童则更鼓励进行自我监督与同伴监督;另一方面,对于性格偏内向、胆小的少年儿童应提供更多明确的、可预期的信息帮助他们参与活动,而对于性格外向、热情活泼的少年儿童则应给予更多的自主空间,让儿童的身体和思维得以舒展。总而言之,争章的过程性与实践性是少年儿童成长和进步的关键,应当给予每一位儿童充分的体验感,少先队辅导员也要多引导少年儿童关注和享受过程,切忌仅凭结果论英雄。

表9-4 少先队活动课程体系(争章活动载体)

自主教育					
组织教育				实践活动	
队会	队课	队仪式	队组织生活	队实践活动	队品牌活动
重大事件;重要教育契机;队员实际;	少先队章程;少先队历史与文化知识;少先队礼仪;时事热点	入队仪式;升旗仪式;颁章仪式;初中建队仪式;离队仪式	组建红领巾社团;设置小岗位;建设少先队活动阵地;民主选举;少代会	组织参观、访问、野营、旅行、故事会,开展文化科学、娱乐游戏、军事体育、公益劳动和社会实践、岗位体验、考察、寻访、小课题、小研究、小志愿者等和假日、夏(冬)令营活动	"红领巾心向党"、"红领巾相约中国梦"、"祖国发展我成长"、"核心价值观记心中"、"争当美德小达人"、"优秀传统文化在我身边"、"民族团结代代传"、"手拉手"、"劳动实践"、"少年科学院"、"少年军校"、"平安行动"、"红领巾奖章"

争章的结果需要通过考章来评定,考章需要依据奖章标准的规定,对少先队员所取得的进步进行考察和认定,这构成了颁章的依据。考章单位可以是少先队中队以上组

织,也可以委托各级各类校外教育机构进行。考章的程序包括:队员展示争章的成果,可以是训练记录、作品或技能展示,辅导员、教师等根据争章内容现场提问,也可以设置情境考察队员解决问题的能力。总之,考章的方式应当灵活多样,不能局限于可以通过死记硬背掌握的知识层面,而应更加关注少年儿童高阶能力,如解决问题的能力、合作能力、创造力等。

考章过后进入颁章阶段,它是少先队组织向经过考评达到获章标准的队员颁发相应奖章的环节,这是对少先队员参与争章活动所取得成绩的正式认定和奖励。基础奖章应当由少先队大队或中队颁发,颁章时应当举行相应的仪式。庄重、热烈的气氛、井然有序的环节是建构起奖章意义的关键,仪式让奖章变得与众不同,也让争章的过程变得意义非凡。因此,少先队大队、地区少工委、省级少工委、全国少工委要重视各级奖章的颁发工作。颁章环节还要特别注意普遍与特殊的关系。一方面,应当尽可能创造机会让每一个儿童拥有被颁发奖章的经历,这样才不违背少先队面向全体儿童的教育使命;另一方面,又应当让儿童在颁奖过程中体会到与众不同,这是荣誉感的关键要素。要平衡好这两者,只有通过设置多元的奖章类别,提升颁章的形式感来解决。在现实中,一些学校仅将奖章作为"代币"的一种形式来奖励儿童,这并非不可取,但容易弱化奖章的神圣性。

护章是指少先队员要珍爱自己所获得的奖章,并用这些奖章激励自己刻苦学习、努力实践,以获得更多的奖章。除了向队员们讲述奖章的重要性,告知他们存放奖章的方法,也可以在中队或大队定期举办争章成果展示,同时在重大场合鼓励队员们佩戴奖章。这一方面可以激发队员们的争章积极性,也能引导队员们珍惜、重视自己争得的奖章。若队员有严重违反奖章要求的行为出现,学校也可以考虑收回该奖章,以免争章变为一场"一劳永逸"的活动。

总而言之,作为少先队特色活动的红领巾奖章既给出了相对固定的程序,同时又给地区、学校留下了充分的创造空间。这需要少先队辅导员在理解争章活动意义和程序的基础上,调动队员们的积极性,集思广益,充分开发可利用的一切资源、时间和空间,让少先队员们能以一种不同于传统教学和考试的方式去学习知识、锻炼技能、收获成长。一项好的争章活动必须满足以下标准:一是过程完整,有始有终,少先队员从中能够理解并喜爱争章活动;二是体验感充分,能让少先队员们的兴趣和特长得到充分释放,体验到多元的学习和成长方式;三是价值性突出,彰显出少先队的政治使命和教育立场,能够促进少先队员精神世界的完善而不仅仅是有趣和好玩。

三、红领巾奖章教育的评价标准

红领巾奖章教育作为一项涉及全体少年儿童的少先队活动,旨在与传统的应试教育形成抗衡,这尤其体现在对少年儿童的评价方面。评价在教育中的作用无需多言,它既与教育的目标直接挂钩,又与教育的形式一一对应,还影响到教育的最终结果。那么红领巾奖章教育在评价方式上具有哪些特色呢?让我们先从一些奖章的评价标准切入。

由于2019年的方案中没有对具体获章标准进行说明,我们就以2015年修订的《少先队活动课程指导纲要》(试行)中的获章标准为例。在 2015 年设置的 8 个"基础章"中,我们选取"向日葵章"和"接力章"的争章标准来呈现,这两个章分别对应政治启蒙和组织意识两个维度,这与 2019 年修改后的红领巾基础章的两大主题——"爱党"和"入队"也相契合。从各年级的奖章标准中可以看出,对儿童"知识"的评价占据基础性地位,低年段的儿童需掌握最基础的政治常识,高年段儿童则需要在知识面以及知识的整合、创新方面有一定能力。"实践"是评价标准中的另一重要指标,参加一次活动、制定一次计划、完成一次调查、制作一个作品……都是对儿童提出的实践要求,并且随着年级的上升,对实践的自主性要求也越来越高。"情感"同样是评价标准中的一项指标,但它的评价难度却最大。热心、理解、感受、主动……这些词语涵盖了对于儿童情感态度的要求,但都很难量化,这就需要对儿童的实践过程和学习成效进行更细致的观察。

表 9-5 基础章争章标准(2015)[①]

	年级	标准
向日葵章	一年级	1. 知道党的名称、党的生日;2. 能认识党旗、党徽;3. 会唱队歌《我们是共产主义接班人》;4. 会唱一首爱党的儿歌或童谣;5. 参加中队"党是太阳我是花"歌谣演唱会。
	二年级	1. 认识党的领导集体和领导人形象;2. 知道党的领导人对少先队员的殷切期望;3. 说出"最美少年"要求,会唱一首"最美少年"的歌曲;4. 参加中队故事会,能讲一个党的领导人关怀少年儿童的小故事。
	三年级	1. 寻访家乡一个革命先烈的故事,了解感人事迹;2. 会唱《没有共产党就没有新中国》,并懂得歌中的道理;3. 能说出一个为人民幸福英勇献身的优秀党员的事迹;4. 参加中队"永远的丰碑"清明缅怀先烈活动。
	四年级	1. 查找党历史上的主要革命根据地;2. 能说出党历史上的几个重要人物和事件;3. 能从网上或在家乡实地寻访一个党的红色纪念地;4. 参加中队"感受党的光荣"考察汇报活动。
	五年级	1. 寻访一个家乡的优秀共产党员;2. 给优秀共产党员写封信;3. 能说出先锋榜样的时代精神;4. 参加以优秀党员名字命名的"英雄中队"活动及"先锋颂"故事会。
	六年级	1. 调查家庭的变化,了解党的惠民好政策;2. 了解在党的领导下家乡发生的大变化;3. 能够感受到党带来的幸福和关爱;4. 参加中队"我把幸福告诉你"主题活动。
	七年级	1. 学习了解党 90 多年的发展史;2. 知道党在重要历史时期的重大事件与口号;3. 知道党在各个历史时期的重要人物;4. 坚信少先队员要听党的话,跟党走的道理。
	八年级	1. 走访先进党组织和优秀共产党员;2. 理解共产主义信仰;3. 理解党全心全意为人民服务的宗旨,学会做服务人民的事;4. 参加中队讨论会。
接力章	一年级	1. 学习《队章》,能初认识队名、队旗、队徽、队的创立者和领导者;2. 会戴红领巾,会行队礼,会呼号,会唱队歌,会提出入队申请,会念入队誓词;3. 入队前能做一件好事;4. 参加入队仪式,编入新中队,参加队组织活动,能感受到入队光荣;5. 找个高年级队员做榜样,能为中队角的建设出一份力。
	二年级	1. 知道队旗的含义,知道队的创立者和领导者,能感受党对少先队的关爱;2. 在中队有个服务小岗位,参加上岗仪式,能热心为集体、伙伴服务;3. 知道有序民主参与、监督和评议,参与选举中、小队干部;4. 在小队活动中能大胆说出心愿,感受队组织的温暖和伙伴的友谊;5. 参加一次队长学校培训,学会一项服务小技能。

---

① 中少发.关于印发《少先队活动课程指导纲要(试行)》的通知.[EB/OL].(2015-09-22). http://zgsxd.k618.cn/zyb/201801/t20180105_14912646.html.

接力章	三年级：1. 知道队歌的含义，了解队的光荣历史，能讲一个优秀少先队员故事，唱一首歌唱少先队的歌曲；2. 学会设计中、小队集体标识，能为创建中队少先队文化尽力；3. 参加"播种梦想"仪式，珍藏自己的美好心愿；4. 有民主参与的意识和组织队活动的能力，能参与讨论制定中小队活动计划。 四年级：1. 能知道队名的含义，知道先锋的含义，学习先锋有行动；2. 积极参与创建英雄中队或特色中小队，为中小队出一计、献一策；3. 在队集体中学会表达成长需求，队友间能诉说美好向往，倾诉成长烦恼；4. 组织过"十岁生日"，能感受集体的温暖，珍惜同伴的友情；5. 学习少先队鼓号演奏，学会演奏其中的一种乐器。 五年级：1. 学习理解队礼的含义，能践行队礼含义的要求；2. 参与和基层党组织、团组织结对仪式，学习优秀党组织、团组织的事迹；3. 有队组织的主人意识，有民主参与的能力，学习写一份红领巾小建议；4. 热情帮助中队有困难的队员，感受队集体的温暖与力量；5. 能参加岗位角色体验，参与中队宣传阵地建设。 六年级：1. 能理解队的作风要求，学习和发扬少先队优良作风；2. 有民主参与的意识和能力，参与中队红领巾议事；3. 能学习运用现代信息技术，整理少先队活动资料、小学少先队成长手册；4. 参加红领巾奖章颁章仪式，回顾小学少先队生活，增强少先队员光荣感、组织归属感；5. 能争取老师、家长、社会人士的支持，帮助身边的小伙伴解决具体困难。 七年级：1. 学习队章，参加中学少先队建队仪式；2. 深入理解队呼号的含义，深入理解队的性质与任务，接受党团队相衔接的组织意识教育；3. 在新集体中认识新伙伴，参与队干部选举；4. 能参与中队教育阵地建设，自主组建红领巾小社团，充实中队网络空间；5. 能与队友交流沟通，建立良好的人际关系，参与友爱队集体建设。 八年级：1. 知道少先队与共青团的关系，能了解"推优入团"的最基本要求；2. 学习队章和团章，能积极参加"推优入团"讨论会；3. 参加少年团校学习，参与少年团校的管理实践；4. 运用现代信息技术，能整理和完善少先队活动的档案资料；5. 参加离队仪式，在队旗下合影留言，难忘友爱的少先队集体。

2019年颁布的文件中虽然没有提出具体的红领巾奖章章目以及对应的评价标准，但是对红领巾奖章的评价形式提出了新的要求。文件中指出，学校少先队大队组织应结合各年级争章目标制定量化的评价标准，构建以中、小队为主体的争评机制和辅导员、队员、家长、社会等多方参与的评价方式。这意味着，学校少先队大队组织需要结合基础章的三大类目以及儿童的身心发展特点，参考地方、学校的教育实际与教育经验，在重新调整和细化红领巾奖章章目的基础上，设计出可量化的、多主体参与的评价方式。

到这里，我们可以从两个维度来总结红领巾奖章教育的评价特点，一是从其自身发展来看评价方式的变化。首先，在评价内容上，"政治性"逐渐突出。最早几版的奖章涉及了儿童生活的方方面面，评价几乎覆盖了儿童教育的全部内容。2015年版的基础奖章开始聚焦"组织意识、政治启蒙、信仰萌芽、成长取向"四大方面，而最新版的基础章则进一步强调了少先队组织的政治属性，围绕"政治启蒙、价值观塑造、组织意识培育"三个维度展开。这说明红领巾争章对儿童的评价从"面"到"点"，更具针对性。其次，评价形式上，对"科学性"的要求逐渐凸显。科学的评价是检验红领巾奖章教育成效的基础，这在2019年颁布的文件中被特别强调，相信也会在接下来的一段时间内成为少先队教育理论与实践工作者的关注重点。第二，从与其他教育评价方式的比较中来看红领巾奖章评价方式的特色，尤其是与传统考试制度相比较。首先是评价内容的差异，随着少先队教育专业性的逐渐增强，红领巾奖章评价与学校教育中的学业评价、品德评价所关注的方面势必各有侧重；其次，红领巾奖章教育的评价主体更加多元，包括儿童自己、同伴、辅导员、家长、社会人士等等，这是因为红领巾奖章教育所辐射到的活动课程范围更广，儿童需要接触和交往的主体也更丰富；最后，红领巾奖章教育评价在时间和空间上更加灵活，形式也更加多样。

然而，以上只是理论和道理上的美好预设，要使红领巾奖章教育的评价手段达到理想效果并不简单，有一些在实践中需要注意的方面。一是要尽可能避免教育中的"马太效应"，即那些成绩优异、听话懂事的孩子，在争章活动中也特别突出；而那些在成绩和行为习惯方面较差的儿童在争章活动中也不被认可，愈来愈消极被动。形成这种局面的原因可能是，学校中的中队辅导员往往也是班主任或学科教师，他们可能会把对儿童在教学和班级管理中的评价带入到争章环节中去，一旦如此，不管给予儿童多少平台，耀眼的也永远只是少数人。因此，少先队辅导员需要不断提醒自己，给予每一个儿童公平的起点，在此基础上还要努力创造机会，让那些在学业和行为习惯方面相对落后的儿童在争章活动中找到自信，进而带动其他方面的发展。二是要防止"手段变成目的"，争章是一种评价的手段，它的最终目的是增加儿童的自主性。自主性是一种独立思考、为自己做出决策或确定方向的能力，它与三种基础性特质密切相关：求知欲、自信心与动机。① 自主性得到提升的儿童会对自己提出更高的要求，进而追求更高的目标。我们不希望看到的是，儿童将争章的最直观结果——获得奖章数量的多少作为活动的最高目的，并以此作为同伴评价的首要标准。因此，少先队辅导员不应太过重视和强调奖章的数量，而是要肯定儿童在争章过程中的努力，对行为本身的强调要大于行动的结果。

第四节 红领巾奖章教育的支持系统

在了解了红领巾奖章作为激励体系的奖章内容、作为特色活动的开展程序以及作为评价手段的方式特色过后，相信你对"红领巾奖章是少先队活动课程中最具全局性和系统性的一项活动"这一论断不会再抱有怀疑态度。接下来我们要继续了解红领巾奖章的外部支持系统，它指的是帮助红领巾奖章工作推进和发展的主体、机构以及资源的总和。按照功能来说，支持系统分为"管理系统"和"实践系统"，前者负责引领思想、制定政策、监督执行，包括各级党委、团组织、教育部；后者则负责具体工作的计划、安排和实施，包括以学校为代表的公共教育机构、社区、家庭以及网络。由于"管理系统"已经在"当代少先队的领导体制"一章中有详尽的描述，因此这一部分我们将目光放在"实践系统"，关注在红领巾奖章的实践过程中，不同主体各自发挥了怎样的作用，相互间如何

---

① 珍妮丝·英格一·卡兹.促进儿童社会性和情绪的发展：基于教师的反思性实践[M].洪秀敏，等，译.北京：机械工业出版社，2015：110.

配合,提供了哪些可运用的资源等问题。

一、家庭可为开展红领巾奖章活动提供重要支持

我们首先从家庭谈起,是因为这是儿童最早开始直接接触到的外环境,家庭为儿童提供了独特的基因特征和后天教养方式,这些都影响了儿童的早期气质类型、认知水平和兴趣偏好。因此,儿童并非是带着相同的"装备"进入学校的。在接受学校教育之后,家庭中的种种因素会延续到儿童接受学校教育的过程中,并与学校中的种种因素发生化学反应。作为一名教育工作者,不论你是否愿意,都必须承认:我们无法绕过家庭来理解儿童,也无法绕过家庭来实施恰当的教育。

回到红领巾奖章的主题中来,家庭可以为红领巾奖章提供哪些支持呢?首先,家长若对红领巾奖章的内容与环节有基本的了解,就能用更具个性化的语言将争章的信息传递给儿童,并指导儿童进行选择和行动,这对年龄较小的儿童来说尤其重要;其次,家长可以在定章、争章、考章等环节中给予学校实际的协助,许多学校组织了家长志愿者参与班级、学校的大型活动或外出活动;此外,家庭还能够个性化地扩充学校教育资源,对校内、校外资源进行整合。例如,父母可以在暑期陪伴儿童去北京天安门观看升旗仪式,这符合爱国主义教育的要求,但却是学校很难集体组织的。不仅如此,家长还能直接地将社会资源引入学校教育中,一些有技能特长的家长可以被选为儿童争章的导师,或被邀请到学校中开展讲座。

需要说明的是,上述支持基于的是一种"协作式培养"的家庭教养模式,这种模式坚持家长参与并协调儿童受教育的过程,相信多方力量的合作是帮助儿童发展的关键要素,这也是当前普遍被倡导的一种家庭教养模式。然而,这种模式的接受者主要是拥有一定社会资本的家庭,也就是说,还有许多家庭由于各种各样的原因,无法提供我们期待的协助与支持,这是十分正常的现象。作为辅导员,我们至少能够做到从家庭展现或提供的信息中更好地了解儿童,并以此作为设计和实施争章教育的起点。

二、学校是红领巾奖章教育开展的主导力量

学校是红领巾奖章教育开展的主导力量。与家庭自发性地提供支持不同,学校有责任做好红领巾奖章教育的各项工作,这不仅是出于对政策的落实,更是对儿童权益的保障。学校在红领巾奖章教育中所做的工作包括三个方面,一是管理,二是组织;三是服务。管理方面,学校领导层要认真吸取政策建议,并依据学校具体情况制定争章计划,布置人员安排。组织方面,学校要组织好大队及中队辅导员参与各级少先队教育培训,同时做好校内少先队教育研讨工作;大队辅导员要依据学校少先队教育的总体安排,设计红领巾奖章活动的详细计划,并与各中队辅导员进行沟通和密切合作,组织好红领巾奖章的各项活动展开。服务方面,学校应有效利用校园和社区空间,为红领巾奖章提供适合的场地;还要做好学校文化空间的建设和宣传,以儿童能直观感受的方式普及争章内容和程序,提升学校成员对争章活动的重视。

以上是学校在红领巾奖章教育中可提供的具体支持,但这些支持是否能够落实到位,是否能够转化为儿童对红领巾奖章的兴趣和喜爱,还受到一系列因素的影响。我们

主要将这些因素划分为两个方面:一是硬件因素,二是软件因素。

硬件因素包括一个学校所拥有的固定的和可见的设施资源,例如,学校所在地区的周边环境(是否有公共文化单位、是否有公园等大面积场所、治安怎么样)、学校实际占地面积、学校信息技术设备的条件、师生比等。硬件条件影响到红领巾奖章活动展开的规模和便利性。例如,一所靠近科技馆的学校可以很自然地为争取"创造章"或"科技章"的同学提供便利;相反,一所位于棚户改造区,周边治安存在一定隐患的学校,在扩展社区争章点方面则会遇到不小的挑战。这并不是说硬件设施是红领巾奖章开展的决定性条件,而是不同学校所能提供的支持性资源是不一样的。对于那些硬件相对落后的地区和学校,我们特别期待看到的是对已有资源的创造性开发和利用,这依赖的却是一所学校的软件因素。

学校的软件因素包含学校理念、管理文化、教师专业力量等在内的非实体因素,但它们却发挥着更加重要的作用。首先,学校理念包含着对于什么是教育、怎样做教育等问题的理解,这直接影响着学校工作重心的安排以及教育工作方式的开展。一个学校如果没有强烈的学生立场,没有把学生的全面发展摆在重要的位置,就很难会用心地去做好争章教育。其次,管理文化影响到的是学校中各层级、部门、人员之间合作的方式和成效。管理过于保守、行政化体制突出的学校很难调动起教育工作者的内在积极性和创造性,而管理过于松懈的学校又很难将工作真正落实下去,这些都会影响到红领巾奖章这样一项综合性活动的实施效果。最后,教师的专业性具体指的是辅导员的专业化程度,这是当前少先队改革特别关注的方面,可见当下的实际情况并不乐观。好的红领巾奖章教育是儿童性、政治性、思想性的结合体,若缺少理解少先队教育专业性这一大前提,"争章活动"很容易办成我们常见的"社团活动",甚至退化为一种"代币制度"。

总而言之,学校担负着进行红领巾奖章教育的主要责任,但学校落实这一责任的过程绝不是照着政策的葫芦画瓢那么简单。不管你是少先队理论工作者还是实践工作者,都应当考虑到学校在落实红领巾奖章教育中可能遇到的困难与挑战。有了这样的思路,你才更有可能突破现有的局限,找到教育的转机。

三、社区是开展红领巾奖章活动的重要场所

社区(community)通常是指聚集在一定地域范围内的社会群体和社会组织,根据一套规范和制度结合而成的社会实体,是一个地域社会生活共同体。[①] 社区的形成必须包含以下要素:地域;人群;共同的行为规范、社区意识、利益关系;各种社会活动及互动。[②] 在工业化的进程中,人口大规模地由农村涌向城市,城市社区的数量迅速扩张,社区的形态和功能也发生了很大的变化。其中,社区的教育功能日益受到重视。

我国的社区教育于20世纪80年代中后期兴起,20世纪90年代后进入逐步发展阶段,这与争章教育的起步阶段处于同一时期。社区教育的理念来自西方,西方学者哈格雷斯(Hargreaves, D.)这样描述社区教育的内容:发展社会和教育再分配策略,以创造

[①] 方明,王颖.观察社会的视角——社区新论[M].北京:知识出版社,1991:9.
[②] 胥英明.中国主要社区教育模式研究[D].河北:河北大学,2000:3.

更公正和公平的社会;促进地方的政府机构和志愿机构进行更密切的协调和合作;支持地方主动推进社会发展,使人们更有能力控制自己的生活;鼓励更开放、更民主地获得教育系统的人力和物力资源;重新界定课程和学习过程的观念。① 我国学者厉以贤则更简明扼要地指出,社区教育是实现社区全体成员素质和生活质量提高以及社区发展的一种社区性教育活动和过程。② 总之,社区教育既要通过社区服务教育,也要依托教育推动社区,两方面相辅相成,共同构成社区教育的实质。

少年儿童是社区教育的一类服务主体。在少先队教育方面,社区是校外少先队活动课程的主要阵地。与学校相比,社区的独特优势在于能够提供丰富的、生活化的和强体验性的活动课程。丰富性来源于形态多样的文化资源,社区中汇聚的各行各业工作者和企业机构都可以作为少年儿童了解社会生产与文化的对象,大到我们熟知的博物馆、文化馆,小到一家开了几十年的店铺,甚至一位在社区居住了多年的长者。生活化和体验性来源于社会情境的真实性和复杂性,这不仅能够激发儿童的兴趣和问题意识,也更能够培养儿童的责任心、道德感以及解决问题的能力。例如,社区可面向少年儿童招募交通志愿者、养老院志愿者,也可以邀请少年儿童利用校外时间参与社区垃圾分类宣传和调研工作,这些都可以作为儿童争章的具体过程。总之,儿童的全面发展不仅要依托社区提供平台,也需要在社区中得到检验。

同样需要说明的是,社区在少先队教育中实际起到的支持作用与理想状态之间还存在一定的距离,这与当前社区教育总体发展的不充分有关。作为一种非正规教育,社区教育是正规教育(各级各类学历教育)的延续和补充,它在我国起步较晚,再加上其对象和范围的广泛性,更是延缓了其发展速度。但是,扩展校外及社区的少先队教育工作必然是少先队改革和发展的方向,这不仅需要社区工作者的努力,也需要学校教育工作者密切关注社区的发展动态,积极扩展可服务于学校和少年儿童的社区空间。

四、网络是开展红领巾奖章活动的新平台

生活在 21 世纪的信息化社会,我们很难绕过网络去谈事物的发展。关于网络对于教育的意义,去搜索一下近几年关于"教育信息化"和"教育技术"的文献数量,这比任何的描述都更具震撼力。网络可以覆盖我们以上论及的一切范围,横向上促进跨家庭、跨学校、跨社区和区域的互动,纵向上实现家庭、学校、社区资源之间的流通。它是一张看不见的网,我们所想象的和需要的一切可以被它囊括在内。

在以红领巾奖章为代表的少先队活动中,网络的支持主要在于,可提供给少年儿童在线争章和考章的平台。例如,2015 年版方案中设置的"向日葵章"和"接力章"涉及关于党和国家的基础知识,网络可以同屏呈现图片、视频和文字资料,以更加直观和生动的形式将信息传递给少年儿童。另外,网络对于时空的要求更加灵活,这样少年儿童可以更加个性化地安排争章活动的时间和空间,这对学校来说更是一大便利。不仅如此,

---

① Hargreaves, D. Learning takes place in many and varied contexts throughout the individual's life[M].// S. Ranson & J. Tomlinson (eds.), The changing Government of Education, London: Allen & Unwin.
② 厉以贤. 社区教育原理[M].成都:四川教育出版社,2003.

网络对位于相对落后地区的少年儿童来说更是意义非凡,它可以实现优质资源的传递和共享。90年代初,共青团中央、全国少工委就联合启动了"手拉手"互助活动,以倡导富裕与贫困地区,城市和农村,不同民族、不同成长背景的青少年加强沟通、互帮互助,网络大大提高了这一活动的便利性。以"手拉手"互助活动所建立的学校间、少年儿童间的联系为基础,争章活动也可以成为交流和互助的主题内容,通过网络"导师"授课,更多少年儿童的兴趣爱好可以得到发展。

虽然网络的优势无可比拟,但其价值的实现离不开人的作用。具体来说有两方面,其一,社区和学校要有信息化意识,将网络设备的安置摆在社区、学校发展的重要位置。发达和较发达地区的一些学校已经有了这方面的主动意识,但对落后区域来说,这尤其需要政策的支持。其二,少先队教育工作者需要提升自己的信息素养,要有意识地将教育的实践智慧与信息化技术融为一体,合力构建一个安全健康、富有趣味和教育意义的网上争章平台。

第五节 红领巾奖章教育的未来展望

经历了20多年发展的红领巾奖章教育,在实践层面累积了不少经验,也成为了少先队教育体系中不可忽视的组成部分。但客观地说,红领巾奖章教育离我们期待的教育效果还有不少的距离,这表现在以下几个方面:从实施效果来看,还未能充分发挥其对所有少先队员的正向激励功能,未能充分激发所有少先队员的光荣感;从社会影响力来看,还未能摆脱"学校教育"这一上位概念,获得足够的社会支持度和认可度;从背后的理论支持来看,实践过程中上升出的理论思考还不多,引发的教育问题和讨论也非常有限,这说明即使在学校教育领域,教育工作者对红领巾奖章的认可和重视程度也还有很大的提升空间。这三个问题并非相互脱离的,因此,我们必须对它们进行一个整合性的思考。同时我们也要认识到,这几个问题不仅仅针对红领巾奖章教育,也是整个少先队教育未来发展所面临的考验。因此,在本章的最后部分,我们来共同展望红领巾奖章教育的未来。我们给出的并不是能让你马上着手改进的操作性建议,而是希望能够引发你更多的思考,再将这些思考投入到更具体和个性化的实践中。

一、在少先队教育专业化驱动下完善奖章教育

"专业"一词常表示两种含义,一种指的是"专门的职业",它是"职业"的高级阶段;另一种指的是"专门的学问",由此引申出高等院校以及中等专门院校所分的学业类别。"化"表示的是转变成某种性质或状态。[①] 在教育领域内,我们常用"专业化"来表述"教师专业化"和"学科专业化"。前者是指教师在严格的专业训练和主动学习的基础上,逐渐成为一名专业人士,并获得社会承认的过程;[②]后者是指学科通过知识体系建设、组

---

① 辞海编辑委员会编.辞海(缩印本)[M].上海:上海辞书出版社,1980:208.
② 陈琴,庞丽娟,许晓晖.论教师专业化[J].教育理论与实践,2002(01):38-42.

织管理、理论研究等主要方式,不断增强学科专业性和自足性的过程。[①] 这两者既密切相关,又都保有各自的独立性。比如,教师专业化发展必须依托其对应学科专业化的知识体系;相反,有些学科的专业化已经比较充分,但相对应学科教师的专业化程度还不够。

对于少先队教育而言,少先队辅导员的专业化以及学科本身的专业化程度都还不高,少先队教育专业化应当涵盖以上两个方面。其中,促进学科的专业化是大前提,它主要通过构建少先队教育知识体系(关于少先队领导体制和运行机制的知识框架、关于少先队文化的知识框架、关于少先队教育内容、形式、载体的知识框架)以及建设好少先队理论研究平台(高等院校与科研机构、各级少先队工作室)来实现。少先队辅导员专业化也主要从两方面下手,一是建设好辅导员培训体系(高校人才培养、职后培训),二是完善辅导员激励与晋升机制。以上内容构成了少先队改革的主要方向。

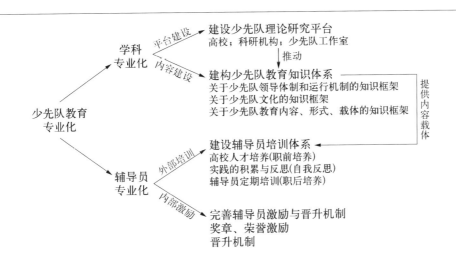

图 9-2 少先队教育专业化内容框架

争章教育只有在少先队教育专业化的整体推进中才能逐步完善,因为只有少先队教育被当作一种专业的工作来对待,只有少先队辅导员们拥有完整的少先队专业素养时,我们才能期待争章教育的每一个环节都被真正落实下来,而不是沦为"说起来重要,做起来次要,忙起来不要"的工作。在本章的前几个部分,我们尝试将争章活动放置在少先队教育的系统中去理解和定位,就是希望教育工作者们能够用专业的眼光去看待红领巾奖章与其他少先队教育内容的关系、与学校教育的关系。我们认为,争章教育可以贯穿少先队教育的全局和始终,并且应当更充分地彰显少先队教育特色。学校要将争章与学校少先队的其他项工作更密切地结合起来,以此带动学校少先队教育整体扎实推进,而这个过程离不开新时代下专业的少先队教育工作者队伍的壮大。

二、在终身学习视野下拓展奖章教育

让我们回到红领巾奖章诞生的 20 世纪 90 年代,1993 年颁布的《中国教育改革和发

---

① 叶方兴.论思想政治教育专业化与社会化的辩证关系[J].思想教育研究,2017(10):8-11.

展纲要》是我国面向新世纪发展教育的战略性指导方针。这一纲领性文件将基础教育和职业教育、高等教育摆在了教育发展的前沿位置,前者旨在扫除文盲、提高全民基本素质,后者则在于培养现代化建设所需的专门人才。在基础教育方面,既要落实好义务教育的普及工作,又要由"应试教育"向"素质教育"转轨,实现基础教育"质"和"量"的同步推进。自此开始,"素质教育"成为未来二十多年基础教育发展的基本口号。在这一理念下诞生的红领巾奖章教育,一开始便肩负着补充、调整传统学校教育内容,促进少年儿童全面发展的使命。然而,不管是作为一种激励方式、少先队活动亦或是评价方式,红领巾奖章始终被以"考试"和"升学"为导向的学校教育侵占了大量时间和空间。并且,随着基础教育改革的深化,学校教育的工作和任务越来越多,儿童所面临的教育内容和形式也日益多样,这使得红领巾奖章在学校的未来发展面临越来越多的不稳定因素。

在红领巾奖章教育发展了二十多年后的今天,"素质教育"的口号已被"核心素养"替代,今天的我们除了从"全面"发展的角度去思考奖章教育,还应当从"全程"发展的角度去完善奖章教育。因此,如果说专业化是对奖章教育未来发展的第一个期待,那么在此基础上,争章教育应该走出学校,在社会中寻找更广阔的的舞台,在"终身学习"的视野下增强其社会影响力。

在增强社会影响力方面,国外"童子军"制度为我们提供了宝贵的经验。"童子军"最初是由英国人贝登堡于20世纪初创立的,其初衷在于改变英国青少年身体孱弱的状况,培养出具有良好体格和公民素养的青少年。经过一百多年的发展,英国童子军形成了包括荣誉制度、徽章与晋级制度、小队制度在内的完整体系。相较于我国的争章教育,童子军争章有几个突出的特点:第一,有明确的奖章晋级制度。童子军的奖章不仅划分类别,更划分级别,级别越高,难度越大。争章的过程有着明确、严格的程序,每一次成功晋级更伴有宣誓的环节。很明显,这一制度化的争章体系相比我国的红领巾奖章而言更为正式、更有仪式感。第二,对象的范围更加广泛。童子军争章主要适用于6-18岁的青少年,部分活动扩宽到了25岁,这一年龄跨度几乎达到红领巾奖章的两倍;第三,归属于校外教育体系。童子军的活动课程以"户外"、"冒险"、"世界和技能"为主题,活动的组织也由社会机构承担,与学校教育形成了两套互为补充又相互独立的系统。① 严格统一的程序、更广泛的参与群体以及社会组织力量的集中参与使得童子军争章获得了很高的社会知名度和认可度。在国外,参与过童子军、积攒的童子军徽章是很多人一生的荣耀,这在我国是罕见的景象。

当然,红领巾奖章与童子军争章立足于不同的文化背景与教育背景,要将童子军争章的上述特点简单移植到我国的教育情境中是不现实的。但是,这至少为红领巾奖章的未来发展提供了一种思路,即向更制度化的体系发展,向6-15岁以上的少年、青年普及,向广阔的校外教育推进。我们希望,奖章教育能够成为社会教育的重要内容,成为教育向人生的"整体化"和"全过程化"推进②的重要力量。

---

① 龚国钦.英国童子军组织管理与课程体系述评[J].世界教育信息,2017(24):59-66.
② 叶澜.终身教育视界的深刻意蕴:全时空性的全人发展——保尔·朗格朗带给我们的启示和价值[J].人民教育,2017(01):13-18.

思考与练习

1. 阅读完本章前,你是如何理解红领巾奖章教育的?读完本章后,你对红领巾奖章有没有新的思考?

2. 请结合你所在地区或学校的具体情况,想一想可以设置哪些带有地区、学校文化特色的奖章,并论述其合理性。

3. 你认为红领巾奖章教育在实施过程中遇到的挑战有哪些?可以结合具体的实践来谈谈你的看法。

延伸阅读

1. 共青团中央,教育部.全国少工委关于构建阶梯式成长激励体系 增强少先队员光荣感的指导意见[Z].2019-11-29.

2. 高申春.人性辉煌之路——班杜拉的社会学习理论[M].湖北:湖北教育出版社,2000.

3. 马斯洛.人的动机理论[M]//林方主编.人的潜能和价值.北京:华夏出版社,1987.

4. 莎伦·克劳斯.自由主义与荣誉[M].林垚,译.南京:译林出版社,2015.

5. 先宏斌.从惩罚到强化的学理探究[D].上海:华东师范大学,2011.

第十章
少先队辅导员

📖 内容梗概

1. 少先队辅导员的内涵、历史及构成
2. 少先队辅导员的角色冲突、定位和素养
3. 少先队辅导员队伍的专业化发展

📝 重要概念

少先队辅导员　少先队辅导员角色定位　少先队辅导员角色冲突
少先队辅导员角色素养　少先队辅导员专业化

🎯 学习目标

1. 了解少先队辅导员的内涵、历史及构成；
2. 理解少先队辅导员在少先队教育中的角色定位和基本素养；
3. 理解少先队辅导员队伍专业化发展的现状及挑战。

少先队辅导员是党的少年儿童思想政治工作者,是少年儿童亲密的朋友和指导者,是党的少年儿童思想政治工作中的重要力量,是中小学思政教师队伍的重要组成部分。因此,少先队辅导员队伍建设及其专业发展是提升少先队教育的重要条件。本章将从少先队辅导员的内涵、构成和历史发展,少先队辅导员的角色定位与基本素养,少先队辅导员的专业化发展现状及当代挑战三个方面对少先队辅导员的相关问题做探讨。

第一节　少先队辅导员的内涵、历史及构成

一、少先队辅导员的内涵

辅导员在英文中常被译为"counselor",有指导、顾问之意,在中文中"辅"字原指古代夹在车轮外旁的直木,用以增加车轮载重支力,后被引申为佐助、协助,"导"则意指引领、指引[①]。由此看来,辅导员以辅为首,内含以被辅导者为主体的导向,担负着为被辅导者指导、引路的责任,而辅导的过程则是被辅导者的主体地位和作用与辅导者的主导地位和作用的统一[②]。在此基础上,少先队辅导员的概念另有区别于一般辅导员的独特意义,这份独特性源于少先队组织的特殊性。少先队作为建设社会主义、共产主义事业的预备队,具有鲜明的政治性;作为中国少年儿童的群团组织和我国教育系统的重要组成部分,又具有儿童性、群团性和教育性,因此少先队辅导员的内涵界定必须基于少先队组织的特殊属性之上。

《中国少年先锋队章程》(2020)中对少先队辅导员的定义为"由共青团选派优秀团员或聘请政治素质过硬、思想进步、作风正派、知识丰富、热爱少年儿童的教师以及各条战线的先进人物来担任。他们是党的少年儿童思想政治工作者,是少先队员亲密的朋友和指导者,帮助中队或大队委员会进行工作,组织活动。"《汉语大词典》将少先队辅导员定义为"组织和帮助少先队员开展各种教育活动的人员,是少先队员的亲密朋友和指导老师。由共青团选派优秀团员或聘请优秀教师及各条战线上的先进人物担任。"

从官方的定义和解释来看,对少先队辅导员的内涵界定首先需满足少先队的政治属性[③],"政治素质过硬"、"思想进步"、"作风正派"是聘任少先队辅导员的首位要求,"忠诚党的教育事业"、"具有坚定的政治方向"是担任少先队辅导员的首要条件;其次要体现少先队的儿童属性,要"热爱少年儿童"、做队员们的"亲密朋友",以少先队员的需求和发展为核心,强调少年儿童的主体地位;最后强调具体职责和任务,要做好"少先队员的指导者",辅助大中小队工作、组织活动,其中,少先队活动本身的教育属性也不容忽视。因此

---

① 夏征农,陈至立.辞海(第6版缩印本)[M].上海:上海辞书出版社,2010:330,533.
② 段镇.少先队学[M].上海:上海人民出版社,2015:326.
③ 具体内容见于中青联发.关于印发《少先队辅导员管理办法(试行)》的通知[Z].2007-8-2.

在职责目标上,少先队辅导员需对少先队员及群体产生正向而积极的导向作用;在互动关系上,少先队辅导员与少先队员平等;在教育关系上,少先队辅导员是教育者身份。

二、少先队辅导员队伍的发展历史

(一)初现:优秀共青团员作为辅导员时期

少先队辅导员最初产生于苏俄。1922年2月,苏俄第一个少先队——列宁少年先锋队成立,少先队辅导员也由此产生,主要负责大队和中队的活动指导,以及队员们的教育工作。当时的中国出于革命斗争的需要,也先后出现了安源儿童团、劳动童子团等以少年儿童为主体的革命组织,主要承担为革命者送信、传递消息、站岗放哨等任务,当时并没有建立辅导员制度,辅导员这一角色主要是由年长的共青团员来担任。

早期革命儿童组织的建立及所发挥的作用,使人们意识到少年儿童参加革命的重大意义和革命儿童组织存在的必要性和重要性[①]。因此,在土地革命时期、抗日战争时期及解放战争时期,中国共产党领导建立了共产儿童团、抗日儿童团、报童近卫军等革命儿童组织,并建立了相应的刊物、章程等辅助儿童团的组织发展,儿童团的日常工作则由共青团主要负责,因此仍由优秀的共青团员担任辅导员角色,但为了满足文化学习和组织建设的需要,儿童团后期也开始招聘优秀的教师、小学校长或团支书作为辅导员来进行指导。

(二)登场:学校教师作为辅导员时期

1949年10月13日,中国少年儿童队正式成立。《中国少年儿童队章程草案》是新中国成立后少年儿童组织的第一部章程,《章程》中提出"青年团各级团委聘请进步的小学教师和中学教师为少年儿童队的辅导员",标志着辅导员这一角色的正式出现。

> **链接10-1**
>
> **少年儿童队辅导员的条件和产生方法**
>
> 1950年4月26日,团中央发布了《关于中国少年儿童队的几个具体问题的处理与规定》,其中明确指出了少年儿童队辅导员的条件和产生方法:
> - 辅导员的条件:赞成少年儿童队的章程;积极帮助少年儿童队的工作;为少年儿童所爱戴。
> - 辅导员的产生办法:大队辅导员由青年团的市、县委聘请;中队辅导员由青年团的区委聘请。
> - 辅导员的任务:在团的领导下直接辅助队部队长,研究并指导队的活动;启发培养队员的自觉性、积极性和创造性,使队员能够用自己的力量达到他所预期的目的。

辅导员设立之初就备受重视,作为团委领导少年儿童队的有力助手,辅导员的选聘条件、工作任务和培训等规章制度都逐步地建立完善。1950年,团中央在北京召开第一次全国少年儿童工作干部大会,会上除对少年儿童队的队旗、队歌、队仪等作出规定

---
① 郑洸,吴芸红主编.中国少年儿童运动史[M].天津:天津人民出版社,1992:57.

外,还重点强调了设立辅导员的必要性,要求各地团委重视辅导员工作。建国初期,国家仍面临着重重困难和复杂的斗争,因此这一时期少年儿童队的工作主要围绕抗美援朝、土地改革和镇压反革命三大运动进行,为了更好地发挥辅导员的指导作用,团中央开展了辅导员讲习会,邀请苏联专家进行培训,并选派全国各地的辅导员代表到苏联学习访问,全面了解苏联开展少年儿童工作的经验,培养了大量辅导员的骨干力量。

(三)发展:少先队辅导员队伍的多样化发展时期

1953年8月21日,共青团中央发出《关于"中国少年儿童队"改名为"中国少年先锋队"的说明》,将中国少年儿童队更名为中国少年先锋队,少年儿童队辅导员成为了少年先锋队辅导员。少先队辅导员由此正式产生。

少先队辅导员正式产生后,团中央通过开办《辅导员》杂志、制定《工作条例》(1961)等方式不断推进辅导员工作的指导和培训,增强辅导员工作的规范性。同时,少先队辅导员队伍中增加了校外辅导员、义务辅导员和半义务辅导员等不同类型,选聘标准也较之专职辅导员更加宽松,不局限于共青团及教职人员,具有政治文化水平的社会知青、机关和街道干部、退休军工人等均可担任①,这大大丰富了少先队辅导员的队伍构成。在建立初始阶段,少先队辅导员因其在少先队组织及少先队员成长中的重要性而备受重视,获得了稳步而良好的发展。

链接10-2

二十世纪六十年代辅导员的模范人物:雷锋

图10-1 全国优秀辅导员——雷锋

1960年起,雷锋先后被抚顺市建设街小学、本溪路小学聘请为少先队校外辅导员,并兼任五(4)中队校外辅导员。

在任职校外辅导员的两年期间,雷锋认真负责,在部队工作之余的休息时间带队员们进行劳动、实践和公益活动,体现了其对共产主义事业的强烈责任感,也获得了孩子们的爱戴。

1963年,为表彰他在少先队工作中作出的卓越贡献,团中央追认雷锋为全国优秀辅导员,并在全国青少年中开展"学习雷锋,做革命事业接班人"活动,宣扬雷锋无私奉献的共产主义精神。

---

① 中国少年先锋队.1963年中国少先队工作大事记[EB/OL].(2017-04-16). http://61.gqt.org.cn/wxzx/dsj/200905/t20090511_238802.htm.

此阶段,中国处于全面建设社会主义时期,少先队工作的主要任务是"高举毛泽东思想伟大红旗,把我国全体少年儿童组织起来,培养少年儿童成为无产阶级接班人"①,少年儿童运动需要和全民社会主义建设实践结合、和学校教育结合,同时要求少先队辅导员以身作则,能够成为无产阶级思想的引领者和示范者,彰显爱国、团结、奉献等精神,雷锋就是此阶段的优秀少先队辅导员代表。

(四)再发展:少先队辅导员专业化发展时期

1978年10月,共青团第十次全国代表大会在北京召开,时任团中央第一书记的韩英在大会工作报告中宣布了党中央关于恢复中国少年先锋队名称的决定。同年,共青团十届一中全会通过了《中国少年先锋队队章》,其中对少先队辅导员的选聘条件、职能责任和角色定位做出了明确的说明。之后团中央通过下发重要制度文件,举办辅导员夏令营、辅导员代表会议等活动,完善了少先队辅导员的绩效考核、培训指导、评价及奖励体系,极其有效地促进了辅导员的队伍建设和专业发展,激励了辅导员们的事业心和进取心。为了加强少先队工作的专业性,中国少先队工作学会作为少先队工作者的第一个学术性组织于1979年8月1日建立,这标志着少先队辅导员专业发展之路的开端。1984年,团中央召开了第一次中国少年先锋队队员和辅导员代表会议(简称"少代会"),会上提出了少先队辅导员专业化的口号,并建立了少先队的全国领导机构——中国少年先锋队全国工作委员会(简称全国少工委),为少先队辅导员的配备、培训和表彰工作提供了专门机构。自此,少先队辅导员队伍建设进入了全面和高速发展的阶段。

新世纪以来,为了建立一支优良的少先队辅导员队伍,满足少先队发展和少先队员成长的需求,团中央陆续发布了多份重要文件,对少先队辅导员的选拔、培训、考评、待遇等一系列环节进行了详细的规定。如《关于进一步加强少先队辅导员队伍建设的若干意见》(2005)、《关于印发〈少先队辅导员管理办法(试行)〉的通知》(2007)、《关于加强新时代少先队辅导员队伍建设的意见》(2020)等。少先队辅导员的制度建设更加完善,向着专业化的道路逐步发展。

三、当代少先队辅导员队伍的构成

少先队辅导员根据少先队工作需要和活动阵地差异而具有不同的分类方式,如按照工作范围来区分,可以分为校内辅导员和校外辅导员;按照专业基础及聘任途径来分,可以分为专职/专业辅导员和志愿辅导员;按照工作性质来分,又可以分为总辅导员、大队辅导员和中队辅导员。此处我们选择最后一种分类方式来对少先队辅导员的队伍构成进行分析,在此基础上补充说明志愿辅导员这一特殊辅导员群体的来源和主要职责。

(一)少先队总辅导员

少先队总辅导员是在省(自治区、直辖市)、市(地、州、盟)、县(市、区、旗)、乡(镇)和设有中小学校的开发区等层面,专门负责该区域少先队工作的人员,他们是"党的少年

---

① 1965年团中央《高举毛泽东思想伟大红旗,为培养少年儿童成为无产阶级革命接班人而奋斗》决议。

儿童工作者，是共青团选派从事少先队工作的专业人才，是少先队辅导员队伍的骨干和少先队相关学科建设的带头人"①。"省、市总辅导员配备在同级团委，县和开发区等总辅导员配备在同级团委或教育部门，乡少先队总辅导员可由学校大队辅导员兼任。有条件的街道、社区可设置少先队总辅导员"②。

2020年《少先队辅导员岗位设置及职责、能力素质标准、任职资格和任职、履职、发展、退出程序》规定，少先队总辅导员任职需具备以下基本条件：1. 中共党员。忠诚党的事业，理想信念坚定，政治站位较高。无不良言行。2. 具有大专以上（含大专）文化程度。3. 省少先队总辅导员任职前应具有5年以上少先队辅导员、共青团工作或少年儿童教育经验；市、县少先队总辅导员任职前，应具有3年以上中小学少先队辅导员、共青团工作或少年儿童教育经验。

根据《少先队总辅导员设置管理办法（试行）》(2012)的要求，少先队总辅导员的职责是：1. 在同级团委、教育部门、少工委领导下，聚焦少先队主责主业，积极落实少先队组织根本任务，推进少先队改革实施，为少先队工作决策提供意见，设计和实施本区域内少先队重要活动，指导基层少先队辅导员设计开展少先队活动，树立和增强少先队员光荣感。2. 指导学校大中队辅导员和校外辅导员落实岗位职责。3. 推广学科建设成果，开展少先队工作研究。省（区、市）少先队总辅导员要带头参与少先队相关学科建设。4. 为本区域的少先队辅导员培训、职称评聘等提供支持，帮助基层少先队辅导员提高政治素质、提升知识能力。5. 了解和反映本区域基层少先队辅导员的工作、学习、生活情况及需求，提供帮助支持。6. 完成同级团委、教育部门、少工委交办的其他工作任务。

（二）大队辅导员

大队辅导员指负责指导少先队大队委员会工作的辅导员，需要由各学校少工委推荐，上级团委、教育部门、少工委共同考核和聘任而设立，学校团组织书记可兼任大队辅导员。一所学校通常设一名大队辅导员。

2020年《少先队辅导员岗位设置及职责、能力素质标准、任职资格和任职、履职、发展、退出程序》规定少先队大队辅导员任职需具备以下基本条件：1. 一般为中共党员、入党积极分子或优秀共青团干部、团员，忠诚党的事业，理想信念坚定。无不良言行。2. 城镇中小学大队辅导员应具有大专以上（含大专）文化程度，农村中小学大队辅导员应具有中师以上（含中师）文化程度。3. 具备2年以上学校教育教学工作经验。

大队辅导员的主要职责是：负责协调和指导少先队大队委员会制定年度少先队工作计划，开展全校性的少先队活动，搞好少先队的组织发展工作，选拔和培训少先队干部；领导并部署和检查少先队中队辅导员的工作；负责向学校及上级的行政、党和团组织反映少先队工作状况及少年儿童的思想、学习、身体成长状况，并提出改进少先队工作的建议。

---

① 中青联发.少先队总辅导员设置管理办法（试行）[Z].2012-12-31.
② 少先队辅导员岗位设置及职责、能力素质标准、任职资格和任职、履职、发展、退出程序[Z].2020-3-5.

(三) 中队辅导员

中队辅导员是指负责指导少先队中队委员会工作的辅导员。在学校中，少先队中队以班级为单位成立，中队辅导员则一般由班主任或其他学科教师兼任。

2020年《少先队辅导员岗位设置及职责、能力素质标准、任职资格和任职、履职、发展、退出程序》规定少先队中队辅导员任职需具备以下基本条件：1. 中共党员、入党积极分子、优秀共青团员，或积极申请入党的优秀教师，忠诚于党，理想信念坚定。无不良言行。2. 城镇中小学中队辅导员应具有大专以上（含大专）文化程度，农村中小学中队辅导员应具有中师以上（含中师）文化程度。3. 具备1年以上学校教育教学工作经验。

中队辅导员主要职责是指导本中队少先队工作、协助中队委员会落实大队委提出的工作部署，制定本中队的工作计划，协助组织开展各中队的活动，协助搞好中队干部的选拔和培养，帮助中队委员会搞好队组织发展和队员的思想教育，定期向大队辅导员汇报中队工作开展的情况。中队辅导员与少先队员们相处时间长，关系紧密，所以更应密切关注队员们的身心健康，及时反映队员们的意见和需求，并争取学校、家庭和社会的支持和配合。

(四) 校外辅导员

校外辅导员是指在学校以外的人员中聘请的少先队辅导员。校外辅导员是少年儿童共产主义教育中的一支重要力量。校外辅导员由各级少工委从本地区优秀校外思政课教师、优秀团干部、团员、青联委员，拥护党的领导、道德高尚的劳动模范、科技工作者、青年志愿者等各行业先进人物中选聘，拥护党、高素质的家长也可以作为校外辅导员。

少先队校外辅导员任职需具备以下基本条件：1. 中共党员、入党积极分子或优秀共青团干部、团员，忠诚于党，理想信念坚定，政治觉悟较高。2. 遵纪守法，无不良言行。3. 身体健康，品德高尚。

校外辅导员的职责是：利用自身优势和专长，向少先队员宣讲党的主张，传递党的关怀，讲好中国故事，宣传发展成就，协助大中小队围绕政治启蒙和价值观塑造开展教育活动，树立和增强少先队员光荣感。服务队员现实需求、维护队员正当权益。为在校内外开展少先队工作创造条件、提供服务和支持等。

从总辅导员、大队辅导员、中队辅导员和校外辅导员的组成和职责中，我们可以清晰地看到，辅导员彼此间相互沟通和协作，在职责上各有所专，但并不存在绝对的界限，在具体的少先队工作中，强调各类辅导员相互协作以形成合力，为少先队工作的完成争取最大的资源。

第二节 少先队辅导员的角色问题

一、少先队辅导员的角色冲突

"角色"指"处于一定社会地位的个体或群体，在实现与这种地位相连的权利与义务时,表现出符合社会期望的行为与态度"[1]。角色冲突指"个人担当的社会角色包含矛盾的角色期待时出现的问题"[2],角色冲突一般有两种形式:角色内冲突和角色间冲突。前者发生于不同群体对同一角色有相互矛盾的期待或要求,以及个体自身对角色规范理解不同甚至相反之时;后者发生于同时承担若干个角色导致个体难以胜任,或者承担的不同角色对个体有矛盾、相反的角色期待和要求之时[3]。

在当代,少先队辅导员所扮演的角色不是单一的,而是一个角色丛。少先队辅导员所从事的少先队教育活动,是一种特殊的社会活动,与少先队员、教师、其他辅导员等不同的主体间构成不同的关系,并身处于少先队、学校、社区等不同空间与教育环境之中,故需要扮演不同的角色。因此,少先队辅导员也比一般教师要面临更多的角色冲突。

首先是辅导员多重制度身份之间的冲突。一般而言,少先队辅导员往往身兼学校行政管理人员、学科教师等多重制度身份,因此需要扮演管理者、教育者、执行者、引导者等多样角色,不同的角色具有不同的角色定位及期待,如学校大中队辅导员需要根据党的教育方针和上级共青团组织布置的工作计划,承担中小学生思想政治启蒙教育的责任;学校行政管理人员或学生工作管理人员则需要负责学校的日常管理、全体学生的德育工作等;学科教师或班主任则需要承担教育教学工作和班级日常管理的任务。如何平衡多重制度身份,尽量减少不同角色之间的冲突,是大多数少先队辅导员需要面临的现实难题。

其次是辅导员制度身份与社会角色之间的冲突。辅导员在制度身份之余,还扮演着父母、子女等不同的社会角色。辅导员繁忙的工作内容要求其投入超长的工作精力,且社会对辅导员有较高的奉献精神和责任心的角色期待,目前公认的辅导员模范人物或事例大多体现了一种无私奉献、为了少先队事业不惜牺牲私人生活的选择。这一角色期待与传统教师"蜡烛"角色相似,宣扬的是一种甘于牺牲的奉献精神,但这仅仅体现了国家和社会对辅导员"应该如何做"的一种规范性和生成性规定,将辅导员看作是一种工具性、功能性的存在,却忽视了这一群体对"辅导员于我意味着什么"、"我要成为什么样的辅导员"的意义性和存在性需要[4]。

最后是辅导员对自我角色的期望与现实境遇之间的冲突。如前所述,当代少先队辅导员越来越关注自我价值的实现和自我发展,但现有的专业发展路径却十分有限。在实际工作场域,辅导员虽然是中层干部身份,但大多数辅导员仍缺少实际决策权与自主权,且需要管理学校几乎所有的学生事务,工作量与薪资待遇远不成正比。繁重的工作使得辅导员的时间碎片化、低质化,也给辅导员的自我发展带来了阻碍。这也导致当前辅导员队伍中普遍存在行为符合角色期待,但内心实际认同度不高的情况。

二、少先队辅导员的角色定位

任何职业都有其特殊的、区别于其他职业的角色定位,并随着社会、经济和教育的

---

[1] 顾明远.教育大辞典[M].上海:上海教育出版社,1998.843.
[2] 辞海编辑委员会.辞海(第六版)[M].上海:上海辞书出版社,2010,1189.
[3] 杨秀玉,孙启林.教师的角色冲突与职业倦怠研究[J].外国教育研究,2004(09):10-13.
[4] 佐藤学.课程与教师[M].北京:教育科学出版社,2003:206.

发展而不断丰富和发展,少先队辅导员角色亦是如此。从上文可知,当代少先队辅导员面临着多重角色带来的角色冲突和身份认同问题,解决这一困境急需对辅导员角色进行更清晰的定位。

2020年《少年先锋队章程》和《关于加强新时代少先队辅导员队伍建设的意见》中共同指出,"少先队辅导员是党的少年儿童思想政治工作者,是少年儿童亲密的朋友和指导者"。在此基础上,我们根据时代需求,对辅导员身份具体作如下理解:

(一)党的少年儿童思想政治教育工作者

少先队辅导员的本质身份是一名教育者,而且是能够对青少年的道德价值观、思想意识的形成和发展产生正向影响的教育者,具体体现于青少年的政治启蒙教育、理想信念教育和理性批判意识教育。

少先队辅导员的首要角色是党的思想政治教育工作者,需要向少先队员宣传和普及主流政治思想,启发教育少先队员们热爱国家,培养少先队员政治参与的兴趣和基本能力,逐渐确立其价值观的基本方向。其次是促进青少年的理想信念教育。少先队辅导员要借助少先队独特的组织教育形式为少年儿童提供一种在群体和集体中进行自我教育的机会,让少年儿童能够在平等民主的组织环境中交往、实践和学习,从而帮助青少年树立正确的理想信念。最后是理性批判意识教育。少先队辅导员需要通过少先队教育引导青少年成为一个具有理性批判思维的个体,面对错综复杂的现实能够有基本的价值判断,理性分析事物内在的价值问题,尊重客观事物的基本价值。

(二)少年儿童的朋友和权益保护者

少先队是全体少年儿童的组织,保护少年儿童的健康成长是少先队工作的出发点和落脚点。一方面,少先队辅导员应该是少先队员的亲密朋友。少先队真正的主体应该是少先队员,因此与一般教师不同,少先队辅导员扮演的不是权威者角色,而是与少先队员们平等的知心朋友,在队员们的身边适时指导。另一方面,少先队辅导员也是少年儿童权益的保护者。《中国少年先锋队章程》中规定"少先队组织应该维护少年儿童的正当权益",少先队辅导员就是协助少先队维护少年儿童权益的直接负责人,辅导员要维护少年儿童受教育的权利,及时反映少年儿童的意愿,还要维护少年儿童入队、参与队活动的民主权利。

(三)少先队组织生活的建构者和促进者

少先队是一个具有崇高理想和纪律的少年儿童组织。尽管少先队是全体少年儿童自己的组织,但是儿童具有不成熟性,因此需要在少先队辅导员的辅助指导下进行队集体建设、组织开展队活动、建构和谐民主的组织生活。其中包括少先队员能够以正确的态度对待少先队组织和其他少先队员,不仅时刻以少先队员的标准要求自己,而且自觉地按照民主集中制的原则,处理个人与少先队、个人与其他少先队员的关系,在行动上和少先队员保持一致,维护少先队的团结和统一。

这是少年儿童进入并适应公共生活的基础,良好的组织生活经历帮助少年儿童成长为一个具有公共精神的个体,该个体能够正确地看待个群关系,具有清晰的自我认知,并能够和公共生活中的其他个体建立良好交往关系。

(四) 少先队开展实践活动的指导者和辅导者

在科技高速发展的时代,少年儿童实践能力和创新创造精神的培养越来越得到重视,而实践和创新能力的培养离不开实践教育,在实践活动中,少年儿童能够运用学校中所学习的知识解决实际问题,并发现新的问题,从而做到"知行合一",成长为真正具备实践能力和创新精神的一代。"实践性是少先队教育活动的重要特征"[①]。少先队组成主体是6至14岁的少年儿童,正处于活泼好动、模仿性强的年龄阶段,实践性活动符合他们的生理和心理发展特征,在实践中育人是少先队自成立以来就沿用的重要方法,少先队辅导员作为少先队实践活动的指导者和辅导者,应该为少先队员策划多样化、趣味性的实践活动,发挥少先队员的主体作用,让其在与各行各业关联的实践活动中不断感悟和体验,实现少先队实践活动的教育作用。

三、少先队辅导员的角色素养

少先队辅导员的角色素养指辅导员完成角色要求、实现角色期待所需要具备的专业素养,包括知识结构、专业技能、专业精神和道德素养等。现有的政策文件中尚未对少先队辅导员的角色素养作出规定,仅从政治立场和专业经验上做出了要求。结合上文中对少先队辅导员角色的定位,从少先队教育的现实需求出发,我们认为少先队辅导员的基本素养应该体现在政治立场和理想信念、儿童观、知识结构及专业技能四个方面。

(一) 良好的政治素质和坚定的理想信念

少先队辅导员是中国共产党委派的从事少年儿童思想政治意识教育的老师,政治素质过硬十分必要。它要求:第一,少先队辅导员能增强政治意识、大局意识、核心意识和看齐意识,切实做到对党忠诚、为党分忧、为党担责、为党尽责;第二,要坚定"四个自信",即中国特色社会主义道路自信、理论自信、制度自信、文化自信;第三,做到"两个维护",严守政治纪律和政治规矩,有较强的政治敏感性、政治辨别力。

理想信念是辅导员对少先队教育事业的一种坚定不移的态度和强烈的情感认同,并体现于个体实际的实践行为中。理想信念具有情感性,能使一个人对和自己有相似信念和理想的人产生亲近之情,个体之间产生关联和情感支持,从而形成志同道合的群体[②]。"要维系任何一种人类共同体,都需要一种对既存的、非任性的价值观的信仰"[③],这种信仰就是专业理想信念。可见是否具有专业理想信念不仅是辅导员个体应具有的角色素养,也是连接辅导员群体以促进辅导员队伍专业发展的重要纽带。

(二) 热爱少年儿童

少先队是全体少年儿童的组织,而辅导员是少年儿童的亲密朋友和指导者,因此热爱少年儿童是辅导员角色的基本前提。具体行为表现为关注少年儿童的发展,维护其

---

① 中国少年先锋队全国工作委员会,中国少年先锋队工作学会.中国少年先锋队大全[M].北京:中国少年儿童出版社,2005:407.
② 卜玉华,朱园园.当前我国青少年理想信念教育的必要性及其策略[J].现代教学,2016(22):24-27.
③ 沃夫冈·布雷钦卡.信仰、道德和教育:规范哲学的考察[M].彭正梅,张坤,译.上海:华东师范大学出版社,2008:71.

合法权益;能够尊重个体差异,平等对待每一个少年儿童;主动了解和满足少年儿童的不同需要,并积极创造少年儿童发展所需要的教育条件等。

(三) 具有良好的知识结构

少先队辅导员是特殊的教师群体,身兼教师和辅导员的双重身份,需要掌握教师身份应具备的基本知识,在此基础上再学习掌握少先队教育的相关知识,主要包括专业学科知识、普通文化知识、教育学科知识和个人实践知识四个方面。

专业学科知识。除特定的专门学科知识外,对少先队教育的基本理论、内容和价值有系统而深入的理解;理解少先队的发展历史和趋势,了解推动其发展的主要因素;掌握传递少先队知识的基本方法和技能,能够根据少先队员的心理特点采用适当方法将少先队知识加工、转化、表达并教授给少先队员。

普通文化知识。少先队辅导员应具有广博的知识储备,了解哲学、社会科学、自然科学等方面的知识,以更好地理解所教学科的知识、扩宽学生的视野和兴趣。

教育学科知识。了解和遵循教育规律,掌握一般教育学知识,包括教育基本理论、心理学基本理论、德育论、教育心理学、教育研究方法等;并具备思想政治教育的理论知识,掌握思想政治教育的特殊规律。

个人实践知识。即具备实施少先队实践活动所需的情景知识及与之有关的知识。

虽然我们将辅导员的专业知识分为诸多类别,但是需要注意的是,在少先队教育中,辅导员的知识是一个整体,不能简单地分门别类。辅导员自身的教育理念在其角色的实现中有着重要的作用,个体的教育理念受其成长经历、学习经历、工作经验、专业发展水平、所处社会背景等多种因素的影响,因此辅导员的知与行之间存在着复杂和辩证的关系。

(四) 综合的专业技能

要适应新时期少先队教育的要求和期待,除了良好的知识结构,少先队辅导员还需要具备综合的专业技能,即辅导员运用专业知识和经验完成少先队教育任务的能力,包括组织和管理能力、人际交往和合作能力、科研创新能力等。

组织管理能力。少先队辅导员要带领中队辅导员、志愿辅导员和少先队员,协同社会组织,制定和完成各项少先队工作与活动,因此需要具备管理少先队队伍、组织开展少先队活动、对少先队活动评价反馈和调节的能力。

人际交往和合作能力。少先队是社会化的少年儿童组织,辅导员工作涉及学校、家庭、社会等多个主体,需要具备与不同主体沟通、协调和合作的能力。

科研创新能力。具有科研的意识、需要与能力,是专业人员的基本特征。少先队辅导员角色的专业性素养的前提是能够参与或主持少先队或与少年儿童有关的课题研究,将自我角色从简单重复的工作执行者提升为具有创造力的专业研究者。

终身学习能力。"如果没有学习的学生,就不可能有一个学习的社会,而没有学习的教师,就不可能有学习的学生"[1],因此教师是否具有终身学习力是学习型社会形成

---

[1] 迈克尔·富兰.变革的力量:透视教育改革[M].中央教育科学研究所,加拿大多伦多国际学院,译.北京:教育科学出版社,2000:163.

的关键。时代的发展与更新要求辅导员具有终身学习的能力,能够不断通过学习提升知识和技能,比如当代辅导员要学习将现代信息技术与少先队工作结合,利用技术手段激发少先队员的兴趣等。

第三节　少先队辅导员队伍的专业化发展

近年来,尽管教育部、团中央发布多项支持与保障政策推进少先队辅导员队伍的专业化建设,并取得了一定的成效,但目前学界对于少先队辅导员能否被称为专业,仍颇具争论。有学者认为少先队辅导员是一个专业,具有十分明确的目标导向,同时需要较强的专业素养,但也有学者质疑少先队辅导员往往身兼教师、中层管理人员、党政工作人员等其他职务,作为一门职业甚至不具有独立性,也缺少相应的理论知识体系,因此尚不具备谈论"专业"的资格。因此,探讨少先队辅导员队伍的专业发展必须要先讨论"少先队辅导员能否被称之为专业"这一前提性问题,在此基础上再深入了解少先队辅导员这一群体的特殊性及其专业化发展的现状和挑战。

一、少先队辅导员的专业化

(一)专业的内涵与特征

《汉语大词典》中,"专业"具有如下几种解释:"1. 专门从事某种学业或职业;2. 专门的学问;3. 高等学校或中等专业学校所分的学业门类;4. 产业部分的各业务部分"[①],可见,专业是一个跨越教育学和社会学两大领域的概念。

1933年社会学家桑德斯首次对专业下定义,认为"专业是指一群人在从事一种需要专门技术的职业,这种职业需要特殊的智力来培养和完成,其目的在于提供专门性的社会服务。"[②]此后,许多社会学家都尝试对专业下定义,虽然众说纷纭,但共同之处在于都将专业定义为职业的一种较高标准与表现形式。而教育学范畴中的专业主要有两种解释,一种是课程或学科专业,对应英语中的"specialty"。这一概念最初源于俄文,经过半个多世纪的实践,逐渐成为中国高等教育领域的一个本土概念,代表一种知识的专门化领域,或者说是为了满足社会分工需要而设置的学科分类和体系,以此培养某种专门人才,从事相关的专业性活动,如《教育大辞典》中对专业的解释是"中国、苏联等国高等教育培养学生的各个专门领域,大体相当于《国际教育分类》的课程计划或美国高等学校的主修"[③]。另一种解释则与社会学领域的专业定义相近,对应英语中的"profession",指符合较高标准和要求,表现突出的某种专门职业(主要是教师职业)。如美国教育协会提出专业应具备的八项指标:1. 含高度的心智活动;2. 拥有一套专门化的知识体系;3. 有较长的专门职业训练;4. 持续的在职进修;5. 提供可终生从事的职

---

① 汉语大词典编纂组.汉语大词典普及本[M].上海:汉语大词典出版社,2000:44.
② 转引自:教育部师范教育司.教师专业化的理论与实践[M].北京:人民教育出版社,2001:13.
③ 教育大辞典编纂委员会编.教育大辞典(第三卷)[M].上海:上海教育出版社,1991:26.

业活动和永久的成员关系;6. 建立自身的专业标准;7. 置服务于个人利益之上;8. 拥有强大的、严密的专业团体。教育学者叶澜则认为专业必须满足三项要求:有专业的理论知识依据和专门的技能保证,承担重要的社会责任,以及具有专业自主权。① 虽然对于专业的概念解释无法达成一致,但学者们对于专业群体的认知却趋同,具体表现为:掌握一套被普遍认可或论证的学术理论体系(专业知识),不受专业外部势力的约束和限制(专业自主权),具有共同认可的理念、愿意服务社会大众的一种态度(专业信念或情操),以及良好的职业声望和社会地位(专业声望)等②。

综合而言,特定和不可取代的社会功能、完善的知识理论体系、系统的培养和发展模式、高度专业自主权、权威的专业组织等都是衡量一个职业能否被称之为专业的关键要素。从职业与专业的区别能够更进一步了解专业的内涵(如表10-1):

表10-1 专业与普通职业之间的区别③

区别	专业	职业
知识技能	需提前掌握系统的专业知识和技能	无需专门的知识和技能
行动准则	按照科学的理论和技术行事	按例规行事
专业训练	需要接受长期的专业训练,训练在大学里进行,以是否接受过高等专门教育为标志	无需接受长期的专业训练,主要通过个人体验和个人工作经历而积累工作经验
社会功能	提供特有的、范围明确的、社会不可或缺的服务,且把服务置于个人利益之上	所提供的服务不具有不可替代的社会功能
专业意识(研究意识)	把服务与研究融为一体,为了保证服务品质和服务水平的不断提高,自觉主动进行研究行为	仅提供一种服务,没有研究意识
专业性	有明显内行和外行差异,隔行如隔山	无内行和外行之别
专业信念	工作是一种事业、一种生活方式	工作是谋生的手段
社会地位	一般具有较高声望	并不具备较高的声望

(二) 少先队辅导员专业化的内涵

结合专业的特征及标准,我们可以通过专业知识与技能、专业自主权和专门组织等要素来对少先队辅导员进行分析。

首先,在专门知识和技能方面,少先队辅导员无疑是具有专业性的,但缺少系统的理论知识体系建设。少先队辅导员职业需要具备相应的专业知识和技能,但与之矛盾的是,相应的知识基础并未建立,更多的是依托于教师职业的知识基础之上。少先队辅导员也缺少专业标准,目前在职的辅导员大多数没有接受过专业训练,仅需具备一般的教学经验,可以说少先队辅导员工作在实践上具有专业性,但在专业知识体系建设上仍

---

① 叶澜.新世纪教师专业素养初探[J].教育研究与实验,1998(01):41-46.
② 筑波大学教育学研究会.现代教育学基础[M].钟启泉,译.上海:上海教育出版社,1986:442.
③ 教育部师范教育司.教师专业化的理论与实践[M].北京:人民教育出版社,2001:18-19.

很薄弱。

其次,在专业自主权和专门组织方面,少先队辅导员工作虽然具有独特性,但仍缺少专用术语及独特的表达方式,其专业性的考察仍建立在教师专业素养体系之上。这也导致大多数学者及一线教师认为只要具备教师专业素养,具有一定的组织协调和学习能力,就能够成为少先队辅导员。而且少先队辅导员同普通教师一样归教育行政单位管制,其根本制度身份仍是教师,这也极大影响了少先队辅导员专业自主权的获得。

最后,在社会功能和地位方面,近年来,少先队教育越来越被看做是学校教育中的重要一环,其独特教育价值也使得少先队辅导员的社会功能和地位得到更多的肯定,从此方面而言,少先队辅导员理应是一项专业。

总之,从现实情况来看,虽然少先队辅导员具有特定的专业知识与技能,且具有重要的社会责任和影响力,这一点在《少先队辅导员的角色》一节中已有论述,但其理论知识建设不够体系化和学科化,专业培养的模式也欠缺科学性和系统性。因此,对"少先队辅导员究竟是否可以称之为专业"这一问题,我们可以如此回应:少先队辅导员职业具有专业的某些特征,但整体上还不能称之为一个已确立的专业,还需经历一个专业化历程。

既然少先队辅导员职业仍游离于"专业"之外,那么就需要推动少先队辅导员队伍的专业化发展,使其逐渐成为真正的专业。从字面上理解,"少先队辅导员专业化"就是少先队辅导员逐渐符合专业标准、获得专业认可地位的动态转化过程,这一转化理应具有动态性、过程性、阶段性和发展性的特征。少先队辅导员的专业化是多主体共同努力的过程,不仅包括少先队辅导员个体专业水平的提升,也包括少先队辅导员群体专业地位的提升,可以说,前者是个体的专业化,后者是职业的专业化,个体的专业发展是职业专业化的基础和推动力。

具体而言,少先队辅导员个体专业化主要指少先队辅导员在专业知识和技能、专业伦理、专业道德、专业情意等方面的专业化,主要通过职前教育、入职培训、在职学习、自我反思实践等方式进行。少先队辅导员群体的专业化则指少先队辅导员职业不断发展成熟,逐渐达到专业标准,获得专业地位的过程,这一过程包括专业知识体系的建立,职业准入、晋升、培训等制度的完善,权威专业组织的成立等。

二、少先队辅导员队伍专业化发展的主要路径

如前所述,少先队辅导员队伍的专业化发展既包括辅导员个体的专业发展,也包括辅导员群体的专业化,因此少先队辅导员的专业化建设存在着两条主要途径:辅导员专业自我意识和专业支持系统的完善。前者源于辅导员自我完善和发展的意识,是辅导员对自我实现和专业成长的需要;后者源于外界对辅导员专业发展的期望,以及为其提供的专业成长保障机制和渠道。

(一)专业自我意识

自我意识是人对自己身心状态及对自己与客观世界关系的意识,这不仅仅指人的大脑对主体自身的意识与反映,还反映了人与周围现实的关系,因为人的发展离不开周

围环境,特别是人与人之间关系的制约和影响。① 专业自我意识是指专业主体对自己专业现状的总体认识、体验、评价和期望。

专业自我意识是少先队辅导员专业发展的内动力。具有专业自我意识的辅导员"不仅能把握自己与外部世界的关系,而且具有把自身的发展当作自己认识的对象和自觉实践的对象"②的能力,只有达到这一水平,才是完全意义上自我发展的主体。

专业自我意识形成的前提是辅导员正确的自我定位和自我认同。虽然辅导员同时具有教师、行政管理人员等多重身份,但个体必须要认识到辅导员是自己的主要身份,将辅导员角色与自我价值的实现相结合,做到真正热爱少先队工作,进而主动将外部制度要求转化为内部发展需求,进一步确认和修正"自己应该是怎样的辅导员"的认知。

基于实践的自我反思是专业自我意识形成的有效方式。自我反思强调个体的思考和体验。个体通过对自身经验不断地体验和反思获得更多情境化、个人化的实践性知识,在自我反思和审视中完成专业自我的重构。课例研究、行动研究、叙事、写日志等都是有助于辅导员在实践中自我反思的方法。

(二)外部支持系统

我们将主要从准入与评价体制、管理与培训体系、理论及学科建设三个方面对当前少先队辅导员专业化发展的外部支持条件进行阐述。③

1. 准入和评价体制的建立

新世纪以来,少先队一直致力于推动少先队辅导员队伍的专业化发展。2017年《少先队改革方案》中提出"要建设高素质少先队辅导员和工作者队伍",在2020年初,共青团中央、教育部、人力资源社会保障部和全国少工委联合下发《关于加强新时代少先队辅导员队伍建设的意见》的通知,进一步促进了辅导员选拔、聘任和考核的规范化。

以大队辅导员为例,目前大队辅导员要求由中共党员、入党积极分子或优秀共青团干部、团员担任,有两年以上教育教学工作经验。城镇中小学大队辅导员应具有大专以上(含大专)文化程度,农村中小学大队辅导员应具有中师以上(含中师)文化程度。少先队大队辅导员的任职履行中小学中层管理人员任职程序,由个人主动或经学校党组织谈话动员,提交书面申请;学校少工委讨论、组织和考察拟推荐对象;再经过校内选拔和公示;最后由学校少工委将结果报上级少工委批准后,由学校少工委聘任,颁发聘书。大队辅导员一般3年一聘,第一年为试用期,试用期考核不合格随时解聘。可见辅导员的选拔标准和日常管理都比一般教师更为严格。

在考核体制上,对少先队辅导员的考核每年(或每学年)进行一次,并建立考核档案。县级(含)以上总辅导员由同级团委、教育部门、少工委负责考核。乡总辅导员、大队辅导员由县级少工委负责考核。中队辅导员、校外辅导员由学校少工委负责考核。总辅导员的考核内容侧重于政治素质和履职实效。对大中队辅导员和校外辅导员的考

---

① 张典兵.教师专业自我发展的基本路径[J].基础教育研究,2009(03):24-25.
② 叶澜.教育概论[M].北京:人民教育出版社,1991:217.
③ 共青团中央,教育部,人力资源社会保障部,全国少工委.关于加强新时代少先队辅导员队伍建设的意见[Z].2020-2-21.

核,由省级少工委根据辅导员岗位职责、履职要求,聚焦少先队政治启蒙主责主业,突出少先队政治启蒙要求,结合本地区实际,坚持定量评价与定性评价相结合,设计统一的考核内容、指标和评价标准。对少先队大中队辅导员的少先队工作业绩考核分为优秀、合格、基本合格、不合格四个等次。考核结果作为辅导员聘任、评选先进、岗位晋升、职称晋升和参加称号评审的重要依据。每次考核"优秀"的等次比例不超过全部大中队辅导员总数的30%。考核"不合格"的辅导员,要由学校少工委主任约谈本人,提出改进要求,取消本年度教师考核"优秀"等次资格。在任期内2次考核等次为"不合格"的,应予以解聘。

2. 激励机制与晋升通道的提升

对辅导员的激励主要包括三种:

一是政治激励方式,包括各级团组织从优秀的少先队辅导员中选拔各级团代会代表和委员会委员、常委;推荐优秀大中队辅导员加入党组织;在各级团代会、少代会和团、队组织的重要活动中,重点宣传展现优秀辅导员的工作事迹,邀请优秀辅导员开展讲座、经验交流等活动;定期开展少先队辅导员交流活动,定期编辑发布优秀少先队活动案例、论文;各级教育部门、团委所属的媒体设立专栏,大力宣传优秀少先队辅导员事迹和优秀少先队活动;吸收优秀少先队辅导员参加各级团委组织的青年讲师团,将优秀少先队辅导员纳入"青年马克思主义者培养工程"培养对象;积极推荐优秀少先队辅导员担任各级人大代表、政协委员候选人等。

二是表彰激励方式,如对工作有显著成绩或作出特殊贡献的少先队辅导员,由各级团委、少工委联合教育部门等按国家有关规定开展表彰,授予"优秀少先队辅导员"等称号;各级团委、少工委表彰的优秀少先队辅导员与同级优秀教师、优秀班主任同等对待;共青团组织表彰的优秀青年、先进工作者等,优秀少先队辅导员所占比例不低于全部候选人的10%;教育部门表彰的中小学优秀教师、优秀教育工作者要有少先队大中队辅导员代表等。

三是职称评定激励方式,少先队大中队辅导员可以参评中小学教师职称中的"思政类"科目,评定以品德、能力、业绩为导向,可享受思政课教师相关职称评聘待遇;参评中小学教师职称时,辅导员在工作年限、工作量、相关业绩等方面与学科教师、思政课教师同等对待。

在职称评定上,《关于加强新时代少先队辅导员队伍建设的意见》(中青联发[2020]2号)中提出要促进"符合条件的中小学少先队辅导员参评中小学教师职称。推动在中小学教师职称序列中单设'思政类'科目"。这表明在满足中小学教师职称评聘的规定和要求的情况下,辅导员可以参评学科教师职称或思政类教师职称。在岗位晋升上,符合条件的少先队辅导员成为各级总辅导员、少先队学科教研员和教育部门后备干部人选。特级辅导员被列入省级少先队总辅导员、少先队工作教研员后备人选。辅导员带头人、骨干辅导员纳入同级教育部门后备干部培养体系、晋升梯队,纳入同级少先队教研员后备梯队。这些举措大大提升了辅导员的专业发展空间。

3. 管理和培训体系的完善

在少先队辅导员的日常管理上,为了提升辅导员的社会地位,团中央要求,中小学将辅导员工作计入工作量,少先队工作内容纳入绩效考核,并酌减辅导员授课时数;辅导员在少先队工作中获得的奖励和研究成果,与中小学教师在教学方面获得的奖励和研究成果同等对待,并作为考核、聘用、评选先进,职务和工资晋升的重要依据;共青团表彰的先进工作者,教育行政部门表彰的优秀教师,少先队辅导员要占一定比例。这些措施有效改善了少先队辅导员在教育系统中的地位和薪资待遇。

从2020年开始,少先队辅导员培训纳入了师资培训体系、继续教育体系和网络继续教育体系,主要采用"岗前培训+在岗培训+专项培训"和"辅导员培训+师资培训"的分级培训模式。岗前重点培训党、团、队基本知识,党对少年儿童的希望和对少先队工作的要求,少先队辅导员职责,少年儿童政治启蒙和价值观塑造基本能力等内容。在岗大队辅导员每三年全员轮训一次,累计不少于24学时,并计入教师培训的学时学分。中队和校外辅导员每年全员轮训一次,每年不少于16学时。培训内容包括政治理论培训、少先队工作技能培训、少先队知识培训等,其中政治培训是新时代少先队辅导员培训的重点内容,在各级团委、少工委、教育部门举办的辅导员培训中,政治培训课时不得低于总课时的80%。

4. 理论及专业学科的建设

辅导员科研能力与少先队辅导员队伍的专业化发展紧密相连,提高辅导员科研能力具有重要的现实意义。为此,团中央及各级团委通过开展重大课题研究,与相关高校和科研机构合作,联办学术刊物,加强各级少先队工作学会建设,完善少先队科研申报、实施和评价制度,建立不同层级的科研队伍网络等方式,不断地为辅导员搭建科研平台,为辅导员科研能力的提升提供了更完善的体制、机制保障。

师徒结对是发展辅导员科研能力、发挥骨干辅导员榜样作用的一个重要途径。目前师徒结对主要通过名师工作室进行。名师工作室是区域内专业资源优势整合和辐射的有效方式,主要途径是将具有共同发展目标和研究方向的辅导员聚合,由在该领域颇有建树的辅导员代表引领,通过自主研修、专家引领、主题研究、交流观摩等方式进行少先队科研和学习。其本质是打造学习型、研究型共同体,为辅导员搭建良好的研究、学习和交流平台,促进少先队辅导员的科研能力。

此外,学科建设为培育少先队专业研究人员提供了平台。2012年共青团中央办公厅与全国少工委办公室颁发《关于认真做好少先队学科建设近期重点工作的通知》(中青办联发[2012]7号),全国少工委办公室颁发《关于认真做好少先队学科建设当前重点工作的通知》(中少办发[2012]6号),要求加快全国各地高校"少年儿童组织与思想意识教育"专业的开设,为辅导员队伍培养专业储备力量。2020年初,共青团中央、教育部、人力资源社会保障部和全国少工委联合下发的《关于加强新时代少先队辅导员队伍建设的意见》的通知从学科研究方向、学科师资队伍、学科课程体系、学科人才培养等方面为少先队相关学科建设提出了新的工作方案,包括将学科研究方向聚焦到少先队思想政治启蒙和价值观塑造的主责主业上;每个学科点要确保有至少5名具有博士学位或副高级以上职称的学术导师;制定少先队相关学科课程与教材发展规划,系统研发理论与实践相结合的课程体系,并鼓励高校配套撰写开放课程教材或讲义;开设少先队相关学科的高校每年招生不少于8名;争取在各级各类课题中增设少先队工作专项;加大对本学科研究生的就业服务力度等。这些举措为少先队的理论发展与学科建设建构了良好的支持系统。

三、少先队辅导员队伍专业化发展的当代挑战

(一)制度身份定位的不清晰

从前述少先队辅导员的角色中可以看到辅导员具有多重身份,相应也产生了多重角色间的矛盾与冲突。下面以上海市少先队组织架构为例进行具体分析(如图10-1)。

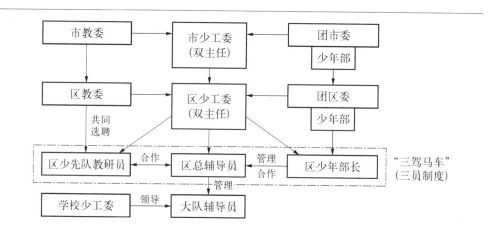

图 10-1 上海市少先队组织架构图

从上图可知,上海市少先队采用"团教两家齐抓共管"的组织管理方式,其中少先队上海市工作委员会是上海市少先队经常性工作的领导机构,由共青团上海市委员会、上海市教育委员会及有关单位共同组建,实行"双主任制",即少工委主任由上海少工委主任和上海教委副主任共同担任。区县少先队工作委员会同样采取双主任制,由团委和教育行政部门分管领导分别担任主任。[①] 在此组织架构下,少先队教研员需由区教委会同团区委择优选聘、区教育学院(教师进修学院)和教育科研所共同委任产生,并参与区少工委的工作。少先队教研员、总辅导员和少年部长形成了"三驾马车并驾齐驱"[②]的合作共事机制。其中,总辅导员设在教育行政部门或少年宫,教研员设于教育学院(教师进修学院)德育研究室。在2017年《少先队改革方案》发布后,全国少工委办公室研究制定了《县(市、区、旗)中小学少先队改革主要任务清单》,要求学校必须成立学校少工委,由校长(书记)担任学校少工委主任,领导开展本校少先队工作,大中队辅导员、志愿辅导员和家长代表参与其中。

这种"团教两家齐抓共管"的组织架构,有其存在的必要性及重要性。少先队组织依校而建、依校而存,作为教育事业的组成部分,团教共同管理的形式有助于其协调团教队之间的关系,利于少工委争取共青团、教育部门以及社会其他部门的支持,构成少

---

① 上海市少先队组织机构,上海少先队[EB/OL].http://www.shyouth.net/html/shaoxiandui/sxd_zzjg/List/index.htm.
② 共青团上海市委员会、少先队上海市工作委员会编著.上海少先队发展史[M].上海:上海教育出版社,2009:695.

先队工作的整体合力。但是这种管理机制也给辅导员专业身份的确定和认同带来了一定的阻碍。身处学校场域的大队辅导员,介于学科教师、辅导员和行政管理人员的多重身份中,部分辅导员甚至还兼任德育副主任,不同身份代表着不同的价值立场,这使得年轻的辅导员群体普遍不知道如何更好地统合多重身份,他们在学校中接受着德育教导、书记和校长的领导,在学校外又接受上级教育行政部门和少工委的直接领导,导致他们常常要花费大量时间精力来平衡多重身份下的工作职责。如需要兼顾少工委委派的少先队任务,学校少先队及学生管理工作,作为教师需完成的日常教学任务等等。而少先队工作和德育工作、班级管理工作常常交叉,缺少明显的界限,又增添了年轻辅导员们对于辅导员身份专业性的质疑。身处科研工作场域的少先队辅导员,也面临着相似的难题。目前大部分教育学院(教师进修学院)的少先队教研员,实际隶属于德育研究室,需要同时完成少先队教研员和德育教研员双重身份的任务。①

(二) 职业发展路径的有限

目前公认的辅导员职业发展路径主要有三种:学校教育系统中的行政领导干部、学科骨干教师以及专业辅导员和少年儿童教育专家②。

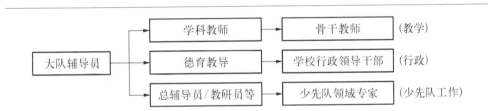

图 10-2 少先队辅导员三种主要的职业发展路径

往学校行政管理人员方向发展是当前辅导员群体最常见的职业发展方向。大队辅导员岗位与学校日常行政管理事务接触较多,且此岗位极为锻炼个人综合能力,较之普通教师更具往学校管理高层发展的机会。除了行政管理人员外,部分少先队辅导员或是因为辅导员岗位工作过于繁杂,认为付出与收获得不到平衡;或是因为对学科教学抱有理想和抱负,对辅导员岗位的价值认同较低,最终会选择继续回到学科教学。最后一种职业发展路径是专注于少先队工作,从一线辅导员成为少年宫或其他少先队工作机构的少先队工作者,在积累了丰富的理论知识和实践经验后,慢慢发展为少先队领域的专家型人物。这种发展路径看似最为合理,却最难达成。因为一线辅导员数量庞大,但区级和市级可供这一群体继续发展的少先队工作岗位却十分有限,主要是少先宫、教师进修学院或少工委等单位,而且入职门槛较高,对辅导员从业年限、学历、综合素质等各方面考察严格。庞大的一线辅导员群体,少量的中高层少先队工作岗位,最终造成了当前少先队职业发展"僧多粥少"的局面。

(三) 辅导员队伍的高流动性

当前辅导员队伍专业化建设中存在的最大问题就是辅导员队伍的流动性越来越

---

① 朱园园.新中国成立以来三代少先队辅导员的身份认同研究[D].华东师范大学,2018.
② 陆士桢.辅导员职业定位与素质要求[J].少年儿童研究,2010(08):4-7.

大。之所以如此,一是源于部分辅导员的功利化取向。辅导员岗位与学校日常行政管理事务对接,较之普通教师更容易往学校管理高层发展,因此存在许多教师将辅导员岗位当做"跳板",在此岗位锻炼3至5年左右就转岗至学校行政管理人员的情况,这直接导致了当前年轻一代辅导员群体较大的流动性。二是源于辅导员工作的特殊性。"辅导员就是一口青春饭",这是辅导员群体中公认的一种观点,因为工作对象和工作内容的特殊性,这一岗位需要青春而有活力的年轻教师担任,出于职业发展的需要,这些年轻的一线辅导员在若干年实践工作后,必然要面临一次关键的职业抉择,就目前现状而言,能否继续从事少先队工作需要绝对的机遇和运气。

思考与练习

1. 少先队辅导员的特殊价值及专业性一直受到质疑,甚至有言论说思想自由的当代少年儿童不再需要少先队及少先队辅导员,应该以班级代替少先队、德育代替少先队教育,你认同这种论点吗?为什么?

2. 如果你认为少先队辅导员的存在是必要的,能否结合少先队的时代任务和特殊意义给出原因?

延伸阅读

1. 卜玉华,朱园园.当前我国青少年理想信念教育的必要性及其策略[J].现代教学,2016(22):24-27.

2. 段镇.少先队学[M].上海:上海人民出版社,2015.

3. 共青团上海市委员会,少先队上海市工作委员会编著.上海少先队发展史[M].上海:上海教育出版社,2009.

4. 郑洸,吴芸红主编.中国少年儿童运动史[M].天津:天津人民出版社,1992.

5. 中青联发.关于加强新时代少先队辅导员队伍建设的意见[Z].2020-2-27.

第十一章 少先队工作的领导体制

📖 内容梗概

1. 当代少先队工作的领导制度
2. 当代少先队工作的组织管理系统
3. 当代少先队工作的运行机制

📝 重要概念

全团带队　团教协作　队教协同　校社联动　少先队代表大会　双主任制　少工委

🎯 学习目标

1. 少先队工作的管理层面；
2. 明确少先队工作组织管理系统中涉及的各类主体及其相互关系；
3. 了解少先队工作的日常管理及常规运行方式。

中国少先队在发展过程中,始终秉承党建带团建,团建带队建的优良传统,并形成了层级分明,权责清晰的领导和组织机制。少先队的构成主体是6—14周岁的少年儿童,少先队组织在日常工作中,鼓励队员进行自我管理并注重培养、发挥队员的自主性。然而,从少先队工作管理的角度来说,队员参与管理是一方面,由于队员的年龄特征及少先队工作的特殊性,少先队工作必须由优秀的党员、团员来引领与管理,为其顺利开展提供保障和支持。因此,本章重点阐述的是当代少先队的领导体制。

"领导"在汉语中可作名词也可作动词,《现代汉语词典》对"领导"的解释是:"1.率领并引导朝一定方向前进;2.担任领导的人、领导者。"① 有学者将"领导"定义为:"通过指引或影响被领导者,在一定的条件下实现群体或组织目标的行动过程(或艺术)"。这个定义包含以下几个要点:领导的本质是影响力的发挥;领导是一个过程,是领导者与被领导者和环境相互作用的过程;领导是与某种目标相联系的。② "体制"是载体和机制的有机结合。载体即组织机构,可分解为职能部门和任务单位;机制即运行规则及其效应,涉及机构间的相互关系和作用方式。③

"领导体制"是指整个社会领导系统中为保证领导活动正常进行而建立的组织机构形式和领导机关制定的领导权限划分,以及相应组织机构设置等构成的制度体系的有机统一体。④ 其具体包含以下几个方面:第一,领导体制规定了与组织相关的各机构的设置、领导活动的程序与方法;第二,领导体制规定了各组织机构的层级、权限以及相互关系;第三,领导体制明确了与组织相关的各要素之间的结构关系和运行方式,即运行机制。

综上,少先队工作的"领导体制"应主要包含三个方面:一是少先队工作组织管理系统中存在的各个主体;二是少先队工作组织管理系统的结构;三是少先队工作的运行机制。其本质是少先队工作组织系统中各主体的功能、相互关系及运行规则,是决定管理功效的核心问题。

基于上述理解,本章所阐述的内容包括三部分:少先队工作的领导,少先队工作的组织管理系统以及少先队工作的运行机制。

---

① 中国社会科学院语言研究所词典编辑室编.现代汉语词典[M].北京:外语教学与研究出版社,2002:1233.
② 王永泉,方宏,李桃主编;钟娜娜,林琳,周安忠,李圆圆副主编.组织行为学[M].长沙:湖南大学出版社,2015:193.
③ 黄培伦编著.组织行为学[M].广州:华南理工大学出版社,2016:152.
④ 王凯伟著.领导学新论[M].湘潭:湘潭大学出版社,2011:23.

第一节　少先队工作的领导

一、中国共产党是少先队的创立者与最高领导者

中国共产党是少先队的创立者和领导者,中国共产党的指导思想是少先队的根本宗旨和指导原则。少先队工作是"党的少年儿童事业","党旗所指就是队旗所向",少先队要始终坚守听党话、跟党走的初心,引导少先队员发自内心地热爱祖国、热爱人民、热爱中国共产党,将红色基因融入血液,沁入心扉,从小打牢红色的底子①。

(一)中国共产党是少先队的创立者

在党与少先队关系的发展中,历史是最好的见证者。1921年,中国共产党成立后,其先进思想得以广泛传播,给灾难深重的中国人民带来了光明和希望,给中国革命指明了方向。1922年,我国最早的少年儿童革命组织"安源儿童团"成立,中国少年先锋队初具雏形。1949年10月13日,中国新民主主义青年团公布《关于建立中国少年儿童队》的决议,标志着中国少年儿童队的成立。1953年6月,"中国少年儿童队"更名为"中国少年先锋队"。1954年颁布的《中国少年先锋队队章》明确规定了"队名、队的创立者和领导者、队旗、队的标志、队礼以及呼号等"。1965年,党中央书记处指出:"要把七至十四岁的少年儿童全部吸收入队"。到1966年前后,全国队员发展到一亿多,占队龄儿童的百分之七十以上。

历史表明,少先队组织由中国共产党创立,并应时势不断发展壮大,中国共产党指导共青团制订和颁布《中国少年先锋队队章》(后经过数次修订,定为《中国少年先锋队章程》),对少先队的性质、目的、宗旨等进行了确立,并委托中国共产主义青年团进行直接领导。自此,中国少年先锋队在党、团两级的指引和带领下蓬勃发展起来。

(二)中国共产党领导少先队的基本方式

党并非直接领导少先队,而是委托中国共产主义青年团(以下简称"共青团"或"团")直接领导,长期以来,形成了党建带团建,团建带队建的少先队工作机制。1949年4月17日,在中国新民主主义青年团第一次代表大会通过的《新民主主义青年团工作纲领》中,团接受了党的委托,把领导少年儿童工作列为青年团的工作任务之一。1957年以后,中国共产主义青年团被党委托为少先队的直接领导人。

党委托共青团直接领导少先队,是由共青团的性质决定的,也是由少年儿童组织的特点决定的。其一,共青团是党的助手和后备军,将最终实现党的奋斗目标作为自己的宗旨和纲领。一方面,共青团吸收优秀的少先队员加入团组织;另一方面,共青团源源不断地为党输送优秀人才。如此,不仅体现出共青团助手和后备军的重要地位,也突出了从预备队到突击队,再到先锋队的客观性和必然性,更彰显出少先队—共青团—共产党在政治上的稳固联系。其二,少先队是未成年人的组织,需要成年人的指导和带领。

---

① 共青团中央.贺军科、郑富芝同志在全国少工委七届五次全会上的讲话[Z].2019-10-14.

共青团是青年的群团组织,具备亲近少年儿童、指导少年儿童的客观条件。由共青团带领少先队,不仅能满足党、团、队政治上的联系,而且符合少年儿童年龄特征,易产生良好的教育效果。

(三)党领导少先队的基本内容

党对少先队进行领导的基本内容主要有三方面,可高度凝练为:"党的指导思想就是少先队的指导思想;党的要求期望就是少先队的努力方向;党的中心工作就是少先队的工作重点。"

其一,中国共产党为少先队提供思想方向、组织宗旨和指导方针。少先队与党在思想基础上保持高度一致,少先队坚持共产主义方向,坚持马克思列宁主义、毛泽东思想、邓小平理论、"三个代表"重要思想、科学发展观和习近平新时代中国特色社会主义思想。

其二,在党的思想路线、世界观和方法论上进行领导。少先队工作者要用党"解放思想,实事求是,与时俱进,开拓创新"的思想路线来武装自己并将其运用到具体工作中去;要能理解和运用辩证唯物主义并以此为世界观和方法论的指导来制定政策、推动工作,不断强化问题意识,积极面对和化解前进中遇到的矛盾,不断推进实践基础上的理论创新。

其三,党要能够根据其在各个历史阶段的路线、方针、政策,对少先队工作进行领导。少先队组织及其工作紧密围绕党各阶段的中心任务,按照党对下一代的要求,努力培养中国特色社会主义建设的主力军、生力军。

近年来,党和国家领导人高度重视少先队工作,不断完善党建带团建、队建的工作机制,并下发相关政策文件给予保障。例如,2017年的《少先队改革方案》指明将少先队工作"纳入党委和政府相关制度安排……推动落实和完善各级党委加强少年儿童和少先队工作的政策,推动建立落实党委和政府有关少先队政策的协调督导机制"①。2019年的《关于深入贯彻落实党建带团建、队建 加强少先队工作体制机制建设的意见》提到:"将少先队工作纳入各级教育部门党建工作总体规划,纳入中小学党建工作规范化建设";"推动将少先队工作纳入各级党委教育工作领导小组、党政青少年事务联席会议等制度安排"②。

总之,坚持中国共产党对少先队的领导,是少先队存在和发展的前提和必要条件。中国共产党是少先队的创立者和领导者,为少先队的发展确立了根本宗旨、原则及方向,为少先队工作提供了各类保障;少先队员是共产主义事业的接班人,少先队组织的发展成长是党的伟大事业的重要基础和力量储备。因此,少先队必须为党、为国家、为民族育好苗。

二、共青团是少先队的直接领导者

(一)共青团与少先队的历史关系

新中国成立前,共青团带领少年儿童投身于革命斗争实践,积累了丰富的带队经

---

① 共青团中央,教育部,全国少工委.少先队改革方案[Z].2017-2-22.
② 关于构建阶梯式成长激励体系 增强少先队员光荣感的指导意见[EB/OL].(2019-12-31)[2020-06-04].http://zgsxd.k618.cn/zyb/201912/t20191231_17933805.html.

验。1922年7月,中国共产党第二次全国代表大会通过了《关于少年运动问题的决议案》。这是党史上最早的有关少年儿童运动的重要文件,也成为了党委托共青团领导少年儿童的首次历史记载。1949年1月,中共中央决定建立中国新民主主义青年团,同年4月,青年团在《中国新民主主义青年团工作纲领》中,把领导少年儿童工作作为今后四项任务之一。新中国成立初期,根据中国新民主主义青年第一次全国代表大会决议,于1949年10月13日正式公布了《关于建立中国少年儿童队的决议》、《中国少年儿童队章程草案》和《建立中国少年儿童队的几个问题的说明》等文件。这些文件第一次比较全面系统地规定了领导和组织新中国少年儿童的基本方式与原则,标志着中国少年先锋队的正式诞生。①

改革开放后至20世纪末,共青团继续带领少年儿童工作蓬勃发展。一方面,全团带队工作不断深化,另一方面,少先队工作的外延也得到拓展。《关于加强少先队社区工作的意见》提出要充分依托社区团建,抓好社区队建,加强对少先队社区工作的领导。这一阶段,共青团不断加强对少先队的领导,少先队的基层组织日益发展壮大,焕发了新的活力,团队关系持续稳步发展。21世纪以来,共青团与少先队的关系得到进一步深化,但也呈现出一些问题。一方面,各类利好政策不断发布。例如,团中央、全国少工委于2000年5月下发了《关于进一步加强少先队工作的意见》,对新世纪少先队工作的发展进行了整体规划;2001年团中央、全国少工委等部门下发了《关于加强农村少先队工作的意见》,对少先队工作的薄弱环节加以关注;2003年10月共青团中央下发了《关于加强全团带队的意见》,在全面总结历史经验的基础上,深入系统地论述了新形势下加强全团带队工作的有关问题。另一方面,在实践层面上也暴露出一些问题。团的领导机关对上述政策没有真正理解并严格执行,对少先队工作的重要性认识不到位,共青团对少先队工作的资源配置不到位,等等。这是新时代社会主义的发展形势对共青团和少先队工作提出的新考验。

(二)共青团领导少先队的基本方式——"全团带队"

1."全团带队"思想的提出

在1958年6月召开的共青团八届三中全会上,时任中国共产主义青年团中央第一书记的胡耀邦同志作了"全团带队,开展共产主义的儿童运动"的总结发言,他提出改进和加强少先队工作的关键是全团动手,加强领导。这是"全团带队"的思想第一次被明确提出。此后,几乎历次有关少先队工作的重要会议都要重申"全团带队"的思想,并据时势发展和创新。

2."全团带队"的基本原则

共青团中央于2003年10月下发了《关于加强全团带队的意见》(中青发[2003]31号),在全面总结历史经验的基础上,深入系统地论述了新世纪加强全团带队工作的有关问题。《意见》指出加强全团带队要遵循以下基本原则:

一是坚持团建带队建。借鉴党建带团建的经验,依托团建带队建,把少先队建设纳入团的建设总体规划,把党的要求落实到少先队工作之中;

---

① 陈卫东.共青团与少先队关系的历史发展[J].中国青年研究,2016(03):18-23.

二是坚持实践育人。发挥少先队组织在实践育人中的优势,围绕素质教育开展丰富多彩的体验活动,探索少年儿童思想道德教育的有效方式;

三是坚持整合社会资源。充分调动社会多方面的积极性,形成关心少先队工作的合力,为少先队工作的发展创造有利条件,为少年儿童的健康成长营造良好环境;

四是坚持改革创新。从基层共青团组织和少先队工作的实际出发,以改革的精神不断研究全团带队工作面临的新情况,总结新经验、探索新规律、解决新问题。

3."全团带队"的具体内容

"全团带队"的关键在"带",各级团组织、广大团干部和团员青年,要从思想、组织、队伍、工作、作风五个具体方面,履行全团带队的职责。

第一,带思想建设,帮助少先队坚定正确的方向。这是履行全团带队职责的首要任务。坚持思想带队是全团带队的主导和基础,是组织带队和工作带队的前提。实现思想带队,要求团组织坚持用马克思列宁主义、毛泽东思想、邓小平理论、"三个代表"重要思想、科学发展观和习近平新时代中国特色社会主义思想,用党的方针政策团结教育广大少年儿童。在具体的少先队工作中,团的思想带队集中表现在对某些基本问题的把握上。首先,党的宗旨和根本目标是实现共产主义,当前,就是要引导少年儿童在习近平新时代中国特色社会主义思想指引下,为建设繁荣昌盛的社会主义的小康社会而努力奋斗,这是党的要求,同时也是共青团和少先队的根本奋斗目标;其次,党现阶段的路线、方针、政策,是结合中国的现实国情和近期党的目标制定出来的,是全党、全国人民,包括少年儿童的行动指南。思想带队就是要通过少先队的教育将少年儿童培养成为德、智、体、美、劳全面发展、建设中国特色社会主义事业的建设者和接班人,带领少年儿童坚定不移地跟党走。再次,在全团带队的过程中,要注意把现代教育观念贯彻落实到少年儿童工作中去,培养少年儿童成为全面发展的适应现代社会的高素质人才。

第二,带组织建设,巩固和打牢少先队工作的基础。组织带队是通过组织手段和教育行政系统安排等形式,在组织上实现共青团对少先队的领导,是思想带队和工作带队得以完成的基础和重要保证。共青团实现对少先队的组织领导的主要途径是:其一,在团组织中健全主管少先队工作的机构,保证必要的编制。团中央设少年部,团省委、自治区、直辖市单独设少年部,团市(地)委设学少部,团县委要有专人分管少先队工作,因各地具体情况不同,部门名称及人员配置可根据实际情况调整。其二,在有少先队组织的地方成立各级少先队工作委员会(以下简称就"少工委")及其办公室,少工委是少先队的常设直接领导机关,少工委办公室与同级团组织少先队工作主管部门合署办公,共青团组织在其中负有核心的责任。

第三,带队伍建设,建设高素质的少先队工作者队伍。这是履行全团带队职责的关键环节。首先,各级团组织要建立和完善少先队辅导员的选拔、配备、培调等相关制度和措施。对辅导员的选拔要突出政治素质、政治标准和政治要求,要按照中小学中层干部管理标准,对少先队大队辅导员进行考察、选拔、配备、管理、使用、保障,并报同级教育部门备案。各省(区、市)、地(市)团委应设总辅导员,各县(市、区)团委要在本单位或争取在教育部门设总辅导员。其次,各级团组织要重视加强对辅导员政治素质和业务素质的提高,从中央到地方分级负责,分类推进。中央团校和各级团校按照团中央、全国少工委培训计划的要求定期培训辅导员。再次,建立健全辅导员表彰激励制度,在共青团组织相关的各类表彰中,辅导员要占一定的比例,特别要增加对农村辅导员的表彰比例。将大队辅导员(总辅导员)、中队辅导员从事少先队工作纳入教师绩效考核和评比表彰奖励。建立健全少先队辅导员以"少先队活动"等科目参评中小学教师职称"双线晋升"制度。工作特别优秀的少先队大队和中队辅导员,应列入教育系统和学校后备干部培养序列。此外,在不断巩固学校辅导员队伍的基础上,壮大志愿辅导员队伍。最后,加强各级少先队工作学会建设,发挥老少先队工作者、少先队名师的作用,推动群团性科研活跃,推动研究成果转化运用,形成一支少先队理论研究社会化的专业队伍。

第四,带工作发展,促进少先队工作水平的不断提高。工作带队是指各级团组织根据党、团工作的精神,从少年儿童的特点出发,按照少先队的工作特征,全面带领少先队开展工作。首先,各级团组织要指导少先队组织围绕党的中心工作和少年儿童的成长需要开展各项工作和活动。将少先队工作纳入本地区、本单位团的工作规划和要点,给少先队组织把方向,提要求,交任务,加强工作的指导和落实,努力解决工作中的困难和问题。县级以上团的领导机关负责人中要有专人分工负责少先队工作,委员会或常委会每年研究少先队工作应不少于两次。其次,要整合社会资源,发挥各条战线、各个少先队工作相关部门中团组织的力量,支持和指导少先队工作,创造良好的社会环境。例如,发挥团的青工、青农、学校、政法、科技等战线的基层组织和团干部、团员在全团带队工作中的作用。农村的有关组织,企业事业单位,教育科研机构,立法、司法、行政的相关部门的团组织都要利用自己的资源和优势,参与对少先队工作的指导,为少先队员提高各方面的素质服务。① 再次,积极争取财政部门和社会各界的支持,充分利用各级各类校外教育机构,加强区、县、街道、居民小区、村等综合性、社区性少年儿童校外教育活动阵地建设,大力发展和建设各种少先队校外教育基地,支持、鼓励和发展团属少先队事业。

第五,带作风建设,保证全团带队的持续推进。作风带队的前提是各级团干部首先要用党的"理论联系实际"、"实事求是"以及"密切联系群众"等优良作风来武装自己。进而以自己的一言一行影响各级共青团工作者,以身垂范。实现作风带队的主要途径有以下三点:其一,根据党的群众路线教育实践活动精神,到中小学蹲点,深入了解学校教育情况,把握学校教育内在规律,找到做好学校少先队工作的有效路径,深入研究中小学少先队工作的基本情况,挖掘好的经验和做法,了解存在的问题和原因,保持工作韧劲、善于攻坚克难。其二,做少年儿童的大朋友和亲密伙伴,了解、理解、心系少年儿童,与少先队员同活动,注重活动对少年儿童内心的影响。其三,在工作发展的同时还应该关心少工干部的发展,要把各种发展的机会提供给大家,温暖自己的同时温暖他人,点亮自己的同时也点亮他人,聚拢人心也聚拢力量。②

4."全团带队"中存在的问题以及改进方向

近年来,党和国家领导人高度重视少年儿童和青年工作,随着中国特色社会主义迈

---

① 共青团中央.共青团中央关于加强全团带队的意见[EB/OL].(2003-10-09)[2020-06-04].http://www.ccyl.org.cn/documents/zqf/200705/t20070511_26055.htm.
② 赵国强.少先队管理学[M].上海:上海人民出版社.2014:46.

入新时代,共青团和少先队工作也进入了自觉改革期,在全面审视、反思的基础上不断寻求新的突破。2019年10月,时任共青团中央书记处第一书记的贺军科同志在全国少工委五次全会上的讲话中指出,当前"共青团对履行全团带队的职责认识不够,各级团组织对少先队工作的重视不够,这是思想层面的问题,也是导致其他问题的根源。"具体表现在:一是团的领导机关中许多负责同志轻视少先队工作对团的整体工作的基础作用;二是许多团干部在工作中没能注意到少年儿童工作特有的规律和方式方法;三是团内资源配置中忽视少先队工作的需求;四是相当多的团的领导机关没有将注意力放在少先队工作上。[①]

在新时代中国特色社会主义事业不断发展的背景下,各级共青团组织要秉承直面问题、解决问题的态度,不断改进"全团带队"的工作方式,真正把少年儿童工作做好、做实。具体可从以下六个方面加以改进:

第一,明确各级团组织中少先队工作的第一责任人及其职责。例如,省、市、县三级团委书记是否了解本地区少先队的基本情况、工作重点、工作落实情况等。

第二,为少先队工作配备作风优良、工作过硬的干部力量,中央及地方各级团委都要重视少先队工作干部的综合素质,县级团委机关要有专人全职负责少先队工作。

第三,各级团组织要经常性地研究少先队工作,并形成一套行之有效的工作机制。尤其是县级团委要重视少先队工作,保证人力、物力、财力的投入。

第四,各级团组织要努力为少先队工作争取资源和条件,保证在每一级团委年度预算中安排适当经费投入少先队工作。

第五,各级团组织要层层抓落实,密切联系辖内少先队辅导员。例如,团县委书记要熟悉辖内中小学大队辅导员,团市委书记要与辖内少先队总辅导员建立谈话机制。

第六,对已经建立或正在建立的激励约束机制进行检查。比如,少代会代表和少工委委员的多样化是否得到落实;各类少先队工作相关的评奖评优等事项是否保证获奖人、集体的层次分明和数量公平;团省委对少先队工作不力的市、县团委书记有无严肃问责等。

三、少先队的最高权力机构——少先队代表大会

类似于党、团的组织特征,少先队也有自身的最高权力机构,同党、团的直接领导一齐构成少先队工作的领导主体。少先队全国及地方各级代表大会(以下简称全国及地方各级"少代会")是同级少先队组织自身的最高权力机构,它有商讨、决定一个时期内队的重大事项,选举产生同级队组织工作领导委员会的权力。全国、省(自治区、直辖市)、市(地、州、盟)少代会每五年召开一次;县(市、区、旗)少代会每三年召开一次;学校少代会每学年召开一次。基于少年儿童工作的特殊性,除校级少代会均由少先队员代表参会外,校以上级别的少代会参会人员由队员代表和成人代表组成,共同商议队内各项事务。自1984年至今,全国已召开八届少先队代表大会,选举产生了八届全国少工委,带领我国少先队工作持续稳步前进。

---

① 共青团中央.贺军科、郑富芝同志在全国少工委七届五次全会上的讲话[Z].2019-10-14.

(一)新时代少代会的根本依据

第一,少代会的指导思想与新时代中国共产党自身建设的基本思想保持一致。少先队是中国共产党领导下的群团组织,少代会所蕴含的精神内核与党在新时代自身建设的基本要求一脉相承,少代会传承了党"全心全意为人民服务"的根本宗旨以及"民主集中制"的组织原则。

第二,依据新时代对少年儿童提出新要求。当前,国际国内形势的深刻变化促使我们将爱国主义教育及社会公民道德的培育作为少年儿童思想道德建设的两个重要抓手。以增强少年儿童的爱国情感为基础,帮助其树立远大志向、培育正确的理想信念;从规范行为习惯做起,培养其良好的道德品质和文明行为;还要注重其基本素质如劳动意识、创造意识、效率意识、环境意识和进取精神、科学精神以及民主法制观念等方面的全面发展。

第三,依据少年儿童自身成长特征。少年儿童的人生观、世界观、价值观等都在与外部世界不断的经验交换中逐步形成,他们通过观察、模仿、实践等过程不断建构自己与他人、与社会,甚至与这个世界的联系。少代会一方面鼓励、促进儿童的自我管理,另一方面对儿童的政治参与意识进行启蒙,并培育其公民精神,同时,通过成人指导和示范来获得真实的政治体验。

第四,依据少代会自身的存在意义。少代会上所讨论的少先队工作的一切事务,其最基本内核应体现出对儿童利益的尊重和保护,了解儿童的真实需求,鼓励儿童发出自己真实的声音,做好少年儿童的代言人,而非控制者。

(二)少代会通过不断完善代表结构及条件促进少先队工作

全国及地方各级少代会代表由少先队员代表、辅导员代表、共青团和教育工作者代表、社会各界人士代表组成,学校少代会代表以队员代表为主体,代表通过民主程序产生,少先队员代表由队员选举产生。县(市、区、旗)及以上少代会代表中,队员代表要占50%以上比例;成人代表在同级党组织、团组织的领导下与同级教育部门协商产生,少先队辅导员、中小学党组织书记(校长)、志愿辅导员、少年儿童教育机构、社会组织、研究机构和高校等各有关方面一线代表要占成人代表60%以上的比例。由此可见,少先队工作需要全社会的关心和支持,少代会的代表类型、层级的不断丰富,有助于社会各界了解少先队工作,更有助于在全社会掀起一股关心少年儿童工作的风潮。

少先队员代表的条件是:听党的话、跟党走,模范遵守队章,组织意识较强,立志向、有梦想,积极培育和践行社会主义核心价值观,爱祖国、爱人民、爱劳动、爱科学、爱社会主义,德智体美全面发展,团结带动身边队员一起进步,能起到带头作用。

成人代表的条件是:拥护党的领导,理想信念坚定,模范践行社会主义核心价值观。热爱少年儿童,德才兼备,政治素质好,作风扎实,事业心和责任感强,了解和支持少先队工作,业绩突出。严格自律,遵纪守法,诚实守信,清正廉洁,道德品质好。少先队员代表在参会前要广泛征集队员意见建议,向大会提交红领巾小建议。成人代表要经常到学校、校外活动场所、社区等少年儿童集中的地方,了解反映队员需求和各方意见建议,形成建议案或调查报告提交大会。

（三）少代会通过落实主要任务促进少先队工作

全国少代会召开前，经团中央、教育部同意，全国少工委全会形成决议，向党中央请示。请示内容包括会议主题、时间、地点、主要任务、议程，少先队章程修改，代表和新一届少工委领导机构产生办法、构成，大会工作报告等。地方各级少代会召开前，经同级团委、教育部门同意，同级少工委全会形成决议，向同级党委和上一级团委、少工委请示。请示内容包括会议主题、时间、地点、议程，代表和新一届少工委领导机构产生办法、构成，大会工作报告等。会议结束后，将大会通过的工作报告和大会形成的决议报同级党委和上级少工委。

全国少代会每五年召开一次，主要任务有：① 贯彻党中央的指示、要求；② 落实团中央和教育部的部署；③ 审议和通过全国少工委工作报告；④ 讨论并决定少先队的重大事项；⑤ 修改队的章程；⑥ 选举产生新一届全国少工委。

省（自治区、直辖市）、市（地、州、盟）少代会每五年召开一次，县（市、区、旗）少代会每三年召开一次。主要任务：① 贯彻党组织的要求；② 落实团组织、教育部门和上级少工委的部署；③ 审议和通过少工委工作报告；④ 讨论并决定本地少先队工作的重要事项；⑤ 选举产生新一届少工委。

学校少代会每学年召开一次。主要任务：① 贯彻党组织的要求；② 落实团组织、教育部门和上级少工委的部署；③ 审议和通过少先队大队委员会工作报告和学校少工委工作报告；④ 讨论并决定学校少先队的重要工作和重点活动；⑤ 选举产生新一届少先队大队委员会、学校少工委；⑥ 反映少先队员的心愿和呼声。

从全国及地方各级少代会的主要任务来看，从中央到基层，少先队工作环环相扣，在不同层级平稳、有序地开展。从召开频率来看，基层少代会相较于全国少代会频率略高，有助于鼓励基层发声及日常工作的推进和反思，全国少代会主要为少先队的发展把握方向，相对的低频率有助于少先队工作在一段时间内的延续性，有助于经验的积累和推广，为下一阶段工作布局蓄力。

第二节　少先队工作的组织管理系统

少先队工作的对象是广大的少年儿童，其目的是将少年儿童培养成为共产主义事业的接班人，因此，少先队工作的特殊性决定了它的组织管理系统必然不是单一且静态的，而是一个从中央到基层的多主体联动的综合系统。以下将从少先队工作组织管理系统的各类主体及其功能，以及少先队工作纵向垂直的组织管理方式两方面对少先队工作的组织管理系统展开论述。

一、少先队工作组织管理系统的各类主体及其功能

少先队工作的组织管理系统主要包含了几类主体，分别为：各级共青团组织；各级教育行政管理部门；中小学、社区（街道、乡镇）及校外教育机构。它们在少先队工作中承担着各自的职责并发挥着不可或缺的作用。总体来说，各级团组织为少先队工作的

直接领导者;各级教育行政部门为协同管理者;中、小学为少先队工作的主要阵地和抓手;社区(街道、乡镇)和少年宫等校外教育机构为少先队工作社会化的有效平台。

(一) 中国共产主义青年团的各级组织为直接领导者

如前所述,共青团是少先队的直接领导者,以"全团带队"为方针,以五种具体方式实现对少先队的领导。这里在微观层面具体阐释共青团如何对少先队工作进行领导。

首先,从机构设置方面来说,共青团中央设立了少年部。[①] 少年部是共青团中央的职能部门,也是少先队的领导机关。共青团的各级委员会主要分为四级:中央;省、自治区、直辖市;市级(地、州、盟);县(市、区、旗)。与之对应,依据1991年下发的《全国少工委关于加强地市少先队工作部门建设的意见》,各地市级(包含)以上团组织也设立了少年儿童工作部门,由于各地相关部门的人员配置及工作安排存在差异,故在名称上有所不同。总体来说,省级、直辖市及自治区团委基本以下设少年部为主;市级(地、州、盟)团委下设的少年儿童工作部门以少年部、学少部(学校少年工作部)、学校部等名称为主,虽命名方式不一,但工作职责都与上一级团委相关部门紧密对接。当前,由于各地情况不同,条件差异很大,组织建设工作又涉及各方面,各县级地方团委仍在努力完善少年儿童工作部门建设或配备专门的少年儿童工作干部。2019年下发的《关于深入贯彻落实党建带团建、队建 加强少先队工作体制机制建设的意见》规定:"县级团委专门从事少先队工作的力量应分别不少于1人。"

其次,从工作职能方面来说,各级团组织少先队工作部门承担了本级少工委的相关工作,与少工委合署办公。少工委办公室是少工委的日常办事机构,设在同级团委,与同级团委少先队工作部门合署办公。少工委办公室的日常工作在同级团委领导下进行。

为便于理解,以团中央少年部以及浙江省团省委少年部的工作职责为例,说明两级少年部的具体工作范围。团中央少年部工作职责主要包含:研究、指导全国少先队工作;负责全国少工委的日常事务;研究并组织开展少年儿童的思想道德教育及科学文化、游戏娱乐、军事体育等多种教育活动;维护少年儿童合法权益;指导少先队校外阵地建设,指导少年宫(家)开展活动;负责少先队宣传工作,对全国少先队报刊进行管理和指导;研究制定少先队辅导员队伍建设的政策、措施;指导少先队地方工作委员会、基层组织、干部队伍和队员队伍建设。为了落实上述工作职责,其内设四个处级机构,分别为宣传教育处、组织培训处、校外教育处、辅导员工作处。浙江省团省委少年部的工作职责为:指导全省少先队工作,组织开展有利于少年儿童健康成长的活动;负责少先队宣传、文化工作;抓好少先队辅导员队伍建设,指导少先队基层组织、少先队员、少先队工作者队伍建设;指导少先队校外教育实践活动,推动少先队校外教育实践基地建设;承担省少先队工作委员会的日常工作;负责联系省少先队工作学会。

再次,从人员配置方面来说,各级团组织选派优秀干部从事少先队工作。中央层面,从团中央书记处书记中选派一人兼任全国少工委主任,团中央少年部部长兼任全国

---

① 少年部.[A/OL].(2003-10-09)[2020-06-04]. http://www.ccyl.org.cn/organs/institution/200612/t20061204_3506.htm.

少工委常务副主任及全国少工委办公室主任;地方层面,各省(自治区、直辖市)、市(地、州、盟)团委副书记兼任同级少工委主任,同级团委少先队工作部门负责同志或分管少先队工作的负责同志兼任少工委副主任以及少工委办公室主任。

(二) 各级教育行政部门为协同管理者

我国教育部以及地方至基层的各级教育管理部门是少先队工作的协同管理者,这是由少先队工作的对象以及少先队的基本性质决定的。其一,少先队员为6—14周岁的少年儿童,随着我国义务教育的全面普及,现阶段适龄儿童普遍能够入校接受九年义务教育。其二,少先队的"群团性"以及"全童入队"的指导方针决定了在校适龄儿童都能入队参与组织生活。这就意味着,各地的小学、初中成为了少先队工作开展的主要阵地,而各级教育行政部门作为各级各类学校的直接管理者,必然要承担起协调学校工作与少先队工作的管理责任。

从历史关系来看,教育行政部门有参与少先队工作的传统,自新中国成立至今,在我国发展的各个历史阶段,教育行政部门参与少先队工作都有迹可循。例如,1950年7月《关于加强教育行政部门与少年儿童队联系的决定》中提到:"各地教育行政部门应重视与指导少年儿童队的工作,并给予一切必要与可能的协助"。在这之后,许多文件都提及各级教育行政部门与少先队工作的关系。① 2017年下发的《少先队改革方案》中提及:"各级教育部门将少先队工作作为基础教育的重要组成部分,纳入基础教育综合改革范畴……"②

从工作职能来看,教育行政部门把少先队工作纳入教育发展规划,把对少先队工作的指导、检查、考核纳入教育行政部门的督导、评估范畴,使少先队充分发挥在基础教育课程改革中的积极作用,成为推进少年儿童素质教育的重要力量。

从人员配置来看,实行地(市)级以上教育行政部门选派干部到同级少工委挂职、兼职制度。中央层面,教育部基础教育司相关负责人兼任全国少工委常务副主任;地方层面,各省(自治区)教育厅分管基础教育的副厅长、直辖市教委分管基础教育的副主任、市(县)教育局分管基础教育的副局长兼任同级少工委主任。

(三) 中小学为少先队工作的主要阵地和抓手

如前所述,小学、初中是少先队工作开展的主要阵地,依照我国现阶段以公办教育为主体、公办教育和民办教育共同发展的办学格局,少先队组织广泛存在于各地的公办及民办小学、初中。学校要为少先队工作提供最基础的场地、人员和资源等保障。

首先,学校要为少先队工作提供最基础的场地和资源保障。在学校中普遍设立少先队队室、队角、鼓号队、红领巾广播站(电视台、网站,有条件的地方)、宣传栏、中队阵地等基本阵地和配备,积极创造、联系校内外少先队实践活动阵地,保证少先队工作充足的经费、物资。中小学少先队开展相关活动及购置设施设备所需经费,可在学校公用经费中列支。

---

① 具体请参见:1979年4月18日,共青团中央、教育部下发的《关于学校少先队工作几个具体问题的规定》;2000年5月30日,共青团中央、教育部联合颁发的《关于进一步加强少先队工作的意见》。
② 共青团中央,教育部,全国少工委.少先队改革方案[Z].2017-2-22.另见,少先队改革方案[J].少先队研究,2017(02):4-10.

其次,学校要将少先队工作纳入其具体工作职能范围。第一,学校将少先队工作纳入党建工作和教育教学整体工作计划、考核评价,建立健全少先队工作考核评价激励机制。第二,中小学要全面建立学校少工委,落实《中国少年先锋队组织工作条例(试行)》(中青联发[2018]1号)等有关规定,规范履行学校少工委各项工作职责。

再次,学校要为少先队工作提供最基础的人员保障。在管理层面上,由学校党委书记(或政治面貌是党员的校长)担任校少工委主任,普遍设置大队辅导员岗位,具有一定规模的学校可设总辅导员。大队辅导员担任少工委办公室主任。建立了团组织的学校,团组织书记可担任少工委副主任,符合大队辅导员任职要求的,可兼任大队辅导员和少工委办公室主任。从基层来说,选配优秀教师担任中队辅导员,一般由班主任兼任本中队的辅导员,各学科老师也要积极配合少先队工作。

值得注意的是,2017年下发的《少先队改革方案》(以下简称《方案》)中提及:"为适应基础教育办学模式改革,加强民办学校、特教学校、驻外使领馆阳光学校、国际合作办学等少先队基础建设"。这条方案一方面体现出少先队工作辐射面的不断延伸,另一方面也反映出少先队工作在不同类型的学校中存在薄弱点,这也为少先队工作的改进指明了方向。

(四)社区和校外教育为少先队工作社会化的阵地

社区是少年儿童日常生活的地方,与学校一起构成其学习、生活的共同空间。社区少先队工作是学校少先队工作的有效延伸与补充。自新中国成立以来,随着我国社会、经济、文化等事业的大力发展,社区少先队工作大致可以分为两个阶段:建国初期至20世纪80年代后期为校内外分别建队的独立管理阶段,20世纪90年代至今为校内建队、社区重新编队的双轨管理阶段。

校内外分别建队的独立管理阶段。建国初期至20世纪80年代后期,由于当时教育条件不足,许多儿童没法入学,除了在校内入队的儿童,少先队把校外儿童组织起来,建立了校外少先队,这一点从《中国少年先锋队队章》自1958年起至1981年的几次修订中可以看出。几十年间,校外少先队组织从建立于街道、农业社(牧业社)转变为生产大队以及农村中。其编队方式主要是按照居住远近,以生产大队(或生产队)为单位建立大队或者中队,中队下设小队。校外少先队辅导员的来源主要有二:一是通过聘请街道、农村中的党、团员和思想进步、作风正派、热爱少年儿童的青年担任;二是聘请学校中的团员和思想进步、作风正派、热爱少年儿童的教师担任。校外少先队组织受当地团基层组织的直接领导。

校内建队、社区重新编队的双轨管理阶段。20世纪90年代伊始,随着我国城镇化进程的加速及义务教育的普及,少先队的活动和工作重心也逐步在学校内确定下来,校外少先队在全国绝大部分地区自然消失。新世纪以来,我国城市管理开始重视社区建设,经过十几年的发展,当前已进入城乡社区协同治理的新时代,社区日益成为包括少年儿童在内的广大人民群众生活学习的重要空间。少先队工作也与时俱进,将其触角延伸到了社区之中。《中国少年先锋队章程》(2005年版)中明确提及:"在学校、社区建立大队或中队,中队下设小队"。鉴于此,校外少先队工作开始以社区为主要抓手,探索社区少先队工作的规范化、系统化管理,以下便从社区少先队工作开展的几个主要方面进行介绍。

第一,社区少先队工作的组织建设。坚持党建带团建、全团带队原则,把社区少先队工作委员会(以下简称"社区少工委")建设作为社区党建带团建的重要内容,加强社区共青团组织对社区少先队组织的领导。经区(县)少工委批准,以街道(乡镇)为单位成立社区少工委,作为社区少先队工作的领导机构,在区(县)少工委和街道(乡镇)团工委领导下开展工作。①

第二,社区少先队工作的资源及人员保障。首先,除共青团组织对社区少先队工作切实加强宏观领导和具体指导之外,社区少先队工作由民政、教育、科技、文化等部门提供资源保障。教育行政部门要将社区少先队工作纳入社区教育整体工作;科技部门要帮助开展少年儿童科技活动;农业、民政部门要将社区少先队工作纳入文明城市、文明社区、文明村镇整体创建工作;公安部门要帮助开展少年儿童法制教育工作;财政部门要按照财政分级负担的原则,加大对社区少先队工作的投入力度,将社区少先队活动经费纳入各级财政预算;人事部门要落实好相关工作队伍的考核、奖励等制度;文化部门要把社区少先队文化纳入社区文化体系。② 其次,在校外辅导员的聘任方面。充分发挥在校教师、青少年事务社工、青年志愿者的作用,探索"五老"(老干部、老战士、老专家、老教师、老模范)、热心家长、社会各界专业人士在社区少先队工作中的重要作用。

第三,社区少先队工作的评估机制建设。首先,社区少先队工作纳入上述各相关部门的工作考评内容中,加强科学化、规范化、制度化管理。其次,建立社区少先队志愿辅导员评估体系,适当增加对社区少先队志愿辅导员的表彰比例。要将学校少先队辅导员在社区开展少先队工作的情况作为考核其工作的重要组成部分,与职称评定和奖励机制相结合;要将在职的社区少先队志愿辅导员从事社区少先队工作的成绩与所在单位干部考核和相应的奖励机制相结合;要将已离退休的社区少先队志愿辅导员纳入相关职能部门的表彰序列。

第四,拓展少先队社会化活动阵地。社区少先队工作的开展有利于开发、整合、利用辖区范围内的少先队校外活动阵地。当前,较为成熟的少先队校外活动阵地主要包括教育行政部门管辖内的中小学生研学基地、营地和团组织领导的少年宫(少年之家)、少年军校、少年夏令营地、少先队劳动实践营地等。依据2005年下发的《少年儿童校外教育机构工作规程》的要求,上述阵地的建设应纳入城乡建设发展规划,分步实施,逐步形成地、市、区(县)到街道(乡、镇)的校外教育网络;其经费应列入各主管部门财政专项开支,随着当地经济建设和校外教育事业的发展,不断增加。

二、少先队工作纵向垂直的组织管理方式

从前述内容可以看出,少先队工作多主体联动的网络中暗含了从中央到基层的

---

① 参见:关于转发《关于进一步加强社区少先队工作的意见》的通知(中少办发〔2006〕8号);《关于进一步加强少先队工作的意见》(中青联发〔2005〕22号)。
② 关于转发《关于进一步加强社区少先队工作的意见》的通知[EB/OL].(2006-10-11)[2020-06-04]. http://zgsxd.k618.cn/wjk/wjk_80685/zsbf/201701/t20170120_10121833.html.

组织管理方式,例如各级团组织和各级教育行政管理部门,而社区(包含辖内的居民组织)从行政结构上来说,也属于城乡管理中的最后一环。上述多主体多层级的参与需要一个日常性、经常性的机构进行统筹安排,所以,从少先队工作专门化管理的角度来说,同级少代会选举出的各级少先队工作委员会(以下简称"少工委")发挥着不可替代的支柱作用,它们是少先队日常及经常性工作的领导机构,因此,也是少先队工作纵向垂直的组织管理中涉及的主体。当前,少工委的组织建设日趋完善,这里主要从中央—地方—基层少工委三个层级进行论述,其中地方少工委包含省级(自治区、直辖市)、市级(地、州、盟)、县级(市、区、旗);基层少工委包含社区(街道、乡镇)、学校。

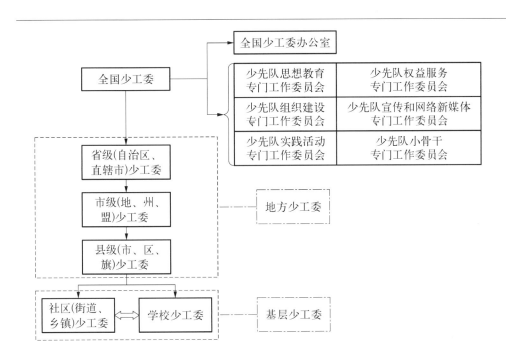

图 11-1 少工委"中央—基层"的纵向组织结构

(一) 中国少年先锋队全国工作委员会

1. 性质、原则与职责

中国少年先锋队全国工作委员会(以下简称"全国少工委")是全国少先队经常性工作的领导机构,经全国少先队代表大会选举产生,每五年进行换届。第一至七届全国少工委分别于1984年、1990年、1995年、2000年、2005年、2010年及2015年进行换届。全国少工委在全国少代会闭会期间,执行党的指示、团中央和教育部门的部署及少代会的决议,领导少先队经常性工作。全国少工委办公室是全国少工委的日常办事机构,设在团中央少年部,与其合署办公。

全国少工委坚持党的领导,牢固树立政治意识、大局意识、核心意识、看齐意识,坚决贯彻执行党中央决策部署,坚决维护党中央的核心地位,坚决维护党中央权威和集中统一领导,自觉贯彻党的教育方针,把党的要求贯彻落实到少先队改革和工作的各方面、全过程,始终在思想上、政治上、行动上与党中央保持高度一致。全国少工委坚持民主集中制，充分听取全体委员意见，集体讨论决定重要事项，在充分讨论的基础上按照少数服从多数的原则作出决定，报团中央书记处批准后执行。

全国少工委的主要任务和职责是：根据中国共产党对少年儿童教育工作的要求，提出每个时期少先队工作的任务，制定工作计划；负责组织发展工作；倡导并指导开展各种形式的少先队活动；加强对少先队辅导员配备、培训、表彰工作的指导；推进少先队理论研究工作的指导与发展等。

全国少工委办公室是全国少工委的日常办事机构，设在团中央少年部。具体任务是：研究、指导全国少先队工作，加强少先队辅导员队伍建设；研究少年儿童的思想品德教育，协调和配合社会有关部门调查研究、反映情况、制定政策；指导少先队校外阵地建设，指导少年宫（家、站）开展各种有益于少年儿童的文化、体育活动；负责少先队宣传工作，对全国少先队报刊进行管理和指导；加强社会协同，广泛吸纳社会力量为少先队服务，对社会与教育部门关心少先队事业的人士进行表彰和宣传。按照职能分工下设宣传教育处、组织培训处、校外教育处、辅导员工作处。

2. 全国少工委的人员构成、条件与履职

自1984年至今，全国少工委的人员构成经历了数次微调。其一，全国少工委的领导班子构成。第一、二届全国少工委设主任一名，副主任若干名；自第三届全国少工委召开至今，设主任一名，常务副主任2至4名，副主任若干名。2015年换届后，全国少工委的领导班子设主任一名，常务副主任两名，副主任若干名，主任由团中央书记处成员担任，常务副主任由教育部基础教育司主要负责人及团中央少年部主要负责人担任，副主任由中国少年儿童新闻出版总社负责人、中国少先队事业发展中心负责人、中国少年儿童发展服务中心负责人、共青团中央网络影视中心负责人、中国青少年宫负责人、教育部基础教育司副司长、团中央少年部相关处室负责人以及全国少先队名师等组成。其二，全国少工委委员由共青团组织、教育部门、党政有关部门、群众团体、解放军、辅导员、中小学党组织书记（校长）、专家学者、社区和校外教育机构、社会组织、社会各界代表和少先队员代表组成。

全国少工委委员的任职条件分为两种情况。成人委员的条件是：忠诚党的事业，热爱少年儿童，理想信念坚定，牢固树立"四个意识"，坚定"四个自信"，责任感使命感强，专业能力突出，在所属领域具有较强代表性。少先队员委员的条件是：听党的话、跟党走，模范遵守队章，组织意识强，小骨干模范带头作用突出，有较强的责任感使命感，有一定的履职能力。

全国少工委成人委员的履职主要包含以下几种方式：参加会议、活动，开展调查研究，参加学习培训，推动重点工作。少先队员委员主要通过发挥小骨干的模范作用，带头参加少先队活动，积极宣传少先队改革和重要工作精神，同时，及时向全国少工委反映少先队员关心的问题和意见建议。全国少工委通过开展委员培训和经常性的学习交流活动，组织委员针对重要政策文件等进行座谈、沟通，建立委员日常联络服务机制，核实委员履职情况等对委员进行履职管理。

3. 全国少工委的各专门工作委员会及其职责

依据新时代少先队改革的具体要求，全国少工委按照少先队工作领域设置，成立了各专门工作委员会,由相关全国少工委委员组成,专门工作委员会设置和调整,全国少工委全体会议决定。设立少先队思想教育专门工作委员会、少先队组织建设专门工作委员会、少先队实践活动专门工作委员会、少先队权益服务专门工作委员会、少先队宣传和网络新媒体专门工作委员会、少先队小骨干专门工作委员会。各专门工作委员会分别设主任、副主任、秘书长、副秘书长。各专门委员会的主任、副主任人选由全国少工委办公室提名报全国少工委决定,任期同本届全国少工委。秘书长、副秘书长负责专门工作委员会日常事务,人选由专门工作委员会提名,报全国少工委审批。

专门工作委员会的工作是全国少工委工作的重要组成部分。专门工作委员会对全国少工委的工作提出建议,负责完成全国少工委交办的工作任务,联系协调本领域全国少工委委员,开展调查研究,开展服务少先队员、支持少先队工作的有关项目和活动。各专门工作委员会结合本领域特点开展工作,围绕少先队改革和重点工作,每年至少开展一次主题交流活动,研究提出至少一份有充足研究基础、指导性强、可操作的对全国少工委工作的建议案,并提交全体会议重点交流。各专门工作委员会既可建立日常联络交流机制,也可开展专门工作委员会之间的交流研讨活动等。全国少工委办公室落实专门工作人员,对口服务各专门工作委员会。

4. 全国少工委的会议制度

全国少工委全体会议经团中央书记处批准,每年至少召开一次(例如,最近一次为全国少工委七届五次全会),如遇特殊需要,可以临时召集会议。会议由全国少工委主任、常务副主任、副主任召集并主持。会议的主要任务是:学习贯彻团中央、教育部对少先队工作的意见和要求,听取全国少工委的年度工作报告,确定下一年度的工作要点,通过全国少工委组成人员的卸职替补等。在全委会闭会期间,由全国少工委主任办公室研究决定全国少工委的重要事项。

设立全国少工委主任会议制度,对全国少工委各项工作进行科学化、日常化、系统化管理,并及时研究少先队重要活动和工作安排。全国少工委主任会议原则上每季度召开一次,遇有重要情况可随时召开,由全国少工委主任或由全国少工委主任授权常务副主任、副主任召集并主持。全国少工委主任会议纪要由全国少工委主任审定后报团中央书记处、教育部,印发全国少工委成人委员和省级少工委。会议情况一般应及时向全队通报,会议研究决定的重要事项,适宜公布的将及时公布。

(二)地方少先队工作委员会

1. 性质与职责

地方少先队工作委员会包括省级(自治区、直辖市)、市级(地、州、盟)、县级(市、区、旗)三级。地方各级少先队工作委员会由同级少先队代表大会选举产生,是地方各级少先队工作的经常性领导机构,地方各级少工委办公室是其日常办事机构,设在同级团委少先队工作主管部门,与其合署办公。

从工作职责方面来说,各省、市级少工委需结合本地区特点,重点做好全国少工委各项政策的转化落实、统筹实施、资源配置、评估考核等工作;县级少工委要聚焦落实执行,重点做好政策落实、组织建设、队伍建设、项目实施、活动开展等工作。

具体来说,地方各级少先队工作委员会工作职责主要包含以下几点:① 根据党组织、团组织和上级少工委的工作要求,提出本地少先队工作的任务,制定工作计划;② 按期组织召开少代会、少工委全会、主任会议,会议闭会期间执行会议决议,组织委员履行好职责;③ 负责当地少先队组织发展工作,领导当地少先队组织,检查和考核下级少先队组织工作;④ 关心当地少年儿童健康成长,调查反映少年儿童状况,提出政策性建议;⑤ 开展少先队员思想教育,指导少先队组织教育、自主教育、实践活动;研究并指导开展当地少先队活动;⑥ 研究制定和落实辅导员队伍建设相关政策,负责本地总辅导员、大中队辅导员和志愿辅导员的配备、培训表彰及专业发展等工作;⑦ 指导管理本级少先队报刊,建设和运用网站等新媒体平台;⑧ 指导少先队校外阵地建设,开展各类少先队社会实践教育活动,为少年儿童健康成长服务。维护少年儿童合法权益;⑨ 支持推进与少先队相关的学科建设,领导本地区少先队工作学会建设,开展少先队理论研究工作;⑩ 密切团教协作,加强社会协同,发挥少工委委员单位作用,广泛吸纳社会力量,与学校教育、家庭教育、社会教育衔接,为少先队工作服务。开展与港澳台少年儿童组织的交流,开展对外交流。最后,完成党组织部署和团委、教育部门、上级少工委安排的其他工作。

2. 人员构成与工作机制

经省(自治区、直辖市)、市(地、州、盟)、县(市、区、旗)少工委全会选举产生本级少工委领导班子,并实行"双主任"制度。由省、市、县级团委、教育部门分管负责同志同时担任本级少工委主任,共同承担领导本地区少先队经常性工作的职责;各级少先队总辅导员、少先队教研员或中小学书记(校长)代表兼任同级少工委办公室副主任;同级团委少先队工作部门干部、少工委委员、优秀少先队大队辅导员等作为少工委办公室骨干力量。

少工委实行团体委员制,与全国少工委委员组成类似,地方少工委委员亦由同级共青团组织、教育部门、党政有关部门、群众团体(工会、妇联、科协等)、解放军、辅导员、中小学党组织书记(校长)、专家学者、社区和校外教育机构、社会组织、社会各界代表和少先队员代表组成。在县(市、区、旗)及以上少工委设挂职、兼职副主任。例如,《上海市少先队改革方案》(2017)规定:"提高少工委领导班子兼职、挂职比例,优秀少先队辅导员、中小学校长、专家学者等的比例不少于30%,参与重大工作决策和实施。"①与此同时,县(市、区、旗)及以上少工委中来自基层单位的委员要占50%以上。例如,浙江省少工委要求在县(区)级及以上少代会代表中,少先队员代表比例要占50%以上;少先队辅导员、中小学校长、志愿辅导员、少年儿童教育机构、社会组织、研究机构和高校等一线代表要占成人代表比例的60%以上;各级少工委委员中一线委员占50%以上等。

从工作机制方面来说,一是建立常规会议制度。建立省、市、县级少工委办公室主任、少先队总辅导员、少先队教研员每月例会制度;各级少先队工作委员会建立主任会

---

① 上海少先队改革实施方案[J].少先队研究,2017(04):4-8.

议制度;县(市、区、旗)及以上少工委每年至少召开1次全体委员会议,确保各级少工委有效运行。二是完善建议建言机制。建立联系委员、服务委员的经常性制度机制;答复、办理或反映少先队代表大会代表意见建议机制;建立委员提案制度、委员重点发言制度等委员议事建言机制;各级地方少工委通过向少先队员和辅导员征求意见,向共青团智库、教育等有关研究机构、专业人士咨询等,加强对重大问题的研究,提高决策科学化水平。三是建立制度、队伍、阵地、活动、信息化、档案等工作保障机制。县级团委和教育部门专门从事少先队工作的力量应分别不少于1人;县级团委和教育部门要保障少工委运行必须的经费、场地;全国少工委相关部门通过开发、拓展网络集体备课平台等新型工作方式方法,加强对县级少工委主任以及基层一线辅导员的培训,为县级少工委提供有效工作支撑;健全重点工作的调查研究、推动落实、督导考核和基层满意度测评等。

(三) 基层少先队工作委员会

基层少工委主要包含社区(街道、乡镇)少工委以及学校(小学、初中)少工委。新形势下加强社区和学校少先队工作,是少先队顺应党和国家事业新发展的必然要求,是深入贯彻党中央的群团工作会议精神、落实第七次全国少代会部署,推进少先队工作务实创新的重要内容,是服务少年儿童健康成长、全面发展的具体举措。

1. 社区少工委相关工作

这里需要明确,社区少工委中的"社区"是一个集合性的概念,并非特指某一社区,而是指少先队组织建立于社区,少先队工作服务于社区。这与我国官方文件中定义的"社区"不是同一个概念。2000年民政部下发的《民政部关于在全国推进城市社区建设的意见》中指出:"社区是指聚居在一定地域范围内的人们所组成的社会生活共同体。"目前城市社区的范围,一般是指经过社区体制改革后作了规模调整的居民委员会辖区。因此,社区少先队中的"社区",可能是某几个居委会辖区的联合体,也就是行政区划意义上的街道(乡镇)。

社区(街道、乡镇)少工委由其上级——区少工委批准,在区少工委和街道(乡镇)团(工)委领导下开展工作。《少先队改革方案》中明确各地要探索建立社区少先队组织,因此,现阶段各地仍在摸索社区少工委的建立及运行,其经验各有不同,这里以上海及杭州为例加以说明。

从社区少工委的人员构成来说,以杭州为例:杭州由街道(乡镇)团(工)委书记任主任,与少先队工作联系密切的街道(乡镇)有关负责人、辖区内学校校长等任副主任,由少先队工作卓有成绩的辅导员和热心少先队事业的有关人士组成。以上海浦东新区为例:上海浦东新区在三林、北蔡两镇率先启动社区少工委建设试点工作,探索建立了由街镇分管党群的党委副书记和分管青保工作的行政副职、街镇团(工)委负责人、社区办负责人、学校团队干部、社区青保干部、群团社工等共同构成的社区少工委组织架构,后推广至其他街镇。社区少工委的主要成员具体包括:社区少工委名誉主任,由街镇分管党群的党委副书记和分管社会事业的行政副职共同担任;社区少工委主任,由街镇团委负责人和辖区内校长(实行轮职制,校长由所在区域教育署推荐产生)共同担任,并配备专职干事(由群团社工负责);辖区内中小学团队干部骨干任副主任,街镇及社区青教干部、辖区内中小学团队干部、社区单位团干部等任委员。这种团委、社区及学校相结合的组织方式,将有利于街镇整合社区资源,打破学校和年龄界限开展少先队社区活动,促进辖区内各个部门、单位的协调配合,使其更加重视社区少先队组织建设。

社区少工委的主要任务和职责为:在社区少先队工作的组织建设、阵地建设、制度建设、队伍建设以及活动组织等方面提出明确要求,提供有力政策支持。具体包含:① 组织开展社区青少年思想道德和文化建设活动;② 拓展思想教育功能,开展生动活泼、形式多样的文娱活动;③ 利用社区的各种资源和设施引导儿童开展"争章活动";④ 为少年儿童健康成长提供服务,通过开通热线电话、设立信箱、开办咨询室等形式,倾听少年儿童心声,为少年儿童提供权益保护等;⑤ 加强少先队的社区阵地建设,少先队社区组织要力争建立图书室、队室、宣传栏等;⑥ 配合"文明社区"创建工作;⑦ 立足社区,整合区域内各级团组织的资源,充分发挥全团带队的优良传统;⑧ 组织成员单位定期交流、研讨,组织基层组织互通信息、交流工作,建立和完善少先队社区组织体系和社会化的工作运行机制。①

以上海为例,社区少工委工作主要包含两个方面:一是社区少先队的组织建设,具体包括少工委的组织建设、大中小队建设、辅导员队伍建设等;二是社区少先队实践活动的设计及施行,具体包括利用社区资源建设的社区少先队活动基地,以及以此为依托开展的丰富多彩的实践活动。

2. 学校少工委相关工作

应《少先队改革方案》的要求,中小学要全面建立学校少工委,当前,各地学校少工委的建立仍在探索阶段。按规定,学校少工委由校党委书记(或政治面貌是党员的校长)担任少工委主任,大队辅导员担任少工委办公室主任,建立团组织的学校,团组织书记可担任少工委副主任,符合大队辅导员任职要求的,可兼任大队辅导员和少工委办公室主任。学校少工委主要由学校党政领导、相关职能部门负责同志、大中队辅导员、校外辅导员、家长代表、社会热心人士等组成。学校少工委应由学校少代会选举产生,学校少代会一般每学年召开一次。要落实《中国少年先锋队组织工作条例(试行)》等有关规定,规范履行学校少工委各项工作职责。全国少工委研究制定学校少工委领导少先队工作的具体制度规定,推进工作标准化建设,提高建设质量。

学校少工委具体工作职责包含以下几点:① 执行党组织、团组织和上级少工委的工作部署。按时组织召开学校少先队代表大会,组织执行会议决议和会议部署。以少先队员为中心,健全学校少先队大、中、小队,加强组织建设。突出思想性、先进性、自主性、实践性,开展主题鲜明、生动活泼、丰富多彩的少先队组织教育、自主教育、实践活动,增强少先队员光荣感和组织归属感。配齐配强大、中队辅导员和志愿辅导员,落实辅导员工作相关政策,做好辅导员的培训、考核、表彰等工作。保障少先队工作基本条件。落实少先队活动时间,加强学校少先队队室、少先队鼓号队和红领巾广播站(电视

---

① 中国青年出版社编.共青团社区工作问答[M].北京:中国青年出版社,2012:148.

台)、少先队网站等基本阵地建设,保障少先队工作和活动经费。积极协调社区、社会有益资源,为少先队工作改革发展服务,维护全体少先队员的合法权益。完成学校党组织布置和本地团委、教育部门、上级少工委安排的其他工作。

第三节　少先队工作的运行机制

少先队工作运行机制的合理有效,是少先队工作顺利开展的必要保证。少先队工作的运行机制,主要包含前述少先队工作的组织管理系统中各主体的相互关系及少先队工作的运行规则及应用。少先队工作中各主体必须在相应的运行规则中开展工作,同时也要依据规则处理好各自的关系,共同促进少先队工作的繁荣。

一、少先队工作组织管理系统中各主体的相互关系

《少先队改革方案》中明确提出:"深化全团带队、团教协作、队教协同,把握少先队组织属性,把党的要求贯彻落实到少先队改革和工作的各方面、全过程。"[①]这一表述生动地展现出前述少先队工作中各主体的相互关系,以下将从团教协作、队教协同、校社联动三方面具体展开论述。

(一) 团教协作

1. "团教协作"的涵义

"团教协作"是指共青团与教育行政部门协同合作,共同推进少先队工作。历史上,"团教协作"也被表述为"团教齐抓共管"或"团教共管"。"团教协作"关系的产生与少先队工作主阵地在一段时间内逐步向学校转移有较大关联。我们关注的是在少先队工作过程中,各级共青团组织与各级教育行政部门的相互关系。

2. "团教协作"的具体方式

关于"团教协作"的具体方式,以下主要从人员配置、工作机制、资源保障几方面展开论述。

一,优化人员配置。首先,在中央层面,教育部基础教育司负责人兼任全国少工委常务副主任;省级(包含)以下少工委实行"双主任制",由同级团委、教育行政部门分管领导分别担任本级少工委主任,齐抓共管少先队,使少工委自身建设进一步加强,团教协作进一步密切。其次,探索建立省、市、县级少工委"双主任"交叉挂、兼职制度,推动省、市、县级团委少先队工作部门和教育部门交流挂职。

二,健全工作机制。从制度建设方面来看,新中国成立后至今,为了推进少先队工作,共青团与教育行政部门建立了运转良好的联合发文机制。在中央层面,少先队工作中大部分关键性文件都是团中央与教育部联合发文,以"中青联发"为发文字号,迄今已发文数百份。在地方层面,也形成了共青团组织与教育行政部门的联合发文机制,有效

---

① 共青团中央,教育部,全国少工委.少先队改革方案[Z].2017-2-22.

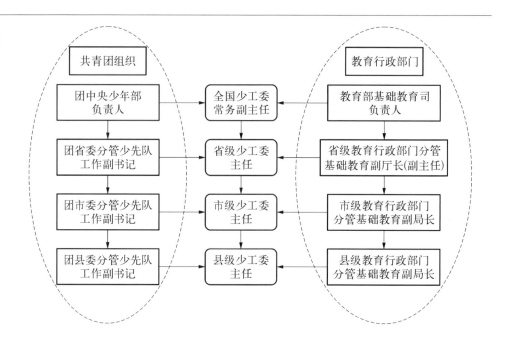

图 11-2 "团教协作"在人员配置方面的体现

促进了少先队工作的完善与推行。而且,共青团组织与教育行政部门也形成了重大事项互相协商以及常态化沟通的机制。具体表现在:重要会议方面,在历届全国少代会以及全国少工委一年一次的全会、全国少工委主任会议中,团中央与教育部相关负责人均会到场并作重要发言、工作指示。地方少代会以及少工委全会及日常会议,也要求团委及教育行政部门负责人同时到场。日常工作协调方面,以少工委工作机制为基础,逐步建立健全县(区)级以上团委和教育行政部门定期协商研究少先队工作的机制,每半年(学期)研究 1 次以上。建立县(区)级以上团委和教育部门重大工作及时沟通机制,团委主动加强沟通,在涉及中小学生、青少年、共青团和少先队的重要政策和工作部署出台前互通情况、听取意见。此外,在少先队辅导员队伍管理及建设方面,各级团委、教育部门、少工委加强协作,负责本地少先队辅导员的选任考核,推进少先队辅导员队伍专业化发展。各级团委、少工委加强与教育部门协作,开展辅导员分级全员培训、骨干培训、岗前培训、在岗培训和专项培训。

三,推动团教资源共享。前文提及的少先队校外活动阵地主要包含团属及教育行政部门管辖两类,在积极拓展少先队校外教育的大背景下,共青团组织及教育行政部门在团教资源共享以及少先队校外活动阵地拓展方面也齐下功夫,不断推进少先队工作社会化。

3. "团教协作"中需警惕的问题

"团教协作"涉及共青团组织与教育行政部门两个主体,它们在工作中虽有少量交叉,但在主责主业上存在较大差异,两者如何在少先队工作方面较好地进行协作,是一项考验,因此,要警惕以下三个问题:一是工作上形式主义的问题。主要表现为对少先队工作重视程度不够,理解不透彻,不积极主动承担本组织职责范围内的少先队工作;无法真正落实会议制度、日常协商制度。例如,虽召开例会但参会代表出勤率低,研讨过程走过场,简单传达上级指导思想,机械化操作执行等。二是在少先队工作中出现"两不管"的问题。团组织和教育行政部门都需要对少先队工作进行规划、研究、考核,若未在工作分工、落实等方面明确边界,易导致职责模糊化,出现工作中的空白地带。三是在工作方式方法上出现割裂的问题。例如,共青团组织过于关注如何加强对青少年的思想引领,却忽视了儿童在不同年龄段的政治理解特征,过于强调政治性而忽略了儿童性和教育性等。

(二)队教协同

1. "队教协同"的内涵

2017年下发的《少先队改革方案》首次明确提出"队教协同"的概念。"队教协同"主要是指学校少先队工作与学校教育工作之间的协同合作关系,也包含着学校少先队工作与教育行政部门之间领导与被领导的关系(如图11-3)。

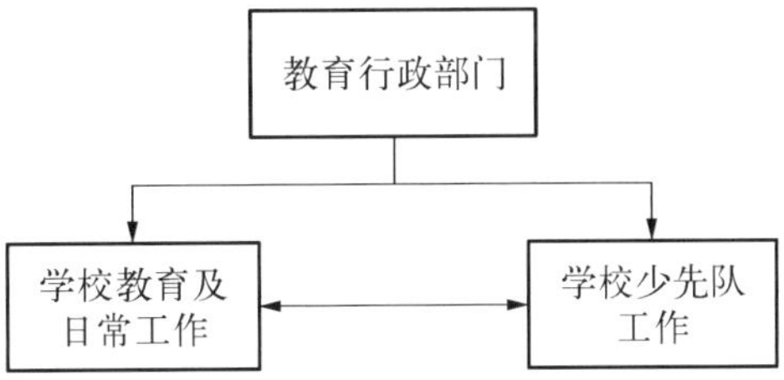

图 11-3 "队教协同"中的相互关系

其具体内涵包括如下几个层面:

从领导与被领导的角度看,教育行政部门要做到"两手抓":一手抓其管辖范围内学校的教育教学及日常管理;一手抓学校的少先队工作,两者不可偏废。具体包含将少先队工作纳入教育行政部门的工作规划、监督、考核,保障大队辅导员(总辅导员)的职级待遇、培养与晋升等。

在学校教育与少先队工作融合共生的关系上,学校要从人员、制度、资源等方面保障少先队工作的基本条件,正确认识少先队教育与基础教育"五育"之间的关系,配合并促进、弥补学校教育。

同时,教育行政部门要注意协调学校教育及日常工作与少先队工作之间的关系,既要保证学校日常教育教学工作的正常开展,又要注意维护少先队工作的独特性,避免少先队工作被学校教育教学工作挤压或同化。

2. "队教协同"中存在的问题

在我国少先队工作70余年的发展过程中,"队教协同"表现出三方面的问题。

一是学校教育及日常工作与少先队工作之间的割裂。例如,建国初至20世纪70年代末,由于当时特殊的社会背景及现实条件,少先队工作呈现出政治化和成人化的主导态势,儿童性和教育性不足。

二是学校教育及日常工作与少先队工作之间的关系逐渐模糊。20世纪90年代末至21世纪最初10年,少先队工作经历了素质教育框架下的同质化发展期。在"素质教育"的大框架下,少先队工作逐渐被同化,自身功能的独特性日益模糊,除了入队仪式、离队仪式等少先队特有的仪式活动外,相当一部分活动(如模范影视观看类、"好儿童好少年"评比类等)与学生班级教育活动的内容基本区分度较低。此外,基础教育新课程改革的强势推进也在无形中弱化了少先队活动在整个基础教育框架中的地位。少先队工作独特功能无法彰显所产生的后期影响是自身独特地位的边缘化。①

三是教育行政部门对少先队工作不够重视的问题。与第二点相呼应，在基础教育方面，各级教育行政部门将主要精力放在了新课程改革、考试制度改革、教师专业发展及考核上，留给少先队工作的空间比较有限。因此，教育行政部门在对学校少先队工作的规划、监督、考核以及少先队辅导员的培养等方面，存在一定程度的疏漏与形式化，例如《少先队改革方案》中提到："少先队工作队伍专业性不够，少先队工作的政策支持和保障不完善、不充分等。"

因此，如何正确理解"队教协同"，如何把"队教协同"落到实处，是各级教育行政部门，各地中小学以及广大少先队工作者需要不断思考的问题。

（三）校社联动

"校社联动"是指学校少先队工作与社区少先队工作之间的关系。当前，在着力改进学校少先队工作以及大力发展社区少先队工作的背景下，"校社联动"被赋予了更多的内涵和可能性。以下主要从"校社联动"的特点及可能存在的问题两方面展开论述。

1. "校社联动"的特点

第一，主次分明。小学、初中是少先队工作的主要阵地，社区是少先队工作的拓展与延伸。这一点是由少先队工作的历史发展及现实情况所决定的。自我国普及义务教育后，少先队普遍在学校内建队，学校随即成为少先队工作的主要阵地；随着时代的进步和国情的变化，少先队员一年中有将近一半的时间在其生活的社区中度过，少先队工作向社区延伸是必然趋势，然而，学生的课余生活可能充斥着各类辅导班和兴趣班，争夺着少先队工作的阵地。当前，社区少先队工作仍在探索和建设阶段，提升社区少先队活动的吸引力，不仅在思想道德方面对队员有所促进，也能在智育、体育等方面有所助力，是社区少先队工作努力的方向。

第二，相互交融。这一点主要体现在学校少先队工作与社区少先队工作的互动关系之中。首先，社区少工委的领导与委员中就有相当一部分的学校领导及辅导员、教师，有利于拉近校社关系，互通有无。其次，学校少先队活动场地及经费都有限，社区少先队能够为少先队活动提供多样化的阵地支持。同时，社区少工委可以积极开发辖区内的社会资源，为少先队活动提供经费等方面的支持。例如，截至2018年，上海浦东新区23个街镇社区少先队可利用的活动阵地资源共计123个，主要类型有实践类，包括社会实践、职业体验、技能学习、公益志愿等；红色教育类；文体类，包括体育运动、文化娱乐。其中可共享的阵地资源有13个。

第三，彼此促进。学校作为社区中的学校，不仅要教书育人，也要积极为社区服务，社区少先队工作作为一个很好的抓手，可以通过为社区服务，共同建设文明社区，与社区发展特色、主题相结合开展特色少先队活动等方式促进学校与社区的关系融通，让学校和社区共同成为少先队员们的精神家园。

---

① 刘翀，卜玉华.我国少先队工作70年发展历程及反思[J].中国青年研究，2020(01)：41-48.

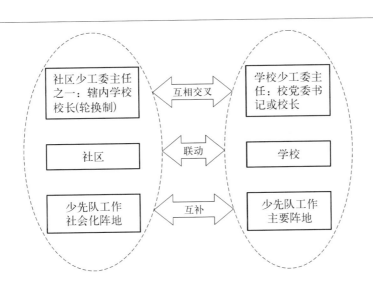

图 11-4 "校社联动"的相关特征

2. "校社联动"中可能存在的问题及发展方向

在"校社联动"中要防止两个倾向。一是社区少先队工作学校化的倾向。表现为在社区少先队工作中过于依赖利用辖区内学校既有的少先队课程、队员队伍、辅导员队伍，忽视队员在社区内重新编队及社区特色活动开发的重要性，忽视社区辅导员队伍的建设。二是学校少先队工作社区化的倾向。表现为变相将本可以在校内完成的或可在校内，亦可在社区完成的少先队教育任务，例如部分少先队活动课，队前教育等等，随意分解到社区（例如要求队员课余时间自行参观某些红色场馆），而学校及社区之间没有建立相应的联动保障机制，导致少先队工作出现两不管、形式化、走过场的情况。当前，从现实状况来看，还存在学校内少先队工作边缘化，社区少先队工作知晓度偏低的情况，导致"校社联动"低效甚至无效。

今后，为促进"校社联动"的良性发展，要在继续加强学校少先队和社区少先队工作的基础上，不断从队员编队、辅导员招募、培训、特色活动课程的开发等方面完善"校社联动"，争取从时间和空间上实现少先队工作的效用最大化。

二、少先队工作的运行规则及应用

少先队工作纵横交错的网状组织结构保证了其工作结构的完整性和延展性，然而，少先队工作的顺利开展，还需要具备一套特有的运行方式，这套运行方式反映了少先队工作运行机制的客观规定性，在开展少先队工作的过程中必须自觉遵循。

（一）保持"公转"与积极"自转"

"自转"与"公转"是少先队工作运行中十分重要的一点。简单地说，"公转"是指少先队必须在中国共产党和共青团的领导下开展工作，必须配合党和团组织的中心任务开展工作，为培养中国特色社会主义事业的战略预备队而不懈努力；"自转"是指少先队要在配合党、团中心任务的前提下，依照法律和章程，按照少年儿童的特点，独立自主地、创造性地开展工作。"公转"与"自转"是少先队工作在实际工作中的生动体现。

"公转"由少先队的性质和少先队工作的组织结构决定。遵循"公转"，必须始终坚持党的领导,自觉贯彻党的教育方针,深化全团带队、团教协作、队教协同,把握少先队组织属性,把党的方针贯彻落实到少先队工作的各个方面,坚定不移地走中国特色社会主义少年儿童组织发展道路。在少先队工作过程中,要始终牢记队的使命,以思想引导为灵魂,大力开展爱国主义、集体主义、社会主义和共产主义伟大理想教育;要始终服务队员成长,落实立德树人的根本任务,遵循少年儿童成长规律和党领导的少年儿童组织发展规律;要注意与共青团"凝聚青年、服务大局、当好桥梁、从严治团"的工作格局衔接,与基础教育改革衔接,推进少先队工作制度化、专业化、时代化、系统化和与学校教育的特色差异化发展。[①] 以上都是少先队工作的各级组织在"公转"中必须严格遵循的。

在遵循"公转"的同时,更为重要的是,不能忽视少先队群团组织的身份。少先队是一个具有独立组织系统和特殊工作对象、工作任务的组织,自主运行既是它的一大特征,也是少先队工作的应有之意,亦符合少先队存在之价值。红领巾理事会的存在很好地体现了少先队工作中的自主性。红领巾理事会也被称为少先队总队部,是在市、区(县)两级建立,由团委少年部带领,以少先队员为主体,少先队员自己领导自己、自己管理自己、自己教育自己的自治性议事机构。红领巾理事会的成立体现出对少先队工作自主运转的探索:党委托共青团领导少先队;团委经过自己的职能部门少年部实现自己的领导;团委紧密依靠教育部门和社会各方组成研究、规划、指导少先队经常性工作的领导机关少工委,少年部同时成为少工委的职能部门;团委为体现少先队组织的自主性,建立以少先队员为主体的自治性议事机构——红领巾理事会,少年部同时又成为红领巾理事会的集体辅导部门;红领巾理事会又经常为团委少年部规划部署少先队工作提出建设性意见,参与队工作的决策,体现对少年部的反馈、制约作用。这一体制的特点是以共青团为首、大小民主合作的双轨领导。

(二) 突出重点与兼顾全局

突出重点与兼顾全局,是少先队工作运行中的又一关键。主要要求是:在开展少先队工作时,必须做到分清主次,抓住重点,以点带面,活跃全局。少先队工作内容丰富多彩、方式灵活多变、覆盖面广,只有在抓重点的基础上兼顾全局,才能把工作做好、做实。当前,少先队工作已经形成了一套主次分明的运行规则,并且仍在不断完善之中。

在少先队工作中,找重点是前提。从组织建设来看,着力完善全国、地方、基层各级少工委的组织建设和运行机制,全国少工委陆续下发了《中国少年先锋队全国工作委员会工作规则》《全国少工委委员履职规范(试行)》《全国少工委主任会议规则》等重要文件。从工作目标来看,对广大少年儿童进行符合中国特色社会主义价值观的政治启蒙和世界观、人生观、价值观塑造是重中之重,围绕立德树人的根本任务,不断增强少先队的思想性、先进性,教育引导亿万少年儿童听党话、跟党走,自觉培育和践行社会主义核心价值观,长大后做对祖国建设有用的人才。从工作方法上看,坚持实践育人、组织育人、文化育人。通过开展以队员为主体的、有组织、社会化的实践体验,引导少先队员自我管理,认识时代,学习体验政治参与和社会参与等;同时,通过建立健全、丰富优化少先队仪式教育,培育少先队员的组织认同和身份认同。从工作阵地来看,自 20 世纪

---

① 共青团中央,教育部,全国少工委.少先队改革方案[Z].2017-2-22.

90年代义务教育逐渐普及以来,少先队工作就将主要阵地放在了各地的小学、中学,随着城镇化的不断推进,工作重点又进一步聚焦到了城镇中的小学、中学,农村少先队工作相对薄弱。

在抓少先队重点工作的同时,也不能忽视兼顾全局。在组织建设上,在完善各级少工委建设的同时,不断完善同共青团组织、教育行政部门、学校以及各级关工委、妇联等群众组织的协作关系,不断探索和加强社区少工委的建设。在工作目标上,在对广大少年儿童进行政治启蒙和"三观"塑造的同时,也注重引导少年儿童从小学习做人、从小学习立志、从小学习创造,德智体美全面发展,注重与基础教育的"五育并举"相融合,培养全面发展的社会主义事业合格建设者和可靠接班人。在工作方法上,在实践育人、文化育人的基础上,也注重引导少先队员自主管理组织、自主建阵地,注重自我教育、同伴教育;探索分批入队,完善以雏鹰奖章为基本载体的激励机制;创新榜样教育等。在工作阵地上,在学校主阵地的基础上不断拓展少先队工作的版图:一是不断加强初级中学、民办学校、特教学校、驻外使领馆阳光学校、国际合作办学等少先队阵地建设;二是依托团组织和社会力量不断拓展少先队活动的校外阵地;三是注重加强农村和革命老区、民族地区、边远地区、贫困地区的少先队工作。以上基本能够兼顾到各类型的少先队工作阵地。

(三) 决策传达与严格执行

任何工作都离不开决策与执行,决策是制定计划策略和措施的过程,而执行是决策的贯彻实施过程。少先队工作纵横交错的组织机构决定了在少先队工作的相关主体中,必然存在决策与执行中的领导与被领导关系,其广泛存在于各级共青团组织、各级教育行政部门及中小学中。决策与执行从某种程度上说,也保障了少先队工作的有序顺利开展。

首先,决策与执行通过写入少先队工作各主体的工作职责得以保障。以少工委系统为例,全国少工委要按照党中央的指示,落实团中央、教育部的要求;地方各级少工委及学校少工委要根据/执行党组织、团组织和上级少工委的工作要求,提出本地/本校少先队工作的任务,制定工作计划。同理,各级共青团组织中的少先队工作部门的工作职责中也包含对上级团组织少先队工作要求及决策的执行。

其次,决策与执行体现在各类会议制度和日常协商制度之中。例如,各级少先队工作委员会都建立了主任会议制度,以及联系委员的经常性机制,答复、办理或反映少先队代表大会意见建议机制等运行和决策机制;建立健全县(区)级以上团委和教育行政部门定期协商研究少先队工作机制等。促进与保障上级部门的相关决策能够在垂直与水平的两个维度上得到有效传达与执行。

最后,决策与执行直接表现为对上级主管部门下发的各类文件、规章的遵循。例如,常规性的文件有全国少工委每年都会发布的年度工作要点,各级少工委以此为基础,进行本地区的少先队工作规划,以保持工作上的步调一致;改革性的文件有《共青团改革方案》、《少先队改革方案》,各级团组织及少先队工作部门都要根据上级下发的《改革方案》中体现的指导精神和具体要求,草拟本地区共青团、少先队组织的改革方案并严格执行。

(四)善用激励与适当约束

激励是促进工作的有力手段,约束是顺利开展工作的重要保证。通过激励,可以有效地调动少先队工作各主体的积极性,激发少先队工作的创造力;通过约束,可以确保少先队工作立足适当的领域,承担应有的责任与义务,选准正确的轨道,从而为顺利开展工作提供有力的保证。

在当前的少先队工作中,激励主要体现在以下几点:

一是目标激励,即遵循目标激励原则,实行目标管理手段来开展少先队工作。具体表现为制定工作的长、中、近期规划等,努力把实际工作中大量存在的"软任务"变成"硬指标",以便强化管理手段,创造工作效果。例如,少先队工作要依据党中央下发的不同阶段的国家发展规划、全国少工委在2006年年初下发的《2006年—2010年少先队重点工作推进计划》开展工作;在每学期初下发新学期少先队重点工作安排,例如《关于做好新学期几项少先队重点工作的通知》(2016)、《关于做好新学期开学季少先队有关工作的通知》(2017);在社会发展转型期积极研究并下发《少先队改革方案》等。通过端正思想、树立愿景、目标分解,将抽象的目标化为具体的行动,促进少先队工作的发展。

二是荣誉激励,即通过授予荣誉称号,举行表彰大会,颁发荣誉证书等形式,表彰在少先队工作中涌现出的先进组织或先进个人,以收到激励先进、维持先进的效果。从历史上看,个人类的表彰有全国"十佳少先队员"、全国"优秀少先队辅导员"、"十佳少先队志愿辅导员"、全国"星星火炬奖章"获得者等;集体类的表彰有全国"百佳少先队中队"、"百佳少先队小队"、全国"红旗大队"、"红旗中队"等;活动类表彰根据少先队一个时期的主要活动来开展,例如表彰"我爱新农村"全国少年儿童画大赛获奖者和获奖单位、表彰"民族精神代代传"活动创新奖和优秀小课题奖,等等。当前,少先队工作重视完善表彰机制,加大对一线优秀少先队辅导员的表彰、宣传和培养力度,通过命名红领巾示范校、红旗大队等先进基层单位,建立对校长、家长、教育工作者和社会各界人士的激励机制。

三是榜样激励,这与荣誉激励相辅相成。想要把获得荣誉的个人、集体的优秀经验加以推广,便需要树立典型榜样,从思想、实践等各角度介绍有效经验,以达到鼓励后进争取先进的效果。历史上,有"英雄少年"赖宁、王敏等作为少先队员学习的榜样,但难以直接效仿。当前,少先队在工作中意识到用身边的人、身边的事教育少年儿童的重要性,引领少年儿童学习英雄人物、先进人物、美好事物,培养网上的少年儿童正面偶像。从辅导员专业发展的角度来说,通过在全国范围内成立少先队名师工作室,挑选在少先队工作领域实践经验丰富、工作成果丰硕、工作成绩卓越的少先队名师作为工作室的带头人,带头加强学习,带头深入研究,带头严格自律,发挥少先队名师工作室的研究服务和专业引领作用,为广大少先队辅导员服务,为广大少先队员服务,促进少先队基层工作,是推进少先队工作深入发展的重要途径。与此同时,在工作中注重优秀工作成果的推广与展示。例如"新世纪我能行——杉杉杯全国少先队体验教育成果展示活动"(2002)以及少先队工作重点课题研究成果发布(2010)等。

与激励相对应,少先队工作中的约束主要包括以下几个方面:一是制度约束,即少先队工作必须遵循各种行政法规、章程、公约等。例如,《中国少年先锋队章程》是少先队组织的根本制度和队内的法规,不仅是少先队工作的根本遵循,也是制定队内各项制度的基本依据。二是政策约束,即在一定的历史时期内,应该达到的奋斗目标、遵循的行动原则、完成的明确任务、实行的工作方式、采取的一般步骤和具体措施等。[①] 少先队工作中包含的各项政策,是全队统一思想,统一步调,统一行动的有效保证。因此,少先队工作必须以这些政策为依据。三是职责和纪律约束,即各级少先队工作相关部门必须认真履行职责,遵守工作纪律。同时,还必须在其职责范围内开展工作,既不能互相推诿,也不能互相"越位"。四是考核、评价及督导约束,主要表现在:其一,制定少工委建设评估标准;全国少工委定期或不定期对下级少工委的各项工作开展情况进行督查、考核。例如,对省级少工委"抓基层、抓落实"工作进行考核;对各级少工委的组织建设、重点工作和品牌活动、信息理论调研工作等进行考核。其二,对各级少工委办公室的建设情况进行考核,重点关注"十有"建设是否落实到位。其三,采用少先队干部"驻校蹲点"的方式,深入开展调查研究,了解基层少先队工作实际,推动中小学少先队改革主要任务落实。参与"驻校蹲点"的少先队干部主要包括:全国少工委办公室全体专职、挂职干部;各省(自治区、直辖市)、市(地、州、盟)、县(市、区、旗)少工委全体专职干部、挂职干部、少先队总辅导员。

(五)继承历史与不断创新

任何事物的发展都具有连续性,少先队工作也是如此。在长期的工作实践中,少先队继承了党、团的优良传统和作风,创造和积累了丰富的经验,这些既是少先队今后开展工作的基础,也是做好未来工作的条件。《少先队改革方案》指出少先队工作要:"既继承历史经验,发扬优良传统,又解放思想,实事求是,与时俱进,切实解决脱离少年儿童实际、与时代发展不相适应的突出问题,虚功实做,难事长做,更好地履行为党做好少年儿童群众工作的职责"。

建队70年以来,少先队工作取得了许多历史成就,形成了一系列朴素而富有成效的少先队工作经验,在今后的少先队工作中,仍要继续保持并发扬。第一,始终坚持中国共产党的领导。1949年10月13日建队以来,少先队全面贯彻党的教育方针,紧紧围绕党和国家大局,根据少年儿童的时代特点,开展了一系列生动活泼的实践活动,培养了一代代社会主义建设者和接班人。在新中国不断发展的七十多年中,应有三代以上少年儿童成长为国家各领域的领导者或栋梁,为新中国七十多年的伟大成就作出了卓越贡献。全国亿万少年儿童加入中国少先队并接受中国共产党的领导,为我国保持中国共产党的领导核心及社会主义制度的长盛不衰提供了最为重要的接班人保障。第二,经过少先队工作者的不懈努力,积累了许多富有成效的少先队工作经验。比如,组织教育、自主教育和实践活动相统一的原则,使我国少年儿童在组织中成为自主的个体;再比如,动感中队、少先队自动化工作、红领巾争章活动、手拉手互助活动等,都曾是我国少先队工作富有成效的经验,在新的历史条件下,要在不断改进中科学地加以

---

① 百度百科.政策[EB/OL].https://baike.baidu.com/item/%E6%94%BF%E7%AD%96/32783.

继承。

随着我国迈入中国特色社会主义新时代，少先队工作要在继承优秀历史中不断创新，以适应新的时代浪潮及少年儿童成长中的新需要。

从工作理念和方式上，构建党团队一体化传承红色基因的全链条，实施少先队员阶梯式成长激励体系，聚焦培养少年儿童朴素政治情感和共产主义道德，着力打造少先队在德育工作中的核心能力；注重突出少先队工作的实践性，引导少先队员在集体生活的实践体验中接受教育。从舆论建设的角度来说，要依托"青年之声"，建设"少年之声"，构建少先队传媒体系，建立面向全体少年儿童的微信公众号、微博和各级少工委微信公众号、微博；建好用好中国少年先锋队网、未来网，建设网上少先队综合活动和服务平台；健全以少先队工作网站、微信、微博、APP等为主的新媒体工作格局，推进各级少先队组织新媒体工作平台互联互通，推动新媒体发展，加大在主流媒体上的少先队形象宣传力度，提高舆情工作能力。从科技创新的角度来说，结合教育信息化2.0行动计划，有序推进基层少先队组织网络联通、信息畅通，依托"智慧团建"推进"智慧队建"，探索建立少先队电子队务和基层组织、队员、辅导员、各级少工委信息管理系统。从少先队学科发展的角度来说，中国少年先锋队工作学会的存在有力促进了少先队实践经验的升华及理论建设，为少先队工作创新提供了强大的智库支撑，不断推进各级少先队的学会建设，发挥老少先队工作者、少先队名师等群体的作用，推动群众性科研活跃，是少先队学科发展的应有之义。当前，少先队理论创新以"五个相结合"为核心目标正全面铺开，一是注重改革实践研究与历史发展研究相结合，二是注重基础理论研究与政策应用研究相结合，三是注重队建基本理论研究与少先队工作研究相结合，四是注重少先队本土研究与国际少年儿童工作的比较研究相结合，五是注重专业研究力量与少先队工作力量相结合，以此更好地推进少先队学科的深入发展。

思考与练习

1. 你能否根据本章阐述的少先队领导体制，画出少先队领导体制结构图？
2. 请谈谈团教协同的内涵及其必要性。
3. 你认为少先队的运行机制是否合理，为什么？

延伸阅读

1. 赵国强.少先队管理学[M].上海：上海人民出版社，2014.
2. 张先翱.张先翱少先队教育文集[M].北京：中国少年儿童出版社，2003.
3. 黄培伦.组织行为学[M].广州：华南理工大学出版社，2016.
4. 张宝顺.马克思主义团学概论[M].北京：红旗出版社，1992.
5. 中国青年出版社.共青团社区工作问答[M].北京：中国青年出版社，2012.
6. 张仁良，史美梁.青年与社区 上海社区共青团工作实践与思考[M].上海：学林出版社，2001.
7. 陈红运.党政组织学[M].哈尔滨：黑龙江人民出版社，2011.